21 世纪高等学校物流管理与物流工程系列教材

# 物流管理

段满珍　编著

清华大学出版社
北京交通大学出版社
·北京·

## 内 容 简 介

本书编写围绕如何提高学生的思、辩、评、享（协）能力，同时注重专业知识与中国古今物流文化的融合，充分体现知识传授、能力培养、价值引领和情感养成的育人目标。

全书共分为9章，内容围绕运输、配送管理、物流包装技术、仓储管理、库存管理、装卸搬运、物流信息采集技术、流通加工与管理等展开，适当融入物流新技术、新方法、新趋势、新思路、新人物、新故事等课程思政元素，让学生学会用发展的眼光和观点去解释、分析物流事件，以科学严谨、求真务实的态度去解决实际问题。

本书可作为高等院校交通运输、物流管理类专业本科生、研究生的教材或辅助用书，也可供各类物流企业和相关岗位从业人员参考及培训使用。

**图书在版编目（CIP）数据**

物流管理/ 段满珍编著. —北京：北京交通大学出版社：清华大学出版社，2023.1（2025.8重印）

ISBN 978-7-5121-4825-3

Ⅰ. ①物⋯　Ⅱ. ①段⋯　Ⅲ. ①物流管理　Ⅳ. ①F252

中国版本图书馆 CIP 数据核字（2022）第203194号

**物流管理**

WULIU GUANLI

责任编辑：郭东青

出版发行：清 华 大 学 出 版 社　　邮编：100084　　电话：010-62776969
　　　　　北京交通大学出版社　　邮编：100044　　电话：010-51686414
印 刷 者：北京华宇信诺印刷有限公司
经　　销：全国新华书店
开　　本：185 mm×260 mm　　印张：21.25　　字数：536千字
版 印 次：2023 年 1 月第 1 版　　2025 年 8 月第 2 次印刷
印　　数：2 001～3 000 册　　定价：66.00元

本书如有质量问题，请向北京交通大学出版社质监组反映。对您的意见和批评，我们表示欢迎和感谢。

投诉电话：010-51686043，51686008；传真：010-62225406；E-mail：press@bjtu.edu.cn。

# 前　言

"物流管理"作为交通运输物流类专业的专业基础课程，以及工商管理、市场营销、电子商务、国际贸易、交通运输等专业的专业课程，是一门综合应用多学科知识系统探讨物流管理相关理论和基本技能方法的课程。

为贯彻落实教育部《高等学校课程思政建设指导纲要》，全面落实立德树人根本任务，我们深入挖掘物流管理课程和教学方式中蕴含的课程思政元素，打造融合课程思政教材体系。本书在内容编写中注意专业知识和中国古今物流文化的融合，同时设置多种形式的开放性话题和主题活动供学生协作学习，使其通过"学中做，做中学"自觉提升个人修养、家国情怀，真正做到知行合一。

在内容编写中秉承"两性一度"基本要求，以物流基础知识传授为宗旨，适当融入物流新技术、新方法、新趋势、新思路、新人物、新故事，"立足当下，面向未来"，全面落实立德树人根本任务。

本书特色表现为以下几点。

**内容维度：**遵循"厚基础、深融合、重实践"的基本理念，突出"以学为主，思政当先"的教育方针。以现代物流基本理论、技术和方法为核心，同步构建集国家战略、民族精神、时代精神、职业道德等思政点为一体的思政实践教学体系。帮助学生在学好专业知识的基础上，强化工程伦理和环保意识，培养学生精益求精的大国工匠精神，激发学生科技报国的家国情怀和使命担当。

**思政体系：**立足知识传授、能力培养、价值引领和素质提升的育人目标，秉承"知行合一，润物无声"思政教育理念，采取"渗（透）润结合"的方式，实现课程思政全过程融入。通过不同栏目设置将知识点与思政点无缝衔接、平滑过渡，力争达到润物无声的效果。设计"时代创新""工程伦理""求真务实""环境保护"四大主题探究活动，以任务驱动模式引导学生科学认识行业规范和职业道德，根植家国情怀。实践探究模式让学生亲身感受实践创新的喜悦，环境保护的意义，团结协作与个人成长的重要性，科技强国战略和无私奉献精神的伟大。思政体系设计突出"以学为主"，通过"学思践悟"的循环做到知识内化于心、外化于行。

**素材设计：**突破传统的课堂讨论、主题辩论等互动教学模式。以思政点为引领，穿插设计自主探究活动。每次活动的完成都需要在领悟课堂思政点的基础上"用心去思考，用眼去识别，动手动脑去演绎"，让学生在"学—思—践—悟"中实现自我成长。本书全程无一处显露"思政"，但是整体下来确是"大珠小珠落玉盘"的布局。

**形式风格：**设置章前导读栏目，让学生清晰地了解章节知识点；以开篇案例开放性话题为引领，激发学生学习兴趣；用中国古人智慧帮助学生了解中国古代璀璨的物流文化；

用中国步伐让学生知晓当今企业发展和新技术应用；通晓古今，再进行知识拓展，让学生实现趣味学习，更好地理解知识点；探究性主题活动以任务为引导，让学生在实践探索中实现自主探究式和小组协作式学习；课外阅读帮助学生进行思维和知识拓展；案例思考、章末测试对学生进行多角度、全方位测评。

**教学支持**：本书是在总结国家级一流本科课程（线上线下混合式教学）实践教学经验的基础上精心编写的，为便于素材及时更新和教学研讨，为广大读者同步提供两种电子渠道：（1）访问华北理工大学教学平台，搜索"物流管理"课程，或下载课程伴侣 App 参与课程教学讨论，浏览课程资源；（2）下载"学习通"教学示范包，浏览教学资源，参与课堂测试。

本书由华北理工大学段满珍老师编著，编写过程中参考并引用了许多专家学者的书籍、期刊资料，以及大量的网络资料、企业案例，在此对相关作者一并致谢。感谢一起合作教学研讨的同事陈明明、贾红梅老师。同时感谢北京交通大学出版社各位领导和编辑的帮助与支持，感谢提供作品的华北理工大学 19 级物流专业的冯家聪、张明曦、刘爽爽、徐嘉慧同学；20 级物流专业张震、王皓楠、张清、李嘉健、窦梦璐、杜文慧、姚龙飞同学。也感谢负责校对工作的课题组研究生杨慧云、孔德睿、郭政、张浩同学。

由于物流管理课程实践性较强，专业发展迅速，加之编著者学识和实践经验有限，书中疏漏和不足之处在所难免。欢迎业内专家、学者和广大读者给予批评指正，使本书更臻完善。责任编辑联系方式：764070006@qq.com。

编者

2022 年 12 月

# 目　　录

第1章

# 物流基础概论

## 章前导读

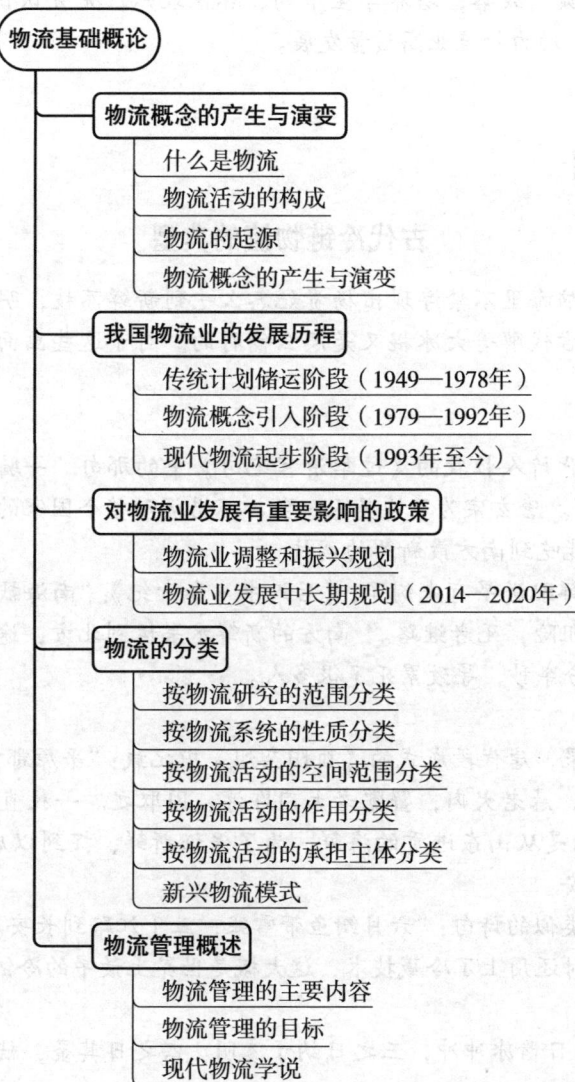

物流基础概论

- 物流概念的产生与演变
  - 什么是物流
  - 物流活动的构成
  - 物流的起源
  - 物流概念的产生与演变
- 我国物流业的发展历程
  - 传统计划储运阶段（1949—1978年）
  - 物流概念引入阶段（1979—1992年）
  - 现代物流起步阶段（1993年至今）
- 对物流业发展有重要影响的政策
  - 物流业调整和振兴规划
  - 物流业发展中长期规划（2014—2020年）
- 物流的分类
  - 按物流研究的范围分类
  - 按物流系统的性质分类
  - 按物流活动的空间范围分类
  - 按物流活动的作用分类
  - 按物流活动的承担主体分类
  - 新兴物流模式
- 物流管理概述
  - 物流管理的主要内容
  - 物流管理的目标
  - 现代物流学说

**知识目标：**

1. 理解物流定义的内涵，了解物流在社会生产及生活中的重要作用和意义，掌握几个与物流相关的重要概念。

2. 了解我国古代物流对现代物流业发展的重要贡献。

3. 能列举《物流业调整和振兴规划》的主要内容；知道《物流业发展中长期规划（2014—2020年）》与《物流业调整和振兴规划》的区别和联系，对物流业发展趋势和方向有一定程度的认识。

4. 理解几个重要物流学说的内涵。

**素养目标：**

1. 客观看待和评判现实生活中的物流活动及物流问题，提高思辨能力，培养不畏艰险、兢兢业业、一丝不苟的职业精神。

2. 发挥主动性、积极性，紧跟时代前沿，与时俱进，开拓行业新视野、注重对新概念、新模式、新方法和新技术的理解和认识，培养学生时代创新精神。

3. 注重贯彻"双碳"战略，培养学生节约、环保理念，充分认识国家大力发展回收、废弃物物流的重要性，助力物流业高质量发展。

## 开篇案例

### 古代冷链物流的典型

提到冷链，人们脑海里不禁浮现出杨贵妃怎么吃到新鲜荔枝，明清皇帝怎么吃到易死的鲥鱼，古代解暑大冰棍又是怎么储存的。对于这些画面，下面一起来简单了解一下。

**冷链物流身世之谜**

1. 新鲜荔枝

最有名的就是唐代诗人杜牧的《过华清宫绝句》中的那句"一骑红尘妃子笑，无人知是荔枝来"。唐玄宗为了博美人一笑，不惜调动整个国家的驿传系统，耗费众多人力物力，只为美人能吃到南方最新鲜的荔枝。

其实在古代，生鲜配送早有先例了，《后汉书·和帝纪》："南海献龙眼，荔枝，十里一置，五里一候，奔腾阻险，死者继路。"南方的新鲜水果运到北方，途中需要经过多个大小驿站，换人换马，争分夺秒，导致累死了很多人。

2. 生鲜鲥鱼

除了运送新鲜水果，唐代段成式的《酉阳杂俎》中记载："平原郡贡糖蟹，采于河间界。每年生贡，斩冰火照，悬老犬肉，蟹觉老犬肉即浮，因取之。一枚直百金。以毡密束于驿马，驰至于京。"说的是从山东进贡的海鲜，为了保证新鲜，捉到以后就直接用毡子密封，然后用驿马速运到长安。

明代于慎行也有类似的诗句："六月鲥鱼带雪寒，三千江路到长安。"说的是盛夏时节快递"生鲜"鲥鱼，当时还用上了冷藏技术，这大概是世界上最早的冷链运输了。

3. 夏日冰棍

《诗经》中"二之日凿冰冲冲，三之日纳于凌阴。四之日其蚤，献羔祭韭"的诗句，说

的是周人腊月采冰，正月往冰窖里存冰，二月用冰镇的羊羔肉和韭菜上供祭神。

早在周代，就设有"凌人官职，专门掌管采冰、储冰和用冰之事"。当时藏冰的冰室称为"凌阴"，可以把冰保存到夏天，这大概是冷库的初级原始阶段吧。于是自周朝开始，直至近代，冰窖几乎成为历代宫中必不可少的设施。

资料来源：

1. http://new.qq.com/rain/a/20210902A0461Soo。

2. http://www.kvjv.com/news/8how-qo.htm/。

**开放性问题**：通过上面的介绍，学生对古代的冷链物流情况有了初步认识，那请同学们利用各种资源进行拓展，加深对冷链物流的认识，并详细了解我国古代是如何完成冷链全程运输的。

● 古人智慧：驿站——古代的物流中转站

驿站是古代供传递官府文书和军事情报的人或来往官员途中食宿、换马的场所。我国是世界上最早建立组织传递信息的国家之一，邮驿历史已长达 3 000 多年。在中国的清朝之前，几乎没有关于快递业的史料记载，但我国古代的"飞雁传书"以及使用"驿站"进行军事情报的传递，可以看作是中国快递业的萌芽形态。驿站是官府的通信组织，只传递官府文书，担负着政治、经济、文化、军事等方面信息的传递任务，在一定程度上也是物流的一部分，是一种特定的网络传递与网络运输。

驿站

● 经典迷津：物流＝快递或送外卖吗？

当你问路人什么是物流时，得到最多的答案可能是"送快递""送外卖"……那么物流到底是不是送快递和外卖呢？请同学们先扫描二维码观看一个熟悉的场景。

观看完视频，应该能理解农产品播种前期涉及农资的仓储、运输物流活动；产收季节后，农产品需要在集货中心接受一定期间的仓储、计量等服务；销售过程中还涉及运输、配送服务；其实，种产收仓储、运输过程中还夹杂着装卸搬运、包装、流通加工、信息处理等物流活动。据此还可以引出供应物流、生产物流、销售物流等相关的概念。那么你还认为"物流＝快递或送外卖"吗？

鲜食玉米的冷链物流

为什么 21 世纪如此重视物流业的发展？物流概念又经历了哪些演变？下面带着这些问题，先去了解一下什么是物流。

# 1.1　物流概念的产生与演变

## 1.1.1　什么是物流

### 1. 物流的定义

《物流术语》（GB/T 18354—2021）中对物流的解释是：根据实际需要，将运输、储存、装卸、搬运、包装、流通加工、配送、信息处理等基本功能实施有机结合，使物品从供应地向接收地进行实体流动的过程。

**2. 物流的内涵和价值**

从我国《物流术语》对"物流"的定义可以看出，实际上物流定义蕴含以下三层含义。

（1）动静结合的物流。"物流"可以简单解释为物的流动。"物"指所有物质资料，包括一切积累的社会劳动产品和用于社会生产与消费的各种各样的商品、半成品、原材料等。"流"指物质的运动或流动，又包括时间的延续。因此，这里的物流包括动态的"流"和静态的"流"：动态的"流"指物质资料发生的空间位移，即物质资料从供给者向需要者的空间位移，是物理性活动；而静态的"流"指时间的延续。

（2）多种价值形式的物流。

①空间价值，也叫场所价值，指物品从供给者向需求者流动过程中由于其空间位置的转换所产生的价值，主要由动态"流"创造，比如运输、配送活动，以及传送带上物料的分拨、输送等活动创造的价值。

②时间价值，"物"从供给者到需要者之间有一段时间差，由于改变这一时间差而创造的价值，称为"时间价值"。物流创造时间价值的形式主要有以下三种。

形式一：缩短时间创造价值。

通过缩短物流时间，可获得多方面的好处：减少物流损失，降低物流消耗，提高物的周转率，节约资金等。

形式二：延长时间创造价值。

例如，粮食、水果等农作物的生产、收获有严格的季节性和周期性，这就决定了农作物的集中产出。但是人们的消费是天天有需求，因而供给和需求不可避免地会出现时间差。但是如果不采取有效的措施，集中生产出来的粮食、水果除当时被少量消费外，其余就会损坏、腐烂。因此，在储存技术不发达的时期，农民只能短期内以极低的价格出售农产品。而到了非生产时节，人们就很难找到该产品了，尤其是葡萄、桃子等不易储存的水果。

随着仓储技术的发展，人们几乎在一年四季的任何季节都能以相对稳定的价格买到所需要的非季节性水果，这是通过物流储存活动克服了季节性生产和经常性消费的时间差才得以实现的。

形式三：弥补时间差创造价值。

供给和需求之间存在时间差，这是一种普遍的客观存在，正是因为有这个时间差，商品才能取得自身最高价值，才能获得理想的收益。物流可以通过科学、系统的方法弥补，或是改变这种时间差，以实现其时间价值。比如，零库存理论、准时生产。

③加工附加价值。在传统物流业务利润空间很低的情况下，许多物流企业会根据客户实际需求，在不改变商品基本属性的基础上为其提供一些延伸的服务，比如，运动品牌第三方物流服务商为其客户提供的展柜服装熨烫整理、运动鞋清理服务；钢材仓储物流服务商提供的集中下料服务等。这些业务的开展方便客户的同时也为企业创造丰厚的利润，从社会物流的角度来看也降低了社会物流成本。这些在流通过程中由物流企业辅助性加工创造的价值称为加工附加价值。

（3）多种功能的综合体。现代的物流活动不是单一功能的物流，而是通过多项活动的有机结合，完成物品从供应地向接收地的实体流动。因此，现代的物流则更加讲究高效率和最优化组合，比如，自动化分拣、多式联运等。

## 1.1.2　物流活动的构成

物流业是国民经济的支柱产业，我国称其为"新的经济增长点"，日本称其为"第三利润源泉"，又有"第三产业中的朝阳业""踩在企业脚下的黄金"等称号。物流的主要活动有以下内容。

**1. 运输**

运输（transport）是物流的核心业务之一，也是物流系统的一个重要功能。指利用载运工具、设施设备及人力等运力资源，使货物在较大空间上产生位置移动的活动。运输方式主要有铁路运输、公路运输、水上运输、航空运输和管道运输等。选择何种运输方式对于提高物流效率具有十分重要的意义，在决定运输方式时，必须权衡运输系统要求的运输服务和运输成本，可以从载运工具的服务特性作为判断的基准：如运费、运输时间、频度、运输能力、货物的安全性、时间的准确性、适用性、伸缩性、网络性和信息等。

**2. 储存**

储存功能是物流的基本功能之一，《物流术语》（GB/T 18354—2021）中定义储存（storing）为贮藏、保护、管理物品。储存活动是为了克服生产和消费之间的时间差而组织的活动，有缓解、协调与平衡市场的作用。如何利用好储存的协调功能，使物品发挥最大的效用是现代物流研究的重要课题。

● 知识拓展：储备猪肉发挥市场调控功能

2019 年猪肉价格一直居高不下，为稳定春节期间市场价格，2020 年 1 月 1 日起，我国对进口冻猪肉的关税从 12% 下降到 8%；2020 年 1 月 9 日，商务部会同相关部门开展了第六批投放中央储备冻猪肉 2 万 t 的工作。

2021 年生猪价格低位波动，为保障生猪市场平稳运行，2021 年 9 月，国家发展改革委开展猪肉储备收储工作，各地按照《完善政府猪肉储备调节机制　做好猪肉市场保供稳价工作预案》规定，积极开展猪肉储备收储工作。

**3. 包装**

包装（package, packaging）指为在流通过程中保护产品、方便储运、促进销售，按一定技术方法而采用的容器、材料及辅助物等的总体名称。包装分工业包装和商业包装两种，工业包装的作用是按单位分开产品，便于运输、储存，并保护在途货物。商业包装的目的是便于最后的销售。因此，包装的功能体现在保护商品、便利化、信息传递以及广告作用等方面。前三项属物流功能，最后一项属营销功能。

**4. 装卸搬运**

《物流术语》（GB/T 18354—2021）中定义装卸（loading and unloading）为在运输工具间或运输工具与存放场地（仓库）间，以人力或机械方式对物品进行载上载入或卸下卸出的作业过程。搬运（handling）为在同一场所内，以人力或机械方式对物品进行空间移动的作业过程。

装卸搬运是随运输和储存而产生的必要物流活动，是对运输、储存、包装、流通加工等物流活动进行衔接的中间环节，以及在保管等活动中为进行检验、维护、保养所进行的装卸活动，如货物的装上卸下、移送、拣选、分类等。装卸作业的代表形式是集装箱化和托盘化，使用的装卸机械设备有吊车、叉车、传送带和各种台车等。在物流活动的全过程中，装卸搬运活动是频繁发生的，因而是产品损坏的重要原因之一。因此，对装卸搬运的管理，主要是对装卸搬运方式、装卸搬运机械设备的选择和合理配置与使用，以及装卸搬运合理化，尽可能减少装卸搬运次数，以节约物流费用，获得较好的经济效益。

但是随着物流专业化的发展，河北地区一些以钢材等笨重件仓储为核心业务的第三方物流企业则把钢材的装卸作为其主要的利润来源。典型的做法是为客户提供免费仓储空间，同时提供仓单质押等物流金融和装卸作业服务，装卸搬运业务成为企业的核心利润源，因此，必须用辩证的眼光看物流。同样，未来的装卸搬运肯定也不是简单的搬运，一定是数字化的，即将所有物流要素数字化，然后在此基础上的智能化服务。

**5. 流通加工**

流通加工（distribution processing）是根据顾客的需要，在流通过程中对产品实施的简单加工作业活动的总称。常见的简单加工活动包括装袋、定量化小包装、分割、计量、分拣、刷标志、拴标签、组装、组配等。

流通加工是物品从生产领域向消费领域流动的过程中，为了促进产品销售、维护产品质量和实现物流效率化，在不改变其商品属性的前提下所进行的简单加工。这种在流通过程中所发生的辅助性加工，可以弥补企业、物资部门、商业部门在生产过程中加工程度的不足，更有效地满足用户的需求，更好地衔接生产和需求环节，使流通过程更加合理化，是物流活动中的一项重要增值服务，也是现代物流发展的一个重要趋势。

**6. 配送**

配送（distribution）指的是根据客户要求，对物品进行分类、拣选、集货、包装、组配等作业，并按时送达指定地点的物流活动。配送功能的设置可采取物流中心集中库存、共同配货的形式，使用户或服务对象实现零库存，依靠物流中心的准时配送，而无须保持自己的库存或只需保持少量的库存储备，减少物流成本的投入。配送业务是现代物流的一个最重要的特征。

**7. 信息服务**

物流信息（logistics information）是反映物流各种活动内容的知识、资料、图像、数据的总称。信息服务（information services）功能的主要作用表现为：缩短从接受订货到发货的时间；库存适量化；提高搬运作业效率；提高运输效率；使接受订货和发出订货更为省力；提高订单处理的精度；防止发货、配送出现差错；调整需求和供给；提供信息咨询等。

在物流系统中，各项功能的高效协调需要物流信息的有效协同才能得以实现。如果把物流系统比作人的系统，那么物流信息系统就如人的神经中枢一样，负责其他肢体器官动作的协调与指挥调度。运输与配送相当于主动（静）脉和毛细血管的关系，二者组成网络负责系统内物质的输送。包装则相当于穿上了衣服，起到了保护（工业包装）和美化（商业包装）的双重作用。

## 1.1.3　物流的起源

物流的概念虽然只有几十年的历史，但是物流活动却是从人类有易物交换就开始了。在古代农耕时期，由于地区间的差异，种植的作物异常丰富，存在着不同地区的农副产品和经济作物的流动；还有像铸钱币和兵器的金银铜铁等原材料，都需要从各地运输到京城；皇帝宫殿和陵墓的修建，以及各地区的赈灾需要；最后还有战争后勤物资的转运，比如，粮草、兵器、马匹等物资运输，也要靠物流的支持，这些需求造就了古代丰富的物流活动。

严格意义上讲，物流业在中国已经发展了数千年。秦汉时期秦始皇攻打匈奴时，从山东向北河（今内蒙古乌加河一带）转运粮食。攻打南越时，令监禄凿灵渠沟通湘江与西江水系运粮。楚汉相争，萧何将关中粮食转漕前线以供军食，对汉军的胜利起到了重大的保证作用。类似案例举不胜举，他们所做的事情都是物流活动，只是那时候还不叫"物流"罢了。

说到物流自然少不了物流标准化的问题，其实早在秦朝，中华民族的祖先就已经意识到标准化对于贸易和信息传递的深远意义了。据《礼记·中庸》记载"车同轨，书同文"，《史记·秦始皇本纪》记载"一法度衡石丈尺，车同轨"。可见当时人们已经意识到要想实现物或者信息的快递流通，必须先实现物流基础设施、设备和信息的标准化。

虽然古代没有"物流"的概念，但在中华五千年文明史的每一个阶段都能让我们感受到"物流"的足迹，见证古人智慧的同时也让我们感叹中国古代文明的辉煌和中华文化的博大精深。比如，万里长城修建中材料的运输、配送、装卸搬运体现了古代工程物流的思想，汉朝的丝绸之路奠定了今天"一带一路"倡议的基础，隋唐大运河的开凿开启了古代水陆联运、冷链运输的萌芽时代，历朝历代形成的漕运仓储制度、唐朝的茶马古道、明清的镖局文化等，无一不细数着古人的智慧和古代物流管理的理念。

物流活动从古代满足功能性的要求，到现今更加注重对物流服务的体验，经历了从简单到复杂、从单一到复合、从初级到高级、从小规模分散到集中规模化、从人工到智能的过程。

## 1.1.4　物流概念的产生与演变

人类对于物流的认识是社会生产力发展状况在人们头脑中的必然反映，从人类社会有产品交换行为开始就存在物流活动，只是当时人们没有这样的认识和文字定义。因此，物流概念是随着人们对物流认识的深入而不断演进的，现代物流的概念也经历了从传统意义上的 Physical Distribution（PD，实物分配）到今天 Logistics 的演变。

物流概念最早形成是在美国，原意为"实物分配"或"货物配送"。这一概念也是在研究流通问题时提出的。1915 年，美国的阿奇·萧（Arch W. Shaw）在《市场分销中的若干问题》（*Some Problems in Marketing Distribution*）一书中提出 Physical Distribution 的概念。20 世纪 20 年代，美国著名营销专家克拉克（Fred E. Clark）在研究市场营销问题时再次使用了这个概念，泛指一切与产品销售有关的实物配送活动。1935 年，美国营销协会对其又做了进一步阐述，认为"实物分配是包含于销售之中的物质资料和服务与从生产场所到消费场所的流动过程之中所伴随的种种经济活动"。

而被称为现代物流的 Logistics 则是在 1927 年由美国学者布索迪（Ralph Borsodi）在《流通时代》中首次提出的。"PD"之所以演变为"Logistics"，是由于在第二次世界大战期间，美国陆军根据军事上的需要，在军火供应领域采用 Logistics Management（LM，后勤管理）概念，并对战时的军火运输、补给、调配等进行全面的管理，圆满地完成了物资的调运和支援任务，解决了一系列物流供应中出现的矛盾和问题。第二次世界大战后，LM 理论和方法逐渐由军事领域渗透到工商领域，也产生了诸如 Business Logistics 之类的新概念，这些经验和做法也逐渐被其他各国实业界和理论界广泛借鉴。美军后勤保障的英文名称为"Logistics"，因此，"Logistics"就成了物流的代名词，并延续和流传于世界各国。

那么"物流"俩字是怎么来的呢？这得从日本谈起。1955 年日本成立了生产效益本部，为改善生产经营管理，日本组织了一个 12 人考察团，于 1956 年 10 月至 11 月赴美考察，当时日本还没有"物流"这个词，代表团的名称为"流通技术专业考察团"。该代表团在美国期间，美国著名教授肯巴斯先生讲到，美国 30 年来国民经济之所以顺利发展，原因之一就是既重视生产效率又重视流通效率。于是考察团将"PD"这一概念带回日本。1964 年日本通运株式会社专务董事内山九万先生认为 Physical 不是"物质"的意思，而是"物理"，Distribution 是"流通"的意思，所以应该把 PD 译为"物理性流通"，简称"物的流通"，并在全日本媒体上发表。1970 年以后又将其简称为"物流"。我国的"物流"一词就是从日文资料引进来的外来词。其实孙中山先生早在 1917—1919 年，在上海撰写的《建国方略》中就讲过"人尽其才、货畅其流、地尽其利、物尽其用"，实际上指的就是"物流"的意思，可见当年孙中山先生对于"物流业"发展于国民经济的重要性已经有了比较深刻的认识，遗憾的是当时并没有把这一概念及时提炼并广泛流传下来。

物流概念的演变说明物流水平代表着一个国家的经济发展程度，物流管理体现了各个国家民族性情和经济模式的差异。比如，日本注重物流成本测算，英国致力于构筑综合性物流体制，美国则以物流机械的现代化作为物流管理的切入点。

● 古人智慧：货通天下——物流概念的雏形

弃儒从商的乔致庸由于一次偶然的机会，用一件狐皮袍子和一串钱从叫花子手里买下了平遥大商家王协老先生留下的《大清皇舆一览图》，从这张图上发现了当年王老先生为实现晋商货通天下的理想，从而促使乔致庸产生了开辟北到恰克图、南下武夷山的茶路，以及开辟从江浙到山西潞州的丝路和绸路的想法，在此基础上，提出了"货通天下"思想。"货通天下"思想的提出，可以说是对物流作用的一个生动形象的概括，也是中国古代和近代有史料记载的对物流理论形成的最大贡献，反映出以晋商为代表的中国古代和近代商人的雄才伟略。"货通天下"思想的提出，比西方同时代物流概念的形成早了几十年。

## 1.2　我国物流业的发展历程

新中国成立后，我国进入经济恢复和建设发展期，同时物流业也相应地得到了发展，从计划经济下的"储运"到改革开放中的"物流"，物流跟随中国经济发展的沿革完成了数次角色的转变。从概念兴起到学术热潮、从国有企业到民营资本、从高校教育到示范基地、从地方产业到国家规划，回顾中国现代物流发展历程，大体可概括为以下三个阶段。

## 1.2.1　传统计划储运阶段（1949—1978 年）

这一时期随着我国经济的恢复和经济建设的正常化，交通运输事业和国民经济发展有了明显的进步，使得社会商品流通规模不断扩大，物流业也得到了相应的发展。这时物资、商业、供销、粮食、外贸等流通部门在大中城市相继建立了储运公司、仓储公司、外运公司等"商物分离型"、专业化的大中型物流企业，担负着国家的大量物流业务，是我国当时物流业的主流。它们与附属于各专业公司、批发站的储运部、中转站、仓库等"商物合一型"的小型物流企业，形成了覆盖全国的物流网络。但当时物流概念还未传入我国，计划经济体制下的物流活动仍局限于有计划的物质储调基本都属于传统的物质运输、保管、包装、装卸等物流活动，还不能算是真正意义上的现代物流。

## 1.2.2　物流概念引入阶段（1979—1992 年）

20 世纪 80 年代初，随着我国对外改革开放的发展，经济建设步伐加快，国内商品流通和国际贸易不断扩大，物流概念与物流意识传入国内，受到政府和部分学者的重视，物流业也有了较快发展，物流逐步打破了部门、地区、所有制的界限，向社会化、专业化、现代化方向发展。具体表现在：专业物流公司数量不断增加；企业内部也开始重视物流问题，设置了物流研究室、物流技术部等；出现了一批集体和个体物流企业；交通基础设施建设取得显著成果，新建了铁路、公路、港口、码头；物流技术得到了改进，开展了集装箱运输、散装运输和联合运输等业务。但按照现代物流的标准来衡量，我国物流仍处于起步发展阶段。这一阶段也出现了我国物流的许多"第一"。

"物流"第一次走进中国：1979 年，由当时国家物资总局局长李开信和副总局长余啸谷同志带团出席了日本国际物流会议，首次把"物流"概念引入国内，紧接着开展了一系列学术研究和交流活动。

第一个学术报告：1979 年 10 月，国家物资总局储运局副局长桓玉珊以《国外重视物流研究》为题向近二千名听众作了学术报告，之后在杂志上发表了同名文章。

第一个学术性组织：1984 年 8 月，国家计委柳随年副主任担任会长的"中国物流研究会"成立，这是我国第一个以物流学科名字作为全国性学术组织名称。

第一本以"物流"命名的杂志：1984 年 8 月，成立了中国物流研究会，出版了《中国物流》杂志，这是我国首次以"物流"命名的杂志，遗憾的是该杂志只出版一期便夭折。

第一个物流管理工程硕士培养方向确立：1984 年，北京铁道学院（现北京交通大学）第一个确定了硕士培养的物流管理工程方向。

第一本国外物流译著：1986 年 2 月，中国物资出版社出版署名为吴润涛、靳伟、王之泰的翻译著作《物流手册》，这是我国第一次全面、系统翻译发达国家物流的书籍。

第一次国际性物流会议：1989 年 4 月，中国物资经济学会在北京承办第八届国际物流会议，21 个国家的代表团与会。这是我国第一次在国内召开国际性的物流会议。

第一个以"物流"命名的学术机构：1990 年，北京科技大学成立以吴清一教授为首的"物流研究中心"，这是我国第一个以"物流"为学科名称的正式研究机构。

第一次在政府工作报告中提到"配送"一词：1992 年，李鹏总理在全国人大作的政府工作报告中提出"建立为企业服务的原材料配送中心"。这是在我国的政府工作报告中第一次提到"配送"这种现代物流的形态。

### 1.2.3 现代物流起步阶段（1993 年至今）

这一时期是我国社会主义市场经济建设全面推进阶段，相对自由宽松的市场经济环境逐渐形成，市场竞争越来越激烈，连锁经营在零售市场中的主导地位得到了加强；扩大了外商投资规模和投资领域，引进了现代物流观念和物流网络体系，更多的企业认识到物流能力在市场竞争中的重要性；外商投资开始涉足物流领域；传统的储运企业开始向综合物流企业发展，同时产生了一大批如广东宝供物流公司一样民营性质的物流企业。

各级政府也开始重视物流业的发展，并予以积极的扶持，同时政府投资的交通运输基础设施建设也取得了重大进展，如高速公路和国道主干线的建设，铁路网线的扩建改造、内河航道的改善、沿海港口设施建设、机场设施建设等。在这种情况下，一些生产制造和零售企业开始逐步退出物流领域，不再投资新的物流项目，寻求物流业务外包，与市场上合适的物流代理商合作，这标志着我国现代物流业的起步。交通、仓库、物流转运设施等大量物流基础设施的改善和现代物流设备的投入，为我国现代物流的发展奠定了必要的物质基础。但我国的物流发展水平同发达国家和地区的物流发展水平相比还存在不小的差距，仍然存在着许多需要改进的地方。这个阶段也涌现出众多的第一。

第一个民间资本的"第三方物流企业"成立：1994 年，我国第一个民间资本创建的第三方物流企业——宝供物流公司在广州成立，并成功地承担美国宝洁公司产品在中国的分销物流。

第一个高校本科物流专业：1994 年，北京物流学院开办国内高校物流管理专业。

第一次招收物流管理工程方向博士：1996 年，北方交通大学在我国首次招收物流管理工程方向的博士研究生。

国家领导人第一次公开讲话谈及现代物流：1999 年 11 月，由中国航务周刊承办，国家经济贸易委员会与世界银行联合主办，邀集中国与物流相关主要部门和领域，在北京联合召开"现代物流发展国际研讨会"。国家领导人吴邦国在大会上讲话，强调要重视发展现代物流，这是中国国家领导人首次公开讲话谈及现代物流。

中国物流正式作为一个行业登上经济舞台：中国物流与采购联合会是中国第一家物流与采购行业社团组织。由 1980 年成立的中国物资经济学会、1984 年成立的中国物流研究会、1995 年成立的中国物资流通协会经多次演变而来，2001 年 4 月更名。

第一个物流师证开始认证：2002 年，中国商业技师协会开始全国物流职业人员业务技术资格培训认证工作，劳动和社会保障部于 2003 年 9 月 1 日启动物流师职业资格试点工作，中国物流与采购联合会于 2003 年年底推出物流师职业资格认证工作。

2006 年，中国物流业第一次被正式写入"十一五"规划。

2007 年 4 月，教育部高等学校物流类专业教学指导委员会于上海成立。

2009 年 3 月 10 日，国务院印发《物流业调整和振兴规划》。

# 1.3　对物流业发展有重要影响的政策

## 1.3.1　物流业调整和振兴规划

### 1. 背景

我国全社会物流总费用占 GDP 的比率高于发达国家 1 倍左右，工业和商业企业平均库存周转时间为发达国家的 2～3 倍，严重制约着国民经济效益的提高。

2008 年下半年以来，物流业面临国际金融危机的冲击，物流市场需求快速萎缩，市场竞争加剧，运输和仓储等收费价格下跌，一批中小物流企业经营出现困难，提供运输、仓储等单一服务的传统物流企业受到较大冲击。

### 2. 作用

《物流业调整和振兴规划》第一次完整地、科学地明确了物流业在国民经济中的地位与作用，提出物流业的调整和振兴不仅是物流业自身的需要，也是整个国民经济发展的客观要求。

### 3. 主要内容

（1）四大措施。

①物流业与制造业、商贸业、农业之间的协调发展。积极扩大物流市场需求，促进物流企业与生产、商贸企业互动发展，推进物流服务社会化和专业化。

②注重整合现有资源。加快企业兼并重组，培育一批服务水平高、国际竞争力强的大型现代物流企业；部门分割、地方封锁和行业垄断是制约我国物流效率提高的主要瓶颈之一；提出推进和加深地区间合作，引导物流资源的跨区域整合，逐步形成区域一体化的物流服务格局。

③把握重点，逐步推进。重点领域：推动能源、矿产、汽车、农产品、医药等重点领域物流发展，加快发展国际物流和保税物流；重点地区：设置国家级、区域级和地区级三级节点城市作为物流中转枢纽。强调以节点城市为先导，辐射带动本区域逐步发展的政策导向；重点环节：对物流标准和技术提出了具体的发展要求。

④加强物流基础设施建设，提高物流标准化程度和信息化水平。

（2）九大工程。

① 多式联运和转运设施。针对我国物流基础设施不衔接、不配套、运营效率低的问题提出。

② 物流园区。规划布局不合理、定位不清晰，急需通过规划进行规范，节约土地资源，防止盲目投资和重复建设。

③ 城市配送。完善城市物流配送网络。

④ 大宗商品和农村物流。加快发展煤炭、油气、粮食、鲜活农产品以及农资和农村消费品现代物流，建立大宗商品和农村物流体系。

⑤ 制造业和物流业联动发展。培育一批适应现代制造业物流需求的第三方物流企业，促进现代制造业与物流业有机融合、联动发展。

⑥ 物流标准和技术推广。开展物流设施和工具的标准化改造（托盘等），鼓励企业采用国际先进的物流新技术，开展物流标准化试点工作并逐步推广。

⑦ 物流公共信息平台。重点建设电子口岸、综合运输、仓储资源和大宗商品交易信息平台，发展面向中小企业的物流信息服务平台。

⑧ 物流科技攻关。加强物流新技术的自主研发，支持物流关键技术攻关，提高自主创新能力。

⑨ 应急物流。应对自然灾害和突发公共卫生事件，建立应急物流体系的重要措施。建立应急生产、流通、运输和相关企业信息系统以及多层次的政府应急物资储备体系。

## 1.3.2　物流业发展中长期规划（2014—2020 年）

### 1. 背景

自国务院印发《物流业调整和振兴规划》以来，我国物流业保持较快增长，服务能力显著提升，基础设施条件和政策环境明显改善，现代产业体系初步形成，物流业已成为国民经济的重要组成部分。

（1）发展现状。产业规模快速增长。全国社会物流总额 2013 年达到 197.8 万亿元，较 2005 年增长 3.1 倍，按可比价格计算，年均增长 11.5%。物流业增加值在 2013 年达到 3.9 万亿元，较 2005 年增长 2.2 倍，年均增长 11.1%，物流业增加值占国内生产总值的比重由 2005 年的 6.6% 提高到 2013 年的 6.8%，占服务业增加值的比重达到 14.8%。物流业吸纳就业人数快速增加，从业人员从 2005 年的 1 780 万人增长到 2013 年的 2 890 万人，年均增长 6.2%。

整个物流行业发展的环境也从服务能力、技术装备条件、基础设施网络等方面日趋完善。总体上看，我国物流业已步入转型升级的新阶段。但是，物流业发展总体水平还不高，发展方式比较粗放。主要表现为：①物流成本高、效率低，2013 年全社会物流总费用与国内生产总值的比率高达 18%，高于发达国家水平 1 倍左右，也显著高于巴西、印度等发展中国家的水平；②条块分割严重，阻碍物流业发展的体制机制障碍仍未打破，企业自营物流比重高，物流企业规模小，先进技术难以推广，物流标准难以统一，迂回运输、资源浪费的问题突出；③基础设施相对滞后，不能满足现代物流发展的要求，现代化仓储、多式联运转运等设施仍显缺失，布局合理、功能完善的物流园区体系尚未建立，高效、顺畅、便捷的综合交通运输网络尚不健全，物流基础设施之间不衔接、不配套问题比较突出；④政策法规体系还不够完善，市场秩序不够规范，已经出台的一些政策措施有待进一步落实，一些地方政府针对物流企业的乱收费、乱罚款问题突出。信用体系建设滞后，物流业从业人员整体素质有待进一步提升。

（2）面临的形势。当前，经济全球化趋势深入发展，网络信息技术革命带动新技术、新业态不断涌现，物流业发展面临的机遇与挑战并存。伴随全面深化改革、工业化、信息化、新型城镇化和农业现代化进程持续推进，产业结构调整和居民消费升级步伐不断加快，我国物流业发展空间越来越广阔。

①物流需求快速增长。农业现代化对大宗农产品物流和鲜活农产品冷链物流的需求不断增长。新型工业化要求加快建立规模化、现代化的制造业物流服务体系。居民消费升级

以及新型城镇化步伐加快，迫切需要建立更加完善、便捷、高效、安全的消费品物流配送体系。此外，电子商务、网络消费等新兴业态快速发展，快递物流等需求也将继续快速增长。

②新技术、新管理不断出现。信息技术和供应链管理不断发展并在物流业得到广泛运用，为广大生产流通企业提供了低成本、高效率、多样化、精益化的物流服务，推动制造业专注核心业务和商贸业优化内部分工，以新技术、新管理为核心的现代物流体系日益形成。随着城乡居民消费能力的增强和消费方式的逐步转变，全社会物流服务能力和效率持续提升，物流成本进一步降低、流通效率明显提高，物流业市场竞争加剧。

③资源环境约束日益加强。随着社会物流规模的快速扩大、能源消耗和环境污染形势的加重、城市交通压力的加大，传统的物流运作模式已难以为继。按照建设生态文明的要求，必须加快运用先进运营管理理念，不断提高信息化、标准化和自动化水平，促进一体化运作和网络化经营，大力发展绿色物流，推动节能减排，切实降低能耗、减少排放、缓解交通压力。

④国际竞争日趋激烈。随着国际产业转移步伐不断加快和服务贸易快速发展，全球采购、全球生产和全球销售的物流发展模式正在日益形成，迫切要求我国形成一批深入参与国际分工、具有国际竞争力的跨国物流企业，畅通与主要贸易伙伴、周边国家便捷高效的国际物流大通道，形成具有全球影响力的国际物流中心，以应对日益激烈的全球物流企业竞争。

（3）发展目标。到 2020 年，基本建立布局合理、技术先进、便捷高效、绿色环保、安全有序的现代物流服务体系。物流的社会化、专业化水平进一步提升。物流业增加值年均增长 8% 左右，物流业增加值占国内生产总值的比重达到 7.5% 左右。第三方物流比重明显提高。新的物流装备、技术广泛应用。物流企业竞争力显著增强。一体化运作、网络化经营能力进一步提高，信息化和供应链管理水平明显提升，形成一批具有国际竞争力的大型综合物流企业集团和物流服务品牌。物流基础设施及运作方式衔接更加顺畅。物流园区网络体系布局更加合理，多式联运、甩挂运输、共同配送等现代物流运作方式保持较快发展，物流集聚发展的效益进一步显现。物流整体运行效率显著提高。全社会物流总费用与国内生产总值的比率由 2013 年的 18% 下降到 16% 左右，物流业对国民经济的支撑和保障能力进一步增强。

**2. 主要内容**

（1）3 个发展重点。
①着力降低物流成本。
②着力提升物流企业规模化、集约化水平。
③着力加强物流基础设施网络建设。
（2）7 个主要任务。
①大力提升物流社会化、专业化水平。
②进一步加强物流信息化建设。
③推进物流技术装备现代化。
④加强物流标准化建设。
⑤推进区域物流协调发展。
⑥积极推动国际物流发展。

⑦大力发展绿色物流。

（3）12个重点工程。

①多式联运工程。

②物流园区工程。

③农产品物流工程。

④制造业物流与供应链管理工程。

⑤资源型产品物流工程。

⑥城乡物流配送工程。

⑦电子商务物流工程。

⑧物流标准化工程。

⑨物流信息平台工程。

⑩物流新技术开发应用工程。

⑪再生资源回收物流工程。

⑫应急物流工程。

（4）9个保障措施。

①深化改革开放。

②完善法规制度。

③规范市场秩序。

④加强安全监管。

⑤完善扶持政策。

⑥拓宽投资融资渠道。

⑦加强统计工作。

⑧强化理论研究和人才培养。

⑨发挥行业协会作用。

## 课外阅读

《物流业发展中长期规划（2014—2020年）》是围绕3个发展重点、7个主要任务、12个重点工程、9个保障措施展开的规划。

1. 对3个发展重点的理解

第一，降低物流成本。提高物流设施资产的使用效率是对物流成本有效地降低，不论是地区干预，还是乱收费、乱罚款，从顶层系统角度来看都是对资产使用效率的阻碍和浪费，都是引起外部不经济的主要原因。如果想要做到这一点，应该从分担交通设施基础建设投资和风险、加强交通系统信息化集中管理、加快向电子政府过渡入手，通过流程的规范化、过程的可视化、管理的集中化提高工作效率，降低关键点的人为干预、加强监督反馈机制。

第二，提升物流企业规模化、集约化水平。行业整合、市场集中化发展将是未来物流市场的趋势。而物流企业的集中则是前提，想要达到这一点最重要的是要以业务协同运作为基础、以战略性合作为推手、以资本运作为助力、以行业专业化体系建设为落脚点，才能可持续、健康、快速地实现这个发展目标。

第三，加强物流基础设施网络建设。这点最关键的是如何提高运作效率和运营的反应速度。提高效率应该关注转运设施的兼容性和转运工具的标准化建设，比如，铁路和海运集装箱的兼容性，托盘的标准化。而运营的反应速度其实是由前面提到的网络建设的广度和密度决定的。

尤其是后疫情时代物流必将发生重大变革，发展智慧物流生态体系是促进我国从"物流大国"向"物流强国"迈进的必然选择。智慧物流在市场和政策的双重推动下将迎来新一轮的发展，加速智慧物流基础设施建设也是势在必行。

2. 12 个重点工程的理解（只介绍十个重点工程）

第一个重点工程是多式联运工程。多式联运的难点在于协调，因为在技术上的问题并不难解决，但是在协调板块利益关系上有一定的难度。所以解决问题的关键：一是要建立多式联运协调专项管理部门，明确组织结构、职责、目标，在信息、技术、资金以及管理权限上提供必要的制度保障；二是要建立多式联运的研究机构，制定标准、技术手段、管理方法等多层次方案；三是建立多式联运的信息搜集和基础性数据跟踪系统。

第二个重点工程是物流园区工程。物流园区现在最大的问题是购地成本太高，以现有土地价格，投资强度来计算，如果在土地上单纯做物流基本都亏钱。所以新购置的土地一般对外的租金都会很高，而且年年都会涨。这样其实也加大了整个物流市场的成本压力。政府对于物流用地要有战略性考虑，而且要控制供应量，对区域合理规划。如果一个地区仓库供应远远大于需求，或者供应的区域过于分散，就很难达到集中化、规模化。另外对于非仓储用地性质的土地做第三方物流的业务，如厂房等，要进行严格管理，不然很容易将专业化物流公司置于前后左右夹击的局面，对物流市场专业化的发展会造成严重的危害。如果仓储用地被单纯地用于资本运作企业所占有的话，不利于物流业务的发展。

第三个重点工程是农产品物流工程。中国的农产品物流最大的问题是环节多、效率低、模式单一、设施落后、信息不畅、成本偏高。所以减少流通环节，降低物流损耗是解决农产品物流问题的关键。一是要在收储环节培养大型的行业巨头，比如中粮、中储粮、中纺。只有企业实现集中，形成巨头，才有可能集中化进行设施设备投资、规模化运作，降低物流成本、提高物流效率；二是要在流通环节建立区域渠道中心及全球采购中心，目前农副产品物流配送中心模式已经在全国有了一定的雏形，而在物流中心的基础上，通过新技术、新模式，如农产品电子商务，推动加强农产品信息集中化建设。推动农产品大型批发市场的发展，达到批发经营规模化。批发商的规模化会促使农产品采购、加工、供销的集中化。有利于多品类农产品的区域辐射和加强农产品全球化进程。

第四个重点工程是制造业物流和供应链管理工程。对于制造业和供应链方面，关键要侧重物流管理的行业专业性发展，以及集中性平台建设的推广。现在发现一个趋势是制造业企业正在进行集中化发展，出现了很多巨无霸的制造商、电商。对于他们来说由于市场竞争激烈，为了降低成本往往开始考虑直接与资源方合作，这其实要求资源方对于行业专业性的培养提供发展路径。包括大型的跨国制造商，这种方式导致的直接影响就是轻资产，第三方物流公司越来越难做。然而除了成本考虑，其实这些大型的制造商对于服务以及地方分销支撑方面非常重视，渠道的价值逐步凸显，这就为平台整合商提供了机会。总之政府管理模式应该符合未来的市场发展趋势，不能仅仅从功能、环节的角度着手，而应该从行业、平台整合的角度入手，为这类的企业提供发展便利、扫清阻碍，不然很容易找不到抓手。

第五个重点工程是资源型产品物流工程。资源型产品未来的发展方向应该从船运港口经济逐步分流至铁路内陆经济。资源型产品的物流主要还是海运方式，这也决定了大型钢铁企业集聚在东南沿海的布局方式。随着长江经济带和三条丝绸经济带的推进，以及西部大开发带来的现货需求的推动，未来不排除选择铁路的方式分担海运的运力规模。这样在内蒙古、新疆、银川等西北部地区形成新的资源型企业的物流转运中心。那么面对这个趋势，政府应该加大西部和北部的物流设施建设、物流节点以及新的煤化工、钢铁、有色等产品的产业布局，建立集生产、加工、物流等功能于一身的综合性产业集群。

第六个重点工程是城乡物流配送工程。配送的关键在于运营网点的布局，前面提到随着电商和大型制造商的需求驱动，网点布局会向广度和密度发展。从广度的角度看，随着地价的不断上涨，很多城市的区域配送中心越来越倾向于被资本运作企业所掌控。从密度的角度看，由于地方政府没有合理的规划，城市内的前置性配送中心的网点基本在全面快速地消失。而由于乡镇包括二、三线城市的经济发展还没有达到一定的体量，所以对于那里的物流运营节点，很多大型企业处于观望阶段，在这种环境下配送可谓举步维艰。所以配送工程的实现其实是以网点广度与密度布局为前提的。物流是一个系统化工程，不能割裂地去看待某个具体问题，头痛医头脚痛医脚，一定要提供系统化的解决方案。

第七个重点工程是电子商务物流工程。电子商务其实是流通环节中利用互联网简化环节实现降低交易成本的目的。电子商务物流要符合低成本、高效率的要求，然而目前没有哪家物流公司真正的能解决电子商务物流的问题。要促进电子商务物流的发展可以首先帮助电商自建物流的发展，解决电商特殊仓储及运输的要求，然后再推动其社会化服务。自然电子商务物流未来的发展一定是向物流整合平台发展，这其实就涉及商贸、物流多种平台间对接的问题。那么在新的商业模式及商业体系的建立中，相配套的标准、制度、法律就要有创新，以适应电商生态链的发展。

第八、九、十个重点工程分别是物流标准化工程、物流信息平台工程以及物流新技术开发应用工程。这三个工程主要在于打造智慧物流体系。大数据时代的到来要求物流从低成本、高效率、通用性、可视化四个方面进行着手建设。技术的变革是推动行业发展助力剂，商业流通模式的快速变革发展，倒逼物流运营模式的创新。如电子商务对物流的整合需要云仓储平台、货运整合平台的实时对接。如制造商的 SAP 系统与物流企业的订单管理系统、仓储管理系统、运输管理系统的 EDI 对接。制造商和电商的发展主导着物流企业标准化、信息化、新技术的发展方向，制造商尤其是电商的发展速度和要求远远超越了物流企业的能力。因此，物流企业需要加速增长，尤其是业务规模化、集中化的积累，增值服务多层次的利润才能保障物流网络的广度和密度，保障对制造商和电商物流体系匹配支持。而政府需要对公共标准化、公共信息平台、技术原始开发进行基础性支持，为物流企业和整合平台创造成长的土壤。

第十一个重点工程是再生资源回收物流工程。再生资源的来源大体是一般废弃物和产业废弃物。再生资源回收物流要通过综合物流回收平台回收一般废弃物，通过各企业回收产业废弃物。其实更重要的是在购置产品的过程中优先购买资源节约型产品，推动企业在产品设计及生产过程中优先采用回收材料，从源头上进行管理控制。

第十二个重点工程是应急物流工程。应急物流最关键的是前置性储备仓库和节点转运仓库，某快递公司在汶川地震的时候承担了应急物资的前置性仓库，由于大量应急物资无法处理，也不知道送回到哪去。最后形成大量库存，造成仓储费用，加重企业的负担。应急物流要想做到快速反应、运作有序、高效可靠的物流体系，其实就需要前置性储备物资节点和统一集货转运物资节点进行物流支撑。所以政府应该加大对节点网络的储备型建设，并在紧急情况时统一组织运作，同时应该与国际应急物流体系相连，保障跨国物资的应急供应。

资料来源：http://www.cn56.net.cn/news/a1311.html。

# 1.4　物流的分类

由于物流研究对象不同、目的不同、研究的范围、范畴不同而形成了不同类型的物流。

## 1.4.1　按物流研究的范围分类

按物流研究的范围可分为宏观物流和微观物流。

### 1. 宏观物流

宏观物流是指社会再生产总体的物流活动，是从总量经济的角度去认识和研究物流活动的，属于大空间范畴的物流活动，往往带有宏观性，如全国物流、全球物流等。宏观物流研究的主要特点是综合性和全局性。宏观物流研究的主要内容是物流总体构成，物流在社会经济中的地位，物流与经济发展的关系，全国物流系统、全球物流系统的建立和运作等。

### 2. 微观物流

微观物流是指社会再生产个体的物流活动，是从个体经济的角度去认识和研究物流活动的，属于小空间范畴的物流活动，如包括采供物流、生产物流、销售物流、回收物流、废弃物物流在内的企业物流和生活物流都属于微观物流。微观物流研究的特点是具体性和局部性，更贴近企业实际物流活动。

## 1.4.2　按物流系统的性质分类

### 1. 社会物流

社会物流是指流通领域所发生的物流，是全社会物流的整体。非一家一户式，而是面向社会为目的的物流，也称为大物流或宏观物流。

当前物流科学的研究重点之一就是社会物流，因为社会物资流通网络是国民经济的命脉，流通网络分布的合理性、渠道是否畅通等，对国民经济的运行有至关重要的影响，必须进行科学管理和有效控制，采用先进的技术手段，才能保证建立高效能、低运行成本的社会物流系统，从而带来巨大的经济效益和社会效益。这也是物流科学受到高度重视的主要原因。

**2. 行业物流**

同一行业中所有企业的物流称为行业物流。行业物流往往促使行业中的企业互相协作，共同促进行业的发展。例如，日本的建筑机械行业，提出了行业物流系统化的具体内容，包括有效利用各种运输手段，建设共同的机械零部件仓库，实行共同集约化配送，建立新旧建筑设备及机械零部件的共用物流中心，建立技术中心以共同培训操作人员和维修人员，统一建筑机械的规格等。目前，国内许多行业协会正在根据本行业的特点，提出自己的行业物流系统化标准。

**3. 企业物流**

企业物流是指生产和流通企业围绕其经营活动所发生的物流活动，包括企业日常经营生产过程中涉及的物流环节。如企业零部件、半成品的储存、生产物资的运输、伴随企业生产工艺发生的零部件在工位间的流动等都属于企业物流。

### 1.4.3 按物流活动的空间范围分类

按物流的地理位置的不同，可以将物流分成以下几种类型。

**1. 地区物流**

地区物流有不同的划分原则。例如，按行政区域划分，有西南地区、华北地区等；按经济圈划分，有苏（州）、（无）锡、常（州）经济区、黑龙江边境贸易区等；按地理位置划分，有长江三角洲地区、河套地区等。地区物流系统对于提高该地区企业物流活动的效率，保障当地居民的生活环境，具有重要作用。研究地区物流应根据地区的特点，从本地区的利益出发组织好物流活动。如某城市建设一个大型物流中心，显然这对于当地物流效率的提高、降低物流成本、稳定物价是很有作用的。但是也会引起由于供应点集中、载货汽车来往频繁产生废气噪声、交通事故等消极问题。因此，物流中心的建设不单是物流问题，还要从城市建设规划、地区开发计划出发统筹考虑，妥善安排。

**2. 国内物流**

国家或相当于国家的拥有自己的领土和领空权力的政治经济实体，所制订的各项计划、法令政策都应该是为其整体利益服务的。所以物流作为国民经济的一个重要方面，一般也都纳入国家总体规划的内容。全国物流系统的发展必须从全局着眼，对于部门和地区分割所造成的物流障碍应该清除。在物流系统的建设投资方面也要从全局考虑，使一些大型物流项目能尽早建成，从而能够更好地为国家整体经济的发展服务。

**3. 国际物流**

国际物流是跨越不同国家（地区）之间的物流活动。全球经济一体化，使国家与国家之间的经济交流越来越频繁，国家之间、洲际的原材料与产品的流通越来越发达，不置身于国际经济大协作的交流之中，本国的经济技术便很难得到良好的发展。因此，研究国际物流已成为物流研究的一个重要分支。

● 古人智慧：古代"海外购"

西汉张骞两次出使西域，开辟了"丝绸之路"，为古人"海外购"奠定了基础。尤其是到了隋唐时期，除陆路外，还可以走海路，东到日本，西到波斯湾。宋代时，海运和海外贸易进一步发展，广州、泉州、明州、杭州和密州设置了五个市舶司，专门管理海外贸易事务。当时海外的商品多达几百种，有香料、宝物、皮货、食品等，其中光是香料就有一百多种。当然，那时候的"海淘"也主要是贵族才能享有的待遇。

明代的海外贸易虽然时断时续，但总体上十分繁荣，南瓜、玉米、番茄、烟草等现在常见的作物都是这个时期引进的。是不是有点出乎意料，原来古人早就开始了"海淘"。

### 1.4.4　按物流活动的作用分类

企业物流活动几乎渗入所有的生产活动和流通管理工作中，对企业的影响十分重要。按物流在整个生产制造过程中的作用可以把物流分为：供应物流、生产物流（主要指生产计划与控制，厂内运输及装卸搬运，在制品仓储与管理等活动）、销售物流（主要指产成品的库存管理，仓储发货运输，订货处理与顾客服务等活动）、回收与废弃物物流（包括废旧物资、边角余料的回收利用，各种废弃物的处理等）、逆向物流。

#### 1. 供应物流

所谓供应物流（supply logistics）是指为生产企业提供原材料、零部件或其他物料时所发生的物流活动。对于生产型企业而言，是指对生产活动所需要的原材料、备品备件等物资的采购供应所产生的运输、中转、仓储、流通加工等物流活动；对于流通领域而言，是指从买方角度出发的交易行为所发生的物流活动。企业的流动资金大部分是被购入的物资材料及半成品等所占用的，因此，供应物流的严格管理及合理化对于企业的成本控制有着重要影响。

#### 2. 生产物流

生产物流（production logistics）是指生产企业内部进行的涉及原材料、在制品、半成品、产成品等的物流活动，是从工厂的原材料购进入库起，直到工厂成品库的成品发送为止的这一过程的物流活动。生产物流是制造型企业所特有的物流过程，它和生产加工的工艺流程同步。原材料、半成品等按照工艺流程在各个加工点之间不停顿地移动、流转形成了生产物流。如果生产物流中断，生产过程也将随之停顿。生产物流合理化对工厂的生产秩序、生产成本有很大的影响。生产物流均衡稳定，可以保证在制品的顺畅流转和设备负荷均衡，压缩在制品库存、缩短生产周期。

#### 3. 销售物流

销售物流（distribution logistics）是指企业在销售商品过程中所发生的物流活动。对于生产型企业而言，是指生产出的产成品的销售活动而发生的物流活动；对于流通领域而言，是指交易活动中从卖方角度出发的交易行为的物流。通过销售物流，生产企业得以回收资金，进行再生产活动；流通企业得以实现商品的交换价值，获取差价收益。销售物流的效果直接关系到企业的存在价值是否被市场消费者认可，销售物流所发生的成本会在产品或商品的最终价格中得以体现。因此，销售物流的合理化改进可以立即收到明显的市场效果。

#### 4. 回收物流

说到回收物流（recycling logistics），大家第一反应是可以回收再利用的物资，如作为包装容器的纸箱、塑料框、酒瓶等；又如建筑行业的脚手架等也属于这一类物资。还有其他杂物回收分类后的再加工，例如，旧报纸、书籍可以通过回收、分类制成纸浆加以利用；

特别是金属的废弃物，由于具有良好的再生性，可以回收重新熔炼成为有用的原材料。目前我国冶金生产每年有 30 Mt 废钢铁作为炼钢原料使用，也就是说我国钢产量中有 30% 以上是由回收的废钢铁重新熔化冶炼而成的。

除此之外，现实生产生活中还有一些其他原因，比如，因商品存在瑕疵和品质问题、商品接近或超过保质期等原因引起的消费者退货；零售商手中的商品出现积压、滞销、过季的情况，断码商品或不配套商品；厂家或零售商在配送过程损伤的商品；生产厂家主动"召回"的产品等，以及商业竞争中，因商家推出的"先行赔付""无理由退货""异地退货"等产生的大量返品。

对返品的处理方式通常包括返回至制造商、降价出售、作为新产品出售、卖给二级市场、赠予慈善机构、对返品重造、对物料的回收。与返品处理相应的物流管理目标、要求和标准亦参差不齐，需要引起企业和社会重视。

**5. 废弃物物流**

废弃物物流（waste logistics）是将经济活动或人民生活中失去原有使用价值的物品，根据实际需要进行收集、分类、加工、包装、搬运、储存等，并分送到专门处理场所的物流活动。

生产和流通系统中所产生的无用的废弃物，如开采矿山时产生的土石，炼钢生产中的钢渣，工业废水，以及其他一些无机垃圾等，已没有再利用的价值。但如果不妥善处理，会造成环境污染，就地堆放会占用生产用地以至妨碍生产。对这类物资的处理过程就产生了废弃物物流。废弃物物流没有经济效益，但是具有不可忽视的社会效益。为了减少资金消耗，提高效率，更好地保护环境、保障生产和生活秩序的正常，对废弃物物流合理化的研究是必要的。

**6. 逆向物流**

逆向物流（reverse logistics）也叫反向物流，指为恢复物品价值、循环利用或合理处置，对原材料、零部件、在制品及产成品从供应链下游节点向上游节点反向流动，或按特定的渠道或方式归集到指定地点所进行的物流活动。比如，销售后需要退换货的问题产品，使用中需要返修的家电，展柜展出的需要二次清理熨烫的服装、鞋帽等所发生的物流活动。随着消费者消费习惯的变化和对产品期望值的升高，逆向物流在物流体系中的作用越来越重要，不仅关系企业的利益，还关系企业的声誉。为了提高逆向物流的效率，因此而产生了所谓的"跑道边效应"，即大量的与高科技公司结盟的第三方物流服务企业聚集在"跑道"周边，提供与售后维修、返修等相关的仓储、配送物流服务，以缩短逆向物流产品的中途时间，提高服务时效性和客户体验。

● 知识拓展：逆向物流的"跑道边效应"

UPS 最大的空运枢纽设在肯塔基州的路易斯维尔机场。每天深夜，90 架飞机聚集到这里，在 3 h 内，每隔 2 min 就有一架飞机起降。惠普公司每天将损坏需要返修的计算机空运到机场。然后，这些设备被运到机场边的 UPS 物流中心，由 60 名技术人员将其修复，再送到机场当天运走，这个部门每天约修理 800 台计算机。UPS 充分利用自身的运输优势，最大限度地减少计算机返修因途中运输造成的延误，创造了逆向物流典型的"跑道边效应"

（end of runway effects）。即在机场边建立物流中心，与多家高科技公司结成联盟，为他们提供仓储、配送等相关售后服务。

## 1.4.5　按物流活动的承担主体分类

（1）第一方物流是指供应商销售其产品而进行的物流活动。

（2）第二方物流是指用户从供应商处购进各种货物而形成的物流。

（3）第三方物流（third party logistics，TPL）是指由独立于物流服务供需双方之外且以物流服务为主营业务的组织提供物流服务的模式。

第三方物流企业是专业性的物流公司，在整合各种资源的基础上，为客户提供问题诊断、设计规划和具体物流业务运作等综合物流服务。它与传统的运输或供应链服务的区别在于：TPL 的最大附加值是基于信息和知识，而不是靠提供低价的一般性服务。比如，一个纯粹的汽车运输公司不能称为 TPL 公司。

● 知识拓展：我国的第三方物流企业

从结构上看，我国第三方物流企业主要有以下四种类型。

（1）由传统仓储、运输企业转型而来的企业，如中外运国际货运代理有限公司，中国对外贸易运输集团总公司、中国物资储运集团有限公司（现中国物流集团）等。

（2）新创办的国有或国有控股的物流企业，如中海集团物流有限公司。

（3）外资和港资物流企业，如为马士基船运公司及其货主企业提供物流服务的丹麦有利物流公司，为日本在华企业服务的日本近铁物流公司等。

（4）机制灵活、管理成本低的民营物流企业，如宝供物流、顺丰物流等。

这些第三方物流企业常见的业务形式有运输、仓储、城市配送、流通加工、货物监管、代收核算费用、货物装卸、货运代理、海关代理、报表管理、信息管理、物流系统设计、业务咨询等。

● 古人智慧：明朝的镖局——古代第三方物流

明末清初是中国封建社会的经济繁荣期，也是中国的资本主义萌芽时期。商品经济得到了进一步的发展，产生了商品的流通，而商品尤其是贵重商品的流通需要安全保障与准时运抵，于是镖局应运而生。所谓镖局，就是凭借武功与江湖信用，专门为第三方提供运送保全服务的机构。最早起源于明朝正德年间，初称"标行""打行"，是集运输、武术和安保于一身的民营式武装机构。类似今天的第三方物流公司，按照合同或契约方式，为货主提供服务。这里的货可以是金银珠宝、人、票据等，在历史的发展中，后来慢慢形成了六大镖系：信镖、票镖、银镖、粮镖、物镖、人身镖。

镖局的买卖叫作出镖或走镖。按脚程远近、货物所值取不同的"镖利"，商定后签订"镖单"，在镖单上注明起运地点、商号、货物名称、数量、镖利多寡等，双方各盖图章。护送到指定地点、商号后取得镖利。

（4）第四方物流是指一个供应链集成商，它调集和管理组织自己的以及具有互补性的服务提供商的资源、能力和技术，以提供一个综合的供应链解决方案。

（5）第五方物流也称为数字化物流，是指在商贸的实际运作中应用互联网技术去支持整个物流服务链，并且能组合相关的执行成员协同为企业的物流需求提供高效服务。

利用数字化技术可打破信息不对称，直接对接用户、货物和运力三方的消息，让整个运输的过程透明化、安全化，还能及时找到合适的车辆以及运力资源。而且在运输上通过北斗导航、云计算等技术，对于运输的过程进行实时监控，这样更加能确保运输的货物及时送达，提高运输的稳定性和可操控性。

数字物流的发展已经成为不可逆的时代趋势，数字化的技术对于物流业来说也是新的转型，不但可以帮助物流企业提高运输的整体效率，降低资源和运力、人力成本，还能根据运输需求实现实时跟踪、优化路线，进一步为运输保驾护航，实现智能化的、数字化发展的运输服务。

● 知识拓展：数字孪生

数字孪生（digital twin）是充分利用物理模型、传感器更新、运行历史等数据，集成多学科、多物理量、多尺度、多概率的仿真过程，在虚拟空间中完成映射，从而反映相对应的实体装备的全生命周期过程。它是一种将实体世界和虚拟数字世界紧密联系的技术，可以被视为一个或多个重要的、彼此依赖的装备系统的数字映射系统。数字孪生和仿真（simulation）有着密切的联系，实际上是仿真技术不断升级的产物，使数字模拟的精度提升到了前所未有的程度。信息反馈的方向也不再是单向的"计算机指导实体世界"，而是可以从实体世界反馈到计算机数字世界，再从数字世界到实体：两者之间循环交互，密不可分，以至于数字版本可以和实际世界"同步成长"。

## 1.4.6 新兴物流模式

随着物流发展，尤其是新冠肺炎疫情的发展，对物流提出新的挑战，出现了许多新型物流形式。

### 1. 无接触物流

物流信息互通共享技术及应用国家工程实验室将"无接触物流"定义为"物流配送人员通过智能快递柜、驿站、代收点或用户指定地点实现寄递物品投放，避免与收件人直接接触的一种配送行为。"相较于通常的快递服务要求实现门到门、用户签收来完成寄递服务，其核心在于"无接触"。

无接触物流

无接触物流可以简单地理解为减少物流环节中人员直接接触次数，利用线上方式代替传统模式，在双方约定地点进行取送货、线上查询轨迹节点、线上开取发票等，目的在于减少物流各环节中人员面对面接触的机会，尤其是新冠肺炎疫情时期可以保证人员安全，同时又能提高物流效率。

### 2. 社区物流

社区物流是以社区为单元，以家庭为节点，以生活用品为核心，以定制服务为特征的物流集约化行为。社区物流是直接面向城市社区商业和社区居民，将商品从供应商运送到社区店铺或居民的末端的物流形式，是物流运输过程中的"真正的最后100米"，所以人们也常称其社区配送。如家具家电的采购、运送、回收；食品、蔬菜、肉制品、水果的采购、加工、配送；图书、报刊等文化用品的订阅、配送、回收等。总之，凡是家庭所用的耐用品、快速消费品，都属于社区物流范畴，且具备流通、加工、定制、存储、配送、回收等物流业态的诸要素。

### 3. 前置仓

前置仓（preposition warehouse）是指在最终消费者比较集中的最近区域设置的配送仓库。是将仓库（配送中心）从城市远郊的物流中心，前移到离消费者更近、更快送达的一种解决方案。

前置仓是缩小规模、靠近消费者的仓配模式，由城市配送中心进行供货（见图 1-1）。消费者下单后，商品从附近的前置仓发货，而非城市配送中心，一般前置仓配送范围约为 3 km 内。前置仓可以选择在办公楼内、社区或较大的店面。新冠肺炎疫情期间，"宅家吃饭"成了人们的生活常态，特别是从前置仓以生鲜食品手机下单，线下无接触配送到家（小区门口）的服务模式呈现爆发式增长。前置仓成为社区菜篮子，同时也是便民服务的基础设施。

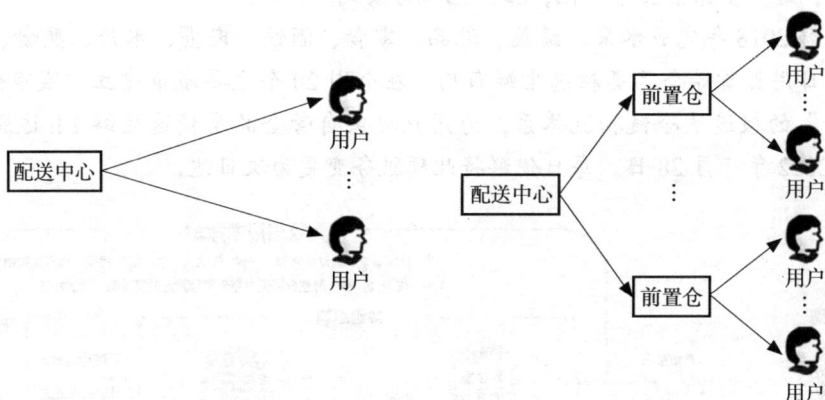

◉ 前置仓的业务模式

图 1-1　前置仓的业务模式

前置仓的市场定位是大型超市与便利店之间的市场空白，试图满足商品品类较为齐全、快速送达的消费需求，是便利店与大型超市的竞争者。便利店的商品品类少，而大型超市的购物时间过长（生活节奏过快），这是前置仓模式成立的基本逻辑。消费者期望"既快又好"，前置仓的经营目标是实现消费者在时间成本和商品价格之中的最佳受益，这也是新零售的理念。当然，前置仓也面临功能相近的竞争者，"超市＋配送到家"，或者"超市＋美团"，就直接兼顾了又快、又全等几个方面。

## 中国步伐——前置仓的典范

阿里的盒马鲜生和京东的7 FRESH是仓店一体的模式，采用前店后仓的模式，选址靠近社区，既能在店消费，也能即时配送。

美团闪购在部分城市市区布局前置仓，根据美团的后台数据精准匹配SKU，销售全部走美团线上，用以加快美团万物到家布局的进展。

美团买菜，着重以前置仓为载体，以单品切入供应链，靠着特定品类和及时配送，以科技为导向，进一步探索去中心化，推广无人仓模式。

每日优鲜2018年完成水果、蔬菜、乳品、零食、酒饮、肉蛋、水产、熟食、轻食、速食、粮油、日用百货等全品类精选生鲜布局，在全国20个主要城市建立"城市分选中心＋社区前置仓"的极速达冷链物流体系，为用户提供自营全品类精选生鲜1 h达服务，如图1-2所示。2022年7月28日，每日优鲜将此项服务变更为次日达。

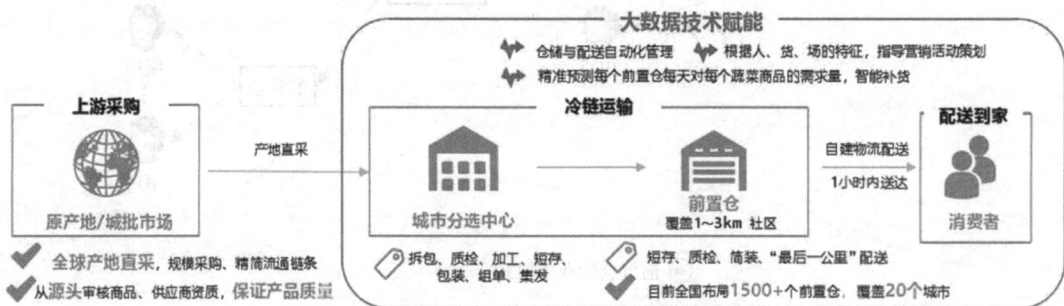

图1-2　每日优鲜"城市分选中心＋前置仓"模式

前置仓只是一门"卖菜"的生意吗？当然不是，除生鲜外，前置仓的商品品类可以很多，并且随着时间的推移，这一商品范围也在扩大中。

前置仓本身不是一项服务，而是一个从采购到销售的链路，商品力自然是竞争的最大差异点之一，家电成为前置仓在生鲜之外的首选。

家电"国美"快速推进"前置仓"业务模式，遍及全国的2 600多家门店将从过去的交易功能转变为小件物流的前置仓。一直以来，国美的中大件物流服务具有明显优势，如今将"前置仓"功能赋予门店，实现了小件商品的即时配送服务。由此，国美的大家电"送装同步＋小家电、3C闪店送"，形成了覆盖全国的完善的物流配送服务体系。

国美通过前置仓储能力与店员配送模式，将其在一线城市备受好评的"闪店送"业务面向全国铺开，国美驿站未来也将发挥"前置仓"的作用，进一步将直线配送距离从

$3 \sim 5$ km 缩短至 1 km 左右。

国美前置仓的范围也将从小家电、3C 产品拓展到更多消费领域，除电器外，国美将形成包括食品酒水、服饰鞋包、家居日用、母婴玩具、个护美妆等在内的六大商品类目。

资料来源：https://zhuanlan.zhihu.com/p/434211461。

**4. 智慧物流**

智慧物流（smart logistics）是以物联网技术为基础，综合运用大数据、云计算、区块链及相关信息技术，通过全面感知、识别、跟踪物流作业状态，实现实时应对、智能优化决策的物流服务系统。

智慧物流是运用大数据、云计算、物联网、移动互联网等新一代信息技术和通信技术，如通过 RFID、传感器、移动通信技术等对物流网络内的物品、设施、设备、人员实施实时的管理和控制，实现运输的可视化、仓储的自动化、配送的智能化，使物流具备感知、记忆、逻辑、判断、决策等智慧功能的创新物流形态，具有多元驱动、情景感知、智能交互、智慧融合四个显著特征。

## 中国步伐——有温度的智慧物流

在应对新冠肺炎疫情的过程中，一些骨干智慧物流企业积极运用大数据、人工智能、5G 等新技术和以无人机自动分拣等为代表的智慧物流设备，在提高物流效率、减少人员交叉感染方面凸显优势。

①日日顺物流——物联网时代场景物流生态品牌，行业引领的大件物流领导品牌，基于数字化、科技化、场景化创新服务，为品牌商和用户提供"仓、干、配、装、揽、鉴、修、访"全链路、全场景最佳服务体验。

②京东智慧物流利用人工智能、大数据、机器人等技术实现智能无人化，构建了"预测—库存—仓储—运输—配送"全链路智慧化物流体系，建立了智慧物流基础数据库，利用大数据和算法技术实现了多仓平衡、商品智能布局，以无人仓、无人车、无人机为主的无人高科技推动智慧物流高速发展。

③菜鸟网络广泛应用人工智能，启动物联网战略，菜鸟 E. T. 物流实验室切入场景，包裹进入立体的配送网络后，由人工智能自动分配路线，使用无人车、无人机配送。菜鸟的未来智慧物流园区基于物联网技术使用传感设备与边缘计算能力，通过机器人、机械臂等无人化设备与 AI 感知，应用智能规划技术实现未来园区的高度数字化。

**5. 场景物流**

场景物流以用户为中心重新构建人、货、场三者的关系，以平台连接用户、工厂，驱动需求信息、技术、产品等资源要素在生态空间动态流动、自动合理配置，还能围绕用户场景需求改变原有的生产、消费和管理模式，达到全流程体验升级、全生态创新增值的效果。

区别于传统物流，场景物流呈现出六大基本特征。①交互性。通过配送末端触点完成与用户之间的交互和沟通，不断获取用户需求痛点；②迭代性。根据用户诉求持续迭代和升级服务方案；③开放性。数据、技术、资源、服务开放给生态内的合作伙伴；④定制化。

可根据用户诉求制订全流程的定制化服务方案；⑤场景化。交付的不是产品，而是基于需求场景的一套解决方案；⑥生态化。物流企业、品牌方、技术服务商多方参与构建服务生态，从而实现生态共创、价值共享。

# 1.5 物流管理概述

## 1.5.1 物流管理的主要内容

### 1. 物流管理定义

物流管理（logistics management）是为达到既定的目标，从物流全过程出发，对相关物流活动进行的计划、组织、协调与控制。

物流服务师国家
职业技能标准
(2020 年版)

### 2. 物流管理的内容

物流管理不仅是企业的微观问题，也是政府和社会的宏观问题。政府面临的物流管理问题是如何创造现代物流发展的宏观环境，培育和发展物流市场，如物流基础设施的规划和建设，物流政策法规的制定执行，物流与环境和城市发展的矛盾协调等。这里主要讨论微观层面的物流管理内容。

（1）从管理层次上看，物流管理的内容主要有以下几个方面。

① 物流战略管理。企业物流战略管理就是站在企业长远发展的立场上，就企业物流的发展目标、物流在企业经营中的战略定位、物流服务水平和物流服务内容等问题做出整体规划。

② 物流系统的设计与运营管理。企业物流战略确定以后，为了实施物流战略必须要有一个得力的实施手段，即物流运作系统。作为物流战略制定后的下一个实施阶段，物流管理的任务是设计物流系统和物流网络，规划物流设施，确定物流运作方式和程序等，形成一定的物流能力，并对系统运营进行监控，及时根据需要调整系统。

③ 物流作业管理。在物流系统框架内，根据业务需求，制订物流作业计划，按照计划要求对物流作业活动进行现场监督和指导，对物流作业的质量进行监控。

（2）从具体业务上看，物流管理的内容包括以下几点。

① 对物流活动各功能要素的管理。物流活动的功能要素包括运输、仓储保管、配送、包装、装卸、搬运、流通加工和信息处理八方面。

② 对物流系统各要素的管理。物流系统的要素主要包括人、财、物、规章制度等内容。

③ 对物流活动中具体职能的管理。物流活动中具体职能主要包括计划、质量、技术、服务、客户、营销、经济等。

## 1.5.2 物流管理的目标

物流管理可归纳为对物流系统的计划、组织、协调、控制和监督。管理工作的成效如何，将直接影响到企业的生存和发展。因此，物流管理是以实现企业发展战略为目标的，以此为基础，物流管理追求以低成本物流向客户提供优质的服务，强调与生产管理工作和销售管理协同，提高物流效率。

美国密歇根大学的斯麦基教授认为，物流管理的目标原则上体现为"7R"或"6R"，即优良的质量（right quality）、合适的数量（right quantity）、适当的时间（right time）、恰当的场所（right place）、良好的印象（right impression）、适宜的价格（right price）和对口的商品（right commodity）。

日本新泻产业大学的菊池康也教授则将物流管理的目标归结为"3S1L"，即速度（speed）、安全（safety）、可靠（surely）、低成本（low），强调以最小的成本提供最好的物流服务。

但在物流管理中，系统内部各要素之间普遍存在相互制约、此消彼长的关系，即各要素分目标之间发生冲突。例如，减少仓库数量和库存量的结果，虽然降低了库存费用，但增加运输次数和成本。又如为降低包装费用，常常简化包装，但给搬运和运输带来麻烦，使破损率增加，这种现象被称为"效益背反"。此时，某一资源可达到的两个方面的目标处于矛盾关系之中，要较多地达到某一方面的目标，必然使另一目标受损。可见，物流管理是一种系统化管理，在管理工作过程中，不应为某些局部目标或利益所迷惑，而应从全局和系统的高度出发，强调系统内部各要素之间的协调性。

### 1.5.3　现代物流学说

在物流业兴起的过程中，一些有代表性的思想或学说在其发展过程中起着重要的推动作用，并且在指导物流实践和完善物流理论发展过程中奠定了重要基础。这些学说包括"黑大陆"学说、物流冰山学说、"第三利润源"学说、"效益背反"学说、成本中心学说、服务中心学说、战略学说等。

**1. 黑大陆学说**

美国著名管理学权威专家彼得·德鲁克在 1962 年 4 月发表的《经济的黑色大陆》中提出："流通是经济领域里的黑暗大陆"，德鲁克的流通是泛指。但是，在流通领域中，物流活动的模糊性尤其突出，是流通领域中最具潜力的领域，所以，黑大陆学说主要针对物流而言，常常代表尚未认识、尚未清楚的领域。

黑大陆学说

**2. 物流冰山学说**

物流冰山学说是日本早稻田大学西泽修教授提出来的，他研究物流成本时发现，现行的财务会计制度和会计核算方法都不可能掌握物流费用的实际情况，因而人们对物流费用的了解是一片空白，甚至有很大的虚假性。他把这种情况比作"物流冰山"，其特点是大部分沉在水面以下的，是人们看不到的黑色区域，而人们看到的不过是物流的一部分。他用物流成本具体分析了彼得·德鲁克的黑大陆学说。

冰山理论

黑大陆学说和物流成本冰山学说之所以被认可，是因为对物流领域的方方面面还不清楚，在黑大陆和冰山的水下部分正是物流尚待开发的领域，也是物流的潜力所在。

**3. 第三利润源学说**

这一学说是日本权威学者西泽修先生在 1970 年提出的，反映了日本人对物流的理论认识和实践活动，也反映了他们与欧洲人、美国人的差异。

物流可以为企业提供大量直接和间接的利润，是形成企业经营利润的主要活动。非但如此，对国民经济而言，物流也是国民经济中创利的主要活动。从历史发展来看，人类历史上曾经有过两个大量提供利润的领域：第一个是资源领域，第二个是人力领域。在前两个利润源潜力越来越小，利润开拓越来越困难的情况下，物流领域的潜力被人们所重视，按时间序列排为"第三利润源"。

"第三利润源"学说认为，物流作为"经济领域的黑暗大陆"虽然没有被完全照亮，但经过几十年的实践探索，物流领域绝不会是一个不毛之地，肯定是一片富饶之源。在经历1973年的石油危机之后，物流"第三利润源"的作用已经得到证实，物流在企业管理中的地位得到巩固。

**4. 效益背反学说**

效益背反也称为二律背反，是物流领域中很普遍的现象，是这一领域中内部矛盾的反映和表现。物流效益背反学说是指物流系统各要素之间存在着损益矛盾，即每个要素的优化和利益发生的同时，必然会存在系统中另一个或另几个要素的利益损失，这是一种此涨彼消、此盈彼亏的现象，往往导致整个物流系统效率的低下，最终会损害物流系统功能要素的利益。《物流术语》（GB/T 18354—2021）中定义物流效益背反（logistics trade off）为：一种物流活动的高成本，会因另一种物流活动成本的降低或效益的提高而抵消的相互作用关系。例如，安全库存量升高，虽然缺货率降低了，但是库存保管成本却增加了。同样，对于包装问题，包装方面每少花一分钱，这一分钱就必然转到收益上来，包装越省，利润则越高。但是，一旦商品进入流通领域之后，如果节省的包装降低了对产品的防护效果，就会造成储存、装卸、运输功能要素的工作劣化和效益大减，反而造成大量损失。

在认识到物流系统存在"效益背反"规律之后，物流科学也迈出认识物流功能要素、寻求解决和克服物流各功能要素间效益背反这一步。系统科学的广泛应用为此提供了新的视野，人们不仅可以将物流系统细分成运输、储存、包装、装卸搬运、流通加工、物流信息处理等功能要素来认识，而且还可以将这些功能要素的有机联系寻找出来，作为一个整体来认识，进而有效地解决"效益背反"，追求总体的效果。

**5. 成本中心学说**

物流在整个企业战略中，只对企业营销活动的成本发生影响，是企业成本的重要产生点。因而，解决物流的问题，并不主要是为搞物流合理化、现代化，也不主要关注支持保障其他活动，而主要是通过物流管理和物流的一系列活动降低成本。所以，成本中心既是指主要成本产生点，又是指降低成本的关注点。物流是"降低成本的宝库"等说法正是这种认识的形象表述。

但是，成本中心学说过分地强调了物流的成本机能，认为改进物流的目标是降低成本，致使物流在企业发展战略中的主体地位没法得到认可，从而限制了物流本身的进一步发展。

**6. 服务中心学说**

这一学说代表了美国和欧洲一些学者（如鲍尔索克斯）对物流的论点。他们认为，物流活动最大的作用并不在于为企业节约了消耗，降低了成本或增加了利润，而是在于提高了企业对用户的服务水平，进而提高了企业的竞争能力。因此，他们在使用描述物流的词汇上选择了"后勤"一词，特别强调其服务保障的职能。通过物流的服务保障，企业以其整体能力的加强来压缩成本、增加利润。目前，在国内有关物流的服务性功能的研究也是一个比较热门的话题，有的从客户满意度的角度，探讨物流服务的功能和作用以及衡量指标体系；也有的从客户关系角度，研究客户关系管理在物流企业中的应用价值和方法。

**7. 战略学说**

战略学说是当前非常盛行的说法。实际上，学术界和产业界越来越多的人已逐渐认识到物流更具有战略性，是企业发展的战略而不是一项具体操作性任务。应该说这些看法把物流放到了很高的位置。企业战略是什么呢？最重要的是生存和发展。战略学说认为物流会影响企业总体的生存和发展，而不只是为了在某个环节搞得合理一些，省几个钱而已。

● "时代创新"探究性主题活动：与时俱进看物流

与时俱进看物流，探究物流领域与"新"有关的奇闻趣事。请同学们课下查阅、收集物流领域"新技术、新方法、新思想、新潮流、新名词、新创意、新人物，新鲜事……"。制作成精美 PPT 进行汇报。

与时俱进
看物流

**思政目标：**新技术的出现催生了新业态、新模式。新冠肺炎疫情期间，通过无人机、无接触配送车等新技术手段配送，满足了大众需求，体现科技创新的意义和物流人大无畏的抗疫精神。让学生发挥主动性去探索物流领域的新事物，培养学生业者勇于创新、不畏艰难、勇攀高峰的科学精神。

# 章末测试

**一、单选题**

1. 生产季节性商品的企业采用在淡季生产储备商品以调节旺季市场大量需求的方法，这种储备克服了（　　）。

A. 市场间隔　　　　B. 时间间隔　　　　C. 空间间隔　　　　D. 产品间隔

2. 第三方物流是企业物流业务（　　）的产物。

A. 承包　　　　　　B. 外包　　　　　　C. 发展　　　　　　D. 租赁

3. 在物流发展过程中，美国的贡献主要表现为（　　）。

A. 物流机械的现代化　　　　　　　B. 物流成本的测算

C. 物流实践　　　　　　　　　　　D. 最有潜力的市场

4. 在物流发展过程中，日本的贡献主要表现在（　　）。

A. 物流机械的现代化　　　　　　　B. 物流实践

C. 物流成本的测算　　　　　　　　D. 最有潜力的市场

5. 物流成本冰山学说是指物流成本的（　　）。

A. 真实性　　　　B. 相似性　　　　C. 隐匿性　　　　D. 公开性

6. 图 1-3 反映的物流学说观点是（　　）。

A. "黑大陆"学说　　　　　　　　　B 效益背反学说

C. 第三利润源学说　　　　　　　　D 商物分流学说

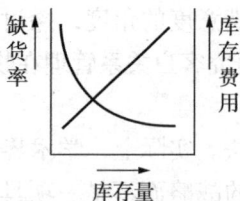

图 1-3

7. 我国流通领域每年因包装不善出现的上百亿元的商品损失，反映的是（    ）物流学观点。

A. 第三利润源学说    B. 商物分流学说    C. 效益背反学说    D. 黑大陆学说

**二、多选题**

1. 第三利润源学说是基于（    ）的认识。

A. 物流可以完全从流通中分化出来，自成一体

B. 物流可以成为"利润中心"型的独立系统

C. 可以给接受物流服务的生产企业创造更好的盈利机会

D. 可以优化社会经济系统和整个国民经济的运行

E. 物流能够解决企业发展中的绝大多数问题

2. 21 世纪现代物流的发展趋势包括（    ）。

A. 物流的全球化趋势

B. 物流的网络化、信息化趋势

C. 第一方物流成为现代物流业的主流

D. 服务化物流、绿色物流和逆向物流将是现代物流发展的主题

3. 下列现象属于"效益背反"效应的是（    ）。

A. 及时配送，成本增加          B 订货批量增大，库存费用上升

C. 加强管理，成本降低          D. 简化包装，破损率上升

4. 物流产业振兴规划细则中提出的四大措施包括（    ）。

A. 促进物流业与生产商贸业联动发展

B. 促进物流业相关法律法规的建设

C. 加快企业兼并重组，培育具有国际竞争力的现代物流企业

D. 推动能源等重点领域物流发展

E. 进一步推进物流税改政策

F. 加强物流基础设施建设

5. 我国第三方物流企业的类型有（    ）。

A. 原有的运输、仓储企业转型          B. 民营第三方物流企业

C. 大型企业自办物流          D. 外资和港资物流企业

6. 仓储是物流中的重要环节，储存功能相对于整个物流体系来说，有（    ）的作用与功能。

A. 缓冲          B 调节          C. 创值          D. 增效          E. 支撑

7. 一般来讲物流的价值包括（　　）。

　　A. 时间价值　　　　B. 空间价值　　　　C. 附加价值　　　　D. 信息价值

**三、判断题**

1. 物流中的"物"既包括有形的实体也包括无形的服务。（　　）
2. 利用第三方物流可以降低物流成本。（　　）
3. 回收物流也可以称为废弃物物流。（　　）
4. 逆向物流仅包括回收物流、废弃物物流。（　　）
5. 流通活动实际上是由商流和信息流构成的。（　　）
6. 第三方物流作为一个外部供应商，执行了一个组织全部或部分物流功能。（　　）

## 案例思考

### 中国古代的"快递"

现在人们已经习惯于有快递的日子，那么在没有高速公路、飞机、轮船、火车的时代，快递又是怎样的呢？

中国古代的"快递"可简单划分为"官方快递"和"民间快递"两种。

早在夏商时期实物传递就已出现了，但那时大部分是顺便捎带东西，赚点小钱贴补家用，传递距离不会太远，交通工具是双腿，并非专门的服务。

古代快递——生鲜、海淘

那么以满足官方和达官贵人需求为主的"官方快递"什么时候开始的呢？

周朝时期发现"快递"能提高办事效率，于是设置了"快递"官职——"行夫"，并给"快递业"定下规矩"虽道有难，而不时必达"，就是说虽然有困难但假以时日是可以送达的。

春秋时期出现了"马传"，近距离传递物品用"单骑"，长距离传递用"接力"。

秦统一后"快递"发生了三大变化。①有了快慢之分。普通物件对送达日期没有严格要求；一旦批注上"马上飞递"的字样，快递每天必须走150 km；若批注了"十万火急"，就要求快递速度更快了。②为防止中途泄密或被调包，对快递物品有了保护意识。文书都是写在竹简上，传递前将邮件捆扎妥当，并在结绳处使用封泥，盖上印玺，以防私拆。③对"快递员"入行提出了明确要求，即"隶臣妾老弱及不可诚仁者勿令"，就是说老弱和不诚信的人，是不能当"快递员"的。

到了汉代，出现了函、篚、囊等快递物品的封装工具。其中，"函"为一种小木盒，用来装简牍，上面有木板盖，刻线三道，凿一个小方孔，用绳子扎好后，方孔处要用封泥封好。所以，影视剧中的"里三层外三层、加印加章加印泥加封条"等措施并不夸张。

魏晋时期和汉朝，"快递业"发展迅速，规定物品都须由快递人员骑马传送，比如，紧急公文要求每日策马200 km。尤其是由魏国陈群等人制定的第一部针对"快递"的邮政法规《邮驿令》的出现，在中国邮政史上具有里程碑的意义。

隋唐"快递业"非常发达，快递每日速度达到250 km。同时，大运河的开凿省去了翻山越岭的时间，开启了古代"多式联运"的时代。唐玄宗时，全国大约有1 600个驿站，其中水驿 200 多个，陆驿约 1 300 个，水陆相兼驿近百个，"快递"从业人员约 20 000 人，而且流行起用"快递"运送水产、水果。比如，平原郡（今山东境内）进贡的螃蟹，为保证新鲜，用毡子密封起来速递到京城，大概就是今天冷链的雏形吧。当然，最有名气的还是岭南快递到长安的荔枝，"一骑红尘妃子笑，无人知是荔枝来"，只不过这里的"快递小哥"是朝廷传递紧急军情的公职人员。

宋代又出现了急脚递，最快可达"日行六百里"。其实《史记》中记载的"千里马"也是日行 300 多 km，并非想象中那么快。

"民间快递"私人镖局的驿站

通过上面的介绍，可以发现中国古代物流其实并不像现代物流分得那么细，充其量称为"快递"，而这些"快递"均属非商业化或国家垄断性质，主要是为皇家和达官显贵服务的，很少对民间开放。那么私人想发快递怎么办？

随着民间需求的增长，镖局出现了。当然，想在这样的"快递公司"谋个职位，需要文武双全、头脑灵活、应对突发情况的能力非常强，可不是一般的"快递小哥"能胜任的。

古代的镖局运镖，其实就是武装运货，运输的货物大多是贵重物品，如奇珍异宝，因此，必须要有懂功夫的人保护才能完成。《清稗类钞·技勇类·洪峻》记载："时有巨商贸贩外国，苦海盗，聘洪护镖。"指的是在明末清初便已出现了正式的镖局走镖业务。

那么当时镖局的业务形式有哪些呢？

随着社会生活日益复杂，镖局承担的工作范围也越来越广泛，尤其是票号，也就是金融业的兴起，镖局的主要业务就是为票号押送银镖，这就形成了镖局走镖的两大镖系：银镖和票镖。

银镖（类似于现代押钞车）指的是押送黄金白银等作为货币形式存在的物质的镖。银镖的汇款业务就是代办远途银钱汇兑。银镖虽然风险大，但是利润非常高，所以一直是镖局最为热衷的买卖。

票镖（类似于现金支票）是由晋商为方便运送货物钱财而发明出来的，用来解决货物或钱财因过于累赘而导致运送日期延误的问题。

皇杠：镖局不但为票号、银号运饷银，也给官方运税收的税银，也被称为"皇杠"。平时人们看的古装电视剧里的运镖都是将银箱绑在镖车上，镖旗插在镖车上。实际上镖局没这么蠢，一般运饷银的时候都是暗镖，把银子掺在棉花、瓷器里。

坐店：镖局还有一项业务叫坐店，有点儿类似于现在的商店保安。还有叫坐夜的，就是夜里看守库房。通俗一点讲，所谓坐夜就是搬张凳子坐在库房里，听，是不是有人从门进来，从窗户进来，揭瓦从屋顶进来，就坐着听，至于外头着火了，跟保镖无关。

到了清朝末期，随着票号的逐渐衰败，镖局的主要业务对象变成为一些有钱的客人押送衣、物、首饰以及保障人身安全，于是镖局走镖业务发展出了六大镖系：信镖、票镖、银镖、粮镖、物镖、人身镖。

**思考题：**根据上面的介绍，同学们可以讨论一下中国古代的"快递"有哪些现代物流的影子？

第2章

# 运　输

**章前导读**

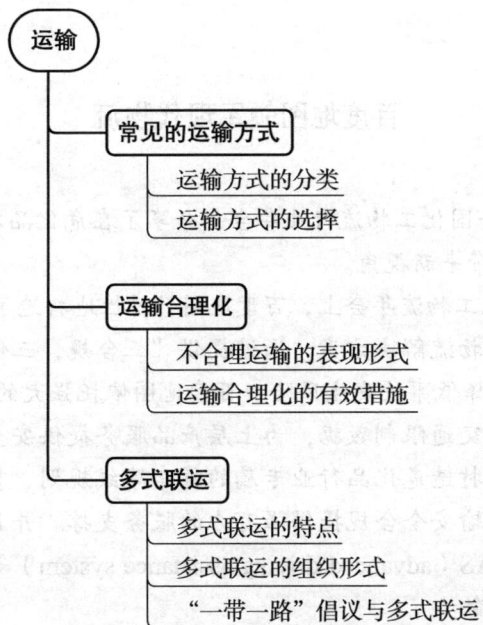

运输
- 常见的运输方式
  - 运输方式的分类
  - 运输方式的选择
- 运输合理化
  - 不合理运输的表现形式
  - 运输合理化的有效措施
- 多式联运
  - 多式联运的特点
  - 多式联运的组织形式
  - "一带一路"倡议与多式联运

**知识目标：**

1. 能说出常见五种运输方式的优缺点。

2. 会描述不合理运输的表现形式，能举例说明应该采取哪种合理化的措施。

3. 能根据运输需求和外协环境合理选择运输方式。

4. 了解"一带一路"发展战略和运输业未来发展趋势。

**素养目标：**

运输行业工作环境较为艰苦，注重培养学生求真务实、吃苦耐劳的精神和兢兢业业的工作态度。

**创新创业教育：**

我国运输业发展处于转型的关键期，需要大量的优秀人才。以身作则、言传身教，积极倡导和组织学生参加物流、运输领域各种大学生创新创业项目和学科竞赛，培养并坚定学生从事专业研究工作的决心和勇气。

# 开篇案例

## 百度地图领军现代物流

案例分享一：

百度地图亮相2021全国化工物流行业年会，分享了在危化品物流领域的深刻洞察与物流服务，为推动行业变革带来新视角。

2021年11月的全国化工物流年会上，百度地图针对性地打造了集运输规划、运输监管、运输安全为一体的危化品物流解决方案，通过提供"三合规，三保障"产品服务，助力危化品物流行业合法合规，降低事故发生风险。百度地图依托强大的AI化数据加工能力，提供覆盖全国的道路物理和交通限制数据，为上层产品服务提供安全可靠的数据保障。在此基础上，百度地图进一步打造危化品行业专属的货车路线规划、货车导航、轨迹分析理解等服务，为保障危化品运输安全合规提供强有力的服务支撑。并且百度地图还结合百度鹰眼的轨迹服务、运用ADAS（advanced driving assistance system）等功能来切实保障危化品物流更加有效与安全地运输。

案例分享二：

菜鸟实现中国新冠疫苗"跨国闪送"，18 h运抵特多和萨尔瓦多，助力新冠疫苗的接种。

疫情期间，菜鸟为特多和萨尔瓦多运送新冠疫苗，从北京抵达特多和萨尔瓦多，全程仅需18 h。菜鸟依托国际物流能力以及以往的运输经验，采用前半程商业航班和后半程包机直达的组合方式，中途只进行一次中转，无缝衔接国内外的航空资源。并且菜鸟还特意将交接飞机安排在同一停机位，仅停留2 h后两架包机同时起飞，并同时抵达目的地，保证衔接的时效，实现中国通往中南美洲运输时效与航线稳定性最优的航线。目前，菜鸟已经顺利完成对圭亚那、萨尔瓦多、特多等国家的疫苗运输，并沉淀了顶尖的医药冷链运输经验和技术。自疫情发生以来，菜鸟累计向全球150多个国家和地区运送超过2.5亿件医疗物资。

通过上述两个事例的缩影，投射出我国物流业不仅仅是危化品物流、冷链物流领域正在蓬勃发展，而且其他类型的物流也在繁荣发展。因为不仅是物流企业正在积极地提升自身来推动物流行业的发展，而且物流相关的其他企业也都在积极的提供技术支持、奉献新思路，来助力我国物流行业的蓬勃发展。

**开放性问题：** 除此之外，同学们还了解哪些领域的物流先进案例，请制作精美视频或 PPT 分享给同学吧。

● 古人智慧：漕运——中国古代田赋税收物资的运输

为了供皇室宫廷消费，以及文武百官俸禄支出乃至军饷开支等，我国古代历代封建王朝都将征得的田赋税收、粮食、物品运往京城或其他指定地点，这种运输方式称为漕运，运输的粮食称为漕粮，方式有河运、水陆联运和海运三种。狭义的漕运仅指通过运河并沟通天然河道而转运漕粮。

漕运京通仓

漕运是封建王朝一项重要的国策，自秦始皇北征匈奴开始，一直到清代光绪末年停止，共经历了两千多年。漕粮被称为"天庚正供"，以清代为例，朝廷向江苏、浙江、江西、安徽、湖南、湖北、河南、山东八省征收漕粮，额定 400 万石。除去改征折色及截留他用的部分，实际征收一般在 300 万石左右。漕粮是宫廷及王公百官、京师八旗兵丁的主要食粮来源，因而漕粮的征、运受到清政府的高度重视。

明朝时，通过运河运输的货物主要分为两种：一种是传统意义上的运输漕粮。政府将各地征收的田赋集中运往各省征漕州县，然后由运河沿线的五大水次仓转运到京通仓，最后贮存在京通仓的漕粮用于发放军饷、民用等；另一种则是专门运送特供皇室、内府部衙门等用的漕粮，即白粮和其他供用物。晚清时期发生了一系列与漕运有关的事件，如北方黄河的改道，商品贸易的发展及轮船和铁路交通逐渐兴起等，最终导致漕运的衰落。

# 2.1 常见的运输方式

运输（transport）指的是利用载运工具、设施设备及人力等运力资源，使货物在较大空间上产生位置移动的活动。

由于运输借助于一定的运输工具，并经由一定的交通线路与港站来完成，故而运输方式取决于所使用的运输工具、交通线路与港站的类别和性质，并受天气、基本设施与技术装备特点以及主要技术经济指标的影响。

## 2.1.1 运输方式的分类

按不同的标准，可把运输方式按以下方法分类。

**1. 按运输的范围分类**

（1）干线运输。这是利用铁路、公路的干线，大型船舶的固定航线进行的长距离、大数量的运输，也是进行远距离空间位置转移的重要运输形式。干线运输一般速度较同种工具的其他方式运输速度要快，成本也较低。干线运输是运输的主体。

（2）支线运输。这是与干线相接的分支线路上的运输。支线运输是干线运输与收、发货地点之间的补充性运输形式，路程较短，运输量相对较小。

（3）二次运输。这是一种补充性的运输形式，是指干线、支线运输到站后，站与用户仓库或指定地点之间的运输。由于满足的是单个单位的需要，所以运量也很小。

（4）厂内运输。这是指在大型工业企业范围内，直接为生产过程服务的运输。但小企业内的这种运输称为"搬运"。从工具上讲，厂内运输一般使用卡车，而搬运则使用叉车、输送机等。

**2. 按运输的作用分类**

（1）集货运输。将分散的货物汇集集中的运输形式，货物集中后才能利用干线运输形式进行远距离及大批量运输，因此，集货运输是干线运输的一种补充形式。

（2）配送运输。将物流节点中已按用户要求配好的货物分送给各个用户的运输。这一般是短距离、小批量的运输，从运输的角度讲是对干线运输的一种补充和完善。

**3. 按运输的协作程度分类**

（1）一般运输。一般运输（general transport）指孤立地采用不同运输工具或同类运输工具而没有形成有机协作关系的运输。

（2）联合运输。联合运输（multimodal transport）指从接收委托至到达交付，组织使用两种及以上的运输方式完成的货物运输形式。

（3）多式联运。多式联运（intermodal transport）指货物由一种且不变的运载单元装载，相继以两种及以上运输方式运输，并且在转换运输方式的过程中不对货物本身进行操作的运输形式。

**4. 按运输中途是否换装分类**

（1）直达运输。在组织货物运输时，利用一种运输工具从起运站、港一直到到达站、港，中途不经过换装、不入库储存的运输形式。直达运输可避免中途换装所出现的运输速度减缓、货损增加、费用增加等一系列弊病，从而能缩短运输时间、加快车船周转、降低运输费用。

（2）中转运输。在组织货物运输时，在货物运往目的地的过程中，在途中的车站、港口、仓库进行转运换装，称为中转运输。中转运输可以将干线、支线运输有效衔接，可以化整为零或集零为整，从而方便用户、提高运输效率。

**5. 按运输设备及运输工具不同分类**

（1）水路运输。水路运输（waterway transportation）是以船舶为主要运输工具，以港口或港站为运输基地，以水域包括海洋、河流和湖泊为运输活动范围的一种运输方式。水运至今仍是世界许多国家最重要的运输方式之一，水路运输有以下四种形式。

①沿海运输。沿海运输是使用船舶通过大陆附近沿海航道运送客货的一种运输形式，一般使用中小型船舶。

②近海运输。近海运输是使用船舶通过大陆邻近国家海上航道运送客货的一种运输形式，视航程可使用中型船舶，也可使用小型船舶。

③远洋运输。远洋运输是使用船舶跨大洋的长途运输形式，主要依靠运量大的大型船舶。

④内河运输。内河运输是使用船舶在陆地内的江、河、湖、川等水道进行运输的一种

运输形式，主要使用中小型船舶。

不管哪种形式的水路运输，其共有的优点是运输成本低，能进行低成本、大批量、远距离的运输，适合宽大、质量重的货物的运输。其缺点是运输速度较慢、灵活性和连续性差，港口的装卸费用较高，航行受航道水文状况和气象等自然条件影响大，不适合短距离运输。

水路运输适合大宗、低值、远程、时间要求不高的货物，以及宽大、笨重的货物的运输。

（2）铁路运输。铁路运输（railway transportation）是使用铁路列车运送客货的一种运输方式。铁路运输的经济里程一般在 200 km 以上。铁路运输主要承担长距离、大批量的货运，在没有水路运输条件的地区，几乎所有大批量货物都是依靠铁路运输。铁路运输是在干线运输中起主力运输作用的运输形式。

铁路运输具有以下的优点。

①运输速度快。高速铁路运行时速可达到 210 ～ 260 km。

②运输能力大。能承运大量的货物，是大宗、通用的运输方式。

③运输成本低。一般说来，铁路的单位运输成本比公路运输和航空运输要低得多。如果考虑装卸费用，有时甚至低于内河运输。

④运行一般不受气候、地形等自然条件的影响，连续性强。

但铁路造价高，占地广，短途运输成本高；且只能在固定线路上实现运输，需要其他运输手段配合和衔接。这是铁路运输的主要缺点。

铁路运输适合于大宗笨重、需长途运输的货物。

（3）公路运输。公路运输（highway transportation）是使用汽车在公路上运送客货的一种运输方式。公路运输主要承担近距离、小批量的货运，水路运输、铁路运输难以到达地区的长途，以及大批量货运及铁路、水路运输难以发挥优势的短途运输。由于公路运输有很强的灵活性，近年来，在有铁路、水路运输的地区，较远距离的大批量运输也开始使用公路运输。

公路运输的优点如下。

①灵活性强。公路运输可以满足用户的多种要求，易于因地制宜，对收到站设施要求不高。

②公路建设期短，投资较低。

③可以采取"门到门"的运输形式。即从发货者门口一直到收货者门口，而不需要转运或反复装卸搬运。

④连续性较强，周转速度快，装卸方便，对各种自然条件适应性强。

公路运输的缺点是运输单位小，耗能多，成本高；不适合大量运输，长距离运输运费较高。

公路运输适合于短程、量小的货物和高档工农业产品的运输。

（4）航空运输。航空运输（air transport；airfreight；airlift；air transportation）简称空运。一般是比较急用的货物，公路运输不能满足客户要求时效的情况下选择的一种运输方式。空运以其迅捷、安全、准时的超高效率赢得了广阔的市场，大大缩短了交货期，对于物流供应链加快资金周转及循环起到了极大的促动作用。各大航空公司相继投入大量航班分取货运这块"蛋糕"，但空运相对海运成本较高。

航空运输的优越性和特点表现为速度快，效率高，不受地形的限制，在火车、汽车都达不到的地区也可依靠航空运输，这是一种最快捷的现代化运输方式；其缺点是运量小，耗能大，且设备投资大，运输成本高，技术要求严格，易受气候条件影响。

航空运输一般有班机、包机、集中托运和航空快递四种方式。

航空运输主要适合运载的货物有两类：一类是价值高、运费负担能力很强的货物，如贵重设备的零部件、高档产品等；另一类是紧急需要的物资，如救灾抢险物资。

（5）管道运输。管道运输（pipeline transport）是利用管道输送气体、液体和粉状固体的一种运输方式。管道运输形式是靠物体在管道内顺着压力方向循环移动实现的，和其他运输方式的重要区别在于，管道设备是静止不动的。

管道运输的主要优点是运量大、运输成本低、损耗小、连续性强，平稳安全，管理方便。另外，由于采用密封设备，在运输过程中可避免散失、丢失等损失，也不存在其他运输设备在运输过程中消耗动力所形成的无效运输问题。但是存在设备投资大，灵活性差，建设投资大，功能单一，对运输货物有特定要求和限制等缺点。

管道运输适合于输送量大、货源比较稳定的流体货物，如原油、成品油、天然气和其他液态、气态物资。也有半流质类物质，如生产企业顶吹技术中输送的粉状或细颗粒料。

各种运输方式都有其长处与短处，在充分发挥它们各自优势的同时，需注意相互补充与共同协作，以满足国民经济发展对运输业的要求，这就是多式联运。尤其是随着物流国际化发展，国际多式联运将发挥越来越重要的作用。

## 2.1.2 运输方式的选择

在各种运输方式中，如何选择适当的运输方式是物流合理化的重要问题。一般来讲，应从物流系统要求的服务水平和允许的物流成本来决定，可以使用一种运输方式也可以使用联运方式。

运输方式选择，可以在考虑具体条件的基础上，对下述五个方面认真研究。

**1. 货物品种**

关于货物品种及性质、形状，应在包装项目中加以说明，选择适合这些货物特性和形状的运输方式，货物对运费的负担能力也要认真考虑。

**2. 运输期限**

运输期限必须与交货日期相联系，应保证运输时限。必须调查各种运输工具所需要的运输时间，根据运输时间来选择运输工具。运输时间的快慢顺序一般情况下依次为航空运输、公路运输、铁路运输、水路运输。各种运输工具可以按照它的速度编组来安排日程，加上它的两端及中转的作业时间，就可以算出所需的运输时间。在商品流通中，要研究这些运输方式的现状，进行有计划的运输，确保有一个准确的交货日期。

**3. 运输成本**

运输成本因货物的种类、重量、容积、运距不同而不同。而且，运输工具不同，运输成本也会发生变化。在考虑运输成本时，必须注意运费与其他物流子系统之间存在互为利弊的关系，不能只考虑运输费用来决定运输方式，要由全部总成本来决定。

**4. 运输距离**

从西方国家数据来看，一般运输距离在 300～500 km 以内用公路运输；500 km 以上可以考虑铁路运输比较经济。但是我国受运输结构和经济结构影响却表现出不同的情况，从 2021 年统计数据来看，一般要 1 200～1 500 km 以上采用铁路才比较经济。

**5. 运输批量**

运输批量的影响，因为大批量运输成本低，应尽可能使商品集中到最终消费者附近，选择合适的运输工具进行运输是降低成本的良策。一般来说，15～20 t 以下的商品用公路运输；15～20 t 以上的商品用铁路运输；数百吨以上的原材料之类的商品，应选择水路运输。

运输方式的判断标准主要有以下要素：货物的性质，运输时间，交货时间的适应性，运输成本，批量的适应性，运输的机动性和便利性，运输的安全性和准确性等。对于货主来说，运输的安全性和准确性，运输费用的低廉性以及缩短时间等是关注的重点。从行业来看，制造业注重运输费用的低廉性，批发业和零售业则更加重视运输的安全性和准确性，以及运输总时间的缩短等运输服务方面的因素。

● 中国步伐——农村物流全新体系：乡村智能索道运输快线

随着中国物流业的发展，中国农村物流也迎来了新的春天，新技术、新方法、新模式不断涌现。乡村智能索道运输系统作为一种新的农村物流运输模式已经出现，第一个试点在广东茂名。运输的方式是以低空钢索为运输线路，穿梭的机器人为运输载体，实现了县、乡、村空中的三级物流体系。整套的乡村智能索道系统是有硬件和软件集成的，硬件包括索道穿梭机运输箱以及物流站点，软件是由云端的智能系统实现全网的智能调度，它整体的运营逻辑和城市里面的轻轨差不多。运输车厢就相当于一辆穿梭的轻轨车厢，不过这个车厢的最大的额定负载是 100 kg，最大的时速是 60 km，完全是无人驾驶。它的优势就是随时发车、准时到达、速度很快、成本很低。相比传统的乡村公路汽车物流，具有以下优点。①时效性高，传统的货运需要凑够一车才能发货，如果没有装满一车，跑一趟肯定是亏损的。而这种智能索道运输，单件就可以发货，一般情况下一小时就能够直达乡村，还能够有效地避免修路和堵车等风险。②成本比较低。公路运输的人力成本、油耗成本都比较大，而索道运输仅用电就够了，节能又环保。③与乡村无人机运输相比，安全性能更高、可控性更强、受天气影响比较小。

农村物流对于中国来说非常重要，今天的中国有 7 亿农村人口，要实现乡村振兴，三级物流体系至关重要，农村物流一方面肩负着工业品下乡的新消费，另一方面又承担着农产品进城的任务。如果在中国的一些县域建设这样一张低空的智能物流网络，你的快递到了县城之后，一小时就可能送到村头的物流站点。家乡的父母要给你快递点腊肉、香肠、土鸡蛋什么的，只要一小时，就能够送到县域的快递网点，期待这样的物流网络能够快速推广到中国的各大村镇。

资料来源：https://www.bilibili.com/video/BV1Y34y1D7kd/。

乡村智能索道运输快线

● 物流新技术、新概念——管道物流

随着物流新技术的发展，除索道快线外，使用现有和新的管道基础设施来运输货物成为可能。"超级高铁"（hyperloop）作为一种新的运输方式已经成为可能，期待一天内能在两个城市间完成货物快速运输的"超级高铁"早日诞生。

# 2.2 运输合理化

## 2.2.1 不合理运输的表现形式

### 1. 对流运输

对流运输也称"相向运输""交错运输"，指同一种货物，或彼此间可以互相代用而又不影响管理、技术及效益的货物，在同一线路上或平行线路上作相对方向的运送，而与对方运程的全部或一部分发生重叠交错的运输。它是不合理运输中最突出、最普遍的一种。

产生对流运输的主要原因如下。

（1）物资流通体制不合理。条块分割，管理多头，各行其是。

（2）物资供需衔接不合理。物资价格不合理、同类产品质量差异大。

（3）物资中转环节过多。多次转手买卖，辗转运送。

### 2. 重复运输

重复运输是指同一批货物由产地运抵目的地，没经任何加工和必要的作业，也不是为联运及中转需要，又重新装运到别处的现象。它是物资流通过程中多余的中转、倒装，虚耗装卸费用，造成车船非生产性停留。其缺点是增加了非必要的中间环节，延缓了流通速度，增加了费用，增大了货损。

### 3. 迂回运输

迂回运输是舍近求远的一种运输方式。是当计划不周、地理不熟、组织不当而发生的迂回，属于不合理运输。

如果最短距离有交通阻塞、道路情况不好或者有对噪声、排气等特殊限制而不能使用时发生的迂回不能称不合理运输。

### 4. 过远运输

过远运输是舍近求远的商品运输，即不就地或就近获取某种物资，却舍近求远从外地或远处运来同种物资，从而拉长运输距离，造成运力浪费。在现实生活中存在的大量日用工业品、农副产品的远距离调运也是不合理的。

### 5. 无效运输

无效运输是指被运输的货物杂质较多（如煤炭中的矿石、原油中的水分等），使运输能力浪费于不必要的物资运输。我国每年有大批原木进行远距离的调运，但原木的使用率一般不足100%，而是70%左右，致使30%的边角废料的运输是无效的。

### 6. 运力选择不当

运力选择不当是指未考虑各种运输工具的优缺点，选择不当造成的不合理运输，常见有以下几种形式。

（1）弃水走陆。把适合水路或水陆联运的货物改为铁路或公路运输，从而使水路运输的优势得不到充分发挥。

（2）铁路短途运输。不足铁路的经济运行里程却选择铁路进行运输。

（3）水路运输的短途运输。不足船舶的经济运行里程却选择水路进行运输。

以上对不合理运输的描述主要是就形式本身而言。在实际中，必须将其放在物流系统中做综合判断。有时从单一角度看，避免了不合理，做到了合理，但它的合理却可能会给其他物流环节带来不合理，即物流各环节的效益背反现象。因此，必须具体情况具体分析，从系统角度出发，进行综合判断。

● 知识拓展：供应链压力释缓

供应链压力释缓（destressing the supply chain）的目的是通过正确的混合运输模式减少供应链的复杂性，从而以更低成本、更高质量实现物流的有效运营。例如，有技巧地使运输"慢下来"，能够平衡供应链、降低库存成本并减少碳排放。

## 2.2.2　运输合理化的有效措施

### 1. 提高运输工具实载率

提高实载率的意义在于充分利用运输工具的额定能力，减少车船空驶和不满载行驶的时间，减少浪费，从而求得运输的合理化。我国曾在铁路运输上提倡"满载超轴"。其中，"满载"的含义就是充分利用货车的容积和载重量，多载货，不空驶，从而达到合理化的目的。这种做法对推动当时运输事业的发展起到了积极作用。在铁路运输中，采用整车运输、整车拼装、整车分卸及整车零卸等具体措施，都是提高实载率的有效途径。

### 2. 减少动力投入，增加运输能力

这种合理化的要点是少投入、多产出，走高效益之路。运输的投入主要是能耗和基础设施的建设，在设施建设已定型和完成的情况下，尽量减少能源投入，是少投入的核心。做到了这一点就能大大节约运费，降低单位物品的运输成本，达到合理化的目的。一般有效增加运输能力的措施有以下几种。

（1）满载超轴。超轴的含义就是在机车能力允许情况下加挂车皮。我国在客运紧张时，也采取加长列车、多挂车厢的办法，在不增加机车的情况下增加运输量。

（2）水运拖排和拖带法。竹、木等物品的运输，可不用运输工具载运，而利用竹、木本身浮力，采取拖带法运输，能节省运输工具本身的动力消耗，从而求得运输合理化；将无动力驳船编成一定队形，一般是"纵列"，用拖轮拖带行驶，比船舶载乘运输运量大。

鸭绿江放排

（3）顶推法。这是我国内河货运采取的一种有效方法。将内河驳船编成一定队形，由机动船顶推前进。其优点是航行阻力小、顶推量大、速度较快、运输成本低。

（4）汽车挂车法。这种方法的原理与船舶拖带、火车加挂基本相同，都是在充分利用动力能力的基础上，增加运输能力。

### 3. 发展社会化运输体系

运输社会化的含义是发展运输的大生产优势，实行专业分工，打破一家一户自成运输体系的状况。一家一户的运输小生产车辆自有，自我服务，不能形成规模，且运量需求有限，难于自我调剂，因而经常出现空驶、运力选择不当、不能满载等浪费现象，且配套的接货、发货设施，装卸搬运设施也很难有效运行，所以浪费很大。实行运输社会化，可以统一安排运输工具，避免对流、倒流、空驶、运力不当等多种不合理运输形式，不但可以追求组织效益，而且可以追求规模效益，所以发展社会化的运输体系是运输合理化的重要措施。目前，我国铁路运输的社会化运输体系已较完善，而在公路运输中，小生产作业方式非常普遍，是发展社会化运输体系的重点。

### 4. 开展中短距离铁路公路分流，"以公代铁"的运输

这一措施的要点是在公路运输经济里程范围内，尽量利用公路。这种运输合理化的表现主要有两点：一是对于比较紧张的铁路运输，用公路分流后，可以得到一定程度的缓解，从而加大这一区段的运输通过能力；二是充分利用公路从门到门和在中途运输中速度快且灵活机动的优势，实现铁路运输服务难以达到的水平。我国"以公代铁"目前在杂货、日用百货运输及煤炭运输中较为普遍，运输距离有时可达 1 000 ~ 1 200 km。

### 5. 分区产销平衡合理运输

分区产销平衡合理运输就是在组织物流的过程中，对某种货物，使其一定的生产区固定于一定的消费区。根据产销的分布情况和交通运输条件，在产销平衡的基础上，按照近产近销的原则，组织货物运输，使货物经过最短的里程。它的适用范围，主要是品种单一，规格简单，生产集中、消费分散和生产分散、消费集中，调运量大的货物，如煤炭、木材、水泥、粮食、生猪、矿建材料等。实行这一办法，对于加强产、供、运、销的计划性，消除过远、迂回、对流等不合理运输，充分利用地方资源，促进生产合理布局，降低物流费用，提高国家运输能力，都有十分重要的意义。

### 6. 直达运输

直达运输就是货物由发运地到接收地，采用同一种运输方式、中途不需要中转的运输组织方式。对生产资料来说，由于某些物资体大笨重，一般采取由生产厂矿直接供应消费单位（生产消费），实行直达运输的办法，如煤炭、钢材、建材等。对商业部门来说，则根据不同的商品，采取不同的运输方法。有些商品规格简单，可以由生产工厂直接供应到三级批发、大型商店或用户，越过二级批发环节，如纸张、肥皂等。

### 7. 组织"四就"直拨运输

一般批量运到的货物，首先要进分配部门或批发部门的仓库，然后再按程序分拨或销售给客户，这样往往出现不合理运输。"四就"直拨是首先由管理机构预先筹划，然后就厂、就站（码头）、就库、就车（船）将货物直接分送给客户。

### 8. 合装整车运输

合装整车运输主要适用于商业、供销等部门的散件杂货运输，即把同一方向不同到站的零担货物，集中组配在一个车皮内，运到一个适当车站，然后再中转分运。在铁路货运中有两种托运方式，一是整车，二是零担，两者之间的运价相差很大。采取合装整车的办法，可以减少一部分费用并节约社会劳动力。

**9. 提高技术装载量**

提高技术装载量是组织合理运输，提高运输效率的重要内容。它一方面最大限度地利用车船载重吨位；另一方面充分使用车船装载容积。其主要做法有以下几种。

（1）组织轻重配装。即把实重货物和轻泡货物组装在一起，既可以充分利用车船装载容积，又能达到装载重量，以提高运输工具的使用效率。

（2）实行解体运输。对一些体大笨重，不易装卸又容易碰撞致损的货物，如自行车、科研仪器、机械等，可以将其拆卸分别包装装车，以缩小所占空间，并利于装卸和搬运，以提高运输装载效率。

（3）提高堆积技术。如多层装载、骑缝装载、紧密装载等，以提高运输效率。当然，改进商品包装，逐步实行单元化、托盘化，是提高车船装载量的一个重要条件。

● 古人智慧：唐朝的茶马古道

茶马古道是指存在于中国西南地区，以马帮为主要交通工具的民间国际商贸通道，是中国西南民族经济文化交流的走廊。茶马古道源于古代西南边疆的茶马互市，兴于唐宋，盛于明清，第二次世界大战中后期最为兴盛。

茶马古道分陕甘、陕康藏、滇藏三条线，连接川、滇、藏，延伸入不丹、锡金、尼泊尔、印度境内，直到抵达西亚、西非红海海岸，是古代中国与南亚地区一条重要的贸易通道。最初的线路青藏线始于公元 7 世纪（唐朝），那时居住在青藏高原的吐蕃民族崛起，南下到中甸境内的金沙江上建造了一座铁桥，从此打通了云南西藏输送茶叶的往来之路。青藏线在唐朝时期十分繁荣，行走在古道上的马帮为茶叶的传播做出了重大的贡献（见图 2-1）。

图 2-1  茶马古道

# 2.3  多式联运

《货物多式联运术语》（JT/T 1092—2016）关于多式联运的定义是：货物由一种且不变的运载单元装载，相继以两种及以上运输方式运输，并且在转换运输方式的过程中不对货物本身进行操作的运输形式。《联合国国际货物多式联运公约》对国际集装箱多式联运所下的定义是：按照国际集装箱多式联运合同，以至少两种不同的运输方式，由多式联运经营人将国际集装箱从一国境内接管的地点运至另一国境内指定交付的地点。

中国海商法对于国内多式联运的规定是必须有海运，但国际贸易意义上的多式联运必须要有"多式联运提单"，也就是"多式联运"合同。多式联运是一票到底，实行单一运费率的运输。发货人只要订立一份合同、一次付费、一次保险，通过一张单证即可完成全程运输。多式联运是不同方式的综合组织，全程运输均是由多式联运经营人组织完成的。无论涉及几种运输方式，分为几个运输区段，都由多式联运经营人对货运全程负责。

### 2.3.1  多式联运的特点

众所周知，各种运输方式均有自身的优点与不足。一般来说，水路运输具有运量大，成本低的优点；公路运输则具有机动灵活，便于实现货物门到门运输的特点；铁路运输的主要优点是不受气候影响，可深入内陆和横贯内陆实现货物长距离准时运输；而航空运输的主要优点是可实现货物的快速运输。多式联运是在集装箱运输的基础上发展起来的，这种运输方式并没有新的通道和工具，而是利用现代化的组织手段，将各种单一运输方式有机地结合起来，打破各个运输区域的界限，是现代物流管理理论在运输业中运用的结果。

多式联运合同规定多式联运至少有两种运输方式，而且其中必须有海上运输。这里所指的至少两种运输方式可以是海陆、海陆空、海空等。在我国由于国际海上运输与沿海运输、内河运输分别适用不同的法律，所以国际海上运输与国内沿海、内河运输可以视为不同的运输方式。多式联运虽涉及两种以上不同的运输方式，但托运人只和多式联运经营人订立一份合同，只从多式联运经营人处取得一种多式联运单证，只向多式联运经营人按一种费率收缴运费。这就避免了单一运输方式时多程运输手续多、易出错的缺点，为货主确定运输成本和货物在途时间提供了方便。由于国际多式联运具有其他运输组织形式无可比拟的优越性，这种国际运输新技术在世界各国和地区得到广泛推广和应用。

● 古人智慧：隋朝大运河——多式联运的雏形

中国幅员辽阔，但长江、黄河等河流却多为东西走向，南北走向的大河却没有一条，此种地理缺陷造成了我国经济文化发展的不均衡。在水路运输占主导地位的年代，十分需要一条贯通南北的水路运输干线，在这样的背景下，京杭大运河诞生了。

4 分钟看完京杭大运河的前世今生

京杭大运河始建于春秋时期，隋王朝统一后做出了贯通南北运河的决定，这是世界上里程最长的一条人工河道。京杭大运河南起余杭（今杭州），北到涿郡（今北京），贯通海河、黄河、淮河、长江、钱塘江五大水系，主要水源为微山湖，大运河全长约 1 747 km，为苏伊士运河的 16 倍，巴拿马运河的 33 倍，也是工程量最大、最古老的运河之一，是中国仅次于长江的第二条"黄金水道"，与长城并称为中国古代的两项伟大工程。

隋朝开运河有经济方面的动机，因为纺织业在江南。于是棉花南运，布匹北运，太湖流域号称"衣被天下"。随着运河的开通，物产交流和经济交流也极大地丰富起来，隋唐时期经济繁荣，应该说京杭大运河功不可没。京杭大运河同时调动了陆路、水路的运输资源，可谓是现代水陆联运的雏形。

## 2.3.2　多式联运的组织形式

海陆联运是国际多式联运的主要组织形式，也是远东／欧洲多式联运的主要组织形式之一。组织和经营远东／欧洲海陆联运业务的主要有班轮公会的三联集团、北荷、冠航和丹麦的马士基等国际航运公司，以及非班轮公会的中国远洋运输集团、中国台湾长荣航运公司和德国那亚航运公司等。这种组织形式以航运公司为主体，签发联运提单，与航线两端的内陆运输部门开展联运业务（陆—海—陆），与大陆桥运输（海—陆—海）展开竞争。

在国际多式联运中，陆桥运输（land bridge service）起着非常重要的作用，它是远东／欧洲国际多式联运的主要形式。所谓陆桥运输是指采用集装箱专用列车或卡车，把横贯大陆的铁路或公路作为中间"桥梁"，使大陆两端的集装箱海运航线与专用列车或卡车连接起来的一种连贯运输方式。严格地讲，陆桥运输也是一种海陆联运形式，只是因为其在国际多式联运中的独特地位，故此将其单独作为一种运输组织形式。陆桥的主要线路有以下几条。

### 1. 新亚欧大陆桥

新亚欧大陆桥（New Eurasian land bridge），又名"第二亚欧大陆桥"，是从中国的连云港开始的陇海、兰新铁路向西延伸，在中国西部边境阿拉山口与哈萨克斯坦共和国的德鲁日巴站接轨，从而构成了一条沿当年亚欧商贸往来的"丝绸之路"，经亚洲、欧洲诸国直到大西洋的另一条陆上通道，这就是新亚欧大陆桥。它是一条对亚欧大陆经贸活动发挥巨大作用的现代"丝绸之路"。

大陆桥途经江苏、山东、河南、安徽、陕西、甘肃、山西、四川、宁夏、青海、新疆11个省、区，89个地、市、州的570多个县、市，到达中哈边界的阿拉山口出国境。出国境后可经3条线路抵达荷兰的鹿特丹港、比利时的安特卫普等港口。中线与俄罗斯铁路友谊站接轨，进入俄罗斯铁路网，途经阿克斗亚、切利诺格勒、古比雪夫、斯摩棱斯克、布列斯特、华沙、柏林达荷兰的鹿特丹港，全长10 900 km。

新亚欧大陆桥东西两端连接着太平洋与大西洋两大经济中心，基本上属于发达地区，但空间容量小，资源短缺；而其辽阔狭长的中间地带以及亚欧腹地，除少数国家外，基本上都属于欠发达地区，特别是中国中西部、中亚、西亚、中东、南亚地区，但空间容量大，资源富集，开发前景好，潜力大。中间地带还是世界上最重要的农牧业生产基地，矿产资源种类多，储量大，能源富集。新亚欧大陆桥所经过的各区域，在经济上具有较强的相互依存性与优势互补性，蕴藏了非常好的互利合作前景。

### 2. 西伯利亚大陆桥

西伯利亚大陆桥（Siberian land bridge）也称第一亚欧大陆桥，全长1.3万km，东起俄罗斯东方港或纳霍德卡，西至俄芬（芬兰）、俄白（白俄罗斯）、俄乌（乌克兰）和俄哈（哈萨克斯坦）边界，过境欧洲和中亚等国家。把太平洋远东地区与苏联波罗的海、黑海沿岸及西欧大西洋岸连接起来，为世界最长的大陆桥。至2021年这条大陆桥运输路线的西端已从英国延伸到西欧、中欧、东欧、南欧、北欧整个欧洲大陆和伊朗、近东各国，其东端也不只是日本，而发展到韩国、菲律宾、中国等地。从西欧到远东，比从海上经好望角航线缩短1/2的路程，比经苏伊士运河航线缩短1/3的路程，同时，运费要低20%～25%，时间可节省 35 天左右。从 20 世纪 70 年代初以来，西伯利亚大陆桥运输发展很快。目前，它已成为远东地区往返西欧的一条重要运输路线。

由于西伯利亚大陆桥所具有的优势，因而随着它的声望与日俱增，也吸引了不少远东、东南亚以及大洋洲地区到欧洲的运输。但是，西伯利亚大陆桥运输在经营上、管理上也存在很多问题，如港口装卸能力不足、铁路集装箱车辆不足、箱流严重不平衡，以及严寒气候的影响等在一定程度上阻碍了它的发展。尤其是随着新亚欧大陆桥、第三亚欧大陆桥的发展，为远东至欧洲的国际集装箱多式联运提供了一条便捷路线，使西伯利亚大陆桥面临激烈的竞争。

### 3. 北美大陆桥

北美大陆桥（North American land bridge）是指利用北美的大铁路从远东到欧洲的"海陆海"联运。该陆桥运输包括美国大陆桥运输和加拿大大陆桥运输。

美国大陆桥有两条运输线路：一条是从西部太平洋沿岸至东部大西洋沿岸的铁路和公路运输线；另一条是从西部太平洋沿岸至东南部墨西哥湾沿岸的铁路和公路运输线。美国大陆桥于 1971 年年底由经营远东 / 欧洲航线的船公司和铁路承运人联合开办"海陆海"多式联运，后来美国几家班轮公司也投入营运，主要有四个集团经营远东经美国大陆桥至欧洲的多式联运业务。这些集团均以经营人的身份，签发多式联运单证，对全程运输负责。

加拿大大陆桥与美国大陆桥相似，由船公司把货物海运至温哥华，经铁路运到蒙特利尔或哈利法克斯，再与大西洋海运相接。

北美大陆桥是世界上历史最悠久、影响最大、服务范围最广的陆桥运输线。据统计，从远东到北美东海岸的货物有大约 50% 以上是采用双层列车进行运输的，采用这种陆桥运输方式比采用全程水路运输方式通常要快 1 ～ 2 周。例如，集装箱货从日本东京到欧洲鹿特丹港，采用全程水路运输（经巴拿马运河或苏伊士运河）通常约需 5 ～ 6 周时间，而采用北美陆桥运输仅需 3 周左右的时间。

随着美国和加拿大大陆桥线路的成功运营，北美其他地区也开展了大陆桥运输。墨西哥大陆桥（Mexican land bridge）就是其中之一。该大陆桥横跨特万特佩克地峡（Isthmus Tehuantepec），连接太平洋沿岸的萨利纳克鲁斯港和墨西哥湾沿岸的夸察夸尔科斯港，陆上距离 182 n mile。墨西哥大陆桥于 1982 年开始营运，但其服务范围很有限，对其他港口和大陆桥运输的影响也很小。

在北美大陆桥强大的竞争面前，巴拿马运河可以说是最大的输家之一。随着北美西海岸陆桥运输服务的开展，众多承运人开始建造不受巴拿马运河尺寸限制的超巴拿马型船（Post-Panamax ship），从而放弃使用巴拿马运河。随着陆桥运输的效率与经济性的不断提高，巴拿马运河处于更为不利的地位，这也是迫使巴拿马运河开凿的主要原因。

### 4. 北美小陆桥和微陆桥

北美地区的陆桥运输不仅包括上述大陆桥运输，还包括小陆桥运输（mini-bridge）和微陆桥运输（micro-bridge）等运输组织形式。

小陆桥运输从运输组织形式上看与大陆桥运输并无太大的区别，只是其运送货物的目的地为沿海港口。北美小陆桥运送的主要是日本经北美太平洋沿岸到大西洋沿岸和墨西哥湾地区港口的集装箱货物。当然也承运从欧洲到美国西岸及海湾地区各港的大西洋航线的转运货物。北美小陆桥在缩短运输距离、节省运输时间上效果显著。以日本 / 美东航线为例，从大阪至纽约全程水路运输（经巴拿马运河）航线距离 9 700 n mile，运输时间 21 ～ 24 天。而采用小陆桥运输，运输距离仅 7 400 n mile，运输时间 16 天，可节省 1 周左右的时间。

微陆桥运输与小陆桥运输基本相似，只是其交货地点在内陆地区。北美微陆桥运输是指经北美东、西海岸及墨西哥湾沿岸港口到美国、加拿大内陆地区的联运服务。

随着北美小陆桥运输的发展，出现了新的矛盾，主要反映在：如货物由靠近东海岸的内地城市运往远东地区（或反向），首先要通过国内运输，以国内提单运至东海岸交船公司，其次由船公司另外签发由东海岸出口的国际货运单证，再通过国内运输运至西海岸港口，最后海运至远东。货主认为，这种运输不能从内地直接以国际货运单证运至西海岸港口转运，不仅增加了费用，而且延长运输时间。为解决这一问题，微陆桥运输应运而生。

进出美、加内陆城市的货物采用微陆桥运输既可节省运输时间，也可避免双重港口收费，从而节省费用。例如，往来于日本和美东内陆城市匹兹堡的集装箱货，可从日本海运至美国西海岸港口（如奥克兰），然后通过铁路直接联运至匹兹堡，这样可完全避免进入美东的费城港，从而节省了在该港的港口费支出和途中时间及费用。

### 2.3.3 "一带一路"倡议与多式联运

近年来，"一带一路"建设让铁路、公路、水路三种传统运输模式间的联系愈加紧密，小到家电百货等日常用品，大到煤炭、矿石等能源物资，运输模式早已由传统单一走向组合式多元化。

在全球经济一体化的大背景下，可以说，时间就是金钱，开展多式联运不仅能够大幅度压缩时间、降低成本、提高运输效率，对双边贸易的发展有一定的促进作用，更可对"一带一路"建设提供有力的支持。

**1. 多式联运助力"一带一路"**

我国国土幅员辽阔，东西南北跨度较大。因此，采用多式联运更适合"一带一路"运输形式。在黑龙江的绥化，满载粮食、饲料的集装箱班列仅用 22 h 开赴鲅鱼圈港口，转海运一路南下前往山东、上海等地，运输时长较以往缩短 3 天；在华中地区，东南沿海各地的集装箱走水路抵达武汉阳逻港后转铁路直达成都，较全程水路运输缩短 4 ～ 7 天。多重运输模式深得货主和物流公司的肯定，其程度不亚于"每秒百米"的高铁激情。

截至 2018 年 3 月，全国已建成 12 个铁路集装箱中心站，8 个内陆铁路口岸，加快推进 208 个一、二级铁路物流基地建设，全国 70 多个城市正在规划建设一批具有多式联运功能、口岸服务功能的内陆无水港，为货物的中转提供平台与技术支持。从"一带一路"倡议角度看，不仅提升了全国各个物流枢纽城市的地位，更是大大扩宽了"一带一路"的运输通道。随着我国货运吞吐量、双边贸易额连年增长，多式联运的探索和发展会"更上一层楼"。

**2. 中欧班列发挥纽带作用**

班列（schedule drailway express）是按照固定车次、线路、班期、全程运输时刻开行的铁路快运货物列车。中欧班列是以亚欧大陆桥为基础的中国到欧洲（中亚）之间的铁路运输班列，主要采用海—陆—海的多式联运模式。经过多年的发展，中欧班列已成为"一带一路"多式联运的标杆和示范项目，成为沿线国家和地区人流、物流与人文交往联系最为紧密的纽带，成为"一带一路"的标志性成果。

中欧班列实际运营是 2011 年 3 月 19 日从重庆到杜伊斯堡首列中欧班列开始，当时命名"渝新欧"，运送的货物也是重庆本地的电子产品。紧接着郑州开通了"郑新欧"、成都开通"蓉新欧"、武汉开通了"汉新欧"等中欧班列。从 2016 年开始，中铁总公司统一各地班列都叫"中欧（xx）班列"品牌。统一中欧班列品牌以来，中欧班列快速发展，开行质量不断提升，货值显著增加，回程班列快速增长。

2021 年中欧班列开行十周年，累计突破 4 万列，合计货值超过 2 000 亿美元，打通 73 条运行线路，通达欧洲 22 个国家的 160 多个城市。10 年来，中欧班列开创了亚欧陆路运输新篇章，铸就了沿线国家互利共赢的桥梁纽带。中欧班列主要通过西部、中部、东部三条通道运行，西部通道是以新疆的阿拉山口和霍尔果斯两个口岸过境到达中亚、欧洲；中部通道经内蒙古二连浩特口岸过境到达蒙古国、俄罗斯至欧洲；东部通道经满洲里或是绥芬河口岸过境俄罗斯到欧洲。

党和国家领导人不断表达对中欧班列的关注和支持。从 2014 年至 2021 年，习近平主席多次强调中欧班列在"一带一路"倡议中的重要地位，而且要求一次比一次明确，政策的含金量一次比一次高。

● 古人智慧：汉朝丝绸之路——新亚欧大陆桥的雏形

丝绸之路，简称丝路，一般指陆上丝绸之路，是连接中国腹地与欧洲诸地的陆上商业贸易通道，形成于公元前 2 世纪至公元 1 世纪间，直至 16 世纪仍保留使用，是一条东方与西方之间进行经济、政治、文化交流的主要道路。广义上又分为陆上丝绸之路和海上丝绸之路。

丝绸之路的
建立

陆上丝绸之路起源于汉武帝派张骞出使西域开辟的以首都长安（今西安）为起点，经甘肃、新疆，到中亚、西亚，并连接地中海各国的陆上通道。东汉时期丝绸之路的起点在洛阳。它最初的作用是运输中国古代出产的丝绸，在明朝时期成为综合贸易之路。通过"丝绸之路"把中国的丝绸、瓷器、铁器、金器、银器、镜子和其他豪华制品引入西域各国，并把葡萄、核桃、胡萝卜、胡椒、土豆、波菜、黄瓜等引入中国。不仅促进了各国商品的多样性，改善了人们的生活，而且促进了经济与贸易的发展。中国的造纸术、印刷术通过"丝绸之路"传到了西域。1877 年，德国地质地理学家李希霍芬在其著作《中国》一书中，把从公元前 114 年至公元 127 年间，中国与中亚、中国与印度间以丝绸贸易为媒介的这条西域交通道路命名为"丝绸之路"。"丝绸之路"不仅促进了亚欧人民经济和文化的交流，也为后来新亚欧大陆桥的发展奠定了历史基础。

"海上丝绸之路"是古代中国与外国交通贸易和文化交往的海上通道，该路主要以南海为中心，所以又称南海丝绸之路。海上丝绸之路形成于秦汉时期，发展于三国至隋朝时期，繁荣于唐宋时期，转变于明清时期，是已知的最为古老的海上航线。

隋唐以前，海上丝绸之路只是陆上丝绸之路的一种补充形式。但到隋唐时期，由于西域战火不断，陆上丝绸之路被战争所阻断，代之而兴的便是海上丝绸之路。明太祖洪武元年（1368）发布第一个禁海令，海上丝绸之路开始衰亡。

# 章末测试

### 一、单选题

1. "四就"直拨的"四就"指（　　）。
    A. 就厂\就站\就车\就库             B. 就厂\就近\就车\就库
    C. 就店\就站\就车\就库             D. 就厂\就站\就人\就库

2. 能实现"门到门"运输的运输方式是（　　）。
    A. 铁路运输        B. 公路运输        C. 水陆运输        D. 航空运输

3. 铁路运输适合的货物是（　　）。
    A. 贵重货物        B. 易腐烂的货物        C. 长途大宗货物        D. 交货时间紧的货物

### 二、多选题

1. 下列各种运输中属于不合理运输的有（　　）。
    A. 对流运输        B. 迂回运输        C. 重复运输        D. 无效运输

### 三、判断题

1. 用特大货车运输含有过量煤矸石的燃煤，其不合理运输形式表现为运力不当。（　　）
2. 在合理组织流通活动中，实现商物分离的原则是提高社会经济效益的客观需要。（　　）

## 学生作品

### 浓郁的乡情——鸭梨的运输

我的家乡位于河北省沧州市泊头市农村，盛产鸭梨，家乡物流业以鸭梨储运为主。每只鸭梨从成熟落地的那一刻起，它就开始了自己的物流生涯。

鸭梨的运输

梨采收后 48 h 内入库，以每天入库量不超过库容量的 30% 为宜。预冷温度一般应控制在 0～3℃。预冷后果实温度应达到 5℃以下。对于鸭梨、黄冠梨等对温度敏感的品种，应采用逐步降温的方法。

①梨的贮藏。对采收后不立即上市的果实，则入库贮藏。挑选无病种、无机械伤的果实，将其放入铺有聚乙烯包装袋的果筐或箱中，再将包裹石灰的小纸包放在果筐箱的不同地方，将其放在空气流通处保存。

②梨的运输。运输车辆厢体应保持清洁卫生、无异味、无污染。装车前应对车辆进行检查，确保运输过程中保持良好的工作状态。此外，应设置温度异常报警系统，配备不间断电源或应急供电系统，确保途中设备正常运行。装车前应将运输车厢内温度调到 0～5℃，在 1 h 内完成装车。运输车厢内相对湿度应控制在 85%～90%，必要时采用塑料膜包装保持湿度。运输包装可采用纸箱、泡沫箱、塑料箱或条筐等。码垛方式应有利于空气循环，果箱与车顶之间应保持不少于 22.5 cm 的距离，果箱与车厢地面间应留有通风通道，以保证地面空气的流通。到达目的后，货物应轻装轻卸，卸货应在 1 h 内完成。

配送中心存放的货物应贮放在相应的冷藏场所内，客户需要时开始配送。这就是乡村鸭梨的运输。

## 案例思考

### 交通强国建设纲要：打造绿色高效的现代物流系统

2019 年 9 月 19 日，中共中央、国务院印发了《交通强国建设纲要》（下称《纲要》），到 2035 年，基本建成交通强国。

《纲要》要求，优化运输结构，加快推进港口集疏运铁路、物流园区及大型工矿企业铁路专用线等"公转铁"重点项目建设，推进大宗货物及中长距离货物运输向铁路和水路运输有序转移。推动铁水、公铁、公水、空陆等联运发展，推广跨方式快速换装转运标准化设施设备，形成统一的多式联运标准和规则。发挥公路货运"门到门"的优势。完善航空物流网络，提升航空货运效率。

同时，《纲要》还指出，打造绿色高效的现代物流系统，推进电商物流、冷链物流、大件运输、危险品物流等专业化物流发展，促进城际干线运输和城市末端配送有机衔接，鼓励发展集约化配送模式。综合利用多种资源，完善农村配送网络，促进城乡双向流通。落实减税降费政策，优化物流组织模式，提高物流效率，降低物流成本。

**思考题：**《纲要》中多次提到公路运输在公转铁以及末端物流中的重要作用，公路运输最大的优势在于中短途运输，那么请同学们结合纲要内容，谈谈当前形势下支撑我国公路货运走向中短途化的主要因素有哪些？

资料来源：https：//www.jmnews.cn/sqzx/item-42259766.html。

第3章

# 配送管理

## 章前导读

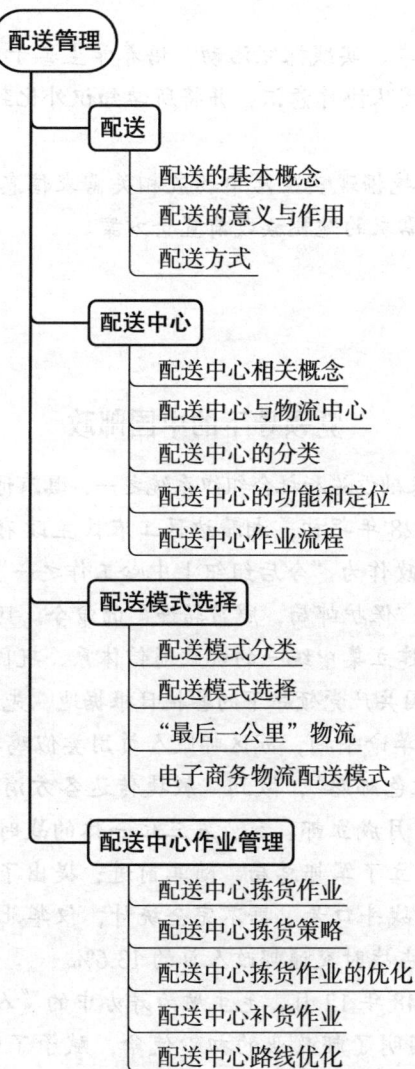

- 配送管理
  - 配送
    - 配送的基本概念
    - 配送的意义与作用
    - 配送方式
  - 配送中心
    - 配送中心相关概念
    - 配送中心与物流中心
    - 配送中心的分类
    - 配送中心的功能和定位
    - 配送中心作业流程
  - 配送模式选择
    - 配送模式分类
    - 配送模式选择
    - "最后一公里"物流
    - 电子商务物流配送模式
  - 配送中心作业管理
    - 配送中心拣货作业
    - 配送中心拣货策略
    - 配送中心拣货作业的优化
    - 配送中心补货作业
    - 配送中心路线优化

**知识目标：**

1. 理解配送的含义和作用，能够区分运输、配送、送货等几个相关联的概念。

2. 能指出物流中心、配送中心、物流园区之间的区别。

3. 能解释不同类型配送中心功能定位与设计特点。

4. 请关注自己感兴趣的配送模式，并对照分析一下商物分离模式的必要性和意义。

5. 会区别各种配送模式的利弊，能根据不同货品的特性、订单需求，并结合企业实际选择合适的配送模式。

6. 理解"最后一公里"的含义，主动探索新时代满足大众需求的新型配送模式，深入理解电商物流等新模式的特点及其未来发展方向。

7. 掌握拣货方式特点、适用性，以及配送中心拣货策略的适用条件；能根据订单需要选择合适的拣货策略。

8. 理解补货时机的含义，会制定补货方案。

9. 会求解单车、多车配送路线问题。

**素养目标：**

通过讨论教学、PBL教学、实践探究活动，培养学生善于发现、勇于探索、不畏艰难、勇攀高峰的职业精神，提高团队协作意识，并将所学知识外化到实际行动中。

**创新创业教育：**

根据本专业所学知识，挖掘现实生活中物流相关需求信息，鼓励学生参与创新创业活动，例如，尝试做一下校园需求的跑腿族或前置仓方案。

## 开篇案例

## 党领导下的中国邮政

邮政体系是国家战略性基础设施和社会组织系统之一，具有通政、通民、通商的重要功能。

①人民邮政党创建。1928年年初，湘赣边区工农民主政府正式建立了赤色邮政，1930年赣西南特委将开办赤色邮政作为"今后组织上中心工作之一"。1929年，红四军政治委员毛泽东、军长朱德亲自签署"保护邮局，照常转递"的命令。1932年，中华苏维埃共和国邮政总局在瑞金正式成立，为建立集中统一的邮政通信体系、巩固和发展中央苏区发挥了重大作用。抗日战争开始后，中国共产党领导下的各抗日根据地，先后成立交通总局或战时邮政。

②人民邮政忠于党。在革命早期，苏区邮政人员用类似鸡毛信这种最简单的邮务设施，开辟了一条较为通畅的"红色邮路"，做到"敏捷传达各方消息，使工农红军相互呼应"，有力地支持抗战。1942年2月成立邮、交、发三位一体的战时邮政机构，创造了"邮发合一"制度。解放战争中，建立了军邮总局，随军前进；提出了"一切为了前线，解放军打到哪里，邮政通到哪里"的战斗口号。据不完全统计，仅华北地区战时交通邮政为邮政通信事业牺牲的就有858人，占战时交通邮政人员的13.6%。

③人民邮政为人民。1948年12月，毛主席为筹办中的《人民邮电》报题写了报头，标定了邮政业的价值坐标，指明了邮政业的初心使命，赋予了邮政业的精神力量。1949年

12 月第一次全国邮政会议上，确定了以服务人民为总的方向和最高原则，确定邮政名称是"中国人民邮政"。从此，邮政业成为一项真正为人民大众服务的事业，邮政普遍服务成了普通人民群众都可以享有的权利。

④新中国成立后，国家陆续收回邮政管理主权，迅速完成了邮政网络扩建，注重发展乡邮，形成了函件、包裹、汇兑和报刊发行四项主要业务，基本适应了人民群众用邮需要。1949 至 1978 年，全国邮路长度增长近 7 倍，铁路邮路、航空邮路、汽车邮路实现跨越式发展，乡村和边疆邮路大幅延伸，大中城市邮件处理基本实现自动化。

1986 年，我国颁布新中国成立以来第一部邮政法，邮政自此进入有法可依、有法必依的时代。1998 年，国家实行邮电分营改革，全国形成了独立完整的邮政系统。2007 年，邮政实现政企分开改革目标，重组国家邮政局，组建中国邮政集团公司。2008 年，实现了两岸全面直接通邮，为造福两岸同胞，促进两岸关系和平发展做出了贡献。2012 年，三级邮政管理体系全面确立，政府依法监管、权责关系明确、上下运转顺畅的国家邮政管理体制进一步健全。迄今为止，中国邮政快递网点基本实现乡镇全覆盖，做到了"乡乡有网点、村村直通邮"，邮政快递企业国际网络覆盖 70 多个国家和地区，通达全球 220 多个国家和地区，在东亚、东南亚等重点地区基本成网。建成了惠及 14 亿人口、全球最大的邮政普遍服务体系和连接城乡、覆盖全国、通达世界的快递服务体系，日均服务用户近 7 亿人次。

现今的中国邮政是汇聚人工智能、大数据、物联网、区块链和北斗导航等先进技术，"小黄人"、无人机、智能仓等国产快递物流装备广泛应用于邮政体系，集供应链、冷链、大包裹、跨境等高端和新业态、新模式、新服务共存的现代物流服务体系。中国邮政集团有限公司在世界 500 强中排名第 74 位，8 家快递企业成功改制上市，3 家年业务收入超千亿元。

2020 年疫情期间，全行业 400 多万名从业人员未发生聚集性感染和死亡事件。按照"四确保、三优先"工作思路，组织开通国内和国际两条防疫物资运输寄递"绿色通道"，在全行业叫响"疫情不断、战士不归""数百万快递小哥冒疫奔忙"，全力保障邮政机要通信安全和党报党刊投递服务，打造了疫情期间永不中断的供给线、生命线。按照抓好"中日韩 + 东南亚"小循环带动国际大循环的思路，聚焦海陆空铁四个方向发力，全力保障国内重要企业全球供应链安全畅通。邮政业发展的中国智慧和中国方案得到世界同行广泛关注和赞誉。

**开放性问题：**谈谈你对中国邮政的认识，分析中国邮政在保障民生以及我国物流体系中的重要作用。

● 古人智慧：民信局——古代邮局

民信局源于明朝永乐年间的"绍兴师爷""麻城约"等专为民间传递信息的同乡组织。开始时主要出现于交通方便、贸易发达的沿海城市，之后逐渐发展到内地。民信局由私人经营，以谋利为目的，相竞为主顾提供方便，如派人上门收取信件、汇款、收费，也可以记账等，促使民信局得到了迅速发展。

清朝时期，上海、宁波等地开始把这种组织称为"民信局"，递转民间信件成为业务的一项重要内容。清朝中后期，民信局发展达到鼎盛时期，不仅遍及国内各大商埠，还把业务扩大到东南亚、澳大利亚、檀香山等华侨聚居地带。在东南亚一带，民信局又称"侨批局"，清朝末年，仅新加坡一地，侨批局就达 49 家之多。有些侨批局，甚至一直存续到 20 世纪 40 年代。

# 3.1 配 送

## 3.1.1 配送的基本概念

### 1. 配送的定义

《物流术语》（GB/T 18345—2021）中将配送（distribution）定义为：根据客户要求，对物品进行分类、拣选、集货、包装、组配等作业，并按时送达指定地点的物流活动。这一定义比较全面地描述了配送的内容和功能，但是并不是所有的配送都一定需要这些作业，用户的要求不同、配送的客体不同，作业的内容也就有所取舍，如包裹快递配送就不需要加工、分割等作业。

配送属于物流范畴，它是一种特殊的、带有现代化色彩的物流运动。追溯历史，配送概念最早曾广泛使用于日本，它是英语"Delivery"的意译。查阅有关资料，可以看到，与汉语同形的日语"配送"，其本意是运送、输送和交货，并不包含其他的内容。只是这个概念被引用到我国之后才赋予它更深刻的含义。

（1）日本工业标准 JIS 中将配送定义为"将货物从物流节点送交收货人"，也强调送货的含义。

（2）配送是一种"门到门"服务方式。从实物运动形态的角度出发，认为配送是"按照客户的订货要求，在物流中心（配送中心或商店）进行理货工作，并将配好的货物送交给客户的一种短距离、少量物品的物流方式"。

（3）从业务范围扩大，服务水平提高和管理水平的繁杂等因素出发，定义为"按客户要求的时间、地点，把拣选、备好的物品，由配送中心或物流据点及时、准确、经济、安全地运送到收货人处。"

从上述定义可以看出，配送是从物流据点至需求用户的一种特殊送货形式。配送活动具有以下几个基本特征：①配送是以分拣和配货为主要手段，以送货和抵达为主要目的的一种特殊的综合物流活动；②配送不仅是将商品通过恰当的时间、恰当的方式、恰当的费用最终传递给需求者，而且也将优质的服务传递给需求者；③配送活动既是一项小型的物流活动，更是营销活动的重要手段。因此，配送是完善化的、高级的输送活动，满足了客户的要求；配送是小范围、综合性的物流活动，包括货物运输，同时融合集货、储存、分拣、配货等活动；配送是从物流节点至用户的一种特殊送货形式。

### 2. 配送与运输的区别

配送与运输之间是有明显区别的，这种区别主要表现在以下三个方面。

（1）配送仅指从物流节点至需求用户之间的货物输送，在整个货物运输过程中是处于"二次输送"、"支线输送"或"终端输送"的地位，比如工厂通过配送中心向顾客交货时，工厂和配送中心之间的货物输送称为运输，而配送中心到顾客之间的货物输送则称为配送。

（2）由于配送运输的距离短、批量小、品种多，因而所采用的主要是短途运输工具，如汽车等。与一般的货物运输相比，其运输方式、运输工具单一。

（3）配送是运输与其他活动共同构成的组合体。配送集装卸、包装、保管、加工、运输于一身，通过一系列活动完成将货物送达的目的，因此，配送几乎包括了所有的物流功能要素，是物流的一个缩影或在某一小范围中物流全部活动的体现，比单纯的运输要复杂得多。

**3. 配送与送货的区别**

配送与送货有着明显的区别，送货只是供需双方的一种实物交接形式，而配送的含义要广泛得多，其主要区别体现在以下几个方面。

（1）配送是从货源地集货，通过特定的地点加以整理而送达到用户的一种特殊送货形式。从功能看，其特殊性表现为：配送中从事送货的是流通企业，而不是生产企业。一般送货是由厂商到用户的直达型送货，而配送是"中转型"送货；一般送货是有什么送什么，配送则是按用户的需求，需求什么送什么。

（2）配送不是单纯的运输送货，而是包括集货、分货、配货、配装等活动在内的难度较大的工作。它必须完全按用户的需求，包括商品的品种、品牌、数量、时间等方面的要求进行运送。所以，除了各种"运""送"活动，还要进行"配"的工作，是"配"和"送"的有机结合。

（3）一般的送货只是推销的一种手段，配送则是一种专业化的商品流转组织形式，是社会分工的产物。如果说送货是一种服务方式的话，配送则是一种物流体制形式。

（4）配送在规模、水平、速度、效率、质量等方面，远超过一般的送货。要圆满完成配送中的分货、配货、送货等复杂工作，除了要有现代化的设施装备（如各种传输设备、分拣机、识码器、运输工具等）和先进的经营管理水平，还需依赖强大的信息系统，保持配送系统内部以及与上下游之间的紧密联系。所以，配送是技术进步的产物。

（5）由配送企业进行集中库存，保证向企业内部的各生产单位进行物资供应，可以取代原来分散在各个企业为保证生产持续进行而设立的库存，使企业实现零库存成为可能。这点在物流发达国家和我国一些地区实践中已得到证明，送货则不具有这种功能。

我国开展物资配送的时间虽然不长，但配送的范围正不断扩大，配送物资的数量也在不断增加，配送的水平也逐步向规范化的高层次发展。

**4. 配送与物流的关系**

配送是物流系统中由运输派生出来的功能，是短距离的运输。它有以下特点。

（1）配送的距离较短，辐射范围小。

（2）配送位于供应链的末端，处于支线运输，一般发生在靠近最终消费者的地方，而物流涉及整个供应链上的运输。

（3）物流是商物分离的产物，而配送则是商物合一的产物。

（4）物流处理的流体具有少品种、大批量、少批次等特点；配送具有多品种、小批量、多批次等特点。

配送是物流中一种特殊的、综合的活动形式，是商流与物流的紧密结合，既包含了商流活动和物流活动，也包含了物流中若干功能要素。

配送的主体活动与一般物流不同。一般物流是运输及保管，而配送则是运输及分拣配货。分拣配货是配送的独特要求，也是配送活动中有特点的活动。

### 3.1.2　配送的意义与作用

配送的本质是运输，创造空间价值自然是它的主要功能。但配送不同于运输，它是运输在功能上的延伸。相对运输而言，配送除创造空间价值这一主要功能外，其作用还有以下几个方面。

**1. 完善运输系统**

现代化大载重量的运输工具固然可以提高效率，降低运输成本，但只适于干线运输，因为只有干线运输长距离、大批量，才有可能呈现高效率、低成本的运输。支线运输一般是小批量，如果使用载重量大的运输工具则是一种浪费。支线小批量运输频次高、服务性强，要求比干线运输具有更高的灵活性和适应性，而配送通过其他的物流环节的配合，可实现定制化服务，能满足这种要求。因此，只有配送与运输密切结合，使干线运输与支线运输有机统一起来，才能实现运输系统的合理化。

**2. 消除交叉运输**

交叉运输是普遍存在的。由于交叉运输的存在，使输送路线长，规模效益差，运输成本高。设置配送中心以后，将原来直接由各生产企业送至各客户的零散货物通过配送中心进行整合再实施配送，消除交叉输送，缩短输送距离，降低成本。

**3. 提高末端物流的经济效益**

采取配送方式，通过配货和集中送货，或者与其他企业协商实施共同配送，可以提高物流系统末端的经济效益。

**4. 实现低库存或零库存**

配送通过集中库存，可使系统总库存水平降低，既降低储存成本，又节约运力和其他物流费用。尤其是采用准时制配送方式后，生产企业可以依靠配送中心准时送货而无须保持自己的库存，或者只需保持少量的保险储备，就可以实现生产企业的"零库存"或低库存，减少资金占用，改善企业的财务状况。零库存是一种特殊的库存概念，其含义是某种或某些物品的仓库储存数量很低，甚至可以为"零"，即不保持库存。不以库存形式存在就可以免去仓库存货的一系列问题，如仓库建设、管理费用，存货维护、保管、装卸、搬运等费用，存货占用流动资金及库存物的老化、损失、变质等问题。

**5. 方便用户**

由于配送可提供全方位的物流服务，采用配送方式后，用户只需向配送供应商进行一次委托，就可以得到全过程、多功能的物流服务，从而简化了委托手续和工作量，也节省了开支。

**6. 保证供货**

生产企业自己保持库存，维持生产，供应保证程度很难提高。采取配送方式，配送中心可以比任何单独供货企业有更强的物流能力，可使用户减少缺货风险。

### 3.1.3　配送方式

**1. 按配送商品的种类和数量分**

（1）单品种、大批量配送。这种配送形式适合于工业企业需要量较大的商品，单独一个品种或少数几个品种就可以达到较大的输送量，实行整车运输，而不需要再与其他商品搭配。由配送中心进行配送，由于商品配送量大，车辆满载率高，配送中心的业务组织和计划工作比较简单，因而配送成本较低。

（2）多品种、小批量配送。这种配送形式是按用户的要求，把其所需要的各种各类数量不大的商品配备齐全，凑成整车后由配送企业送达用户。这种配送要求配送中心设备齐全，配货送货的计划性强，配货作业水平高。在各种配送方式中，这是一种高水平、高技术的组织方式。

（3）成套配套配送。成套配套配送是按企业生产需要，尤其是装配型企业生产的需要，将生产每一台件所需要的全部零部件配齐后，按生产节奏定时送达生产企业，生产企业随即将此成套零件送入生产线装配产品。

这种配送方式由于配送企业承担了生产企业大部分供应工作，使生产企业可以专注于生产，有利于提高生产效率。

**2. 按配送的时间和数量分**

（1）定时配送。定时配送是按规定的时间间隔进行配送，如数天或数小时一次。配送商品的品种和数量可按计划执行，也可在配送之前用商定的联络方式，如电话、计算机终端等加以确定。

这种配送方式，由于配送时间固定，配送企业易于安排工作计划和计划车辆。对于用户来讲，也易于安排接货力量。但是由于配送商品的种类变化，致使配货配装工作难度较大，并且当要求配送的商品数量变化较大时，也会造成配送运力不均衡的状况。

（2）定量配送。定量配送是按规定的商品数量在一个指定的时间范围内进行配送。这种配送方式数量固定，备货工作较为简单，可以采用按托盘、集装箱及车辆的装载能力规定配送定量的方法，也可采取整车配送，提高配送效率。由于配送时间上没有严格限定，可以将不同用户所需商品凑成整车后配送，提高车辆利用率和节省运力。对于用户来说，每次接货作业处理的是同等数量的货物，有利于人力、物力的调度和准备。

（3）定时定量配送。定时定量配送是按规定的配送时间和配送数量进行配送。这种配送方式兼有定时、定量两种配送方式的优点，但特殊性很强，计划难度大，适合采用的对象不多，不是一种普遍的配送方式。

（4）定时、定路线配送。定时、定路线配送是在规定的运行路线上制定送货到达的时间表，按运行时间表进行配送，用户可以按规定的路线、站及规定时间接货，并提出配送要求。这种配送方式有利于计划安排送货车辆和调度驾驶人员，用户既可以在一定的路线、一定的时间上进行选择，又可以有计划地安排接货力量。但这种配送方式适用的范围也是有限的。

（5）即时配送。即时配送是立即响应用户提出的即刻服务要求并且短时间内送达的配送方式。这种配送方式具有极强的随机性和很高的灵活性，是服务水平最高的一种配送方式。但由于计划性差，车辆利用率低，因而配送成本较高。

（6）准时制配送。准时制配送是将所需的货物在客户所指定的时间以指定的数量送达指定地点的配送方式，准时制配送是配送合理化的重要内容。配送做到了准时，用户才有资源把握，可以放心地实施低库存甚至零库存，可以有效地安排接货的人力、物力，以追求最高效率的工作。另外，保证供应能力，也取决于准时供应。从国外的经验看，准时配送系统是现在许多配送企业实现配送合理化的重要手段。

## 中国步伐——"城市100"打造15分钟社区服务商圈

随着网络购物快速发展，大中城市节假日快递爆仓、人员不足等情况时有发生，物流发展滞后已成为网络购物发展的瓶颈。为解决这一问题，在北京市商委的推动下，2011年北京城市一百物流有限公司（以下简称"城市100"）正式投入运营，是市政府"15分钟社区服务商圈"的有机组成部分，该公司通过在全市社区、学区、商务区等设立固定的共同配送点，建立覆盖全市范围的共同配送体系，每个站点服务半径约为1 km、覆盖6～10个居民区。同时，通过与快递企业、食品物流企业以及电商企业建立业务合作关系，统一承担物流末端"最后一公里"的配送业务（统一配送上门，也可由居民就近自取货物）。目前，"城市100"已在全市设立了近180个共同配送站点，服务范围近1 000个社区、150万户居民。"城市100"共同配送体系的特点体现在以下四个方面。

一是通过联盟建立业务合作关系，使各方形成互利共赢的利益格局。

二是通过业务优化，改变了过去由各快递公司直接向住户进行多头配送、平行配送的低效率作业模式，形成分工合理、高效便捷的新作业模式。

三是遍布于城区的共同配送网点，可以为居民提供24 h营业，较好地满足了消费者在配送时间、空间、安全性等方面的灵活要求，服务效率和水平大幅提升。

四是通过加盟方式增加共同配送站点、扩大网络体系和服务范围，实现规模扩张，而信息支持系统、配送标识、服务规范和收费标准则要由公司牢固控制。

"城市100"以海量开放式门店为平台，着力打造企业核心竞争力，提高末端配送承载力的量级，为高速发展的电子商务企业保驾护航，鼎立支撑民众日益增长的特色消费，实现百姓高品质生活。

### 3. 按配送的组织形式分

（1）共同配送。共同配送是由多个企业或其他组织整合多个客户的货物需求后联合组织实施的配送方式。其运作模式是：在核心企业（或调控中心）的统筹安排和统一调度下，各个配送企业分工协作，联合行动，共同对某个地区或某些用户进行配送。其间，各个配送企业可建造共同仓库，也可以共同使用企业已建成的配送中心及其他企业的配送设施和设备。

优点：可以同时满足不同用户的基本要求；有利于节省运力，降低物流成本；发挥配送企业的整体优势；缓解城市交通压力；提高运输车辆的货物满载率。

缺点：因涉及面大，单位较多，所以组织协调工作难度较大。需建立庞大的信息网络，而且需建立层次性的管理系统。显然，只有大型的专业流通组织才有能力、有条件组织这类活动。

（2）集团配送。集团配送是由配送企业以一定的形式建立起联系紧密、指挥协调的企业集团，以在较大范围内统筹配送企业、配送网点、配送路线和配送用户，使配送更加完善和优化的一种组织形式。这种配送方式可以取得较理想的规模优势和协作优势。

（3）独立配送。独立配送是配送企业依靠自身的力量，在一定区域内各自进行配送，独立开拓市场和联系用户，建立自己的业务渠道和网络。这种配送是一种竞争性的配送方式，用户可以根据配送企业的服务水平和自身的利益进行选择，有利于形成一种竞争机制，也有利于用户与配送企业建立纵向的联合或集团关系。但有时受客源的限制可能会出现人力、设备和运力上的浪费。

**4. 按配送组织者分**

（1）工厂配送。一般是大批量的商品，由工厂直接运送给商业、物资批发部门或大用户。也有小型加工厂在某城市一定范围内每日给各零售商店送货。

（2）批发站配送，即各商业、物资采购供应站、批发站给零售商店配送。根据合同订货或临时要货，由批发站拣选、备货、组织办理运输手续，以汽车或火车运送。

（3）商店配送。商业或物资部门的零售商店或门市部虽然经营规模不大，但物资品种齐全，可根据用户的要求，将商品备齐，或代用户外购一部分商品，按时给用户送去。

（4）配送中心（或物流企业）配送。配送中心专业性强，储存量大，商品比较齐全，一般都和用户建立固定的配送关系，实行计划配送。配送对象包括工业企业、商业企业、大的个体用户等。配送中心配送是配送的主要形式，也可以说是物流服务型的综合体。

**5. 新型配送模式**

（1）无接触配送。所谓"无接触配送"是指用户在下单时，可通过订单备注、电话、App 内消息等方式，与骑手协商商品放置的指定位置，如公司前台、家门口等；送达后，骑手将通过电话、App 等渠道通知用户自行取餐。

## 中国步伐——疫情催生无接触配送快速发展

2020 突如其来的新冠肺炎疫情，给城市配送带来巨大的压力，也带来新需求的爆发。严格的隔离措施，阻断了疫情传播但不能阻断百姓生活的需求，既能实现隔离，又能实现物流配送交付的无接触配送服务应运而生，快速在各个城市兴起，在全员快速参与下，代收货架、快递柜用起来，物业职责担起来，快递服务迅速发展的"无接触配送"，并不断创新，发展成"无接触团餐、无接触自提、无接触服务"等各种方式。针对医院地区的送餐，也可通过取餐柜等无接触设备送达，真正实现了快速高效直达 C 端的"无接触配送"。

2020 年 3 月 10 日，国内首个无接触服务领域的团体标准《无接触配送服务规范》（T/CCDITCSC 042—2020）由中国贸促会商业行业委员会发布并实施。标准由美团点评集团发起、中国贸促会商业行业委员会立项并组织起草，为电子商务平台、配送和餐饮企业提供了详实可操作的无接触配送服务模式，为新冠肺炎疫情期间用户安全消费提供了保障。

《无接触配送服务规范》团体标准共包含七部分，对无接触配送服务中的术语定义、服务要求、服务流程、异常情况处置和服务质量控制等方面提出了具体要求，可在全国团体标准信息平台查看全文。2020 年 11 月 19 日升级为国家标准《商品无接触配送服务规范》（GB/T 39451—2020）。

2020 年 4 月 25 日的国务院联防联控机制新闻发布会上，国家邮政局明确表态，包括智能快件箱在内的无人配送是快递末端服务发展趋势之一，要明确智能快件箱作为公共服务设施的属性，同时积极推动智能快件箱实现"六进"，即进社区、进机关、进校园、进商厦、进农村、进交通枢纽场站，以便发挥好智能快件箱独特的优势。

2020年疫情期间的无接触配送举例。

（1）京东智能配送机器人从京东物流武汉市内的仁和站出发，将医疗物资送到了武汉第九医院，完成了疫情暴发后武汉智能配送的第一单。

（2）美团外卖升级"无接触配送"。针对外卖骑手无法进入小区配送的情况，在北京、武汉地区为小区配备智能取餐柜。

（3）顺丰无人机将3.3 kg的医疗和防疫物资送到了医护人员手中。

无接触配送通过机器人工作的形式，无人工接触完成物品出库，还可以有效消除道路限行和小区封闭等因素的影响、降低配送时间，有效避免交叉感染，大大降低了病毒传播的可能性。无论是快递业还是外卖餐饮业，真正意义上的"无接触配送"，需要的都是产业"全接触"的融合。在"无接触送达"服务的背后，离不开供应链和物流仓储的全方位配合，更离不开硬件、软件的系统保障和支撑。

## 物流新技术、新潮流——小G和小蛮驴

菜鸟首款智能配送机器人小G身高1 m左右，能装10～20个包裹。能识别路上的行人、车辆，还可以自己乘坐电梯，遇上高峰期还会避让。通过手机App进行需求预定，小G便会规划最优配送路径。实时查看你的包裹位置，用户电子扫描一下即可签收。小G机器人在用户取走包裹时，会自行检查剩余包裹，一旦发生异常，它会提醒用户重新操作，若用户拒不执行，则会当场发出警报。

阿里小蛮驴尺寸为2 100 mm×900 mm×1 200 mm（加上激光雷达高1 445 mm），车身外观采用银灰色调、线条圆润、自带萌感，车厢格口可以自由定制，按照最多每车满载50件常规尺寸的快递，每天送货10次计算，机器人峰值运力可达一天500单，雷暴闪电、高温雨雪以及车库、隧道等极端环境均不影响其性能。

小蛮驴采用了轮式结构，头顶激光雷达，外形酷萌，身手灵活，还能轻松处理复杂路况，能聪明选择最优路径，遇到紧急情况，"大脑"反应速度达到人脑的7倍，最高速度设定为20 km/h。续航方面，"小蛮驴"机器人采用抽拉式充电电池，每次充电4 kWh、续航里程102 km。小蛮驴采用大脑决策、冗余小脑、异常检测刹车、接触保护刹车、远程防护五重安全设计。能在复杂的末端场景中自如行驶、稳妥避障，顺滑处理转弯、急停、会车、倒车等情况，自动驾驶率99.999 9%。识别数量上百的行人、车辆只需0.01s，遇到危险需要急停时，只需0.1 s大脑就能完成决策、规划，并下发控制指令。

（2）社区配送。社区配送主要有两种方法：一个是消费者自提，一个是团长配送到家。这就要求社区配送企业首先要建立一个微信群或者一个小程序给消费者提供下单的渠道，在消费者下单后，要根据消费者订单将商品统一配送到社区。另外，社区配送企业要在社区建好自提点，供消费者自提商品，如果消费者需要配送到家，就把商品统一配送到团长手中，让团长进行送货上门。

在社区配送的过程中，一定要注意生鲜商品的保存，避免生鲜商品因为时间的原因而

变质。此外配送一定要及时，不要让消费者等太久的时间，给消费者不好的购物体验。社区配送的模式有以下几种。

①自建物流体系。社区配送最重要的就是物流，现在很多的社区配送都没有自己的物流体系，因此，物流存在很大的问题。如果配送企业自建物流体系，可以增加自己的竞争力和配送的可控性，为消费者提供更好的配送服务。

②智能快递自提柜。网上购买生鲜进行配送存在很大的问题就是如果消费者无法及时取货的话，生鲜商品就容易变质。智能快递自提柜可以很好地解决这个问题，它可以 24 h 营业，方便消费者根据自己的时间进行取货，再加上智能快递自提柜有着储存生鲜商品的功能，可以保证生鲜商品的新鲜度，提高配送效率。

③自建社区便利店。这种模式有个很大的好处，就是可以贴近消费者，给消费者提供线下服务。社区便利店一直有着很好的发展前景，甚至在未来，社区便利店有可能会取代超市，而且社区便利店还能够给居民提供其他的增值服务。

# 3.2　配送中心

## 3.2.1　配送中心相关概念

《物流术语》（GB/T 18354—2021）中对与配送中心相关的几个概念进行了定义。

**1. 配送中心**

配送中心（distribution center，DC）是具有完善的配送基础设施和信息网络，可便捷地连接对外交通运输网络，并向末端客户提供短距离、小批量、多批次配送服务的专业化配送场所。具备以下几个特点。

（1）主要为特定的用户服务。

（2）配送功能健全。

（3）辐射范围小。

（4）多品种、小批量、多批次、短周期。

（5）主要为末端客户提供配送服务。

**2. 物流中心**

物流中心（logistics center）具有完善的物流设施及信息网络，可便捷地连接外部交通运输网络，物流功能健全，集聚辐射范围大，存储、吞吐能力强，为客户提供专业化公共物流服务的场所，具备以下几个特点。

（1）主要面向社会提供公共物流服务。

（2）物流功能健全。

（3）集聚辐射范围大。

（4）存储、吞吐能力强，能为转运和多式联运提供物流支持。

（5）对下游配送中心客户提供物流服务。

**3. 物流园区**

物流园区（logistics park）由政府规划并由统一主体管理，为众多企业在此设立配送中心或区域配送中心等，提供专业化物流基础设施和公共服务的物流产业集聚区。

**4. 物流枢纽**

物流枢纽（logistics hub）具备较大规模配套的专业物流基础设施和完善的信息网络，通过多种运输方式便捷地连接外部交通运输网络，物流功能和服务体系完善并集中实现货物集散、存储、分拨、转运等多种功能，辐射较大范围物流网络的公共物流节点。

## 3.2.2 配送中心与物流中心

**1. 物流中心的类型**

按照物流中心的功能可以分为以下几种形式。

（1）集货中心。将零星货物集中成批量称"集货"，主要起集货作用的物流中心，叫集货中心。一般设在小型企业较集中的农村或集镇。收集企业和农民分散生产、包装程度较低或不包装的小批量或零星产品，分级—分选—除杂—精制。一般有计量、质检仪器、加工、分类、储存、包装、装卸、运输设备。

（2）分货中心。与集货对应，分货中心主要从事分货工作。即将大批量、大包装运进的货物，按销售要求进行分装加工，形成小的销售批发起点，再转运出去的物流中心。一般设在交通枢纽站、港、场或城市。应有专用线、站台之类接货设施和大型装卸设备，以及分货、分装设备、包装、运输机具。

（3）配送中心。专门从事配送工作，是最典型、最高形态的物流中心。配送中心要有储存设施、配货场地、诸如皮带输送机、滚道输送机、滑槽之类的传送装置，有光电识别机构，传感装置等货物识别装置，有叉车之类的装卸设备，有棚式、厢式、翼式、后部卷帘式等配送用特种车辆。

（4）转运中心。承担货物的卡车—卡车、卡车—火车、火车—轮船、卡车—飞机等不同输送方式的转运任务的物流中心，可分为卡车转运中心、火车转运中心和综合转运中心。

（5）储调中心。以储备为主要任务的物流中心，即仓储。

（6）加工中心。以流通加工为主的物流中心。一种设在靠近生产地区，以运输、储存加工为主；另一种设在消费地区，以销售服务为主。

**2. 物流中心与配送中心的关系**

（1）规模不同。配送中心的范畴是最小的，一个物流中心通常包括几个或者几十个配送中心，不过生活中人们并没有严格区分，通常人们习惯性地称物流中心为物流配送中心，有时候为了凸显配送中心的重要性，也将单个配送中心称为物流中心。

（2）位置不同。物流中心的上游是工厂，下游是配送中心或批发商；而配送中心的上游是物流中心或工厂，下游是零售店或最终消费者；或者说物流中心一般处于物流的中游，是制造厂仓库与配送中心的中间环节，而配送中心则大多处于物流的下游。

（3）特点不同。物流中心大多采用大容量汽车或铁路运输和少批次大量的出入库方式。而配送中心一般储存物品的品种较多、储存周期短；为使零售店或最终客户不设库或少设库以及不设车队，具有强大的多客户、多品种、多频次少量的拣选和配送功能。

多客户、多品种才能实现保管、运输作业的规模化、共同化，节约费用，配送中心一般采用"门到门"的汽车运输，其作业范围较小（20～300 km），为本地区的最终客户服务。有时，配送中心还有流通加工的业务，如钢材的定尺加工，食品由大的运输包装改为小的零售包装，饲料由单一改为复合等。

（4）功能相似。配送中心是物流中心的一种，物流中心与配送中心功能相似，但物流中心辐射范围大，物流中心通常是指综合性的物流场所，它可以具备配送中心的功能，又可以具有货物运输中转功能。两者都有保管和保养物品的功能以及其他相同的功能，只是程度、强弱的不同。

此外，从产权上讲，配送中心通常是属于某一企业，即专为某一家或几家企业服务。而物流中心则通常是独立的企业，它提供社会化的物流服务。

需要说明，仓库、物流中心、配送中心都是自营或代客户保管和运输物品的场所，也可以说是过去各部、各级储运公司，要绝对区分是较困难的，有时它们的业务有明显的交叉性；所谓的多客户、多品种、多频次少量的拣选或大容量汽车或铁路运输和少批次大量的出入库方式等也是相对而言。此外，物流中心和配送中心是由仓库发展派生而成。因此，有时说仓库也包括物流中心和配送中心，是三者的统称。

**3. 物流园区、物流中心、配送中心的区别**

三者是三种不同规模层次的物流节点，主要区别体现在以下三个方面。

（1）从规模来看。物流园区是巨型物流设施，其规模最大，物流中心次之，配送中心最小。

（2）从流通货物来看。物流园区的综合性较强，专业性较弱。物流中心在某个领域综合性、专业性较强，具有这个领域的专业性。配送中心则主要面向城市生活或某一类型生产企业，其专业性很强。

（3）从物流节点功能来看。物流园区的功能十分全面，储存能力大，调节功能强。物流中心的功能健全，具有一定的储存能力和调节功能。而配送中心的功能较为单一，以配送功能为主。

## 3.2.3 配送中心的分类

配送中心是一种末端物流的节点设施，通过有效地组织配货和送货，使资源的最终端配置得以完成。

**1. 按配送中心功能分类**

（1）储存型配送中心。指有很强储存功能的配送中心。一般来讲，在买方市场下，企业成品销售需要有较大库存支持，其配送中心可能有较强储存功能；在卖方市场下，企业原材料、零部件供应需要有较大库存支持，这种供应配送中心也有较强的储存功能。大范围配送的配送中心，需要有较大库存，也可能是储存型配送中心。我国现今拟建的一些配送中心，都采用集中库存形式，库存量较大，多为储存型。比如，福州闽侯县南通镇陈厝村新增现代化综合配送中心，总投资 2.6 亿元，总建筑面积近 6 万 $m^2$，是集"订单、采购、仓储、分拣、质检、配送"全品类保障、全程一体的现代化综合配送中心。项目设置蔬菜、水果、水产、肉类、冻品、熟食、干货等作业区，配套保鲜库、冷冻库、综合储备仓库，可提供日常保障与应急保障相结合的商品储备。

（2）流通型配送中心。指基本上没有长期储存功能，仅以暂存或随进随出方式进行配货、送货的配送中心。这种配送中心的典型方式是，大量货物整进并按一定批量零出，采用大型分货机，进货时直接进入分货机传送带，分送到各用户货位或直接分送到配送汽车上，货物在配送中心里仅做少许停滞。例如，浙江联华智慧物流绍兴基地，位于绍兴市柯桥区杨汛桥镇，投资 7.5 亿元，占地面积 10.18 万 $m^2$，配送中心总面积 18.26 万 $m^2$，最高储存量达到 150 万件，规划日均吞吐能力 65 万件，2018 年 12 月 28 日正式投入使用。该配送中心引入众多先进的现代化物流设备，包括物流管理系统（LHWMS）、输送分拣系统、垂直提升系统、仓储机器人系统等，致力于将该物流基地打造为一座集信息化、自动化和智能化于一身的综合型智慧物流基地。服务门店 63 家，配送商品种类全年达 5 万个以上，90% 门店配送频率为每天配送。以大宗作业为主，淡季时每天的出货量约为 4 万件，旺季可达 10 万件，其中通过型处理量约占 30%。采用了一套功能强大的输送分拣系统，实现了从收货入库到发货出库的全流程自动化作业。AGV 智能分拣区采用仓储机器人实现了"货到人"的拣选模式，提高了货位和场地的利用效率；减少了员工走路，拣货效率是传统拣货的 2 ～ 3 倍。

菜鸟天猫
"货到人"

（3）加工配送中心。指具有加工职能，根据用户的需要或者市场竞争的需要，对配送物资进行加工之后进行配送的配送中心。在这种配送中心有分装、包装、初级加工、集中下料、组装产品等加工活动。例如，我国上海市和其他城市已开展的配煤配送，配送点中进行了配煤加工；上海六家船厂联建的船板处理配送中心，原物资部北京剪板厂都属于这一类型的中心。世界著名连锁服务店肯德基和麦当劳的配送中心，就是属于这种类型的配送中心。在工业、建筑领域，生混凝土搅拌的配送中心也属于这种类型。

**2. 按配送中心承担的流通职能分类**

（1）供应型配送中心。指执行供应的职能，专门为某个或某些用户（如连锁店、联合公司）组织供应的配送中心。例如，为大型连锁超市组织供应的配送中心；代替零件加工厂送货的零件配送中心使零件加工厂对装配厂的供应合理化。供应型配送中心的主要特点是配送的用户有限并且稳定，用户的配送要求范围也比较确定，属于企业型用户。因此，配送中心集中库存的品种比较固定，配送中心的进货渠道也比较稳固，同时，可以采用效率比较高的分货式工艺。我国上海地区六家造船厂的配送钢板中心，就属于供应型配送中心。

（2）销售型配送中心。指执行销售的职能，以销售经营为目的，以配送为手段的配送中心。销售型配送中心大体有三种类型。第一种是生产企业将产品直接销售给消费者的配送中心。在国外，这种类型的配送中心很多。第二种是流通企业作为本身经营的一种方式，建立配送中心以扩大销售。我国现今拟建的配送中心大多属于这种类型，国外的例证也很多。第三种是流通企业和生产企业联合的协作性配送中心。比较起来看，国外和我国的发展趋势，都是向着以销售型配送中心为主的方向发展。

销售型配送中心的用户一般是不确定的，而且用户的数量很大，每一个用户购买的数量又较少，属于消费者型用户。这种配送中心很难像供应型配送中心一样实行计划配送，计划性较差。

销售型配送中心集中库存的库存结构也比较复杂，一般采用拣选式配送工艺，销售型配送中心往往采用共同配送方法才能够取得比较好的经营效果。

**3. 按配送区域的范围分类**

（1）城市配送中心。指以城市范围为配送范围的配送中心，由于城市范围一般处于汽车运输的经济里程，这种配送中心可直接配送到最终用户，且采用汽车进行配送。所以，这种配送中心往往和零售经营相结合。由于运距短，反应能力强，因而从事多品种、少批量、多用户的配送较有优势。

（2）区域配送中心。指具有完善的配送基础设施和信息网络，可便捷地连接对外交通运输网络，配送及中转功能齐全，集聚辐射范围大，储存、吞吐能力强，向下游配送中心提供专业化统一配送服务的场所。一般这种配送中心用户也较大，配送批量也较大，虽然也从事零星的配送，但不是主体形式。

**4. 按配送货物的属性分类**

根据配送货物的属性，可以分为食品配送中心、日用品配送中心、医药品配送中心、化妆品配送中心、家用电器配送中心、电子（3C）产品配送中心、书籍产品配送中心、服饰产品配送中心、汽车零件配送中心、危化品配送中心以及生鲜处理中心等。另外，从货物的形态角度，还可以分为以下几种。

（1）经营散装货物的配送中心。这种配送中心主要为加工厂提供原料、食油、石油、汽油等，大多建造在铁路沿线或港口。

（2）经营原材料的配送中心。这里指的原材料，多是以集装箱为装载单元的货物。

（3）经营件杂货的配送中心。这些货物通常是指用集装箱和托盘来运输的商品，其中主要是制成品，如食品。

**5. 按运营主体分类**

（1）以生产厂为主的配送中心。指以家用电器、汽车、化妆品、食品等生产工厂为主的配送中心。流通管理能力强的厂商，在建立零售制度的同时，通过配送中心使物流距离缩短，并迅速向顾客配送的体制。其特点是环节少、成本低。但对零售商来说，因为从这里配送的商品，只局限于一个生产厂的产品，难以满足销售的需要，是一种社会化程度较低的配送中心。

（2）以批发商为主的配送中心。指专职流通业的批发商把多个生产厂的商品集中起来，作为批发商的主体商品。这些产品可以单一品种或者搭配向零售商进行配送。这种形式虽然多了一道环节，但是一次送货品种多样，对于不能确定独立销售路线的工厂或本身不能备齐各种商品的零售店是一种有效的办法。

（3）以零售商为主的配送中心。一般是指特大型零售店或集团联合性企业所属的配送中心。从批发部进货或从工厂直接进货的商品，经过零售店自有的配送中心，再向自己的网点和柜台直接送货。为保证商品不脱销，零售店必须有一定的"内仓"存放商品，配送中心可以及时不断地向商店各部门送货，不仅有利于减轻商店内仓的压力，节约内仓占用的面积，而且有利于库存集中在配送中心，还有利于减少商店的库存总量。

（4）以商业企业集团为主的配送中心。指由商业企业集团组建的完成本企业集团商品供应或销售的配送中心。它是为适应企业集团的产品销售而组建的。

（5）以物流企业为主的配送中心。指为批发企业服务的综合性物流中心。各地批发企业都有相当一部分的商品储存在当地的储运公司仓库里。在储运公司仓库实现由储存型向流通型转变的基础上建立起来的配送中心，可以越过批发企业自己的仓库或配送中心，直接向零售店配送商品。与批发企业各自建立的配送中心对比，它的特点是物流设施的利用率高，成本低，服务范围广。

### 3.2.4　配送中心的功能和定位

**1. 配送中心的功能**

（1）采购功能。配送中心必须首先采购所要供应配送的商品，才能及时、准确无误地为其用户即生产企业或商业企业供应物资。配送中心应根据市场的供求变化情况，制定并及时调整统一周全的采购计划，并由专门的人员与部门组织实施。

（2）储存功能。配送中心的服务对象是为数众多的生产企业和商业网点（比如连锁店和超级市场），配送中心需要按照用户的要求及时将各种配装好的货物送交到用户手中，满足生产和消费需要。为了顺利有序地完成向用户配送商品的任务，而且为了能够更好地发挥保障生产和消费需要的作用，配送中心通常要兴建现代化的仓库并配备一定数量的仓储设备，储存一定数量的商品。某些区域性的大型配送中心和开展"代理交货"配送业务的配送中心，不但要在配送货物的过程中储存货物，而且它所储存的货物数量更大，品种更多。由于配送中心所拥有的储存货物的能力，使得储存功能成为配送中心中仅次于组配功能和分送功能的一个重要功能之一。

（3）组配功能。由于每个用户企业对商品的品种、规格、型号、数量、质量送达时间和地点等的要求不同，配送中心就必须按用户的要求对商品进行分拣和组配。配送中心的这一功能是其与传统的仓储企业的明显区别之一。这也是配送中心最重要的特征之一，可以说，没有组配功能，就无所谓配送中心。

（4）分拣功能。作为物流节点的配送中心，其为数众多的客户中，彼此差别很大。不仅各自的性质不同，而且经营规模也大相径庭。因此，在订货或进货时，不同的用户对于货物的种类、规格、数量会提出不同的要求。针对这种情况，为了有效地进行配送，即为了同时向不同的用户配送多种货物，配送中心必须采取适当的方式对组织来的货物进行拣选，并且在此基础上，按照配送计划分装和配装货物。这样，在商品流通实践中，配送中心就又增加了分拣货物的功能，发挥分拣中心的作用。

（5）分装功能。从配送中心的角度看，它往往希望采用大批量的进货来降低进货价格和进货费用，但是用户企业为了降低库存、加快资金周转、减少资金占用，则往往要采用小批量进货的方法。为了满足用户的要求，即用户的小批量、多批次进货，配送中心就必须进行分装。

（6）集散功能。凭借其特殊的地位以及拥有的各种先进的设施和设备，配送中心能够将分散在各个生产企业的产品集中到一起，然后经过分拣、配装向多家用户发运。

**2. 配送中心的定位**

无论从现代物流学科建设方面还是从经济发展的要求方面来讲，都需要对配送中心这种经济形态有一个明确的界定。

（1）层次定位。配送中心在整个物流系统中，流通中心定位于商流、物流、信息流、资金流的综合汇集地，具有非常完善的功能；物流中心定位于物流、信息流、资金流的综合设施，其涵盖面较流通中心低，属于第二个层次的中心；配送中心如果具有商流职能，则属于流通中心的一种类型，如果只有物流职能则属于物流中心的一个类型，可以被流通中心或物流中心所覆盖，属于第三个层次的中心。

（2）横向定位。从横向来看，和配送中心作用大体相当的物流设施有仓库、货栈、货运站等。这些设施都可以处于末端物流的位置，实现资源的最终配置。不同的是，配送中心是实行配送的专门设施，而其他设施可以实行取货、一般送货，而不是按照配送要求有完善组织和设备的专业化流通设施。

（3）纵向定位。配送中心在物流系统中纵向的位置应该是：如果将物流过程按纵向顺序划分为物流准备过程、首端物流过程、干线物流过程、末端物流过程，配送中心处于末端物流过程的起点。它所处的位置是直接面向用户的位置，因此，它不仅承担直接对用户服务的功能，而且根据用户的要求，起着指导全物流过程的作用。

（4）系统定位。在整个物流系统中，配送中心在系统中的位置，是提高整个系统的运行水平。尤其是现代物流利用集装方式在很多领域中实现了"门到门"的服务，将可以利用集装方式提高整个物流系统效率的物流对象做了很大的分流，所剩下的主要是多品种、小批量、多批次的货物，这种类型的货物是传统物流系统难以提高物流效率的对象。在包含着配送中心的物流系统中，配送中心对整个系统的效率提高起着决定性的作用。所以，在包含了配送系统的大物流系统中，配送中心处于重要的位置。

（5）功能定位。配送中心的功能是通过配货和送货完成资源的最终配置。配送中心的主要功能是围绕配货和送货而确定的，例如，有关的信息活动、交易活动、结算活动等，虽然也是配送中心不可或缺的功能，但是它们必然服务和服从于配货和送货这两项主要的功能。

因此，配送中心是一种末端物流的节点设施，通过有效地组织配货和送货，使资源最终端的配置得以完成。

## 3.2.5　配送中心作业流程

### 1. 配送中心的一般流程

配送中心的种类很多，因此内部的结构和运作方式也不相同。一般来讲，中、小件品种规格复杂的货物，具有典型意义，所以配送中心的一般流程是以中、小件杂货配送为代表。由于货种多，为保证配送，需要有一定储存量，属于有储存功能的配送中心，理货、分类、配货、配装的功能要求较强，但一般来讲，很少有流通加工的功能。

这种流程也可以说是配送中心的典型流程，其主要特点是：有较大的储存场所，分货、拣选、配货场所及装备也较大。

### 2. 不带储存库的配送中心流程

有的配送中心专以配送为职能。而将储存场所，尤其是大量储存场所转移到配送中心之外的其他地点，专门设置补货型的储存中心，配送中心中则只做配送备货的暂存，而无大量储存。暂存设在配货场地中，在配送中心不单设储存区。

这种配送中心和第一种类型配送中心的流程大致相同，主要工序及主要场所都用于理货、配货。区别只在于大量的储存在配送中心外部而不在其中。

这种类型的配送中心，由于没有集中储存的仓库，占地面积比较小，也可以省却仓库、现代货架的巨额投资。至于补货仓库，可以采取外包的形式，采取协作的方法解决，也可以自建补货中心，实际上在若干配送中心基础上，又共同建设一个更大规模集中储存型补货中心，还可以采用虚拟库存的办法来解决。

**3. 加工配送中心流程**

加工配送中心也不是一个模式，随着加工方式不同，配送中心的流程也有所区别。

这种配送中心流程的特点，以平板玻璃为例，进货是大批量、单（少）品种的产品，因而分类的工作不重或基本上无须分类存放。储存后进行加工，和生产企业按标准、系列加工不同，加工一般是按用户要求。因此，加工后产品便直接按用户分放、配货。所以，这种类型配送中心有时不单设分货、配货或拣选环节；配送中心中加工部分及加工后分放部分占较多位置。

**4. 批量转换型配送中心流程**

这种配送中心流程是批量大、品种较单一。产品进货后，转换成小批量再发货方式的配送中心。不经配煤、成型煤加工的煤炭配送和不经加工的水泥、油料配送的配送中心大多属于这种类型。

这种配送中心流程十分简单，基本不存在分类、拣选、分货、配货、配装等工序，但是由于是大量进货，储存能力较强，储存及分装是主要工序。

# 3.3　配送模式

配送模式是企业对配送所采用的基本战略和方法。它是指构成配送活动的诸要素的组合形态及其活动的标准形式，是适应经济发展需要并根据配送对象的性质、特点及工艺流程而相对固定的配送规律。

## 3.3.1　配送模式分类

配送模式分为两种，一种是按配送的物品来划分，即划分为生产资料与生活资料的配送；另一种是按配送承担者来划分，即划分自营配送模式、共同配送模式和第三方配送模式。

**1. 按配送的物品划分类**

（1）生产资料产品配送模式。生产资料是劳动手段和劳动对象的总称。在管理运作中，人们常常把生产资料分成两大类：工业品生产资料和农产品生产资料。这里所指的生产资料是指用于满足工作、交通、基本建设等需要的工业品生产资料，其中包括各种原料、材料、燃料、机电设备等。

一般来说，生产资料的消费量都比较大，从而运输量也比较大。从物流的角度看，有些生产资料是以散装或裸露方式流转的（如煤炭、水泥、木材等产品）；有些则是以捆装和集装方式流转的（如金属材料、机电产品等）；有些产品是经过初加工以后才供应给消费者使用（如木方、配煤、型煤等）；也有些产品直接进入消费领域，中间不经过初加工过程。由于产品的性质和消费情况各异，其配送模式也迥然不同。从流程上看，生产资料配送模式大体上可以分为两种。

第一种模式是：在配送流程中，作业内容和工序比较简单，除了有进货、储存、装货和送货等作业，基本上不存在其他工序，配送模式工艺流程如图 3-1 所示。这种配送模式中，装卸运输作业通常要使用专用的工具或设备，并且车辆可直接开到储货场地进行作业（直接发送）。在流通实践中，按照这种模式进行配送的生产资料产品主要有煤炭、水泥、成品油等。

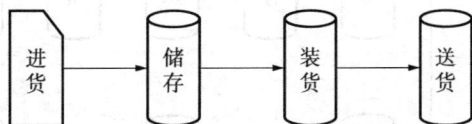

图 3-1　第一种模式的配送工艺流程

第二种模式是：在配送活动中包含着加工（产品的初级加工）；也就是，在第一种配送模式中增加了一道重要工序。由于产品种类和需求方向不同，在加工工序之后的作业也不尽一致，如图 3-2 和图 3-3 所示。很明显，第二种模式要比第一种模式复杂。不但作业工序多，而且同样的工序会重复出现（如图 3-3 中的储存工序）。在物资供应活动中，采用第二种配送模式流转的生产资料产品主要有钢材、木材等。下面仅选出两种有代表性的产品来具体说明生产资料的配送模式。

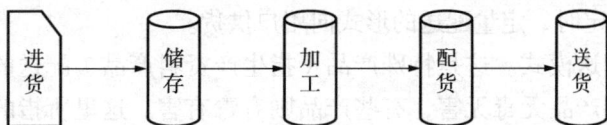

图 3-2　第二种模式的配送工艺流程 A

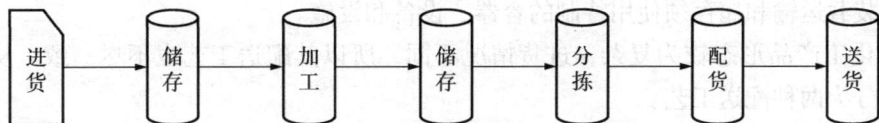

图 3-3　第二种模式的配送工艺流程 B

①金属材料配送模式。作为配送对象的金属材料主要包括这样几种产品：黑色金属材料（包括各种型材板材、线材等），有色金属材料（有色金属及其型材）和各种金属制品（如铸件、管件坯料）。与生活资料相比，金属材料有以下一些特点：重量大、强度高、规格品种繁多，但运输时可以混装。一般来说，这类物资的产需关系比较稳定，但是需求结构比较复杂。因此，金属材料配送多数都包含加工工序。对于一些需求量不太大但需要品种较多的用户，金属材料的配送流程中又常常包含着分拣、配货和配装等作业。就加工工序而言，主要有这样几项作业：集中下料；材料剪切、定尺和整形；除锈、剔除毛刺。金属材料的配送工艺流程如图 3-4 所示。

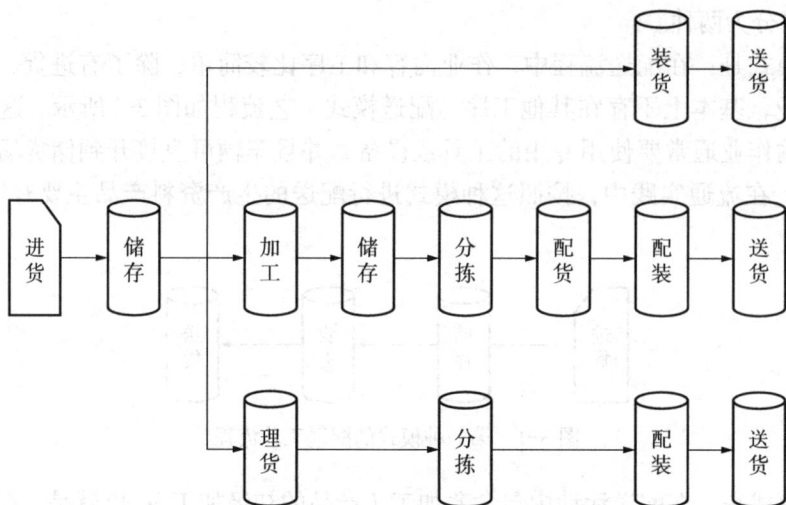

图 3-4　金属材料的配送工艺流程

从图 3-4 中可以看到，金属材料配送存在着一种特殊情况：若配送品种单一，且数量较多的货物，流程中没有、也不需要安排分拣、配装等作业（或工序）。通常，配送车辆可以直接开到储货场进行装货、送货。由于金属材料的需求相对稳定，因此，在实践中，适宜采用计划配送的形式供货；同时，因金属材料的需求量大，并且带有连续性。所以，也适宜采用集团配送和定时、定量配送的形式向用户供货。

②化工产品的配送模式。这是特殊产品（指生产资料产品）配送的典型模式。化工产品的种类繁多，有些产品无毒无害，有些产品则有毒有害。这里所指的化工产品是指单位时间内消耗大、有毒、有腐蚀性和有一定危险性的化工产品，其中包括硫酸、盐酸、磷酸、烧碱、纯碱、树脂等。上述化工产品的共同特点是：活性强，不同种类的产品不能混装、混存，其装载运输和储存须使用特制的容器、设备和设施。

由于化工产品形态较为复杂，进货情况不同，所以其配送工艺也不尽一致。从总体上看，基本分为两种配送工艺。

a）散装成大包装产品配送。配送企业（配送中心）集中进货后，通常都要按照要求进行分装加工（变大包装为小包装），然后采取一般配送工艺流程进行配送作业，如图 3-5 所示。

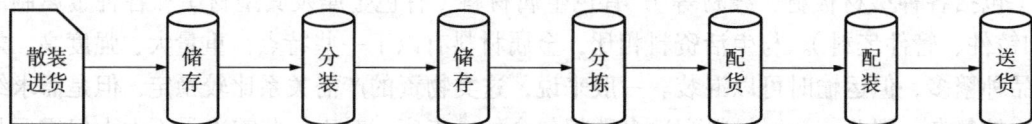

图 3-5　散装大包装产品配送工艺流程

b）散装成小包装产品配送。有些化工产品在出厂前就可装成小单元（用户可以接受的单元标准），对于这类产品，配送企业集中进货以后不需要再进行分装加工，可直接按照一般的配送工艺流程安排作业，如图 3-6 所示。

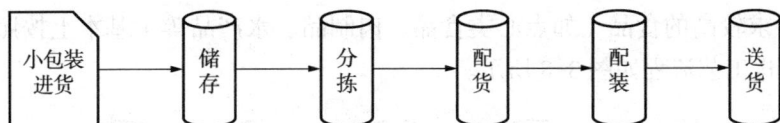

图 3-6　散装小包装产品配送工艺流程

如上所述，很多用于工业生产的化工产品系有毒、有害物，因此，配送这类物资须配备专用的设施和设备，比如储存和运输设备。此外，化工产品的配送只适宜由专业生产企业（化工企业）和专业流通企业（化轻公司）来组织。因用户不宜过多储存有毒、有害、有危险的物资，故采用定点、定量配送方式供货和计划配送方式供货是化工产品配送的主要运作形式。

（2）生活资料产品配送模式。生活资料是用来满足人们生活需要的劳动产品，它包括供人类吃、穿、用的各种食品、饮料、衣物、用具和各种杂品。生活资料的品种、规格较之生产资料更为复杂，其需求变化也比生产资料要快，因此，生活资料的配送不但必须安排分拣、配货和配装等工艺（或工序），而且其作业难度也比较大。此外，就生活资料中的食品而言，有保鲜、保质期和卫生等质量要求，根据这一特点，一部分生活资料的配送流程中也包含加工工序。

①日用小杂品配送模式。日用小杂品主要是如下几类产品：小百货（包括服装、鞋帽、日用品等），小机电产品（如家用电器、仪器仪表和电工产品、轴承及小五金），图书和其他印刷品，无毒无害的化工产品和其他杂品。这类产品的共同特点是有确定的包装，可以集装、混装和混载，产品的尺寸不大，可以成批存放在没有单元货格的现代化仓库中。

由于日用小杂品的品种、规格繁多，其市场需求又是多品种、小批量状态，因此，其配送流程中必然要求有理货和配货等工序。由于每一个用户每次对日用小杂品的需求量有限，而这类产品又能够进行混存、混装，因此，为了进行合理运输，在配送主流程中又必然安排配装工序。就整个配送流程来看，日用小杂品配送是一种标准化的配送模式，如图 3-7 所示。

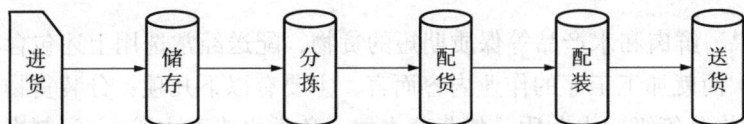

图 3-7　日用小杂品的配送工艺流程

从图 3-7 可以看出日用小杂品的配送作业工序比较齐全，但流程中没有加工工序。这是因为日用小杂品多为有包装物品，并且包装内的产品数量一般都不太多（即为小包装物品），故在这类产品的配送中很少有流通加工环节出现。日用小杂品的配送常常要根据用户的临时需要来安排和组织，因而其配送量、配送路线和配送时间等很难固定下来。在现实生活中，往往都是采用"即时配送"形式和"多品种、少批量、多批次"配送的方法来向用户供货和发送货物。

②食品配送模式。食品的种类很多，其形状各异，又都有保质、保鲜期。据此，食品配送有以下三种工艺流程。

第一种流程：在进货工序之后紧接分拣加工配货等工序，中间不存在储存工序，即货物（食品）组织到货以后基本不存放，很快进行分拣、配货，然后快速送货。通常，保质期短和保鲜要求较高的食品（如点心类食品、肉制品、水产品等）基本上按照上述流程进行配送。其配送工艺流程如图 3-8 所示。

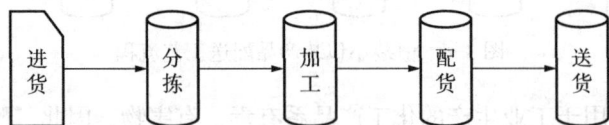

图 3-8　没有储存工序的食品配送工艺流程

第二种流程：在进货作业后安插储存工序，然后依次进行配货和配装等作业。通常，保质期较长的食品主要按照图 3-9 的工艺流程进行配送。其操作程序是：大量货物组织进来以后，先要进行储存、保管，然后根据用户订单进行分拣、配货、配装。待车辆满载以后，随即向各用户送货。这种带储存工序的食品配送工艺流程如图 3-9 所示。

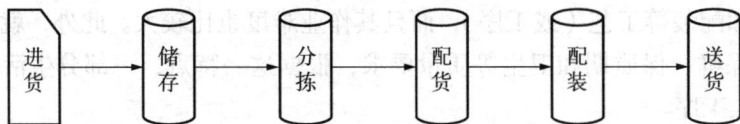

图 3-9　带有储存工序的食品配送工艺流程

第三种流程：带有加工工序的食品配送工艺流程。先初加工，然后依次衔接储存、分拣、配货，当大量货物集中到仓库或场地以后，先进行配装和送货等工序，顺序如图 3-10 所示。

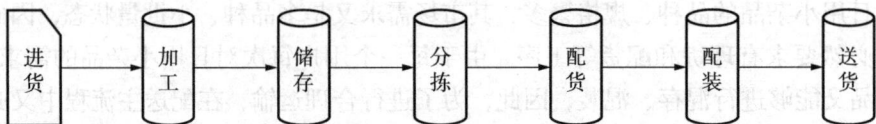

图 3-10　带有加工工序的食品配送工艺流程

鲜菜、鲜果、鲜肉和水产品等保质期短的货物，配送经常选用上述包含有加工工序的食品配送模式。而就加工工序的作业内容而言，主要有以下几项：分装货物（将大包装改成小包装）、货物分等级、去杂质（如蔬菜去根、鱼类去头和内脏）、配制半成品等。食品配送特别要强调速度和保质。据此，在物流实践中，一般都采用定时配送、即时配送等形式向用户供货。

**2. 按配送形式划分类**

（1）自营配送模式。自营配送模式是指企业物流配送的各个环节由企业自身筹建并组织管理，实现对企业内部及外部货物配送的模式，是生产流通或综合性企业（集团）所广泛采用的一种配送模式。企业（集团）通过独立组建配送中心，实现内部各部门、厂、店供应物品的配送。这种配送模式因为糅合了传统的"自给自足"的"小农意识"，形成了新型的"大而全""小而多"，从而造成了社会资源浪费；但是这种配送模式有利于企业供应、生产和销售的一体化作业，系统化程度相对较高，既可满足企业内部原材料、半成品及成品的配送需要，又可满足企业对外进行市场拓展的需求。

较典型的企业（集团）内自营配送模式，就是连锁企业的配送。许多连锁公司或集团基本上是通过组建自己的配送中心来完成对内部各场、店的统一采购、统一配送和统一结算的。

（2）共同配送模式。共同配送是物流配送企业之间为了提高配送效率以及实现配送合理化所建立的一种功能互补的配送联合体，是一种物流配送经营企业之间为实现整体配送合理化，以互惠互利为原则，互相提供便利的物流配送服务的协作型配送模式，也是电子商务发展最优的物流配送模式，包括配送的共同化、物流资源利用共同化、物流设施设备利用共同化以及物流管理共同化。共同配送模式是合理化配送的有效措施之一，是企业保持优势常在的至关重要的课题，是企业的横向联合、集约协调、求同存异和效益共享，有利于发挥集团型竞争优势的一种现代管理方法。

在实际运作中，由于共同配送联合体的合作形式、所处环境、条件以及客户要求的服务存在差异，因此，共同配送的运作过程也存在较大的差异，互不相同。共同配送的一般运作过程如图 3-11 所示。

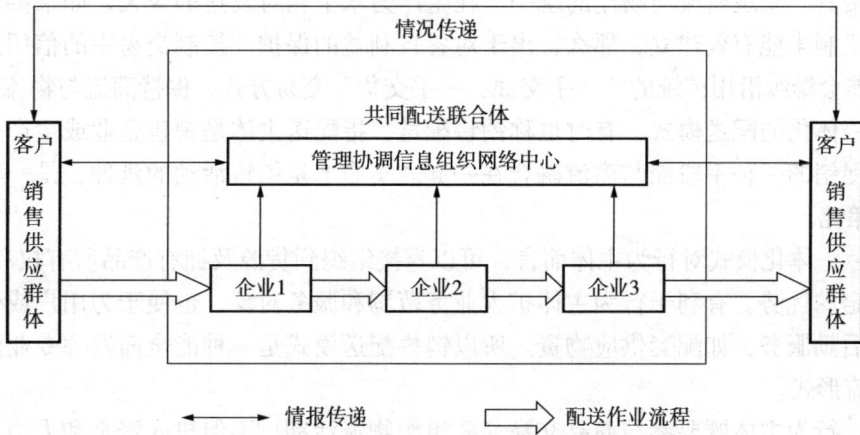

图 3-11　共同配送的一般运作过程

（3）第三方配送模式。随着物流产业的不断发展以及第三方配送体系的不断完善，第三方配送模式成为工商企业和电子商务网站进行货物配送的首选模式和方向。第三方配送模式的运作方式如图 3-12 所示。

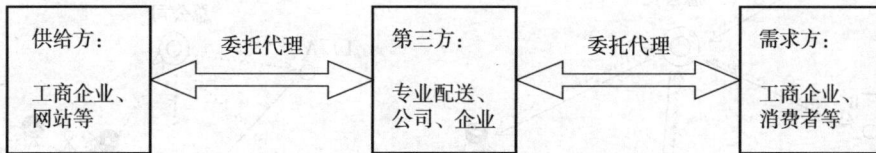

图 3-12　第三方配送模式的运作方式

第三方配送模式作为有着较新物流理念的产业正在逐步形成，在对企业的服务中逐步形成了一种战略关系。随着 JIT 管理方式的普及，无论是制造企业还是商业企业逐渐把配送业务交由相对独立的第三方进行管理。第三方配送企业根据采购方的小批量和多批次的要求，按照地域分布密集情况，决定供应方的取货顺序，并应用一系列的信息技术和物流技术，保证 JIT 取货和配货。跟其他配送模式不同，这种新型的物流配送模式主要有以下特点。

①拉动式（响应为基础）的经营模式。

②小批量、多批次取货。

③提高生产保障率，减少待料时间。

④减少中间仓储搬运环节，做到"门对门"的服务，节约仓储费用和人力、物力。

⑤产生最佳经济批量，从而降低运输成本。

⑥通过 GPS 全球定位系统及信息反馈系统，保证了 JIT 运输及运输安全。

**3. 按配送组织结构分类**

（1）商物一体化模式。商流与物流都是流通的重要组成部分，两者相辅相成、互相补充。商流与物流的统一是指商流和物流在同一时间发生。"一手交钱，一手交货"便是商流与物流统一的形象写照。在社会发展初期，生产力水平低下，生产者与消费者在时间上、空间上间隔比较小，双方可以直接接触，生产者在转让商品所有权的同时，也把商品实体交给了消费者，实现商流与物流的统一。在生产力水平相对发达的今天，如果供求双方的诚信经营机制未能有效建立，那么，出于对各自利益的保护，控制交易中的信用风险，供求双方可能会继续沿用传统的"一手交钱，一手交货"交易方式，保持商流与物流的统一。

商物一体化的配送模式，有时也称销售配送，指配送主体是销售企业或生产企业，配送是作为促销的一种手段而与商流融合在一起。实质上是销售活动的延伸，是一种营销手段或营销策略。

优点：一体化模式对行为主体而言，可以直接组织到货源及拥有产品所有权和支配权，能形成一定的优势。有利于行为主体扩大业务范围和服务对象，也便于为用户或生产者提供特殊的后勤服务，如配套供应物资。所以销售配送模式是一种能全面发挥专业流通企业功能的物流形式。

缺点：行为主体既要参与商品交易又要组织物流活动，不但投入资金和人力、设备较大，而且资金、人力分散，需较大的经济实力才能办到。

图 3-13（a）所示为总公司从工厂购得商品送至批发站，批发站再将商品分送到各零售站，信息流和物流完全一致。

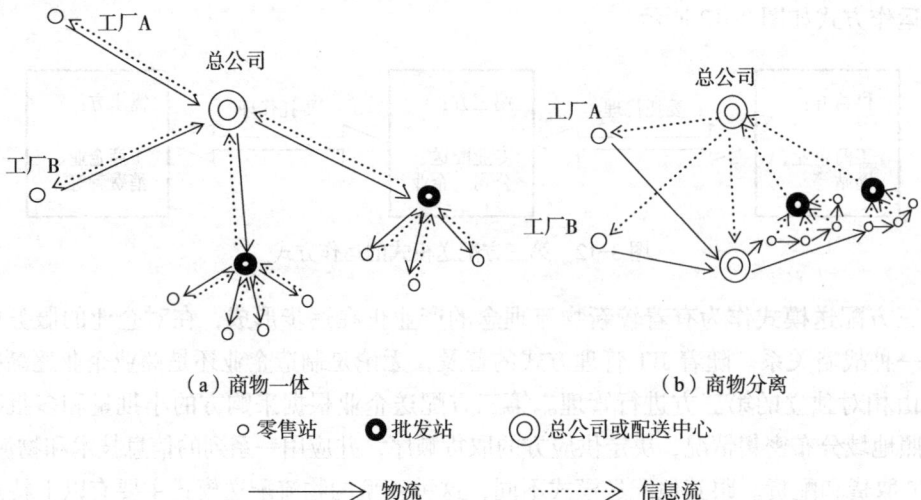

（a）商物一体　　　　　　（b）商物分离

○ 零售站　● 批发站　◎ 总公司或配送中心

────→ 物流　　……▷ 信息流

图 3-13　商物一体化与商物分离

（2）商物分离模式。商流与物流虽然密切相关，但各自具有不同的活动内容和规律。商流一般要经过一定的经营环节来进行业务活动，而物流则不受经营环节的限制，它可以根据商品的种类、数量、交货要求、运输条件等，使商品尽可能出产地通过最少环节，以最短的物流路线，按时保质地送到用户手中。

实践证明，如果按照一定的原则简化货物实体流通渠道，不与商流渠道重合，那么，可以降低物流费用，提高物流效率。

配送中心不直接参与商品交易活动，而是专门为生产企业等客户提供货物保管、分拣、加工、运送等系列化服务，即配送活动与商流活动相分离。

优点：

①为营业方便，批发站一般设在市区繁华地段，而配送中心可以设在郊外，工厂之间大批货物运输较为便利，可以缓和市内交通拥挤的现象。

②配送中心实行回路配送，优化了配送路线，降低运输费用，同时提高运输设备利用率。

③减少货物装卸作业环节，降低货损货差。

④配送中心物流作业集中，便于机械化、自动化，大幅提高了物流作业效率，降低成本。

⑤配送企业的业务活动比较单一、专业，企业占用资金较少。

⑥配送活动属于代理性质的活动，配送企业的收益主要来自服务费，经营风险比较小。

⑦因占压资金较少，故容易扩大其服务范围和经营规模。

缺点：不直接掌握货源，在开展配送活动中，行为主体的调节和调度能力较差。

● 知识拓展：商流与物流分离前的运作方式

2001年之前，雅芳的物流运作是商流与物流合一的。除总部工厂仓库外，75个分公司各有一个仓库，物流运作是由工厂仓库—分公司仓库—经销商自提，即雅芳通过长途陆运或空运的方式，将货物从广州工厂仓库运到全国75个分公司的仓库，然后由经销商到所属区域的各个分公司提取货物，并在专卖店或专柜向顾客出售。然而，随着销售额的增长，这种方式的弊端也日益显现出来。一方面，随着销售品种和销售额的增加，库存额居高不下，库存周转天数越来越多，而分散在全国的75个仓库需要投入大量的人力来从事仓储、打单等工作；另一方面，物流不畅导致经销商满意度降低，流失率高。从1999年至2002年年初，雅芳的经销商流失率高达20%。处于十字路口的雅芳感到必须对物流进行重新整合，构建高效的供应链体系才能有效支撑业务，达到提高满意度、降低成本的目标。商流与物流分离后的运作方式经过近1年的考察和研究，雅芳拿出了一套叫作"直达配送"的物流解决方案。其实质是商流与物流分离，即取消全国75个大大小小的分公司仓库，成立区域物流中心，经销商的订货直接由总部安排区域物流中心向其配送。雅芳重新进行了物流网络规划，并借助IT来支撑。

### 3.3.2　配送模式选择

企业选择何种配送模式主要取决于以下几个因素：配送对企业的重要性、企业的配送能力、市场规模与地理范围、保证的服务及配送成本等。一般来说，企业配送模式的选择方法主要有矩阵图决策法和比较选择法。

**1. 矩阵图决策法**

矩阵图决策法主要是通过两个不同因素的组合，利用矩阵图来选择配送模式的决策方法。其基本思路是选择决策因素，然后通过其组合形成不同区域或象限再进行决策。

下面主要围绕配送对企业的重要性和企业配送能力来进行分析，如图3-14所示。

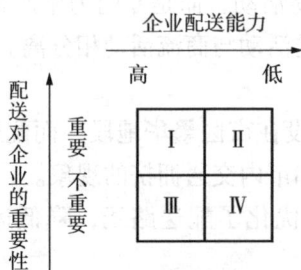

图 3-14　矩阵图决策法

在实际经营过程中，企业根据自身的配送能力和配送对企业的重要性组成矩阵决策图的四个状态区域。一般来说，企业可按下列思路来进行选择和决策。

在状态 I 下，配送对企业的重要性程度较大，企业也有较强的配送能力，在配送成本较低和地理区域较小，但市场相对集中的情况下，企业可采取自营配送模式，以提高顾客的满意度和配送效率，与营销保持一致。

在状态 II 下，配送虽然对企业的重要程度较大，但企业的配送能力较低，此时，企业可采取的策略是寻求配送伙伴来弥补自身在配送能力上的不足。可供选择的模式有三种：第一种是加大投入，完善配送系统，提高配送能力，采用自营配送模式；第二种是进行一些投入，强化配送能力，采用共同配送模式；第三种是采取第三方配送模式，将配送业务完全委托专业性的配送企业来进行。一般来说，在市场规模较大，且相对集中及投资量较小的情况下，企业可采取自营配送模式；若情况相反，则可采取第三方配送模式。

在状态 III 下，配送在企业战略中不占据主要地位，但企业却有较强的配送能力，此时，企业可向外拓展配送业务，以提高资金和设备的利用能力，既可以采取自营配送模式，也可以采用共同配送模式。若企业在这方面具有较强竞争优势，也可适当调整业务方向，向社会化方向发展，成为专业的配送企业。

在状态 IV 下，企业的配送能力较低，且不存在较大的配送需求，此时，企业宜采取第三方配送模式，将企业的配送业务完全或部分地委托给专业的配送企业去完成，而将主要精力放在企业最为擅长的生产经营方面，精益求精，获得更大的收益。

**2. 比较选择法**

比较选择法是企业通过对配送活动的成本和收益等进行比较而选择配送模式的一种方法。一般有确定型决策、非确定型决策和风险型决策等。

（1）确定型决策。确定型决策是指一个配送模式只有一种确定的结果，只要比较各个方案的结果，即可做出选择何种配送模式的决策。例如，某一企业为扩大生产销售，现有三种配送模式可供选择，各配送模式所需的配送成本与可能实现的销售额如表 3-1 所示。

表 3-1　各配送模式所需的配送成本与可能实现的销售额

| 配送模式 | 配送成本 C/ 万元 | 销售额预计数 F/ 万元 |
|---|---|---|
| 自营配送模式 | 10 | 220 |
| 共同配送模式 | 8 | 180 |
| 第三方配送模式 | 5 | 140 |

这类问题一般为单目标决策，此时企业可以运用价值分析来进行选择，即直接利用公式 $V=F/C$ 来计算各种配送模式的价值系数。式中，$V$ 为价值系数，$F$ 为功能（此例为销售额预计数），$C$ 为成本费用。根据计算结果，某一种配送模式的价值系数越大，则说明这种模式的配送价值越大，是企业最佳的配送模式或满意模式。此例中，如果自营、共同、第三方配送模式的价值系数分别为 22、22.5、28，则企业应采取第三方配送模式。

在实际经营过程中，企业对配送模式的选择往往需要考虑许多方面的因素，即需要进行多目标决策。此时，评价配送模式的标准是各模式的综合价值，一般可用综合价值系数来进行。某一模式的综合价值系数越大，则说明该模式的综合价值就越大，这种模式就是企业所要选择的配送模式。综合价值系数可用公式 $V=\sum M_i F_i$ 来计算。式中，$V$ 为综合价值系数，$M_i$ 为分数，$F_i$ 为权数。

【例 3-1】某企业在选择配送模式时主要考虑以下四个方面的目标，如表 3-2 所示。

表 3-2　某企业选择配送模式时主要考虑的目标

| 配送模式 | 成本费用 / 万元 | 销售额预计数 / 万元 | 利润总额 / 万元 | 客户满意度 / % |
|---|---|---|---|---|
| | 0.1 | 0.3 | 0.4 | 0.2 |
| 自营配送模式 | 10 | 220 | 25 | 98 |
| 共同配送模式 | 8 | 180 | 17 | 97 |
| 第三方配送模式 | 5 | 140 | 15 | 99 |

根据表 3-2 资料计算，各模式的综合价值系数分别为：

$$V_{自营}=\frac{5}{10}\times 0.1+\frac{220}{220}\times 0.3+\frac{25}{25}\times 0.4+\frac{98}{99}\times 0.2=0.95$$

$$V_{共同}=\frac{5}{8}\times 0.1+\frac{180}{220}\times 0.3+\frac{17}{25}\times 0.4+\frac{97}{99}\times 0.2=0.77$$

$$V_{第三方}=\frac{5}{5}\times 0.1+\frac{140}{220}\times 0.3+\frac{15}{25}\times 0.4+\frac{99}{99}\times 0.2=0.73$$

可以看出，自营配送模式的综合价值系数最大，是企业所要选择的配送模式。

需要注意的是，在利用确定型决策选择配送模式时，要明确以下几方面的问题：一是决策的目标要明确；二是至少要有两个可供选择的配送模式；三是未来有一个确定的自然状态或一组确定的约束条件；四是各备选方案的自然状态或约束条件的效益值可以确定出来。

（2）非确定型决策。非确定型决策是指一个配送模式可能出现几种结果，而又无法知道其概率时所进行的决策。其条件是：决策者期望的目标明确，存在着不以决策者意志为转移的两种以上状态，具有两个或两个以上可供选择的配送模式，不同模式在不同状态下相应的损益值可以获得。非确定型决策作为一种决策方法，虽带有较大的主观随意性，但也有一些公认的决策准则可供企业在选择模式时参考。下面通过事例来说明非确定型决策的不同决策准则以及企业对配送模式的选择方法。

【例3-2】某企业计划通过提高配送效率，满足客户对配送的要求，来扩大经营规模。现可供选择的配送模式有三种，由于在未来几年内，企业对用户要求配送的程度无法做出准确的预测，只能大体估计为三种情况，且估算出在三种自然状态下三种配送模式在未来几年内的成本费用（见表3-3），但不知道这三种情况的发生概率，问如何决策？

表3-3　某企业在三种自然状态下三种配送模式的成本费用

单位：万元

| 自然状态 | 配送模式 | | |
|---|---|---|---|
| | 自营配送 | 共同配送 | 第三方配送 |
| 配送要求程度高 | 90 | 70 | 65 |
| 配送要求程度一般 | 50 | 35 | 45 |
| 配送要求程度低 | 10 | 13 | 30 |

第一种方法：按乐观准则来决策。首先从每种模式中选择一个最小成本看作必然发生的自然状态。然后在这些最小成本的模式中，再选择一个最小成本的模式作为满意方案。此例中，三种模式的最小成本分别为：10万元、13万元、30万元。其中，自营配送模式的成本最低，应可作为企业满意的模式。这种决策方法，一般适用于把握较大和风险较小的情况。

第二种方法：按悲观准则来决策。首先从每种方案中选择一个最大成本作为评价模式的基础，实际上是对每个局部模式持悲观态度，从不利的角度出发，把最大成本作为必然发生的自然状态，将非确定型决策问题变为确定型决策问题来处理。然后，再从这些最大成本之中选择成本最小的模式。此例中，三种模式的最大成本分别为：90万元、70万元、65万元。其中，第三方配送模式的成本最小，可作为企业满意的模式。在现实经济生活中，这种决策方法一般适合于把握小和风险较大的问题。

第三种方法：按折中准则或赫维斯准则来决策。赫维斯认为，决策者不应极端行事，而应在两种极端情况中求得平衡。具体的方法是根据决策者的估计，确定一个乐观系数 $\alpha$，$\alpha$ 的取值范围为 [0，1]。给最好的结果和最坏的结果分别赋予相应的权数 $\alpha$ 和 $(1-\alpha)$，中间结果不予考虑。本例是计算折中成本值，公式为：

折中成本值 $=\alpha \times$ 最小成本值 $+ (1-\alpha) \times$ 最大成本值

在决策中，决策者根据分析，估计客户对配送程度要求高的大概占40%，客户对配送要求程度低的占60%，即乐观系数为0.4。此时三种模式的折中成本值分别为：42万元、

35.8 万元、44 万元。根据计算结果可以看出，共同配送模式的成本最低，可作为企业选择的模式。

第四种方法：按等概率准则或拉普拉斯准则来决策。拉普拉斯认为，在非确定型决策中，各种自然状态发生的概率是未知的，若按最好或最坏的结果进行决策，都缺乏依据。解决的办法是给每种可能出现的结果都赋予相同的权数，若有几种自然状态，则每种自然状态发生的概率都相等，且其和为 1。然后计算出各个方案（配送模式）在各种自然状态下的加权平均值，并根据决策（指标）的性质来进行决策。在本例中，各种自然状态发生的概率为 1/3，各种模式的成本加权值分别为 50 万元、39.3 万元和 46.7 万元。可以看出，共同配送模式的加权成本值最小（39.3 万元），可作为企业选择的模式。

第五种方法：按最小后悔值准则（也称沙万奈准则）来决策。这种决策方法是以每个模式在不同自然状态下的最小成本值作为理想目标。如果在该状态下，没有采取这一理想模式，而采取了其他模式，从而会使成本增加，就会感到"后悔"，这样每个自然状态下的其他模式成本值与它在理想值之差所形成的损失值，就称为"后悔值"。然后按模式选出最大后悔值，在最大后悔值中再选出后悔值最小的成本值，其对应的模式就是企业所要选择的模式，这种决策方法是较为保险的一种决策。

根据此例所给的资料，计算出各种状态下各种模式的后悔值，如表 3-4 所示。

表 3-4　某企业在三种自然状态下三种配送模式的后悔值

单位：万元

| 自然状态 | 配送模式 | | |
| --- | --- | --- | --- |
| | 自营配送 | 共同配送 | 第三方配送 |
| 配送要求程度高 | 90（90-65＝25） | 70（70-65＝5） | 65（65-65＝0） |
| 配送要求程度一般 | 50（50-35＝15） | 35（35-35＝0） | 45（45-35＝10） |
| 配送要求程度低 | 10（10-10＝0） | 13（13-10＝3） | 30（30-10＝20） |

根据表的计算结果可以看出，三种配送模式的最大后悔值分别为 25 万元、5 万元和 20 万元。其中共同配送模式的最小值为 5，此时企业可选择该模式为满意的配送模式。

从上面介绍的五种准则可以看出，同一问题按不同的准则来决策，决策的结果也存在着差异。因此，企业在用非确定型决策来选择配送模式时，还应该考虑其他方面的因素。

（3）风险型决策。风险型决策是指在目标明确的情况下，依据预测得到不同自然状态下的结果及出现的概率所进行的决策。由于自然状态并非决策所能控制，所以决策的结果在客观上具有一定的风险，故称为风险型决策。风险型决策通常采用期望值准则。一般是先根据预测的结果及出现的概率计算期望值，然后根据指标的性质及计算的期望值结果进行决策。产出类性质的指标，一般选择期望值大的方案；投入类性质的指标，一般选择期望值小的方案。

【例 3-3】某企业计划通过加强配送效率，提高客户满意度来扩大产品的销售量，现有三种配送模式可供企业选择，各种资料如表 3-5 所示，问企业应选择哪种配送模式？

表3-5　资料表

单位：万元

| 市场需求规模 | 概率 | 销售量 | | |
|---|---|---|---|---|
| | | 自营配送 | 共同配送 | 第三方配送 |
| 大 | 0.5 | 1 000 | 1 200 | 1 500 |
| 一般 | 0.3 | 800 | 700 | 1 000 |
| 小 | 0.2 | 500 | 400 | 300 |

根据上述资料，计算出三种配送模式的销售量分别为：840万元、890万元和1 110万元。第三方配送模式的期望值最大，为1 110万元，故该模式可作为企业比较满意的配送模式。

### 3.3.3 "最后一公里"物流

"最后一公里"物流是物流配送的最后一个环节，是指客户通过互联网等电子商务途径购物或者个人寄出包裹，该货物被运输到配送点后，物流企业通过一定的运输工具将货物从最近的分拣中心送到客户手中，实现门到门的服务。"最后一公里"是概数，并不是指严格意义上的1 km。

物流"最后一公里"是伴随着电子商务的普及而提出的，但随着电子商务的市场体量增加，配送人员的人工成本提升，以及在配送中出现的各种问题，让各大快递物流企业不得不考虑怎样才能降低"最后一公里"的成本，以及如何减少争端。目前解决方案主要有以下五种。

**1. 智能快递自提柜**

智能快递自提柜是一种用智能机器节省人力资源的办法。这种方式在人流量密集的地方比较有效果，比如，多数社区和写字楼，但在一些基础设施较落后的地区则难以辐射带动。

智能快递自提柜的好处是可以打通快递"最后100米"，提供24 h自由存取服务，可以最大化地满足消费者对时间自由度的需求。用户通过智能快递自提柜无须与快递员直接接触，收发快件时间自由安排，快递配送员也能避免长时间的等待和二次配送，从而能有效提高配送效率。智能快递自提柜是目前末端配送最有效的替代方案。

智能快递自提柜虽然好，但也有一些不足。比如，占用外部空间较大、储存空间和储存量比较固定、无法满足长、大、异形包裹的需求。另外，快递员是否要征得消费者同意才能把快递放到智能快递自提柜也是一个比较突出的问题。而且智能快递自提柜因为是实体产品，成本较高，涉及后期维护，也是一个不容忽视的问题。

**2. 快递自提点**

快递自提点是电子商务结合线下物流、快递、仓储应运而生的一种新型的快递包裹收发模式，它是一种建立在电子商务基础上的新型业务。这种模式在电子商务和快递公司不断探索中逐步完善和发展。

目前针对快递自提点的建立方式，主要包括商家加盟和企业自己设立两种方案，其中社区中的便利店大多通过加盟的方式成立，其代表为菜鸟驿站。另一类是企业出资，在人口密集的区域设立自提点，代表为京东自提点和顺丰到家。

快递自提最大的好处就是时间灵活，还能最大限度上减轻取快递的麻烦。但可能会存在位置比较远、数量多或重量大的问题。

### 3. 众包物流

众包物流就是基于互联网平台将应该分配给专职配送员的配送工作转包给企业之外的非专业群体来做。众包物流主要用于解决快递业务激增情况下城市配送人员不足的问题，但由于没有从根本上解决人口红利下降难题，未来快速发展存在较大不确定性。

发件人通过手机 App 发布寄件订单，软件根据发件人输入订单信息自动核算快递费用，平台注册的自由快递人再根据自己的路线进行"抢单"并获得报酬。这是类似于滴滴打车的模式，就是利用社会闲置人员和资源进行配送服务，将这些资源和配送点连接起来，能够提高配送效率。

这种模式的好处是能够降低同城配送企业的固定资产投资，降低企业固定成本，其问题是存在个人信息泄露、服务质量低下，客户接受度低等。

### 4. 无人机配送

无人机配送，即通过利用无线电遥控设备和自备的程序控制装置操纵的无人驾驶的低空飞行器运载包裹，自动送达目的地（见图 3-15）。农村的高层建筑较少，野外环境足够开放，当在每个村庄设立推广站后，从配送站到推广站的飞行线路相对固定，通过事先勘探规划出安全的路线和着陆地点，无人机的运输距离虽然不短，但飞行安全能够得到很大保障，可控性强。

无人机在物流领域的六大应用场景

无人机配送具有配送速度快、配送成本低和配送条件要求低的特点，能很好地拓展物流配送的活动空间，对于解决"最后一公里"瓶颈具有巨大优势。但无人机前期研发投入过大，在正式全面应用上仍存在不少限制，比如，电池续航时间短，负载重量有限。另外，天气、机械故障、黑客技术威胁、法律法规限制、公众忧虑等都是其制约因素。

图 3-15 无人机配送

● 知识拓展：智慧配送新概念

实时快递监控：提供快递揽收、在途、派送、签收全流程状态，帮助快递实时跟踪、监控，及时发现问题快件并处理。

个性化预警：支持不同地域的自定义设置快递服务质量、件量下滑预警，用户关注的问题系统提前预警，方便客户基于自身情况定制。

### 5. 便利店、杂货店代收点

社区便利店、杂货店有很多，其本身盈利模式比较单一，增加快递收寄服务，可以增加一些分成收入，同时也能为杂货店引流，带动其他产品销售。

代收模式的优点是存取方便，可以满足客户的不同需求。业务种类多，人工服务易于沟通，可存放各种异形包裹。

但其缺点也是显而易见的，社区便利店和杂货店这种模式虽没有过多限制，但有一定的风险，在新社区也有难度，另外选择口碑好、长期稳定的店铺也较为关键，服务费也不能过高。

# 物流新技术、新方法——无人配送渐行渐近

据 iiMedia Research（艾媒咨询）2021 年 4 月发布的《2020—2021 年中国快递物流行业发展现状及典型案例研究报告》显示，2020 年我国实物商品网上零售额 97 590 亿元，增长 14.5%；2020 年中国快递服务业务量以 30.7% 的增速增长至 830 亿件，较 2020 年上升 5.4 个百分点，中国即时配送用户增长至 5.06 亿人。

2021 年我国末端配送市场规模将超 3 000 亿元，无人配送商业模式初步形成，预计未来三年无人配送整车成本会逐步降至 10 万元以内。

2021 年 5 月 25 日，北京市高级别自动驾驶示范区发布无人配送车管理政策，颁布《无人配送车管理实施细则》试行版，并首次给予无人配送车相应路权。京东、美团、新石器成为国内首批获得无人配送车车辆编码的企业，获准在示范区公开道路行驶测试。这也意味着这三家企业率先实现无人配送车"持证上路"。与此同时，苏宁物流、阿里菜鸟、美团等多家企业都在加快部署无人车配送。

2018 年 4 月，苏宁物流推出的"卧龙一号"无人配送车在南京实测成功。2019 年 8 月，苏宁物流开放末端 5G 无人配送车路测实况，并在 818 购物节期间成功落地。2020 年 2 月，苏宁物流 5G 卧龙无人车在苏州送出第一单商品。此后，苏宁在北京、南京、苏州三地相继完成末端无人配送部署。

阿里方面，2020 年天猫"双 11"期间，阿里物流机器人"小蛮驴"进入浙大紫金港校区，共完成 5 万多件包裹的配送。2021 年 4 月 15 日，菜鸟驿站联合天猫淘宝在北京、上海、杭州三个城市的社区站点开通无人配送上门服务。5 月 31 日，天猫淘宝联合菜鸟驿站宣布率先在全国 1 000 所高校的校园站点开通免费预约无人配送上门服务。

美团此前公布了最新款无人配送车魔袋 20，与骑手协同承担外卖等即时配送工作。据了解，美团无人配送车能适应全天 24 h 运营需求，城市道路续驶里程达 120 km。目前，美团无人车配送服务已覆盖北京 20 多个小区，累计配送 3.5 万张订单，自动驾驶里程近 30 万 km。

城市配送"最后一公里"是物流配送业成本最高的地方，也是自动驾驶最具价值的落

地场景。政策的不断完善为无人配送提供了发展机遇，美团等三家企业获得无人配送道路测试资质，为城市无人配送的落地运营提供了支持。

资料来源：https://www.iimedia.cn/c400/77877.html。

● 三国智慧：木牛流马的传说与无人配送

古代由于陆运技术的落后以及运输途中风险的复杂性，导致战时粮草运输的难度非常大，损耗率高达 80% 甚至更高，因此，有"三军未动粮草先行"之说。《三国志·蜀志·诸葛亮传》记载："亮性长于巧思，损益连弩，木牛流马，皆出其意。"《三国志·后主传》记载："建兴九年，亮复出祁山，以木牛运，粮尽退军；十二年春，亮悉大众由斜谷出，以流马运，据武功五丈原，与司马宣王对于渭南。"

木牛流马

上述记载明确指出，木牛流马确实是诸葛亮的发明，而且木牛流马分别是两种不同的运输工具，从木牛流马使用的时间顺序来看，先有木牛，后有流马，流马是木牛的改进版。诸葛亮在北伐时所使用，其载重量为"一岁粮"，大约 400 斤以上，每日行程为："特行者数十里，群行三十里"，作用是为蜀汉十万大军运输粮食。

古籍中记载："木牛者，方腹曲头，一脚四足，特行者数十里，群行者二十里也。人行六尺，牛行四步。日行二十里，而人不大劳。"根据这种描写，传统观点认为：木牛流马应为一种木制牛马状运输工具。一天可以走二十里，由于两千年前的科技水平不可能制造出这种水平的运输工具，所以人们普遍认为这只是一种传说。之所以出现这种误判，是因为对日行二十里的主体是人还是木牛的误解。将："日行二十里，而人不大劳"连贯起来理解就可以清楚"日行二十里"的是人——推绞盘的人，木牛根本没有走。

根据推测，流马其形小于木牛，盛粮食的工具是两个可拆卸的"方囊"，每个木箱可以盛米二斛三斗。

《三国志》中记载涉及木牛流马的地方有六处，都说它们是一种运输粮食的工具。诸葛亮第四次北伐兵出祁山就用木牛运送粮食，木牛和流马都是由人力驱动来运送粮食的工具，木牛比流马大得多，承载的重量也重得多，但是运行的速度慢，适合运送大批物资，运送少量的东西不够划算，可以用流马。遗憾的是，木牛流马并没有任何图纸和实物流传下来，多少能工巧匠想要还原木牛流马也都以失败告终，但这并不意味着木牛流马是子虚乌有的东西。相反，更如"奔月计划"一样，让现代物流人奔着这一目标迈进。

现代物流面对人力成本、制造成本的不断攀升，尤其是面对"疫情的肆虐"，大量自动化设备不断涌现，无人机配送、无人配送车、自动分拣系统等层出不穷，正是古人这种对于新鲜事物、新技术孜孜不倦的追求和科学探索精神激励着一代又一代的人们奋勇直前。

### 3.3.4　电子商务物流配送模式

各种电子商务模式中，受物流配送影响和制约最大的是 B2C 电子商务模式。因为 B2C 的客户是供应链的最终用户，往往每次购买量少，且为低价产品，对配送质量要求很高，同时此类用户的物流成本却居高不下，配送效率低。这种物流配送产生的落差显然无法满足我国 B2C 电子商务的高速发展。如今，如何改进我国 B2C 电子商务的物流配送模式，降低物流成本，提高配送效率已成为 B2C 电子商务经营商的关注点和重视点。

目前中国 B2C 电商物流配送主要有以下几种典型的模式。

**1. 借助国内邮政体系配送模式**

这种模式一般是企业或厂商网站在其营业地点建立产品仓库，根据消费者网上购物清单和消费者家庭地址信息，通过邮局办理邮政递送手续将货物送到消费者手中，这是很多小网站和 C2C 网店选择的配送模式。中国邮政具有方便、快捷、点多面广的特点，是我国覆盖面最广，资历最老的物流公司。但其主要不足之处是普通邮递速度慢，而 EMS 服务收费偏高。

**2. 共同配送模式**

共同配送指为提高物流效率对某一地区的用户进行配送时，多个配送企业联合起来在配送中心的统一计划、统一调度下展开的配送。这是一种企业之间为实现整体配送合理化，降低物流成本，以互惠互利为原则，互相提供便利的物流配送服务的协作型配送模式，其核心在于充实和强化配送的功能。共同配送的优势在于有利于实现配送资源的有效配置，弥补配送企业功能的不足，促使企业配送能力的提高和配送规模的扩大，更好地满足客户需求，提高配送效率，降低配送成本。缺点是可能会因不同企业商品不同，管理规定不同，经营意识不同，缺乏自信等带来阻碍。

**3. 第三方物流企业配送模式**

企业或厂商网站根据消费者网上购物清单和消费者家庭地址信息，委托"第三方快递物流公司"的交通、运输、仓储连锁经营网络，把商品送达消费者实现配送服务的模式。采用这种模式可以充分利用第三方物流企业的先进物流设施和专业经验进行规模性操作，降低物流成本，合理利用社会资源。

**4. 企业自营配送模式**

指企业或厂商网站在其目标市场上设置的物流送货点，即在上网人群较密集的地区设置仓储中心和配送点，由消费者所在地附近的配送中心或配送点配货并送货上门，物流配送各环节均由企业自身筹建并组织管理。这种模式有利于企业供应、生产和销售的一体化作业，系统化程度相对较高，物流配送效率很高，可以克服第三方配送模式速度不够快的问题，但配送中心和配送点建设需要大量投资，将带来短期成本的大量增加。

在欧美，大多数 B2C 电子商务经营商采用的都是第三方物流配送服务，如 Amazon。这是因为国外成熟的第三方物流企业能够以先进的物流信息系统、高效的配送服务以及低廉的物流成本满足各终端用户和电子商务经营商的需求，使得 B2C 电子商务经营商免去物流配送方面的后顾之忧，全力将重心放在其核心业务（如产品更新换代，促销广告等）上，省心省力，还能达到其经营战略目标。

在日本，共同配送模式比较盛行。如一个地区的许多杂货铺和便利店，往往形成一个联盟实施共同配送，达到物流配送的规模经济，为多方降低物流成本，实现互惠互利。

当前国内邮政体系配送模式仍然在国内普通网店的物流配送中占有很重要的地位，尤其是面向偏远地区的客户，其他民营快递公司的超区客户都会普遍选择中国邮政。但是由于中国邮政的配送速度慢，价格高，因此，很多 B2C 电子商务企业往往都委托一些民营快递公司或自建配送中心自营物流配送。

当前在国内 B2C 电子商务行业，共同配送尚未成型。从国家社会宏观角度来看，物流配送企业各自为政实属一种资源浪费，共同配送或者物流配送的社会一体化的确迫在眉睫。

在第三方物流配送模式中，众多国内 B2C 电子商务运营商往往对不尽如人意的配送效率，不低廉的物流成本，以及终端用户因低劣配送服务的不满所造成的业务流失而头疼。面对高成本的物流配送和顾客不断对配送服务态度的投诉，很多电商企业纷纷自建物流系统，以满足其电子商务增长需求，典型代表是京东物流。

# 3.4　配送中心作业管理

## 3.4.1　配送中心拣货作业

拣货作业是依据顾客的订货要求或配送中心的送货计划，尽可能迅速、准确地将商品从其储位或其他区域拣取出来，并按一定的方式进行分类、集中、等待配装送货的作业流程。

在配送中心搬运成本中，拣货作业的搬运成本约占 90%；在劳动密集型的配送中心，与拣货作业直接相关的人力占 50%；拣货作业时间约占整个配送中心作业时间的 30%～40%。因此，在配送作业的各环节中，拣货作业是整个配送中心作业系统的核心。合理规划与管理拣货作业，对配送中心作业效率的提高具有决定性的影响。

**1. 拣货方法**

（1）单一拣取（按单拣货法）。

①单一拣取的三种方式。按单拣货法是比较传统也比较常见的拣货方式，又叫作"摘果式"或"人到货前式"拣货法。按订单拣取是指针对每一份订单，拣取者巡回于仓库内，按订单所列的商品及数量，将客户所订购的商品逐一从仓库储位或其他作业区中取出放到指定的出货区域，然后再进行下一张订单的分拣（见表 3-6）。

分拣与拣货的区别

表 3-6　"人到货"拣货单

| 订单单号： | | 拣货员： | | 序号： |
|---|---|---|---|---|
| 客户代号： | | 客户名称： | | 日期： |
| No. | 货位号码 | 品名 | 数量 | 备注 |
| | | | | |
| | | | | |

实际操作中结合分区策略又可以分为单人拣取、分区接力拣取和分区汇总拣取几种方式。

单人拣取时可以一张订单由一个人从头到尾负责到底。此种拣货方式的拣货单，只需将订单资料转为拣货需求资料即可。

分区接力拣取是将储存或拣货区划分成几个区域，一张订单由各区人员采取前后接力方式合力完成。

上述两种拣货法的好处在于操作方法简单，而且每一位拣货人员责任明确，容易统计业绩，拣货完成后不用再进行二次分拣，就能直接打包；但是也有明显缺点，当商品品类较多时，拣货员在仓库的路径较长，会降低拣货效率。因此，对于较长订单，可以结合仓库分区情况对订单进行分割，然后再进行汇总拣取。

分区汇总拣取是将储存或拣货区划分成几个区域，将一张订单拆成各区域所需的拣货单，再将各区域所拣取的商品汇集一起。

②单一拣取的特点。一般来讲，单一拣取的准确度较高，很少发生货差，并且机动灵活。这种方法可以根据用户要求调整拣货的先后次序。对于紧急需求，可以集中力量快速拣取；对机械化、自动化没有严格要求。一张货单拣取完毕后，货物便配置齐备，配货作业与拣货作业同时完成，简化作业程序，有利于提高作业效率。

③单一拣取的主要适用范围。在以下情况下，单一拣取方式比较适用。

• 用户不稳定，波动较大。

• 用户需求种类不多。

• 用户之间需求差异较大，配送时间要求不一。

（2）批量拣取（按批量拣货法）。批量拣取又叫"播种式""分货式"拣货法，是将数张订单汇总成一批，再将各订单相同的商品订购数量加总起来，一起拣取处理，然后放置在分拣区域，再由分拣人员根据每张客户订单需求，进行分货打包处理。操作分三步：汇总—拣取—分货。

①批量拣取的分批方式。批量拣取的分批方式主要有下述几种。

• 按拣货单位分批，也就是将同一种拣货单位的品种汇总一起处理。

• 按配送区域路径分批，也就是将同一配送区域路径的订单汇总一起处理。

• 按流通加工需求分批，将需加工处理或需相同流通加工处理的订单汇总一起处理。

• 按车辆需求分批，也就是如果配送商品需特殊的配送车辆（如低温车、冷冻、冷藏车），或客户所在地需特殊类型车辆者可汇总合并处理。

②批量拣取的特点。批量拣取由于将各用户的需求集中起来进行拣取，所以有利于进行拣取路线规划，减少不必要的重复行走，尤其是一些自动化仓库的"货到人"拣货单（见表3-7）。但批量拣取的计划性较强，规划难度较大，如果没有周密的计划和智能操作系统很容易发生错误。

批量拣取的缺点是对单一订单无法进行操作，必须等订单累积到一定数量才能进行统一处理，订单处理有一定的延迟性。

③批量拣取的适用范围。批量拣取比较适合用户稳定而且用户数量较多的专业性配送中心，需求数量可以有差异，配送时间要求也不太严格，但品种共性要求如上。

表 3-7　"货到人"拣货单

| 拣货单编号 | | | | 包装单位 | | | 储位号码 |
|---|---|---|---|---|---|---|---|
| 商品名称 | | | 数量 | 托盘 | 箱 | 单件 | |
| 规格型号 | | | | | | | |
| 商品编码 | | | | | | | |
| 生产厂商 | | | | | | | |
| 拣货时间 | 年　月　日　时　分至　时　分 | | | 拣货人 | | | |
| 核查时间 | 年　月　日　时　分至　时　分 | | | 核查人 | | | |
| 序号 | 订单编号 | 用户名称 | （包装单位） | | | 数量 | 出货单位 | 备注 |
| | | | 单件 | 箱 | 单件 | | | |
| 1 | | | | | | | | |
| 2 | | | | | | | | |
| 3 | | | | | | | | |
| 4 | | | | | | | | |

（3）复合拣取。复合拣取是将按单拣取和批量拣取组合起来的拣货方式，即根据订单的品种、数量及出库频率，确定哪些订单适应于按单拣取，哪些订单适应于批量拣取，然后分别采取不同的拣货方式。其操作步骤是：合理拆分订单—拣取—货物重组。

（4）蚂蚁拣货法。蚂蚁拣货法源自蚂蚁搬运东西，蚂蚁在搬运食物时会在与目的地之间排成一条直线，第一只蚂蚁背着食物向第二只爬去，同时第二只也向第一只爬去直到相互碰头，于是第一只把食物卸下掉头去搬下一个，第二只背起第一只卸下的食物爬向第三只，同时第三只爬向第二只，以此类推，每只蚂蚁都不闲着，共同提高团队工作的效率。

而在这个搬运系统中，找到下一个伙伴传递工作才是关键点，而不是像分区拣货法那样以区域为限制，把拣货员看作蚂蚁，把订单及拖车看作食物，在仓库中利用的就是蚂蚁拣货法。

依照这个思路需要取消仓库里工作区域限制，沿着拣货路线，靠近起点的称为上游，靠近终点的则称为下游。当每个拣货员从上游那里接过订单和拣货车，就沿着拣货路线进行拣货，直到遇到回来拿订单的下游拣货员，便把订单和拣货车移交给他，自己则往回走，直到遇到上游拣货员，又开始一个新的循环，每个拣货员都在上游和下游的同伴之间作往复运动，而非在固定区域之间，交接点可能每次都是在不同的地方。

蚂蚁拣货法的缺点在于如果某个拣货员的速度比较快，或者正好手上这张订单的项目比较少，使得他赶上了下游的拣货员，而下游拣货员手上的订单还没做完，拣货员就只有等待，这就浪费了他们的时间，影响团队工作效率。

**2. 拣货作业的基本过程**

拣货作业的基本过程包括以下四个环节。

（1）拣货信息的形成。拣货作业开始前，指示拣货作业的单据或信息必须先行处理完成。虽然一些配送中心直接利用顾客订单或公司交货单作为拣货指示，但此类传票容易在拣货过程中受到污损而产生错误，所以多数拣货方式仍需将原始传票转换成拣货单或电子信号，使拣货员或自动拣取设备进行更有效的拣货作业。但这种转换仍是拣货作业中的一大瓶颈。

因此，利用 EOS（electric ordering system）、POS 直接将订货信息通过计算机快速及时地转换成拣货单或电子信号是现代配送中心必须解决的问题。

（2）行走与搬运。拣货时，拣货作业人员或机器必须直接接触并拿取货物，这样就形成了拣货过程中的行走与货物的搬运。这一过程有两种完成方式。

①人到货方式，即拣货人员以步行或搭乘拣货车辆方式到达货物储位。这一方式的特点是物静而人动。拣取者包括拣货人员、自动拣货机、拣货机器人。

②货到人方式，与第一种方式相反，拣货人员在固定位置作业，而货物保持动态的储存方式。这种方式的特点是物动而人静，如轻负载自动仓储、旋转自动仓储等。

（3）拣货。无论是人工或机械拣取货物都必须首先确认被拣货物的品名、规格、数量等内容是否与拣货信息传递的指示一致。这种确认既可以通过人工目视读取信息，也可以利用无线传输终端机读取条码，由计算机进行对比。后一种方式可以大幅度降低拣货的错误率，拣货信息被确认后，拣取的过程可以由人工或自动化设备完成。

● 知识拓展：AMR 机器人

AMR 的概念出自机器人技术领域，它可以主动对环境中的光线产生反应，可以自主避让障碍物进行移动。随着 AI 和机器人技术的发展，目前最先进的 AMR 机器人可以自主识别周围环境，并可以根据传感器进行定位，根据实时情况进行路线确定，聪明地绕开障碍物，到达终点。

AMR（自主移动机器人）与 AGV（自动导引车）相比，无须借助磁条、导轨、二维码等外部基础设施，可动态规划从 A 点到 B 点的路径，如遇到障碍还可实现自主绕障避障，AMR 适用于 SKU 品类多、订单分散度高的仓储场景，拣货精准率更高，对库内整体作业效率的提升裨益更大。

资料来源：https://vd3.bdstatic.com/mda-ma8zedtmfg8afpm3/hd/mda-ma8zedtmfg8afpm3.mp4。

（4）分类与集中。配送中心在收到多个客户的订单后，可以形成批量拣取，然后再根据不同的客户或送货路线分类集中，有些需要进行流通加工的商品还需根据加工方法进行分类，加工完毕再按一定方式分类出货。多品种分货的工艺过程较复杂，难度也大，容易发生错误，必须在统筹安排形成规模效应的基础上提高作业的精确性。在物品体积小、重量轻的情况下，可以采取人力分货或机械辅助作业的方式，还可以利用自动分货机将拣取出来的货物进行分类与集中。分类完成后，经过查对、包装，然后出货。

从分拣作业的四个基本过程可以看出，整个拣取作业所消耗的时间主要包括以下四个部分。

①订单或送货单经过信息处理，形成拣货指示的时间。

②行走与搬运货物的时间。

③准确找到货物的储位并确认所拣货物及数量的时间。

④拣取完毕，将货物分类集中的时间。

提高拣货作业效率主要是缩短以上四个作业时间。此外，防止发生拣货错误，提高储存管理账物相符率及顾客满意度，降低拣货作业成本也是拣货作业管理的目标。

### 3.4.2　配送中心拣货策略

拣货策略是影响拣货作业效率的关键，主要包括分区、订单分割、订单分批、分类四个因素，这四个因素相互作用可产生多个拣货策略。

**1. 分区**

分区是指将拣货作业场地进行区域划分。主要的分区原则有以下三种。

（1）按拣货单位分区。如将拣货区分为箱装拣货区、单品拣货区等，这种方式与储存单位分区是相对应的，目的在于将储存单位与拣货单位分类统一，以便于拣取与搬运作业单元化和拣取作业单纯化，如图 3-16 所示。

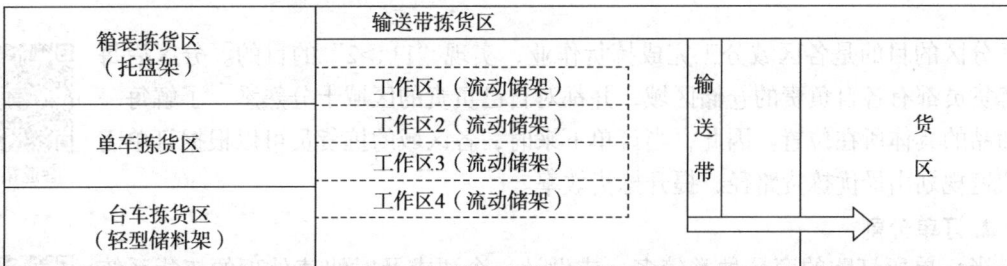

图 3-16　按拣货单位分区示意图

（2）按物动量（拣货方式）分区。这种方法是按各种货物出货量的大小以及拣取次数的多少进行 ABC 分类，再根据各组群的特征，决定合适的拣货设备及拣货方式。这种分区方法可以减少不必要的重复行走，提高拣货效率，如图 3-17 所示。

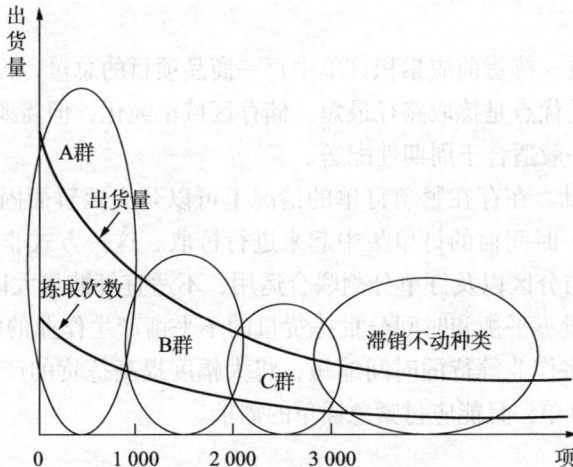

图 3-17　按物动量分区

（3）按工作分区。这种方法是指将拣货场地划分为几个区域，由专人负责各个区域的货物拣选。这种分区方法有利于拣货人员记忆货物存放的位置，熟悉货物品种，配合订单分割策略，运用多组拣货人员在短时间内共同完成订单的拣取，缩短拣货所需时间，如图 3-18 所示。

图 3-18　按工作分区

分区的目的是各区域分工完成拣货作业，实现"1+1>2"的目的。分区后每个拣货员都有各自负责的仓储区域，并都对自己负责的区域十分熟悉，了解每一样商品的具体所在位置。因此，当订单下来时，各区域的拣货员可以根据订单需求快速规划出最优拣货路径，提升拣货效率。

**2. 订单分割**

当订单所订购的商品种类较多，或设计一个要求及时快速处理的拣货系统时，为了能在短时间内完成拣货处理，往往将订单分割成若干个子订单，交由不同的拣货人员同时进行拣货作业。要注意的是订单分割要与分区原则结合起来，才能取得较好的效果。

**3. 订单分批**

订单分批是将多张订单集中起来进行批次拣取的作业。订单分批的方法有多种。

（1）总合计量分批。拣货前应累积订单中每一商品项目的总量，再按这一总量进行拣取。该方法的优点是拣取路径最短，储存区域单纯化，但需要功能强大的分类系统来支持。一般适合于周期性配送。

（2）按时间窗分批。在存在紧急订单的情况下可以开启短暂而固定的 5 min 或 10 min 的时间窗，然后将这一时间窗的订单集中起来进行拣取。这一方式非常适合到达间隔时间短而平均的订单，常与分区以及订单分割联合运用，不适宜订购量大以及品种过多的订单。其缺点是因分区工作量不平衡和时间分批拣货量的不平衡产生作业的等待问题。如图 3-19 所示。因此，如果能将作业等待的时间缩短，将大幅度提高拣货的产出效率。这种分批方式较适合密集频繁的订单，且能应付紧急插单的需求。

巷道拓展

订单分割

订单分批

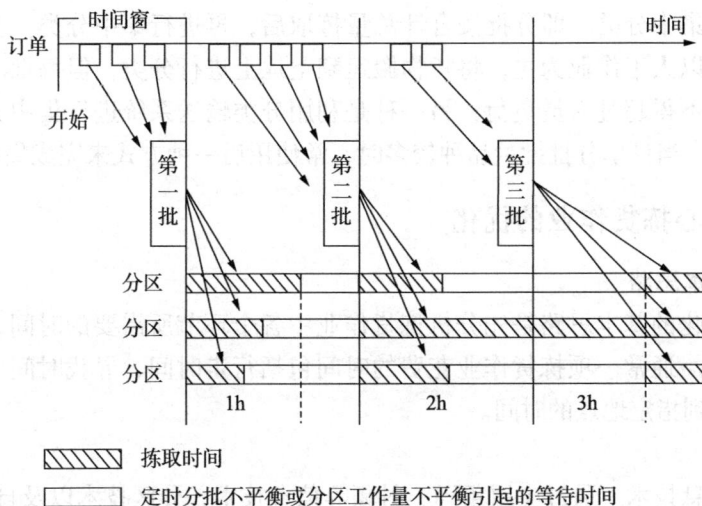

图 3-19　按时间窗分批

（3）固定订单量分批，按先到先处理的原则，当订单累计到达设定的数量时，开始进行拣货作业。这种分批方法可以维持较稳定的作业效率，但在处理速度上慢于时间窗分批方式，如图 3-20 所示。

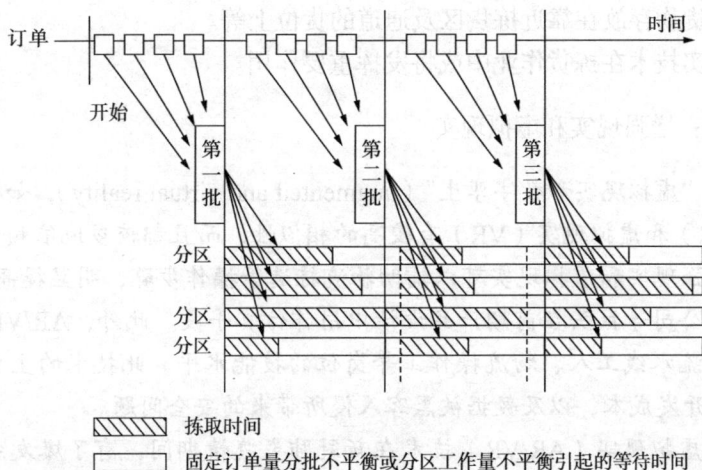

图 3-20　固定订单量分批

（4）智慧型分批。订单输入计算机，经计算机处理后，将拣取路径相近的订单分成一批。采用这种分批方式的配送中心通常将前一天的订单汇总后，经过计算机处理，在当日产生拣货单据，速度较快。

**4. 分类**

若采用分批拣货策略，还必须有相配合的分类策略。大致可分为两类。

（1）拣货时分类。在拣取的同时将货物分类到各订单中，这种分类方式常与固定量分批方式或智慧型分批方式配合，因此，须使用计算机辅助台车作为拣货设备，以加快拣货速度。采用这种方式时，每批次的客户订单量不宜过大。

（2）拣取后集中分类。即分批按合计总量拣取后，再进行集中分类。实际的做法一般有两种：一种是以人工作业为主，将货物搬运到空地上进行分类，但每批次订单量及货物数量不宜过大，不得超过人员负荷；另一种是利用分类输送系统进行集中分类，这是较自动化的作业方式。当订单分批批量品种较多时，常使用后一种方式来完成集中分类工作。

### 3.4.3 配送中心拣货作业的优化

**1. 优化的基本思路**

拣货作业优化的基本思路是先分析拣货作业中各个环节所需要的时间，然后尽量缩短这些时间的占用。通常一项拣货作业花费的时间包括行走时间、寻找时间、取出货物的时间及将货物搬运到指定地点的时间。

**2. 优化方法**

（1）应用信息技术。通过应用条码、射频等信息技术、分区技术以及自动拣货系统等，可以降低寻找时间。

（2）借助一些机械及自动化设备。如应用台车、叉车、传送带、旋转货架、自动拣货系统等。可以减少行走或货物搬运时间，应用重力式货架比较容易取出货物，可缩短货物取出时间。

（3）采用有利于拣取作业的货物存放方法。如将一些单品货物直接放在平台上储存，将拣取频率高的货物存放在靠近拣货区及通道的货位上等。

（4）虚拟现实技术在拣货作业中或将发挥重要作用。

● 知识拓展：增强现实和虚拟现实

曾经被称为"虚拟现实和数字孪生"（augmented and virtual reality），如今改名，主要因为增强现实（AR）和虚拟现实（VR）有较高的相似性，而且都较多地依赖于硬件设备，如头戴式眼镜。增强现实和虚拟现实可以辅助物流拣选等操作步骤，明显提高人员工作效率。它也被大型航空公司等巨头在前期产品设计中用作仿真手段。此外，AR/VR还可以用于沉浸式培训，提高流水线工人、物流操作工等岗位的技能水平。此技术的主要风险在于：较高的前期投资和开发成本，以及数据被黑客入侵所带来的安全问题。

增强现实和虚拟现实（AR/VR）技术在新冠肺炎疫情期间，有了爆发式的增长；这是因为AR/VR可以让人们"身临其境"，远程体验场景，减少实物投资和差旅成本。

### 3.4.4 配送中心补货作业

**1. 补货方式**

（1）整箱补货。以整箱货为单位，由货架保管区补货到流动货架的动态拣货区，如图3-21所示。

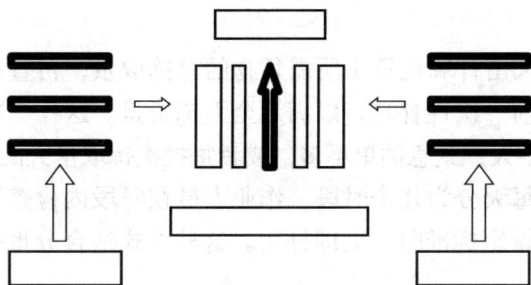

图 3-21　整箱补货方式示意图

这种补货方式的保管区为货架储存区，拣货区为两面开放式的流动棚拣货区。拣货员拣货之后把货物放入输送机并运到发货区。当拣货区的存货低于设定标准时，作业员进行补货。这种补货方式适合于体积小，且小量多样出货的货品。

（2）托盘补货。这种补货方式以托盘为单位进行补货，把托盘由地板堆放保管区运到地板堆放动管区，拣货时把托盘上的货箱置于中央输送机上，送到发货区。

当存货量低于设定标准时，立即补货，用堆垛机把托盘由保管区运到拣货动管区，也可把托盘运到货架动管区进行补货。这种补货方式适合于体积大或出货量多的货品。

（3）货架上层至下层补货。此种补货方式保管区和动管区属于同一货架，货架的上层为保管区，中下层为拣货区，当需要补货时，用堆垛机将物品由上层货架搬至中下层货架补货，如图 3-22 所示。

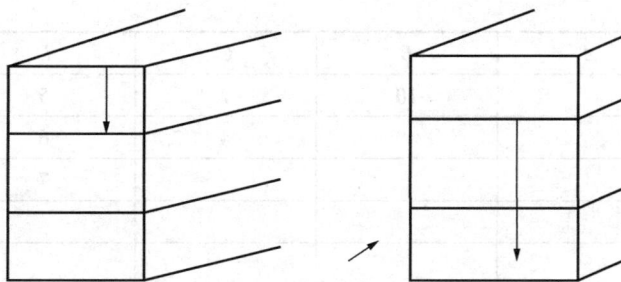

图 3-22　货架上层至下层补货方式示意图

这种补货方式适合于体积不大，存货量不高，且多为中小量出货的货品。

（4）自动仓库补货。自动仓库补货方式是由自动仓库将货品送至旋转货架进行补货。

（5）直接补货。直接补货方式是将需要补货的货品直接送入动管拣货区，而不需经保管区再转运。

（6）拣货区采取复合制的补货。英国 DOOTS 公司采取这种方式。该方式中动管拣货区的货物采取相同种类相邻放置方式，而保管区采取两处两阶段的补货方式。第一保管区为高层货架仓库，第二保管区为动管区旁的临时保管处。进行第一阶段补货时先由第一保管区的高层货架把货物运至第二保管区，动管拣货区内的其中一个托盘拣取完毕后，即将空托盘移出，后面托盘依次往前推出，第二保管区再将补货托盘移进动管拣货区。

**2. 补货时机**

（1）批次补货。每天由计算机算出所需货物的总拣取量，再查看动管区存货量后得出补货量，从而在拣货之前一次性补足，以满足全天拣货量。这样一次补足的补货方式比较适合于一日作业量变化不大，紧急插单不多，或者每批次拣取量大的情况。

（2）定时补货。把每天分为几个时段，作业人员在时段内检查动管区货架上的货品存放数量，若存货量低于设定标准时，立即补货。这种方式适合分批拣货，时间固定且紧急处理较多的配送中心。

（3）随机补货。它是指定专门的补货人员，随时巡视动管拣货区的货品存量，若低于设定标准时马上补货。这种方式较适合每批次拣取量不大，紧急插单多，以至于一日作业量不易事先掌握的情况。

## 3.4.5　配送中心路线优化

配送中心作业的最后一个环节是配送，常见的派车情况有两种：单车配送和多车配送。

（1）单车配送——旅行商问题（TSP）。对于一些小件，或者配送范围不大，货量较少，一辆车就能装下的情况，一般采用单车配送的形式，这种路线优化方法也称为货郎担法。

【例3-4】某配送中心 $A$ 要去给客户 $B$、$C$、$D$、$E$ 送货，货量只需装用一辆小型卡车即可，各地之间的距离见表3-8，试确定配送路线。

表3-8　里程表

单位：km

|  | $A$ | $B$ | $C$ | $D$ | $E$ |
|---|---|---|---|---|---|
| $A$ |  | 10 | 7 | 5 | 5 |
| $B$ |  |  | 4 | 6 | 8 |
| $C$ |  |  |  | 7 | 8 |
| $D$ |  |  |  |  | 3 |
| $E$ |  |  |  |  |  |

求解步骤：

①做出沿斜对角线对称的里程矩阵，并计算里程系数 $L_i$。如表3-9所示。

表3-9　里程矩阵

单位：km

|  | $A$ | $B$ | $C$ | $D$ | $E$ |
|---|---|---|---|---|---|
| $A$ | 0 | 10 | 7 | 5 | 5 |
| $B$ | 10 | 0 | 4 | 6 | 8 |
| $C$ | 7 | 4 | 0 | 7 | 8 |
| $D$ | 5 | 6 | 7 | 0 | 3 |
| $E$ | 5 | 8 | 8 | 3 | 0 |
| $L_i$ | 27 | 28 | 26 | 21 | 24 |

②初选闭回路。初选的原则是对应里程系数最大的三个点。注意：初选点可以包括也可以不包括配送中心所在的点。因此，本题入选的闭回路三点是 $A$、$B$、$C$。形成闭回路为：$A—B—C—A$。

③接下来选择插入点，选择的原则是在剩余点中依次选择里程系数较大者，此处选取点 $E$。

④计算里程增量。在初选闭回路 $A—B—C—A$ 中有三处位置可以插入点 $E$。分别计算将点 $E$ 插入后回路的里程增量。比如，插入 $A—B$ 之间时的里程增量 $\Delta_{AB} = AE + BE - AB = 5 + 8 - 10 = 3$。同理，计算其他插入点的里程增量分别为 12、6。

⑤确定新回路：选择里程增量最小的点为插入点，于是确定插入位置为 $A—B$ 之间，得到新的回路：$A—E—B—C—A$。

⑥重复步骤 3、4，点 $D$ 有四个位置可以插入，计算的里程增量分别为 3、1、9、5，即将 $D$ 点插入到 $E$ 和 $B$ 之间时里程增量最小。

⑦最终确定的新回路为：$A—E—D—B—C—A$。

⑧计算闭回路的行驶里程 $L = 5 + 3 + 6 + 4 + 7 = 25 \text{ km}$。

（2）节约里程法的求解。节约里程法（saving algorithm）是用来解决运输车辆数目不确定的 VRP 问题的最有名的启发式算法，其基本原理是三角形一边之长必定小于另外两边之和。因此，一次运输中将不在一条直线上的两条回路合并成为一个回路，每次合并后的总运输距离必然会有一定的里程节约。因此，节约里程法优化的核心思想是：一次将运输问题中的两个回路合并成为一个回路，每次是合并后的总运输距离减小的幅度最大，直到达到一辆车的装载限制时，再进行下一辆车的优化。

多车配送
问题

前面单车配送问题中未考虑行驶路线的方向问题，这里结合运输问题，考虑加载货物的情况如何进行配送路线的选择。引入货物周转量的概念（所运货物的重量与运输距离的乘积，单位：t·km），即在考虑最短配送路线的基础上，还要考虑配送的顺序，选择周转量最低的配送路线。

【例 3-5】某配送中心 $A$ 向该城市 $B$、$C$、$D$、$E$、$F$、$G$ 六地六个用户配送货物，各用户所需送货量如表 3-10 所示。各点里程见表 3-11，一台 2.5 t 卡车，另一台 4 t 卡车，试确定配送行驶路线及货物搭配。

表 3-10　各用户所需送货量

单位：t

| 地点 | $B$ | $C$ | $D$ | $E$ | $F$ | $G$ |
|------|-----|-----|-----|-----|-----|-----|
| 货量 | 0.8 | 0.7 | 1.0 | 1.75 | 1.1 | 1.15 |

表 3-11　各点里程

单位：km

| | $A$ | $B$ | $C$ | $D$ | $E$ | $F$ | $G$ |
|---|---|---|---|---|---|---|---|
| $A$ | | 9 | 12 | 12 | 20 | 24 | 21 |

| | $A$ | $B$ | $C$ | $D$ | $E$ | $F$ | $G$ |
|---|---|---|---|---|---|---|---|
| $B$ | | | 9 | 19 | 29 | 33 | 30 |
| $C$ | | | | 10 | 32 | 29 | 33 |
| $D$ | | | | | 25 | 19 | 25 |
| $E$ | | | | | | 6 | 1 |
| $F$ | | | | | | | 6 |
| $G$ | | | | | | | |

解：1.任意两点货物结合时，计算从配送中心 $A$ 到各用户送货的节约里程数。

例如，将 $B$、$C$ 两点货物一起送，那么行驶路线 $A—B—C—A$ 的距离与给 $B$ 和 $C$ 分别送货（行驶距离 $2AB+2AC$）相比，可节约里程为 $AB+AC-BC$。同理，如果将 $D$ 和 $F$ 的货物一起送，那么节约的里程数为 $AD+AF-DF$。

2.计算将任意两点货物组合配送时的节约里程数，并按从大到小顺序排序，如表 3-12 所示。

表 3-12 节约里程数

单位：km

| 序号 | 组合 | 节约里程 | 序号 | 组合 | 节约里程 | 序号 | 组合 | 节约里程 |
|---|---|---|---|---|---|---|---|---|
| 1 | $EG$ | 40 | 6 | $BC$ | 12 | 11 | $BE$ | 0 |
| 2 | $FG$ | 39 | 7 | $DG$ | 8 | 12 | $BF$ | 0 |
| 3 | $EF$ | 38 | 8 | $CF$ | 7 | 13 | $BG$ | 0 |
| 4 | $DF$ | 17 | 9 | $DE$ | 7 | 14 | $CF$ | 0 |
| 5 | $CD$ | 14 | 10 | $BD$ | 2 | 15 | $CG$ | 0 |

3.依次将各点入选，设计行驶路线。首先考虑将节约里程最多的点相结合，得到 $E—G—F—D—C—B$，考虑各点送货量。

（1）第一条路线配货情况 $E—G—F$

货物量：$1.75+1.15+1.1=4$ t 已达车辆上限，配货截止，得到一条回路：

$A—E—G—F—A$

里程数：$20+1+6+24=51$ km

（2）第二条路线配货情况 $B—C—D$

货物量：$0.8+0.7+1.0=2.5$ t，满足要求，得到第二条回路：

$A—B—C—D—A$

里程数：$9+9+10+12=40$ km

以第二条路线为例，计算车辆行驶路线方向：

正向 $A\rightarrow B\rightarrow C\rightarrow D\rightarrow A$ 行驶周转量：$2.5\times9+1.7\times9+1.0\times10=47.8$（t·km）

反向 $A\rightarrow D\rightarrow C\rightarrow B\rightarrow A$ 行驶周转量：$2.5\times12+1.5\times10+0.8\times9=52.2$（t·km）

因此，按周转量最小选取行驶路线为：$A—B—C—D—A$

值得注意的是，此时得到的两条行驶路线因为在 $F$、$D$ 点中间切断，然后分别与配送中心 $A$ 结合，因此，得到的可能不是最优行驶路线。如果想验证或求得最优，尤其是当送货点较多的情况，请同学们试着编程解决。

● "家国情怀"探究性主题活动："最美家乡，最美人"物流掠影

结合开篇案例的讨论结果，完成主题活动内容（两选一）。

1. 探寻并讲述家乡与物流相关的古今活动，制作成一个能展现家乡浓郁物流风情的短视频（配字幕）。比如，一些地区的手工作坊式物流或手工艺品物流，能体现家乡民间传统的物流作业方式和朴实的传统物流文化，或者家乡的农村物流现状等能体现浓郁乡情的物流活动。

2. 记录或讲述你亲历、接触或听闻见闻的物流实践中那些坚守岗位的物流"小人物"、真故事。

以上活动，同学们可以不同的形式出镜讲述或完成采访，并制作成有教育意义的短视频。

思政目标："读万卷书"与"行万里路"相结合，通过主题活动让学生在实践中去感受家国情怀，体会国情、民情、岗位情的重要性，在实践中磨炼，增长智慧和才干，在艰苦奋斗中锤炼意志品质。培养学生求真务实、爱岗敬业、诚实守信的职业品格，展现当代青年学生奋发图强、勇于攀登的精神。

乡村变化

# 章末测试

## 一、单选题

1. 下列选项中属于节约型配送策略的配送方式是（　　）。
   A. 独立配送　　　B. 共同配送　　　C. 配套型配送　　　D. 及时制配送

2. 几个配送中心联合起来，共同制订计划，共同对某一地区用户进行配送，具体执行时共同使用配送车辆，称为（　　）。
   A. 集中配送　　　B. 共同配送　　　C. 分散配送　　　D. 加工配送

3. 由于消费者需求的多样化、个性化、（　　）的进货方式将对物流需求产生直接影响。
   A. 小批量、少批次　　　　　　　　B. 小批量、多批次
   C. 大批量、少批次　　　　　　　　D. 大批量、多批次

4. 实践证明，利用配送中心（　　），可以提高车辆的满载率，降低成本。
   A. 集散功能　　　B. 衔接功能　　　C. 储存功能　　　D. 分拣功能

5. 在分货场内为每张订单设置一个分货箱，拣货人员取来货物后，按每张订单所需品种和数量投入指定的分货箱内。这种拣货作业方法称为（　　）。
   A. 摘果式拣取法　　B. 播种式拣取法　　C. 区间拣取法　　D. 配送拣取法

6. 接力式拣取方式最大的优点是（　　）。
   A. 将储存单位与拣货单位分类统一　　B. 缩短拣货时间
   C. 减少不必要的重复行走　　　　　　D. 拣取作业单纯化

7. 下列目的是减少不必要的重复行走的分区法是（　　）。

   A. 按拣货单位分区　　B. 按物动量分区　　C. 按工作分区划分

8. 当订单所订购的商品种类较多时，往往将订单分成若干个子订单来拣货，这项活动称为（　　）。

   A. 订单分割　　　　　B. 订单分批　　　　C. 订单分区　　　　D. 分批处理

9. 拣货前累积订单中每一商品项目的总量，然后再按这一总量进行拣取，这种拣货的方式称为（　　）。

   A. 定时分批　　　　　B. 固定订单量分批　　C. 智慧型分批　　　D. 总合计量分批

10. 车辆配装时应遵循以下原则（　　）。

   A. 重不压轻，后送后装　　　　　　　　B. 重不压轻，后送先装

   C. 轻不压重，后送后装　　　　　　　　D. 轻不压重，后送先装

## 二、多选题

1. 配送与运输是不同的，配送具有（　　）特点。

   A. "二次运输"　　　B. 干线输送　　　　C. "门到门"服务

   D. "中转"型送货　　E. 直达送货

2. 下列属于现代配送的特点有（　　）。

   A. 多品种　　　　　B. 小批量　　　　　C. 多频次　　　　　D. 时间紧

3. 物流中心可以按照功能划分为多种类型，包括（　　）。

   A. 集货中心　　　　B. 配送中心　　　　C. 流通加工中心　　D. 物流枢纽

4. 物流中心选址时需考虑的问题有（　　）。

   A. 交通条件　　　　　　　　　　　　　B. 用地条件

   C. 客户群及货源分布　　　　　　　　　D 自然条件

5. 物流中心配送作业流程可分为（　　）三部分。

   A. 备货　　　　　　B 理货　　　　　　C. 配货　　　　　　D. 送货

6. 对于商物分离描述正确的有（　　）。

   A. 物流作业集中，有助于提高物流作业效率

   B. 优化配送路线，提高运输设备利用率

   C. 配送活动中行为主体的协调调度能力较强，有利于实现即时配送

   D. 业务活动单一、专业，企业占用资金较少

7. 拣货作业的流程包括（　　）。

   A. 形成拣货资料　　B. 行走和搬运　　　C. 拣取　　　　　　D. 分类与集中

   E. 装车准备运输

8. 订单分批策略包括（　　）。

   A. 总合计量分批　　B. 定时分批　　　　C. 固定订单量分批　D. 智慧型分批

## 三、判断题

1. 配送就是一种门到门的服务，属于末端运输。　　　　　　　　　　　　　（　　）

2. 与长距离运输相比，配送承担的是干线的、末端的运输。　　　　　　　　（　　）

3. 是否有效衔接了干线运输和末端运输是判断物流合理化的标志之一。　　　（　　）

4. 配送中心的形成和发展是物流系统化和规模化的必然结果。　　　　　　（　　）

5. 与集货中心、分货中心相比，转运中心的储存能力强。　　　　　　　　（　　）

6. 商物分离的配送模式实行回路配送有利于降低配送成本。　　　　　　　（　　）

7. 配送中心的形成是为了满足用户多品种、多样化的需要，因此，必须引进先进的分拣设施和相应的配送设备。　　　　　　　　　　　　　　　　　　　（　　）

8. 常用的配货方法有播种式和摘果式。　　　　　　　　　　　　　　　　（　　）

**四、计算题**

1. 配送中心某车辆从 $A$ 出发到 $B$、$C$、$D$、$E$、$F$ 各处用户送货之后返回，各地之间的距离见表 3-13，试确定其配送路线。

表 3-13　里程表

单位：km

|  | $A$ | $B$ | $C$ | $D$ | $E$ | $F$ |
|---|---|---|---|---|---|---|
| $A$ |  | 8 | 6 | 4 | 5 | 5 |
| $B$ |  |  | 4 | 6 | 8 | 8 |
| $C$ |  |  |  | 7 | 3 | 5 |
| $D$ |  |  |  |  | 3 | 1 |
| $E$ |  |  |  |  |  | 4 |
| $F$ |  |  |  |  |  |  |

2. 某配送中心 $A$ 向该城市 $B$、$C$、$D$、$E$、$F$、$G$ 六个用户配送货物，各城市货物重量见表 3-14，各点之间距离见表 3-15，一台 3 t 卡车，另一台 4 t 卡车，试确定配送中心路线运行方向及货物搭配。

表 3-14　各城市所需的货物重量

单位：t

| 地点 | $B$ | $C$ | $D$ | $E$ | $F$ | $G$ |
|---|---|---|---|---|---|---|
| 货量 | 0.9 | 0.7 | 1.0 | 1.5 | 1.1 | 1.3 |

表 3-15　各点之间的里程

单位：km

|  | $A$ | $B$ | $C$ | $D$ | $E$ | $F$ | $G$ |
|---|---|---|---|---|---|---|---|
| $A$ |  | 9 | 12 | 10 | 20 | 18 | 21 |
| $B$ |  |  | 9 | 19 | 29 | 22 | 25 |
| $C$ |  |  |  | 10 | 20 | 19 | 17 |
| $D$ |  |  |  |  | 14 | 19 | 25 |
| $E$ |  |  |  |  |  | 6 | 3 |
| $F$ |  |  |  |  |  |  | 6 |
| $G$ |  |  |  |  |  |  |  |

● 人物故事：雪线邮路的幸福使者

在那些山高路远的地方，好像只要有邮车能够到达，就一下子与世界连在了一起。邮车里的家信连着亲情，报纸和文件连着外部世界的消息，电商包裹连着一家家主妇的小小满足，绿色的邮车装载着人们的期待。那开邮车的人，手握方向盘的人，心里装着什么呢？

雪线邮路的幸福使者

世界上有这样一处危险的邮路，要经过 17 座海拔 4 500 m 以上的大山，其中的崔儿山是川藏公路中最高最险的公路，海拔 6 168 m，这里的道路几乎开凿在绝壁上，道路一面是碎石悬挂，一面是万丈深渊，而吉美多吉每次往返这里就好似是在与快递搏斗。

2012 年 7 月，吉美多吉接到任务，去成都的新华书店运送书本回康定，康定 18 个区县所有孩子的新书都是这样一车一车运送过去的。经过一处正在施工的山路时，因为天色已晚，交通不便，吉美多吉减慢了车速，可这时，突然出现了一群人，他们手拿铁棍、砍刀、电警棍，把邮车团团围住，吉美多吉立马冲到邮车前，还没反应过来，就被残忍的歹徒们一阵乱打乱砍。那天，他身中十七刀，左脚骨折，四根肋骨被打断，头上也被打了个大窟窿，经过了三天三夜的抢救和一周的重症监护，吉美多吉的命才算是勉强保住了。醒来后他第一句问的就是邮车："邮车怎么样了？咱俩的车怎么样了？"听到邮车安全有人护着，他才安了心，他说他就是想保护他的车，他的邮车、邮件在，人在，这是他的职责和责任。而在甘孜邮政的确有这样的规定，在野外紧急情况下，驾驶员可以烧毁任何东西来保护自己，除了邮件。

由于左手受伤严重，医生告诉吉美多吉以后不能再开邮车了。可是他心中有信念，又怎会放弃邮车，于是他遍访名医，一定要能再次握起方向盘。这需要把已经愈合的粘连的肌腱硬生拉开，让其重新生长。他说："只要能恢复，多大的痛他都能忍受。"终于，两个多月后，他又回到了那个熟悉的驾驶室。他觉得只要在邮车上，就会有灵感，好像又找回了作为男人的存在感。

感动中国十大人物给他的颁奖词是这样的：三十忠诚风与雪，万里邮路云和月。雪山可以崩塌，真正的汉子不能倒下。崔儿山上流动的绿，生命禁区前行的旗，蜿蜒的邮路是雪山的旋律。坚强的多吉，你唱出高原上最深沉的歌。

他就是"雪线邮路的幸福使者"。

参考文献：https://ms.mbd.baidu.com/r/xVbHYIE9HO?f=cp&u=9edd92d758056e6a。

## 案例思考

### 菜鸟在川启动首个省级农村物流全域共配项目

2020 年年初，菜鸟乡村宣布与四川 15 个市州交通局、4 个试点县政府签署战略合作协议，开展农村数字物流网络建设。数字显示，2019 年菜鸟乡村已经服务了四川地区 4 亿件快递下乡、1.6 亿 t 农产品进城。

"近年来，四川省农村物流虽发展较快，但由于农村点多、面广、业务分散等原因，仍面临基础设施建设水平不高、资源整合程度较低、运营管理模式落后等问题"。四川省交通厅相关负责人在签约仪式上表示，四川是全国 6 个物流降本增效综合改革试点省份之一，此次合作将是加快整合农村物流资源的重要契机。

作为全国首个省级交通运输系统层面启动的农村智慧物流共配项目，未来菜鸟乡村将在四川省及各地政府给予的场地、资金、政策等支持下，联手快递公司推进建设县级共同配送中心，打造"统一分拨处理、统一运输配送、统一末端站点、统一服务标准、统一信息系统"的共配模式，建设城乡电子商务、快递配送、交通商贸数字化物流基础设施，建立集约高效、智慧协同、开放共享、绿色环保的物流信息应用平台和农村物流评测体系。

菜鸟将通过大数据、云计算、IoT（物联网）等升级乡镇末端配送网络，并利用自动化分拣、人脸 AI 识别、智能路由调度等技术提高配送效率。双方还将打造"物流＋特色农业"创新模式，加大电商直播、基地直采等合作，加速生鲜农产品进城。

资料来源：http://www.cea.org.cn/content/details_10_19769.html。

**思考题：**结合前面知识，谈谈农村物流开展全域共配的意义。

# 第4章

# 物流包装技术

## 章前导读

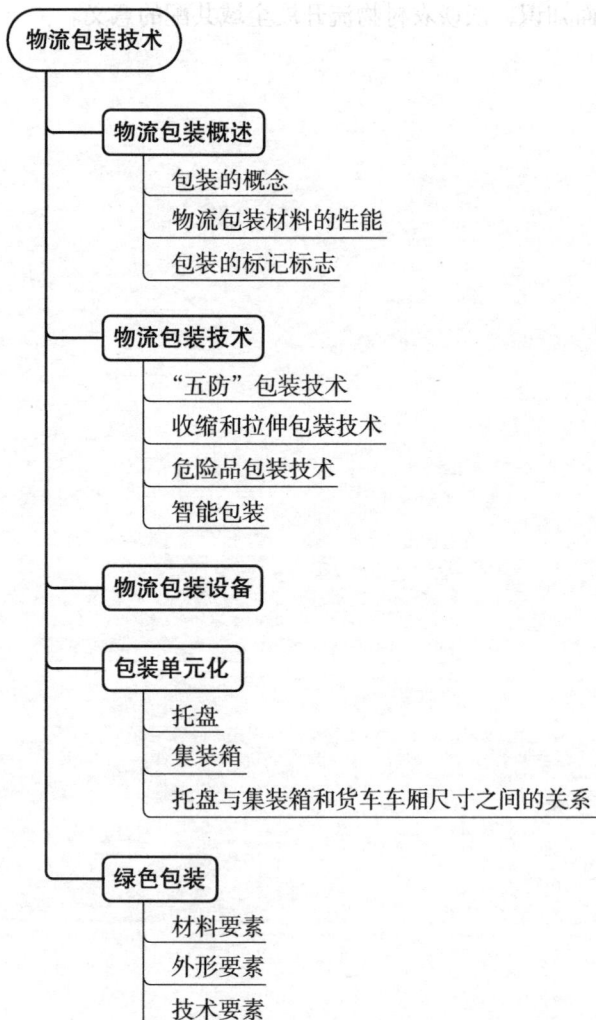

物流包装技术
- 物流包装概述
  - 包装的概念
  - 物流包装材料的性能
  - 包装的标记标志
- 物流包装技术
  - "五防"包装技术
  - 收缩和拉伸包装技术
  - 危险品包装技术
  - 智能包装
- 物流包装设备
- 包装单元化
  - 托盘
  - 集装箱
  - 托盘与集装箱和货车车厢尺寸之间的关系
- 绿色包装
  - 材料要素
  - 外形要素
  - 技术要素

**知识目标：**

1. 了解物流包装的作用以及常见包装材料的特性。

2. 能通过包装标志和标记说出物流作业时需要注意的事项。

3. 会简述什么是"五防"包装，能针对物流实践进行有效的"五防"包装设计。

4. 了解常见的危险品包装技术。

5. 会分辨哪些是智能包装，能解释智能包装在物流实践中的作用。

6. 了解托盘循环共用系统及其循环模式，会针对货物实际选择和合理使用托盘。

7. 了解国际标准集装箱种类及尺寸。

8. 会阐述绿色包装的含义，能举例常见的绿色包装材料，能根据物流活动需求合理选用包装材料。

**素养目标：**

本章多个环节设置实践活动，通过小发明、小创作、小采访、讲述小故事，让学生切身感受到科技创新的使命担当。在实践中去体验和领悟物流可持续发展的内涵、环境保护的意义。提高绿色物流意识、树立可持续发展理念。

通过绿色物流减量包装设计，将绿色物流理念自然融入，提升学生创新思维和环保意识。绿色物流小使者活动从思维能力、表达能力、专业能力和协作能力等多角度关注学生发展。

## 开篇案例

### 快递过度包装，怎样做减法

随着电商业的蓬勃发展，快递过度包装问题越来越突出。海量快件使用巨量纸箱、胶带等包装材料，导致严重的资源消耗、环境污染等问题，在国家碳达峰的历史背景下，这一问题更应受到社会普遍关注。

国家统计局陕西省调查总队对462位消费者进行调查，数据显示，多数受访者认为存在过度包装问题，其中64.7%认为快递包装胶带缠绕过多，45%认为包装层数过多，33.6%认为快递填充物过多。受访者形容拆包裹像"玩套娃"，特别是美妆类礼盒类产品，需解开数层胶带、打开厚纸盒，去掉泡沫、气泡膜等才能找到自己买的东西，这种"虚胖"的过度包装比比皆是。

快递"虚胖"原因很多。一方面，商家认为精美包装可以让商品看起来更加"高大上"。在淘宝平台经营化妆品零售店的王女士表示："很多顾客会把包装作为评价指标之一，有时候还会因为包装简陋给中评或差评。"她也觉得"这样包装浪费人力，大幅增加了成本"，但为了"好评"，"宁可过度，也不能简陋"。

另一方面，快递企业也会叠加包装。某快递公司分拣员盛先生表示，快递物品如果外包装完好，内物破损，快递公司没有责任，反之就不能免责。"工艺品、电子产品等易碎或贵重物品，我们就会包得比较复杂，用塑料泡沫或废旧纸张填充，加上纸盒后再裹上厚厚的胶带，有的还加上木头框作支撑。"他说，这类物品一旦损坏，要赔偿几百元甚至上千元，

"送一个快件，快递员只赚几块甚至几毛钱，根本赔不起"。

一位知情人士认为，快递企业过度包装还有一个原因，就是不同程度存在的暴力分拣问题。每到大型网络购物节，海量快递涌入分装点，分拣员人手不足，高强度工作的情况下，追求效率成了首要任务，很容易造成快件损坏。为了保证分拣流畅运作，快递公司选择通过加强包装来避免损坏。

《邮件快件包装管理办法》2021 年 3 月 12 日正式施行，明确了快件包装选用要求，包括建立实施包装物管理制度、按规定使用环保材料、包装减量化措施等事项，同时鼓励寄递企业建立健全工作机制和回收流程，对包装物进行回收再利用。要求快递单位尽量选用可回收的防摔泡沫取代不环保的塑料泡沫。但管理办法多是推荐性要求，不具强制性。

总之，快递过度包装现象与顾客的期望、消费多元化、个性化密切相关。快递企业和商家为了迎合大众消费者的"口碑"和"好评"而不惜采用过度包装。

讨论话题：请同学们结合你自己的网购经历，谈谈如何从自身做起，促进包装绿色减量化，对商家和快递企业有哪些好的建议？

● 古人智慧：荔枝怎使妃子笑——冷链包装的启蒙

杨贵妃喜食荔枝，唐玄宗为讨美人欢心，下旨派快马将荔枝从产地广东、四川日夜不停运送到西安。然而四川到西安有千里之遥，需三天才能送达。广东到西安有三千多里，需七天才能送达。"一日而色变，二日而香变，三日而味变，四五日外，色香味尽去矣"。到了长安，荔枝已全然失去了色香味，贵妃自然不乐。

一颗来自时光那头的荔枝 PPT

唐玄宗因此万般愁闷，遂召见大学士羊望，吩咐羊望去解决这个难题。羊望领命后，三日闭门不出，冥思苦想，终得一法：制作一个双层木箱，木箱夹层中填充满棉花、羊毛，在荔枝采下后，将藏在地窖（冷库的雏形）的寒冰和新鲜荔枝一起放入木箱中进行运输。用此种方法运输后，荔枝到达西安色香俱全，贵妃尝着鲜美清凉的荔枝，嫣然而笑。

"长安回望绣成堆，山顶千门次第开"，羊望的荔枝保鲜箱可谓冷藏箱的雏形，亦算世界上最早的冷链设备之一，而快马加鞭又全程"高速低温"的荔枝运输队伍，算是构成了世界上最早的"冷链"系统。大学士羊望利用自己的聪明才智进行了冷藏包装设计，帮助唐玄宗解决了难题，堪称冷链包装设计的鼻祖了吧。

# 4.1　物流包装概述

## 4.1.1　包装的概念

### 1.包装定义

包装（package；packaging）包含两个层面的含义：在流通过程中保护产品、方便储运、促进销售，按一定技术方法而采用的容器、材料及辅助物等的总体名称；另外，也指为了达到上述目的而采用容器、材料和辅助物的过程中施加一定技术方法等的操作活动。

### 2.包装的分类

（1）按包装层次划分。

①单件包装。小包装，个体包装。

②内包装。保护性包装（如水分、防潮、防腐、震动）一般为产品最小销售单位的包装，如火柴盒，香皂等。

③外包装。一般为运输包装或销售包装，进一步保护产品和方便流通中清点、检验等工作。如牙膏10支装1盒，火柴10盒为1包。

（2）按包装的作用划分。

①销售包装（商业包装）。以促进商品销售为主要目的的包装。外形美观，有必要的装潢，一般与内装产品一起到达消费者手中。包装的结构、形态以及文字、图案、色彩等结构造型设计和装潢设计的效果除了具有保护产品，方便流通等作用，还具有美化产品，宣传产品，促进销售的作用。

②运输包装（工业包装）。运输包装（transport packaging）是以满足运输、仓储要求为主要目的的包装。

运输包装以运输、储存为主要目的。因此，包装的外部结构与尺寸要与储存、装卸、运输等设备工具相配套。另外，包装材料的选用要能抵御外界的物流作业影响。还要注明商品名称、货号、规格、质量、数量、颜色、厂家、日期、收发货单位及作业注意事项等。

（3）其他分类方法

①按照运输工具分类。航空货物包装，铁路货物包装，卡车、船舶包装等。

②按照包装技法分类。防锈包装、灭菌、防虫、耐热、耐寒包装等。

③按照包装使用次数分类。一次性包装、重复性包装。

④按照材料分类。纸制、塑料、金属、木制、玻璃、陶瓷等。

**3. 包装的功能**

（1）保护功能。包装具有维护产品质量、保护产品安全的作用。在漫长的物流过程中防止外界各种不良因素的影响和损害，保护功能是包装的主要功能。

包装必须能承受在装卸、运输、保管等过程中的各种冲击、震动、颠簸、压缩、摩擦等外力的作用，形成对外力的防护。具有一定强度，防止操作不慎而跌落造成的冲击，堆码时能承受一定压力。

包装的重量、尺寸、集装化要与作业方式相匹配。包装的标志、标识为仓库保管、堆码高度等提供必要信息。包装携带的条码、智能标签保证物流全程快捷和信息跟踪。

（2）方便功能。包装的过程是将物资整理成适合储藏、搬运或运输的基本单位，整理成适合托盘、集装箱等集装设备的装运单元。因此，包装起到一个很好的定量定型的作用，方便了货物的流转，同时，合理的包装也会给物流提供巨大的方便，从而提高物流的效果。具体体现在以下几个方面。

①方便货物的储存。从搬运、装卸角度上看，包装的规格尺寸、重量、形态方便出入库作业。也为保管提供了方便，便于维护货物本身的使用价值。包装的标志，易于识别、存取、盘点或有特殊要求时引起注意。从验收角度看，包装的集合方法、定量性，节约了验收时间。

②方便货物的装卸。包装的规格尺寸标准化后，为集合包装提供了条件，从而极大地提高了装卸效率。

③方便运输。包装的规格形状、重量等与货物运输关系密切，与运输工具的容积相吻合，方便运输。

（3）信息传递功能。通过包装识别物品信息，包括收发货地址、制造厂、商品名称、容器类型、个数、通用的商品代码等。另外，通过包装标志、标记可以为物流作业人员提供必要的指示信息，保证作业的安全规范。信息标示位置合适，易于识别，便于操作人员在出入库、拣选、查验过程中从各个方向识别，减少货损、货差。危险品警示标志也起到提示作业人员及无关第三者注意的作用。

## 4.1.2　物流包装材料的性能

### 1. 物流包装材料的性能要求

（1）耐破损性，要能经受住反复、多次的冲击和震动作用。

（2）良好的弹性和恢复性，撤力后，能回复原来状态。

（3）良好的缓冲性能，能吸收消耗外界震动冲击的能量。

（4）具有一定的抗破碎性，保持缓冲材料形态。

（5）较好的温湿度稳定性，能保持材料的基本性能。

（6）较好的化学稳定性，防止对产品产生污染。

（7）较好的抗吸潮性能，保持材料的性能。

（8）良好的加工工艺性，便于加工。

（9）环保性，易于回收、复用或降解。

（10）经济性，制造和运输成本低，并容易采购。

### 2. 包装材料性能特点

（1）草制包装材料，比如用于捆绑地砖、耐火砖的草绳。特点是环保廉价，柔韧性好。

（2）木制包装材料，如木箱、木桶、木笼。抗压防震，加工方便，但易开裂变形，易腐蚀，价格高。

（3）纸制包装材料，包括包装纸、瓦楞纸、蜂窝纸板、牛皮纸、工业纸板、蜂窝纸芯。质地细腻，均匀，耐摩擦，易黏合，易加工，易印刷，价格低，质量轻，易回收，节约资源，但怕潮、透明性差。

（4）塑料包装材料，包括封口膜、中空板、POF（polyolefin shrink film）收缩膜等。成本低，耐用，防水防透湿，透明性好。

（5）金属包装材料，包括桶箍、钢带、扣泡罩铝、PTP（press through packaging）铝箔、铝板、钢扣。

（6）纤维包装材料，如玻璃纤维等，如编织袋。

（7）陶瓷与玻璃包装材料，用于流体货物的包装，如酒具。保护性能好，不透气，不透湿，透明性好，易于回收。

（8）合成树脂材料，比如塑料瓶、塑料袋。

（9）复合类软包装材料：镀铝膜、铝箔复合膜、真空镀铝纸、复合纸 BOPP（biaxially oriented polypropylene）。

### 4.1.3　包装的标记标志

**1. 包装的标记**

包装标记是根据物资本身的特征用文字和阿拉伯数字等在包装上标明规定的记号。

（1）一般包装标记（基本标记）。主要包括名称、规格、型号、计量单位、数量（毛重、净重、皮重等）、长、宽、高，出厂时间、保质期等。

（2）表示收发货地点和单位的标记。主要包括收、发货具体地点，收、发货单位名称等。

（3）标牌标记。说明商品性质特征、规格、质量、产品批号、生产厂家等内容的标识牌，一般用金属制成，如机械设备、机电仪器等。

**2. 包装的标志**

包装标志是根据货物的性质，为了物流活动的安全进行及理货、分运需要而进行的文字和图案的说明。为了便于识别、减少差错，标志一般由文字、图案、代号组成。

在国际物流中则要求在包装上正确绘制货物的运输标志和必要的指示标志。标志至少应包括下列内容。

（1）运输标志，即唛头。这是贸易合同、发货单据中有关标志事项的基本部分。它一般由一个简单的几何图形以及字母、数字等组成。

（2）常见的指示标志。包装标志在物流作业中保护物品，便于识别、防止错发错运，方便运输、仓储管理与交接等。通常首先需要考虑商品的特点，比如对于易碎、需防湿、防颠倒等商品，在包装上需要用醒目的图形或文字粘贴、涂打或钉附指示标志。如"防湿""防冻""小心轻放""请勿倒置"等，用来指示运输、装卸、保管人员在作业时需注意的事项，以保证货物的安全。下面一起来认识一下物流包装标志。

**3. 物流包装标志**

（1）常见物流包装标志。如表 4-1 所示。

表 4-1　物流包装标志

| 标志名称 | 标志图案 | 使用说明 |
| --- | --- | --- |
| 小心轻放 | | 用于指示碰震易碎，需轻拿轻放的货物 |
| 禁用手钩 | | 用于指示不得使用手钩搬动的货物 |

| 标志名称 | 标志图案 | 使用说明 |
|---|---|---|
| 向上 | 向 上 | 用于指示不得倾斜的货物 |
| 怕热 | 怕 热 | 用于指示怕热的货物 |
| 远离放射源及热源 | 远离放射及热源 | 用于指示需远离放射源及热源的货物 |
| 由此吊起 | 由此吊起 | 用于指示吊运时放链条或绳索的位置 |
| 怕湿 | 怕 湿 | 用于指示怕湿的货物 |
| 重心点 | 重心点 | 用于指示货物重心所在 |
| 禁止滚翻 | 禁止滚翻 | 用于指示不得滚翻搬运的货物 |
| 堆码重量极限 | "最大…公斤" 堆码重量极限 | 用于指示允许最大堆码重量的货物 |

| 标志名称 | 标志图案 | 使用说明 |
|---|---|---|
| 堆码层数极限 | | 用于指示允许最大堆码层数的货物，N 为实际堆码层数 |
| 温度极限 | | 用于指示需要控制温度的特殊货物 |
| 堆码重量极限 | | 该运输包装件所能承受的最大重量极限 |
| 最大夹力 | | 夹抱车操作，此标示就代表夹包车由此面夹起，而无此标示的一面不允许夹抱，同时夹抱车的最大夹力不应超过标示的范围 |
| 由此夹起 | | 夹持位置应在标记上方 |
| 此面允许使用手推车操作 | | 使用手推车搬运时，只允许标有此标记的一端朝下与手推车接触 |
| 禁止使用手推车操作 | | 此面禁止使用手推车操作 |
| 此处不能卡夹 | | 夹抱车从此面接近包装箱时，不得夹持产品。此处禁止用夹钳夹持 |

续表

| 标志名称 | 标志图案 | 使用说明 |
|---|---|---|
| 禁用叉车 | | 禁止使用叉车直接搬运产品，必须将产品放在托盘等辅助工具上才可以搬运 |

（2）危险品标志。危险品标志是用来表示危险品的物理、化学性质，以及危险程度的标志（见表4-2）。它可提醒人们在运输、储存、保管、搬运等活动中引起注意。

根据《危险货物包装标志》（GB 190—2009）规定，在水陆、空运危险货物的外包装上拴挂、印刷或标打以下不同的标志，如爆炸品、遇水放出易燃气体的物质、毒性物质、剧毒物质、腐蚀性物质、放射性物质等。

表4-2　危险品标志

| 标志名称 | 标志图案 | 使用说明 |
|---|---|---|
| 爆炸品 | | （符号：黑色，底色：橙红色）<br>1.1<br>1.2<br>1.3<br>** 项号的位置——如果爆炸性是次要危险性，留空白<br>* 配装组字母的位置——如果爆炸性是次要危险性，留空白 |
| 爆炸品 | | （符号：黑色，底色：橙红色）<br>1.5<br>* 配装组字母的位置——如果爆炸性是次要危险性，留空白 |
| 易燃气体 | | （符号：黑色或白色，底色：正红色）<br>2.1 |
| 非易燃无毒气体 | | （符号：黑色或白色，底色：绿色）<br>2.2 |

| 标志名称 | 标志图案 | 使用说明 |
|---|---|---|
| 毒性气体 | | （符号：黑色，底色：白色）<br>2.3 |
| 易燃液体 | | （符号：黑色或白色，底色：正红色）<br>3 |
| 易燃固体 | | （符号：黑色，底色：白色红条）<br>4.1 |
| 易于自燃的物质 | | （符号：黑色，底色：上白下红）<br>4.2 |
| 遇水放出易燃气体的物质 | | （符号：黑色或白色，底色：蓝色）<br>4.3 |
| 氧化性物质 | | （符号：黑色，底色：柠檬黄色）<br>5.1 |
| 有机过氧化物 | | （符号：黑或白色，底色：红色和柠檬黄色）<br>5.2 |
| 毒性物质 | | （符号：黑色，底色：白色）<br>6.1 |
| 感染性物质 | | （符号：黑色，底色：白色）<br>6.2 |

续表

| 标志名称 | 标志图案 | 使用说明 |
|---|---|---|
| 一级放射性物质 | | （符号：黑色，底色：白色，附一条红竖条）<br>7A<br>黑色文字，在标签下半部分写上：<br>"放射性"<br>"内装物_____"<br>"放射性强度_____"<br>在"放射性"字样之后应有一条红竖条 |
| 二级放射性物质 | | （符号：黑色，底色：上黄下白，附二条红竖条）<br>7B<br>黑色文字，在标签下半部分写上：<br>"放射性"<br>"内装物_____"<br>"放射性强度_____"<br>在一个黑边框格内写上："运输指数"<br>在"放射性"字样之后应有两条红竖条 |
| 三级放射性物质 | | （符号：黑色，底色：上黄下白，附三条红竖条）<br>7C<br>黑色文字，在标签下半部分写上：<br>"放射性"<br>"内装物_____"<br>"放射性强度_____"<br>在一个黑边框格内写上："运输指数"<br>在"放射性"字样之后应有三条红竖条 |
| 腐蚀性物质 | | （符号：上黑下白，底色：上白下黑）<br>8 |
| 杂项危险物质和物品 | | （符号：黑色，底色：白色）<br>9 |

（3）包装标记和标志的要求。

①必须按照国家有关部门的规定办理。我国对物资包装标记和标志所使用的文字、符号、图形以及使用方法都有统一的规定。

②必须简明清晰、易于辨认。包装标记和标志文字要少，图案清楚，易于制作，一目了然，方便查对。标记和标志的文字、字母及数字号码的大小应和包装件的标记和标志的

尺寸相称，笔画粗细要适当。

③涂刷、拴挂、粘贴标记和标志的部位要适当。所有的标记和标志，都应位于搬运、装卸作业时容易看得见的地方。为防止在物流过程中某些标志和标记被抹掉或不清楚而难以辨认，应尽可能在同一包装物的不同部位制作两个相同的标记和标志。

④要选用明显的颜色作标记和标志。制作标记和标志的颜料应具备耐温、耐晒、耐摩擦等性能，防止发生褪色、脱落等现象。

⑤标志的尺寸一般分为三种。用于拴挂的标志为 74 mm × 52.5 mm；用于印刷和标打的标志为 105 mm × 74 mm 和 148 mm × 105 mm 两种。须说明特大和特效的包装不受此尺寸限制。

（4）使用方法。

①标志的标打，可采用印刷、粘贴、拴挂、钉附及喷涂等方法。印刷时，外框线及标志名称都要印上；喷涂时，外框线及标志名称可以省略。

②箱状包装位于包装明显处；袋、捆包装位于桶身或桶盖；桶形包装位于桶身或桶盖；集装箱、成组货物包装粘贴在箱的四个侧面。

③特殊标志规定。

"由此吊起"应标打在包装件两个相对侧面的实际起吊位置上。

"重心点"应标打在能正确标示出包装件实际重心位置的四个面上。

④标志的文字书写应与底边平行；出口货物的标示，应按外贸的有关规定办理；粘贴的标志应保证在货物储运期内不脱落。

⑤运输包装件需标打何种标志，应根据货物的性质正确选用。

⑥标志由生产单位在货物出厂前标打。出厂后如改换包装，标志由改换包装单位标打。

# 4.2  物流包装技术

产品种类繁多，性能各异，产品包装必须根据产品的类别、性能及状态采取正确的包装方法和相应的包装技术，以最低的消耗，保证产品完整地输送到消费者手中。

## 4.2.1  "五防"包装技术

"五防"包装指防震、防潮、防水、防锈、防虫鼠害包装。

**1. 防震包装（缓冲包装）**

防止物品在运输、装卸搬运作业中因震动、冲击等而造成物品损伤所采用的包装技术。一般采用三种方法。

（1）全面防震包装方法。内装物和外包装之间全部用防震材料填满进行防震的包装方法，如利用玻璃、陶瓷分隔。

①压缩包装法。用丝状、薄片状或粒状缓冲材料把产品和内包装填塞加固。这样能把材料吸收的冲击震动能量引导到内装物强度最高的部分。这种方法对于形状复杂的产品也能使用。

②浮动包装法。浮动包装法和压缩包装法基本相同，所不同之处在于所用弹性材料为

小块衬垫，这种材料在包装箱内可以位移和流动，并利用材料流动来分散内装物所受的冲击力。

③裹包包装法。用片状缓冲材料把产品和内包装裹包起来置于外包装箱内。这种方法多用于小件物品。

④模盒包装法。通常用聚苯乙烯泡沫塑料预制成与产品形状一样的模盒，将产品固定在其中。这种方法适用于小型轻质产品。

⑤就地发泡包装法。这种方法所采用的设备是盛有异氰酸酯和盛有多元醇的容器及喷枪。先把两种材料的容器内的温度和压力按规定调好，然后再将两种材料混合，用单管道通向喷枪，由喷枪喷出，喷出的化合物在10 s后即开始发泡膨胀，不到40 s时间即可发泡膨胀到本身原来体积的100～140倍，形成聚氨酯泡沫体，最后变成硬性或半硬性的泡沫体。

这种泡沫可现场喷入外包装内，能将任何形状的物品包裹住，起到缓冲衬垫作用。

（2）部分防震。对于家用产品、仪器仪表等整体性好的产品或有内装容器的产品，仅在产品或内包装的拐角或局部地方使用防震材料进行衬垫即可，它既能得到较好的效果，又能降低包装成本，如电器的泡沫塑料防震垫、橡胶弹簧等。

部分防震有天地盖、左右套、四棱衬垫、八角衬垫和侧衬垫等形式。

（3）悬浮式防震包装方法。对于某些贵重物品，为了有效地保证在流通过程中不被损坏，先将产品置于纸盒中，产品与纸盒间各面均用柔软的泡沫塑料衬垫妥当，盒外用帆布包紧、缝合，或装入胶合板箱，然后用绳、带、弹簧等将被装物悬吊在包装容器内，使其悬浮吊起，如图4-1所示的实验室膨胀仪内所用的高值易碎部件硅碳管的防震包装。

图4-1 悬浮式防震包装示意图

悬浮式防震包装的外包装容器比较坚固，在物流中无论哪个操作环节，内装物都应被稳定悬吊而不与包装容器发生碰撞，这样通过弹簧和泡沫塑料同时起缓冲作用，从而减少物品损坏，尤其是精密机电设备、仪器、仪表等贵重物品的物流过程。

● 知识拓展：防震包装新技术——防震标签、防倾斜标签

防震标签将对货物进行24 h的全程监控，所有接触货物的人员都将会格外认真对待。将防倾斜标签粘贴在运输的物品上，如果倾倒大于预订角度，标签会变成红色，使厂商可以追究运输方的责任。防倾斜标签用于在运输过程中必须保持直立角度的产品警示。若产品倾斜的角度超过45°，则标签中的一种装置发生变化，指示窗由原来的白色变为红色，对此事件做出指示。当防倾倒标签的显示窗为红色状态，监视器的显示窗口将无法改变，这样可以向您提供一个永久的发生倾倒的凭证。如图4-2所示。

智能标签

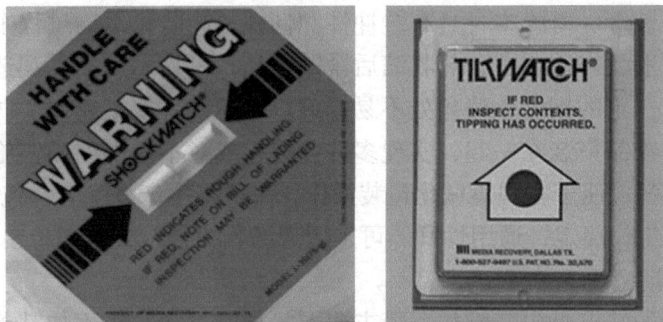

图 4-2 防震标签和防倾斜标签

**2. 防潮及防水包装技术**

（1）防潮。防潮包装是指用不能透过或难于透过水蒸气的包装材料对产品进行包装的一种技术。常用防潮包装材料有纸材、塑料、金属、玻璃、陶瓷等。

（2）防水。用防水材料作阻隔层，并用防水粘接剂或衬垫、密封等措施，以阻止水浸入内部。防水包装的等级是根据包装储运的环境条件及包装件耐受防水试验的等级来划分的，分为防浸水和防喷淋两种。

①防浸水防水包装。浸水试验是将试样完全浸入水中，保持预定的时间以后，缓缓提起。该试验用来检验防水要求很高货物的包装件承受水浸害的能力，或用来检查某些容器的密封性能。

②防喷淋防水包装。喷淋试验就是模拟包装件在露天存放受到雨淋的过程，该试验用于评定包装件对雨水的抵御性能及包装对内装物的保护能力。一般可采用普通木箱，但在其内部应视内装产品的性质、精密程度及储运的环境选用合适的防水阻隔层材料加以衬贴。

**3. 防锈包装技术**

防锈包装技术使用防锈剂，分为防锈矿油和气化性防锈剂两种。

气化性防锈剂在常温下具有挥发性，在密封的包装容器中，很短的时间内挥发或升华出的气体充满容器，吸附在金属制品表面上，从而抑制大气对金属的锈蚀作用。

**4. 防虫、鼠害等包装技术**

驱虫剂，在包装中挥发气体，杀灭和驱除害虫。常用的有萘，对二氯苯樟脑精等。也可采用真空包装、充气包装、脱氧包装等技术，使害虫无生存环境，从而防止虫害。

## 4.2.2 收缩和拉伸包装技术

**1. 收缩包装技术**

收缩包装是指用收缩薄膜裹包产品或包装件，然后加热使薄膜收缩包紧产品或包装件的一种包装方法。即将经过预拉伸的塑料薄膜、薄膜套或袋，在考虑其收缩率的前提下，将其裹包在被包装商品的外表面，以适当的温度加热，薄膜在其长度和宽度方向产生急剧收缩，紧紧地包裹住商品。物流作业中经常需要将一托盘货物进行打托包装，以起到作业中稳固方便的作用。

收缩包装技术的优点是适应各种形状与尺寸大小的物品，小到对瓶口局部包装，大到对托盘集装物的包装等。薄膜本身具有缓冲性和韧性，能防止运输过程中因震动和冲击而损坏产品。薄膜一般具有透明性，热收缩后紧贴产品，可显示产品外观造型。由于收缩比较均匀，且材料有一定的韧性，棱角处不易撕裂。对包装件实现密封、防潮、防污、防锈包装，可以把多件物品集装在一起，实现多件包装，或对不同类物品实施配套包装。包装工艺简单且通用性强，便于实现机械化包装操作，方便与生产线配套，包装效率大大提高，且包装设备简单，工作稳定，通用性好。可采用现场收缩包装方法来包装体积庞大的产品，可延长食品的保质期，便于贮藏。

收缩包装技术的缺点是包装颗粒、粉末或形状规则的产品，不如其他方法便捷，难以实现连续化高速生产。特别是需要热收缩通道，能源消耗较高；占用投资和车间面积较大，实现连续化、高速化生产比较困难，对冷冻的或怕受热的商品不适应。

**2. 拉伸包装技术**

拉伸包装是 20 世纪 70 年代开始采用的一种新包装技术，它是由收缩包装发展而来的。拉伸包装是依靠机械装置在常温下将弹性薄膜围绕被包装件拉伸、紧裹，并在其末端进行封合的一种包装方法。由于拉伸包装不需进行加热，所以消耗的能源只有收缩包装的 1/20。拉伸包装可以捆包单件物品，也可用于托盘包装之类的集合包装。

拉伸包装的好处是不用加热，尤其适合那些怕加热的产品，如食品、蔬菜等；可以准确地控制裹包力，防止产品被挤碎；不需加热收缩设备，节省设备投资，节省能源。

## 4.2.3 危险品包装技术

危险品包装技术是指按危险品的性质、特点及有关法令、标准和规定专门设计的包装技术与方法。包装上必须标明不同性质、类别的危险货物标志，以及装卸搬运要求的标志。

（1）对易燃易爆物品，如 $H_2O_2$，先用塑料桶，然后再装入铁桶或木箱中，每件净重不超过 50 kg，并有自动放气阀。

对黄磷等易自燃商品，先装入壁厚不少于 1 mm 的铁桶中，桶内壁涂耐酸保护层，桶内盛水，并使水面浸没商品，桶口严密封闭，每桶净重不超过 50 kg。

如 CaC 遇水分解产生易燃的乙炔气，对其应用坚固的铁桶包装，桶内充入 $N_2$，如不充 $N_2$，则应装置放气活塞。

（2）对腐蚀性商品，要注意其与包装容器的材质发生化学变化。

金属类容器，要在容器壁上涂上涂料，防止铁桶被商品腐蚀，从而商品也随之变质。如包装合成脂酸的铁桶，内壁要涂有耐酸保护层，防止铁桶被腐蚀。

如氢氟酸为无机酸性腐蚀物品，有剧毒，能腐蚀玻璃，不能用玻璃容器作包装容器，应置入金属桶或塑料桶中，严密封口，再装入坚固的木箱或金属桶中。

（3）对有毒物质，要严密包装，不漏，不透气，并标有明显的有毒标志。

如重铬酸钾和重铬酸钠，为红色带透明结晶，有毒，应用坚固附桶包装，桶口要严密不漏，制桶的铁板厚度不应小于 1.2 mm。

对用作杀虫剂的磷化锌，有剧毒，应用塑料袋严封后再装入木箱中，箱内用两层牛皮纸、防潮纸或塑料薄膜衬垫，使其与外界隔绝。

#### 4.2.4　智能包装

**1. 智能包装的定义**

智能包装是指通过创新思维，在包装中加入了更多机械、电气、电子、信息和化学性能等新技术，使其既具有通用的包装功能，又具有一些特殊的性能，以满足商品的特殊要求和特殊的环境条件。智能包装具有如感知、检测、记录、追踪、通信、逻辑等智能功能，可追踪产品、感知包装环境、通信交流，从而促进决策，达到更好地实现包装功能的目的。

一般国外仅将具有温度—时间历史记录标识（TTI），被包装食品内微生物滋生指示标识（MGI），光致变色指示标识，受到物理冲击标识，渗漏、微生物污染标识，无线电射频标签（RFID），DNA（脱氧核糖核酸）标签的包装定义为智能包装；而将气调包装、抗菌包装、乙烯吸附包装、吸氧包装、自加热/自冷却包装、异味的吸附包装、芳香味的释放包装、吸湿包装等定义为功能包装。

目前，常用智能包装技术是 RFID 技术，在物流、包装、零售、制造等行业有较多应用，主要用在供应链管理和物联网上，由于 RFID 标签是一种非接触标签，因此，它是物流供应链管理中物品定位的首选标签，同时也是物品分流管理的首选标签。智能识别技术在一些领域（如药品、高档食品）应用较多，未来在快递及邮政业、航空运输业、企业内部物流管理等方面也必然得到广泛运用。但由于 RFID 标签价格相对昂贵，普及速度一定程度上会受影响。

**2. 智能包装的分类**

智能包装包括功能材料型智能包装、功能结构型智能包装和信息型智能包装。它具体体现为：利用新型的包装材料、结构与形式对商品的质量和流通安全性进行积极干预与保障；利用信息收集、管理、控制与处理技术完成对运输包装系统的优化管理等，涉及保鲜技术、水溶膜包装技术、二维码技术、包装与结构创新技术、便携包装技术、纹理防伪技术、磁共振射频防伪识别技术、食品安全溯源方案技术等。

（1）功能材料型智能包装是指通过应用新型智能包装材料，改善和增加包装的功能，以达到和完成特定包装的目的。目前，研制的材料型智能包装，通常是指采用光电、温敏、湿敏、气敏等功能材料，对环境因素具有"识别"和"判断"功能的包装。

包装材料复合制成，它可以识别和显示包装微空间的温度、湿度、压力以及密封的程度、时间等一些重要参数。这是一种很有发展前途的功能包装，对于需长期贮存的包装产品尤为重要。这种功能材料型的智能包装用途十分广泛，技术发展十分迅速，出现了许多技术成熟的产品。比如，美国光学涂料试验中心和 PA 技术公司研制出一种在外力作用下会变色的塑料薄膜，膜上涂有不同波长的反向干涉涂层。在正常情况下涂层呈明亮色彩，一旦被动用，涂层便开始剥落，薄膜变成灰色，剥落部分还会产生花纹，从而提供了此包装曾启封过的警示信号，这种材料很适合作包装封记。美国国际造纸公司采用以色列能量纸公司（power paper）开发出来的一种超薄柔软电池，用于一些消费产品的包装，这种新型电池可像油墨一样被"印刷"在产品的包装上，使之增加灯光、声音，以及其他一些特殊效果，可让制造商更有效地通过产品包装来吸引消费者。

这类包装材料还有 20 世纪 90 年代开发出的可用于包装的导电高分子新型材料，这些导电高分子材料，具有良好的导电性和稳定性，有些还具有耐热性、电致变色性、光电转换特性、非线性光学特性、电磁吸波特性以及可催化性，因而，广泛地用于防静电包装、电磁屏蔽包装、包装的智能观察窗、隐身包装、选择性透气薄膜等方面。

这种智能材料拓宽了包装的应用范围，一种材料的研制成功往往会带来包装的多项功能的改进，起到事半功倍的效果。但是，由于新型智能材料的研发投入大、周期长，往往只能作为长期研究的计划。

（2）功能结构型智能包装是指通过增加或改进部分包装结构，从而使包装具有某些特殊功能和智能型特点。功能结构的改进往往从包装的安全性、可靠性和部分自动功能入手，这种结构上的变化使包装的商品使用更加安全和方便简洁。

这种功能结构型智能包装最有代表性的是自动加热和自动冷却包装。这两种包装都是增加了包装的部分结构，而使包装具有部分自动功能。自动加热型包装是一种多层、无缝的容器，以注塑成形方法制成，容器内层分成多个间隔，容许产品自我加热。它的加热原理是：当使用者拿下容器上的箔，并按压容器底部时，容器内的水及石灰石便会产生化学反应，发放热能，进而令产品加热。自动冷却型包装内置一个冷凝器、一个蒸发格及一包以盐做成的干燥剂，冷却时由催化作用所产生的蒸气及液体会贮藏于包装的底部。这项技术也可以应用于普通容器，它能在几分钟内将容器内物品的温度降低至17℃。

功能结构型智能包装通过改变包装的部分结构和装置，使包装具有一定的智能功能。这种结构上的变化具有开发成本低、功能效果明显的特点，可作为短期开发的主要目标。

（3）信息型智能包装技术主要是指以反映包装内容物及其内在品质和运输、销售过程信息为主的新型技术。这项技术包括两方面：其一，商品在仓储、运输、销售期间，周围环境对其内在质量影响的信息记录与表现；其二，商品生产信息和销售分布信息的记录。记录和反映这些信息的技术涉及化学、微生物、动力学和电子技术。信息型智能包装技术是最有发展活力和前景的包装技术之一。

反映商品质量的信息型智能包装技术主要是利用化学、微生物和动力学的方法，记录包装商品在生命周期内商品质量的改变。一般来说，由于商品仓储环境和包装内在环境的改变引起商品变质的信息多采用化学和微生物的方法来记录，而运输过程中的严重跌落、倾倒的信息可通过动力学的计算来记录，用化学的方法来显示。

许多精密贵重的商品对运输条件有着极其严格的要求。因此，为了避免纠纷，需要一种记录动力学信息的装置，记录在运输过程中对商品可能造成损坏的动力学行为（如跌落、倾倒等）信息。这种记录动力学信息的装置，往往由被隔离的两种化学粉末组成，一旦被严禁的动力学行为发生，则隔离被解除，两种化学成分发生反应，显示出第三种颜色。收货方在未开启商品包装的情况下，通过这种记录显示装置，便可以了解商品在运输过程中是否安全。

另外，能显示商品生产和销售信息的智能包装，对于用户掌握商品的使用性能和实现自动物流管理有着积极的作用。这种智能包装一般由记录信息的电子芯片、软件和条码组成，也称为电子信息组合包装（electronics combined packaging）。现代物流的信息化发展对包装的智能化提出了更高的要求，因为物流信息化发展和管理的一个基本物质基础就是包装的智能化。物流管理所需的信息，大部分是由包装来携带。也就是说，如果包装上的信息量不足或错误，将会直接影响物流管理中各个活动的进行，如果没有包装智能化的配合，现代物流管理所配备的扫描设备、计算机管理都将无用武之地。

可跟踪性运输包装（traceable transport packaging）的目标就是开发一种有利于自动化管理的运输包装技术形式，使运输容器在流通路线上能被全程跟踪，方便控制中心完成对运输路线和在线商品的调整和管理，达到商品流通的快捷化、最佳路径化和低运输成本的目的，借助信息网络和卫星定位系统构筑一个智能型物流体系。信息智能包装技术能反映包装物的质量信息和商品流通信息，这给物流管理和消费者带来了许多方便。

**3. 智能包装的发展趋势**

国务院办公厅于 2017 年 10 月 13 日印发《关于积极推进供应链创新与应用的指导意见》，指出要促进制造供应链可视化和智能化，提高质量安全追溯能力等。而包装作为供应链体系的载体，与产品上下游企业密切相连，在产品原材料、生产、仓储、物流、销售、消费的整个生命周期中扮演着重要角色。另外，从物流发展来看，要想实现供应链的可视化和智能化，就必须实现包装的可视化，这是未来智能包装发展的必然趋势。智能包装目前已广泛应用于电子产品、食品、饮料、医药、生活用品等领域，第一代智能包装技术基于光学／视觉识别，侧重于通过光学特性解决防伪、追踪、防盗等问题，其特点是只利用一种技术。区别于第一代智能包装技术，第二代智能包装技术融合了印刷电子、RFID、柔性显示等新技术，使商品及其包装对于人类更具有亲和力，使人机交互式沟通更为便捷，使得"智能"包装更加主动地呈现出物联网特性。

## 中国步伐——裕同科技引领包装新趋势

智能包装云平台是包装数字化与可视化的物联网数据处理平台，包括数据的传输、处理、分析、存储和应用（大数据应用）等。智能包装云平台不仅能对数据形成管理，实现数据处理，而且能保证商户和用户及时了解产品状况。裕同科技智能包装系统由智能包装元件、数据层、数据处理和通信网络组成。其中，智能包装元件是构成智能包装系统的前提，它赋予包装获取、存储和传输数据的新能力；数据层、数据处理和通信网络共同组成决策支持系统。该系统集包装数字化技术、包装可视化技术和防伪技术于一身，充分体现出未来包装的发展趋势，如图 4-3 所示。

包装数字化是以包装为载体，以二维码、图像识别、增强现实 AR、RFID、NFC、数字水印、TTI 标签、智能传感等数字化技术为手段，实现对商品的原材料、生产、仓储、物流、销售、消费等全生命周期的数据采集，为构建智慧物联大数据平台提供数据源，实现包装数字化。

包装可视化是指通过可视化技术，使包装变成真正的自媒体和万物互联的载体，将商品本身的性状及位置信息，以及原材料、生产、仓储、物流、销售、消费等全生命周期的数字信息以文字、图形、图像、动画及音视频等可视化的方式在包装盒体、终端设备或后台屏幕上实时显示出来，实现实时交互、处理、监控和决策的目的。

包装可视化的实现手段为"传感器＋显示"，例如，薄膜显示屏，嵌入在包装载体上的 O-LED 新型显示屏；AR 增强显示，通过"包装载体＋移动终端"增强显示内容；北斗／

GPS 可记录和显示产品的位置变化信息；RFID/NFC 可记录和显示产品属性及仓储物流等信息；温度传感器可记录包装流通过程中的温度变化；湿度传感器可记录包装流通过程中的湿度变化；压力传感器可记录包装流通过程中经受的压力变化；震动传感器可记录包装流通过程中经受的震动或跌落强度和频次。

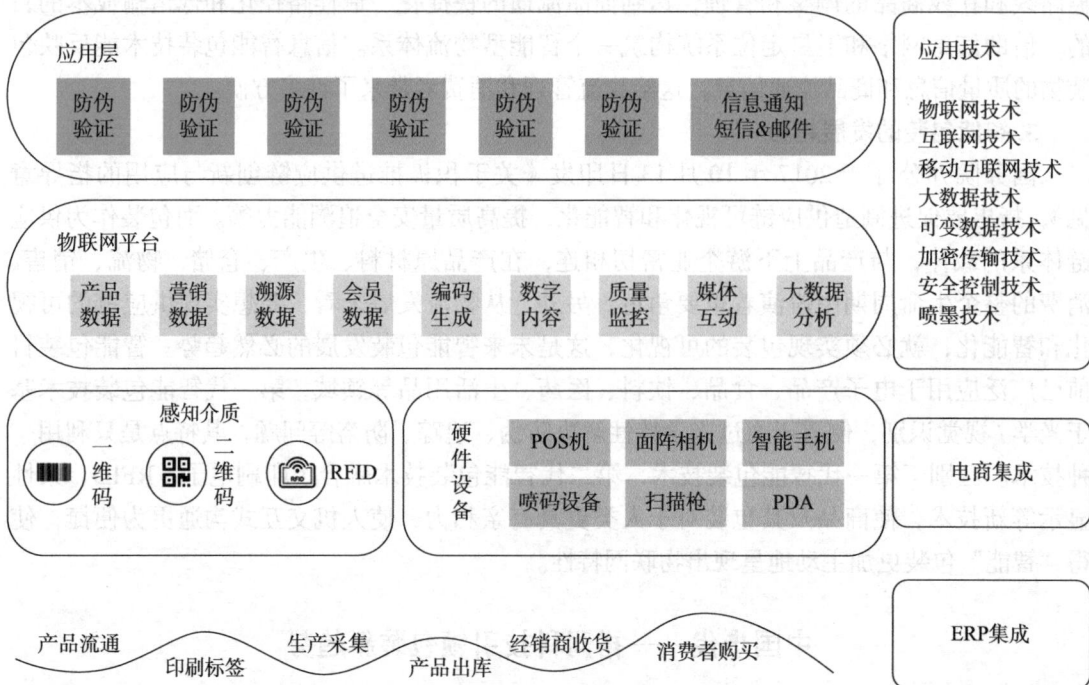

图 4-3　裕同科技的智能包装平台框架图

提升信息显示及防伪效果的裸眼 3D 印刷技术也将是未来包装可视化的一个发展方向。360° 全角度范围内的裸眼 3D 效果，增强了视觉上的冲击力，具有一定的防伪作用，提升了包装产品的附加值。

资料来源：http://www.keyin.cn/people/mingjiazhuanlan/201901/11-1114371.shtml。

# 4.3　物流包装设备

包装设备可以降低人工的劳动强度，提高生产率和物流效率，按照不同标准可分为多种类型，如果以功能为标准，可分为灌装机械、充填机械、裹包机械、封口机械、贴标机械、捆扎机械、集装机械、拆卸机械、多功能包装机械以及完成其他包装作业的辅助包装机械。其中，灌装、充填等作业环节显然与生产环节更加密切相关，而封口、裹包、捆扎等则与物流环节相关。下面主要介绍与物流环节密切相关的包装设备。

**1. 封口机械**

封口机械是指在包装容器内盛装产品后对容器进行封口的一类机器，其中麻袋、布袋、编织袋子多采用缝合的方式封口，箱类容器多采用钉封或胶带粘封。按照封口方式的不同，封口机可分为以下几种类型。

（1）热压式封口机。即采用加热加压的方式封闭包装容器的机器。常用的加热元件有加热板、加热环、加热辊等，主要用于各种塑料袋的封口。

（2）熔焊式封口机。即通过加热使包装容器封口处熔化而将包装容器封闭的机器。常用的加热方式有超声波、电磁感应和热辐射等，主要用于封合较厚的包装材料。

（3）缝合式封口机。即使用缝线缝合包装容器的机器，多用于麻袋、布袋、复合编织袋等的封口。自动缝合机主要由机头、线挑、机头支架、备用支架、输送带、脚踏开关等部件组成。

**2. 裹包机械**

用薄型挠性包装材料进行全部或局部套包产品的包装设备统称为裹包机械，其共同特点是用薄型挠性包装材料（如玻璃纸、塑料膜、黏膜及各类复合膜、拉伸膜、收缩膜等）将一个或多个固态物品进行裹包，广泛用于食品、烟草、药品、日用化工品、音像制品等领域。

裹包机械的种类繁多，功能各异，主要包括折叠式裹包机、接缝式裹包机、覆盖式裹包机、缠绕式裹包机、拉伸式裹包机、贴体式裹包机、热收缩式裹包机等。

折叠式裹包机，即用挠性包装材料裹包产品，将末端伸出的包装材料按一定的工艺方式进行折叠封闭。通常用于对长方体物品的裹包，包装后外观规整，视觉效果好。

接缝式裹包机，即用挠性包装材料裹包产品，将末端伸出的裹包材料按同面粘接的方式进行加热加压封闭、分切。接缝式裹包机通常是不间断地连续动作，工作效率较高，主要应用于各类固定形状物品的单件或多件连续包装，一般能自动完成制袋、充填、封口、切断和成品排出等工序，是应用最广泛、自动化程度最高、系列品种最齐全的一类包装机械。并且，接缝式裹包机适用于一般块状和筒状规则物品及无规则异形物品等的包装，几乎不限制被包装物的体积和重量。

覆盖式裹包机，即用两张挠性包装材料覆盖在产品的两个相对面上，采用热封或黏合的方法进行封口。

缠绕式裹包机，即用成卷的挠件包装材料对产品进行多圈缠绕裹包，一般用于单件物品或集装单元物品的裹包包装。

拉伸式裹包机，即使用拉伸薄膜，在一定张力下对产品进行裹包。常用于大型货件以及托盘单元货件的加固包装，也就是将产品连同托盘一起裹包。

贴体式裹包机，即将产品置于底板上，用覆盖产品的塑料薄片在加热和抽真空作用下紧贴产品，并与底板封合的裹包机械。贴体式裹包机可将被包装产品紧紧裹包在贴体膜和底板之间，使产品可以防潮、防震，并使包装物品有较强的立体感，广泛应用于五金、电子元件、小型零部件、装饰品、玩具以及食品等行业。

热收缩式包装机，即用热收缩薄膜对产品进行裹包封闭，然后再进行加热，使薄膜收缩后裹紧产品。热收缩包装机又可分为烘道式、烘箱式、柜式、枪式等多种。热收缩式裹包机常用于啤酒、饮料等瓶装物品以及其他小型物品的集合包装。

**3. 装箱机械**

装箱机械是指将无包装产品或小包装产品按一定的方式装入包装箱（纸箱或塑料箱）

中的一类包装机械。饮料、酒类等灌装商品一般都需要装箱之后才能运输和流通。

装箱机一般由机械抓手机构、动力装置和控制装置等部分组成，能够准确、可靠地将成组产品抓起，然后放入包装箱中；同时根据装箱作业的要求，一般还具有纸箱成型（或打开）、产品整列、产品计量等功能，有些还具有封箱或捆扎功能。此外，装箱机可单机使用，也可用于自动包装生产线，完成最后的装箱封箱作业。

装箱机按照装箱产品类型的不同，可分为瓶类装箱机、盒类装箱机和袋类装箱机；按照产品装入方式的不同，可分为顶部装入式和侧面推入式两种；按照自动化程度的不同，可分为自动装箱机和半自动装箱机；按照装箱作业运动形式的不同，可分为连续式装箱机和间歇式装箱机。其中，连续式装箱机是指货物在整个装箱过程中处于连续运动状态，分为水平旋转式和垂直旋转式。水平旋转式装箱机主要由同步输送带、同步输箱带、水平环形轨道和垂直升降抓头等组成，而垂直旋转式装箱机主要是通过机械运转、气动和电控制，将货物成组、准确可靠地放入包装箱中。作为连续式装箱机，垂直旋转式装箱机减少了驱动电动机频繁的启动、停止，减少箱子位置校准、缺箱等检测时间，所以效率较高，并且噪声低，动作准确，安全可靠；由于垂直回转，所以占地面积小。

**4. 捆扎机械**

捆扎机械是利用带状或绳状捆扎材料将一个或多个包件紧扎在一起的一类机器，属于外包装设备。目前我国生产的捆扎机基本上采用塑料带作为捆扎材料，利用热熔搭接的方法使紧贴包件表面的塑料带两端加压黏合，从而达到捆紧包件的目的。其中，机械式自动捆扎机采用机械传动和电气控制相结合，无须手工穿带，可连续或单次自动完成捆扎包件，适用于纸箱、木箱、塑料箱、信函及包裹、书刊等多种包件的捆扎。

捆扎机械在物流过程中应用十分广泛，可起到减少货件体积、加固单元包装件的作用，从而便于货物装卸、运输和储存等。捆扎机械的种类很多，按照自动化程度不同，可分为自动式、半自动式和手动式捆扎机；按照捆扎材料不同可分为塑料带、钢带、聚酯带和塑料绳捆扎机。目前我国生产的捆扎机大多数采用聚丙烯塑料作为捆扎材料，利用热熔连接的方法，使物料带两端加压黏合。

捆扎机械品种多样，在选用时应注意以下两方面问题。

（1）包件批量。为了尽可能提高机器的利用率，降低使用成本，首先应根据包件数量和包件的捆扎道数来确定选用机器的自动化程度。自动捆扎机的捆扎速度要比半自动捆扎机快得多，对于小批量生产的产品捆扎，以选用半自动捆扎机为宜，既可充分利用机器，又可降低使用成本。在大中批量生产的情况下，则应选用自动捆扎机，当包件以流水线形式生产时，为能适应生产节拍，则应选用自动送包的全自动捆扎机。

（2）包件尺寸。捆扎机除在捆扎速度上存在差异外，在结构上也有很大区别，需要根据货物的最小和最大捆扎尺寸来选择捆扎机器。

**5. 辅助设备**

物流包装设备不仅可帮助人完成裹包、封口等主要工序，还涉及称重、测量、贴标等前后工序。由于信息技术的广泛应用，相关操作基本能实现自动化运行，例如，自动化贴标机就是一种可将成卷的不干胶纸标签（纸质或金属箔）自动粘贴在产品或规定包装上的设备。作为现代包装不可缺少的组成部分，自动化贴标机使贴标变得容易起来，每小时可以完成几千次甚至是上万次贴标，速度和效率远超人工操作。

# 4.4 包装单元化

集装单元器具主要有集装箱、托盘、周转箱和其他集装单元器具。货物经过集器器具的集装或组合包装后，具有较高的灵活性，随时都处于准备运行的状态，利于实现储存、装卸搬运、运输和包装的一体化，达到物流作业的机械化和标准化。

## 4.4.1 托盘

托盘（pallet）是在运输、搬运和储存过程中，将物品规整为货物单元时，作为承载面并包括承载面上辅助结构件的装置。

叉车与托盘共同使用如图4-4所示的有效装卸系统大大地促进了装卸活动的发展，使装卸机械化水平大幅度提高，使长期以来在运输过程中的装卸瓶颈得以突破。

**1. 托盘类型**

（1）平托盘。平托盘几乎是托盘的代名词，只要一提托盘，一般都是指平托盘而言，因为平托盘使用范围最广，利用数量最大，通用性最好。平托盘有三种细分方式。

①根据台面分类。有单面型、单面使用型、双面使用型和翼型四种。

②根据叉车叉入方式分类。有单向叉入型、双向叉入型、四向叉入型三种。四向叉入型叉车，可以从四个方向叉进，因而叉车操作较为灵活。单向叉入型叉车只能从一个方向叉进，因而叉车操作时较为困难。

③根据材料分类。有木制品托盘、钢制托盘、铝合金托盘、胶合板托盘、塑料托盘、纸板托盘、复合材料托盘等。

图4-4 托盘

（2）柱式托盘。柱式托盘分为固定式和可卸式两种，其基本结构是托盘的4个角有钢制立柱，柱子上端可用横梁联结，形成框架。柱式托盘的主要作用：一是利用立柱支撑重物，往高叠放；二是可防止托盘上放置的货物在运输和装卸过程中发生塌垛现象。

（3）箱式托盘。箱式托盘是四面有侧板的托盘，有的箱体上有顶板，有的没有顶板。

箱板有固定式、折叠式、可卸下式三种。箱式托盘防护能力强，可防止塌垛和货损；可装载异型不能稳定堆码的货物，应用范围广。

（4）轮式托盘。轮式托盘与柱式托盘和箱式托盘相比，多了下部的小型轮子。因而，轮式托盘具有短距离移动、自行搬运或滚上滚下式等装卸优势，用途广泛，适用性强。

（5）滑板托盘。即一个或多个边上设有翼板的平板。用作搬运、储存或运输单元载荷形式的货物或产品的底板。

**2. 托盘用途与选择**

一般来讲，托盘选用中应考虑以下几个问题。

（1）考虑承载货物是否出口。对于出口货物托盘选用，各国基本都要求对使用的原木（如松木）包装材料进行熏蒸杀虫处理，相当于增加了出口成本，因此，出口托盘应尽量选择简易的免熏蒸胶合板托盘或者塑料托盘。由于塑料托盘的价格较高，对于货物腐蚀性不强或者对托盘清洁程度要求不高的产品，胶合板托盘都是首选。

出口托盘尺寸的选择

● 知识拓展：熏蒸不到位的危害

2004年12月，海南检验检疫部门在对日本进口的汽车配件及其木质包装进行检验检疫时，发现其针叶类木质包装箱部分有蓝变现象，经采样送实验室进行培养、分离，发现有大量的活体线虫，经鉴定为中国植物检疫二类危险性害虫——被称为"森林纵火犯"的松材线虫。该批木质包装箱在检验检疫人员的监督下被烧毁。

该批货物的木制包装箱已在输出国日本进行了热处理，且附有日本官方出具的热处理证书，但我国检验检疫部门仍从中截获了二类危险性害虫。

据了解，松材线虫是中国禁止入境的植物危险性有害生物之一，主要危害松、柏杉等针叶树种。松材线虫虫体虽不足1 mm，但松树感染此虫害后40天即可致死，即使是几十年的高大松树也会在2～3个月内死亡。目前，此害虫在中国已先后吞噬了苏、浙、皖、鲁等东部省份的100多万亩松林，造成直接经济损失18.2亿元。

海南省有松林100多万亩，分布于全省九个县市。一旦松材线虫传入，对该省森林资源、生态环境和旅游资源造成的破坏将是不可估量的。

（2）考虑货物堆放情况。用于货架堆放的托盘应选择刚性强、不易变形，动载较大的托盘；如钢制托盘和木质较硬的硬杂木的木质托盘。立体库内的货架托盘还要考虑托盘的结构是否适合码放在货架上。由于通常只能在两个方向从货架上插取货物，因此，用于货架上的托盘应该尽可能地选用四面进叉的托盘，这样便于叉车叉取货物，提高工作效率。

（3）考虑托盘是否要堆跺，决定选择单面托盘还是双面托盘。单面托盘由于只有一个承载面，如果下层货物承载能力不强，则不适合用于堆跺，否则容易造成下层货物的损坏，因此，转载货物后需要多层堆码的，尽量选择双面托盘。

（4）不同出口国托盘标准尺寸选择。2008年3月，我国《联运通用平托盘主要尺寸及公差》（GB/T 2934—2007）规定1 200 mm×1 000 mm和1 100 mm×1 100 mm为我国托盘标准尺寸，且以1 200 mm×1 000 mm这一尺寸作为首选规格。

托盘横梁货架的横梁宽度尺寸最常见的有 2 300 mm 和 2 700 mm，前者可承放两个 1 200 mm×1 000 mm 的托盘，后者可承放三个 1 200 mm×800 mm 的托盘。

选择出口货物托盘时，去往欧洲的货物要选择 1210 托盘（1 200 mm×1 000 mm）或 1208 托盘（1 200 mm×800 mm）；去往日本、韩国的货物要选择 1111 托盘（1 100 mm×1 100 mm）；去往大洋洲的货物要选择 1 140 mm×1 140 mm 或 1 067 mm×1 067 mm 的托盘；去往美国的货物要选择 1 219 mm×1 016 mm 的托盘，国内常用 1210 托盘发往美国。

1 200 mm×1 000 mm 托盘在全球应用最广，在中国也得到最广泛的应用。

● 古人智慧：秦朝物流标准化

秦朝《礼记·中庸》中记载"书同文""车同轨"，在"车同轨"的标准基础上修建直道，可以将"物流"效率最大化，损耗降低到最小！可见当时的人们已经意识到要想实现物或者信息的快速流通，不仅需要建设高效的道路，更要实现物流和信息的标准化以提升效率和规模。这也是国家推行标准化托盘、建设标准化物流的原因。

### 3. 托盘货物的码放

为了保证货物的运输安全、清点方便，客户常常要求将货物打托。在操作的过程中，不仅要考虑托盘的材质、尺寸及其承压能力，而且还要考虑货物的类型、码放要求，以此来判断托盘码货方式。那么如何使托盘货物码放更加合理，达到提高物流效率的目的呢？下面先介绍托盘货物码放的基本规则。

（1）托盘货物码放规则。对于每天几十辆班车、每车几百票、每票几十件货物的零担运输，在各个运输节点，需要快速装卸货物和快速准确地交叉理货，才能减少丢失和差错，提升运输质量。

影响交叉理货的速度和准确性的因素很多，其中货物在托盘上的码放是最关键也是最基础的因素。合理的码托可以方便清点，减少差错；不合理的码托则会导致货物混乱，延长清点时间。一般来讲，货物码托时应该注意以下一些原则和要求。

①遵循"大不压小、重不压轻、木不压纸"的原则。

②符合货物包装上储运图示标志的规定，按文字、箭头方向码放。严禁超高、超重、超限额和倒置、侧置存放。

③保证每一件货物都标签朝外。如果货物的尺寸较小，为了上面码垛稳固，则必须码空心托，严禁码实心托或花心托。

④按照包装尺寸合理摆放，堆高要互相错缝压碴，保持整托货物的稳定性，保证在地牛和叉车转弯时货物不晃动、不散落，必要时应使用捆扎带。

⑤除大件货外，堆码时要求货物不能超出托盘四边，且托盘边沿需留出 1～2 cm。

⑥托盘堆码高度一般不超过 1.5 m，堆码时必须注意货物包装的堆码限制，防止因摆放层数过多导致底层货物挤压损坏。

⑦原则上同一托盘只放同一票货物，不得混放。同一方向的小票货物可以拼板码放，但拼板时必须分开平铺码放，不可上下交叠，以免货物混淆。

⑧一票多件货物需要码多个托盘时，应保证各个托盘按照统一规则码放，各托盘码放

的货物数量相同。

（2）托盘货物码放形式。货物可在托盘上码放成各种形式，主要有重叠式［见图4-5（a）］、纵横交错式［见图4-5（b）］、正反交错式［见图4-5（c）］、旋转交错式［见图4-5（d）］四种方法。

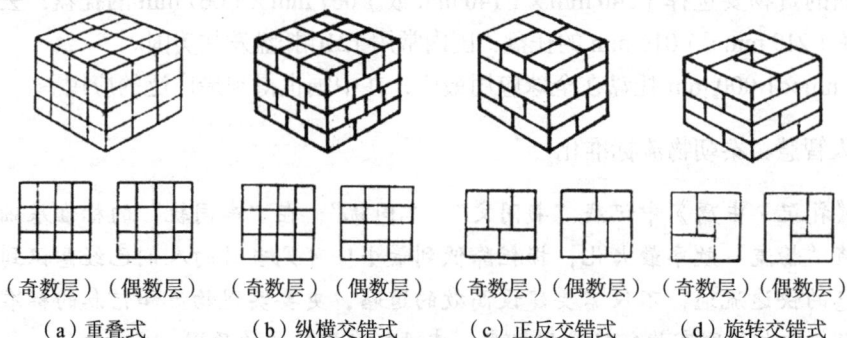

|（奇数层）（偶数层）|（奇数层）（偶数层）|（奇数层）（偶数层）|（奇数层）（偶数层）|
|（a）重叠式|（b）纵横交错式|（c）正反交错式|（d）旋转交错式|

图4-5　托盘货物码放形式

①重叠式，又称多层不交错式。它是在托盘上将货物向一个方向并列、从最下层到最上层完全一致的堆码形式。其特点是货物的四个角上下对应，承载能力大，但由于各层货物之间未能啮合，使得货物间缺乏联系，容易引起垛间分离，货垛牢固性差。

②纵横交错式。该方式的相邻两层货物的摆放呈90°角，一层横向放置，另一层纵向放置。与重叠式码放相似，该方式适合码放成方形垛，其特点是货物之间的相互交错增加摩擦力，使得层间有一定的啮合性，货垛相对稳固。

③正反交错式，又称砖砌体式。它是同一层中不同列的货物以90°角垂直码放，而层间呈180°角进行堆放的方式。该方式的货物上下左右均有联系，相邻层之间不重缝，啮合强度较高，稳定性较强。但由于四个角上下不能相互对应，削弱了托盘的承重能力。

④旋转交错式，又称中心留孔式。该方式每层货物间的堆码总体上成风车型，而层间货物互相啮合交叉。其优点是，由于每两层货物间的交叉，使得货物便于码放成正方形垛，货垛更加稳固，托盘货体稳定性高；缺点是码放难度加大，且中间形成空穴，托盘表面积的利用率降低，托盘装载能力下降。

（3）注意事项。在实际操作中，一般根据物料的具体情况，采用不同的码放方法。同时，对于托盘货物的码放还应做到以下7点。

①纸质或纤维质类货物单层或多层码放，用捆扎带十字封合。

②密封的金属容器等圆柱体货物单层或多层码放，木质货盖加固。

③木质、纸质和金属容器等硬质直方体货物单层或多层交错码放，用拉伸或收缩膜包装。

④需进行防潮、防水等防护的纸制品、纺织品货物单层或多层交错码放，用拉伸或收缩膜包装或增加角支撑，货物盖隔板等加固结构。

⑤袋类货物多层交错压实码放。

⑥易碎类货物单层或多层码放，增加木质支撑隔板结构。

⑦金属瓶类圆柱体容器或货物单层垂直码放，增加货框及板条加固结构。

⑧木托盘与叉车、货架等配合使用的注意事项。

a）液压车和叉车在使用木托盘过程中，叉刺之间的距离应尽量放宽至木托盘的进叉口外缘，进叉深度应大于整个木托盘深度的 2/3 以上。

b）液压车和叉车在使用木托盘运动过程中，应保持匀速进退和上下，避免急刹、急转引起木托盘受损、造成货物倒塌。

c）木托盘上货架时，应保持木托盘在货架横梁上的平稳放置，木托盘长度应大于货架横梁外径 50 mm 以上。

（4）托盘货物的加固方法。

①捆扎。捆扎是用绳索、打包带等柔软索具对托盘货体进行捆扎以保证货体稳定的方法。在防止箱形货物（瓦楞纸箱、木箱）散垛时用得较多。这种方式按如何扎带分成水平 [见图 4-6（a）]、垂直 [见图 4-6（b）] 和对角 [见图 4-6（c）] 等捆扎方式，捆扎打结的方法有结扎、钻合、热融等。但这种方式存在着扎带部分防止货物移动，未扎带部分容易发生货物脱出的缺点，且由于保管时多层货物的堆压以及输送中震动冲击而使带子变松，从而降低防止散垛的效果，这是需要注意的。

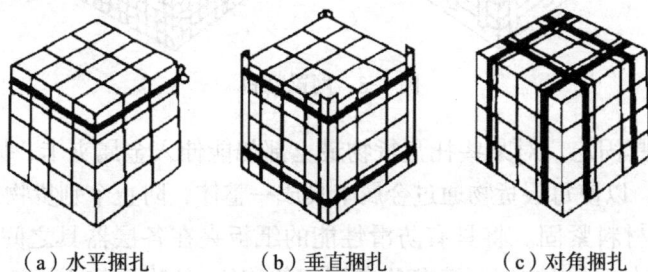

（a）水平捆扎　　　（b）垂直捆扎　　　（c）对角捆扎

图 4-6　捆扎

②黏合。黏合有两种方法，一是在下一层货箱上涂上胶水使上下货箱黏合；二是每层之间都贴上双面胶条，将两层货箱通过胶条黏合在一起，防止物流中托盘货物从层间滑落，如图 4-7 所示。这种方式对水平方向滑动的抵抗能力强，但在分离托盘的货载时，从垂直方向容易分开。这种方式的主要缺点是胶的黏度随温度发生变化，在使用时应选择适合温度条件的黏合剂（例如，水剂胶在低温下使用时，胶冻结成冰，难于使用）。另外，在使用时必须根据货物的特性（重量、包装形态等）来决定用量和涂抹方法。与这种方式相近的，也有在货物表面涂以耐热树脂，货物间不相互胶结而靠增加摩擦力来防止散垛的情况。

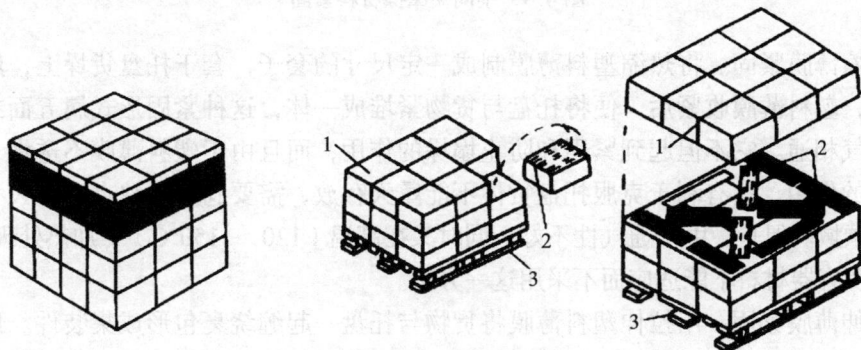

图 4-7　黏合

③加粗架紧固。将墙板式的框架加在托盘货物的相对的两面或四面以及顶部，用以增加托盘货体刚性。框架的材料以木板、胶合板、瓦楞纸板、金属板等为主。加固方法有固定式和组合式两种。采用组合式需要打包带紧固，使托盘和货物结合成一体。

④网罩紧固。这种方式主要用于装有同类货物托盘的紧固，多见于航空运输，将航空专用托盘与网罩结合起来，就可达到紧固的目的。将网罩套在托盘货物上，再将网罩下端的金属配件挂在托盘周围的固定的金属片上（或将绳网下部缚牢在托盘的边缘上），以防形状不整齐的货物发生倒塌。如图4-8所示。为了防水，可在网罩之下用防水层加以覆盖，网罩一般采用棉绳、布绳和其他纤维绳等材料制成。绳的粗细视托盘货物的重量而定。

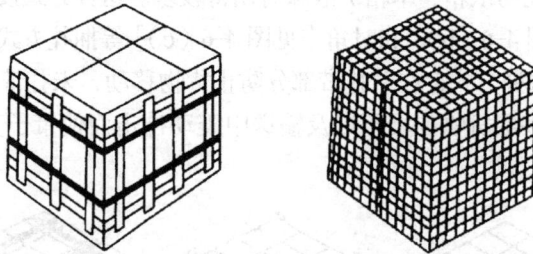

图 4-8　网罩紧固

⑤专用金属卡具固定。对某些托盘货物最上部如能伸入金属夹卡，则可用专用夹卡将相邻的包装物卡住，以使每层货物通过金属卡具成一整体，防止个别货物分离滑落。

⑥中间夹摩擦材料紧固。将具有防滑性能的纸板夹在各层器具之间，以增加摩擦力，防止水平移动（滑动）或冲击时托盘货物各层间的移位，如图4-9所示。防滑片除纸板外，还有软质聚氨酯泡沫塑料等片状物。另外，在包装容器表面涂抹二氧化硅溶液防滑，也有较好的防滑效果。

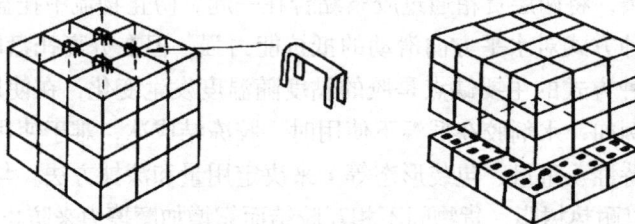

图 4-9　中间夹摩擦材料紧固

⑦收缩薄膜紧固。将热缩塑料薄膜制成一定尺寸的套子，套于托盘货垛上，然后进行热缩处理，塑料薄膜收紧后，便将托盘与货物紧堆成一体，这种紧固形式属五面封，托盘下部与大气相通。它不但起到紧固和防止塌垛的作用，而且由于塑料薄膜不透水，还可起到防雨水的作用。这有利于克服托盘货体不能露天存放，需要仓库的缺点，可大大扩展托盘的应用领域。但是，由于通气性不好，同时又在高温（120～150℃）下加热处理，所以，有的商品及容器材料不能适应而不采用这一方法。

⑧拉伸薄膜紧固。用拉伸塑料薄膜将货物与托盘一起缠绕裹包形成集装件。顶部不加塑料薄膜时形成四面封，顶部加塑料薄膜时形成五面封，拉伸包装不能形成六面封，不能

防潮。但它不进行像热缩包装那样的热处理，对需要防止高温的货物是有效的，由于塑料薄膜的透气性较差，所以对需要透气的水果等货物，也有用网络树脂薄膜代用的方法。另外，拉伸薄膜比收缩薄膜捆缚力差，只能用于轻量物品的集装，如图 4-10 所示。

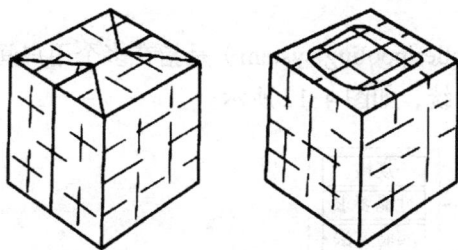

图 4-10 拉伸薄膜紧固

⑨托盘周边垫高稳固。将平托盘周边稍稍垫高，托盘上所放货物会向中心相互靠拢，在物流中发生摇摆、震动时，可防止层间滑动错位，防止货垛外倾，因而能起到稳固作用，如图 4-11 所示。

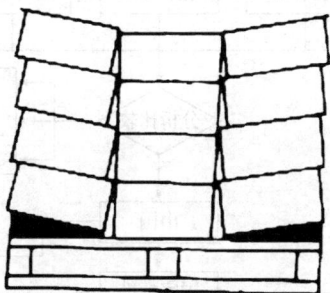

图 4-11 垫高稳固

⑩胶带粘扎。适用于短途运输，能够方便快捷地对货物进行加固。

以上 10 种加固方法，其中捆扎、加粗架紧固、网罩紧固、收缩薄膜紧固、拉伸薄膜紧固、胶带粘扎这六种是适用于快消品的属性和保护要求的。根据仓库的有关规定和实际的可操作性，加粗架紧固、拉伸薄膜紧固、网罩紧固这三个组合一起使用，在很大程度上让货品和托盘形成了一个整体，从而达到保护货品的目的。加粗架紧固，可以用纸护角，在货物四个角加固，增加货品顶部和中部的左右上下承受力；拉伸薄膜紧固，这个是对纸护角和货品之间的一种紧密加固，另外也使得货品和托盘之间初步形成一个整体并防止货品的掉落倾斜；网罩紧固，这个是对货物和托盘之间进一步的加固，这样形成五面加固紧密，货物的重心降到最低，全部作用力和受力集中于托盘形成一个整体，只要托盘之间紧密摆放，在运输过程中就很难发生让托盘移动位置的情况。网罩一般采用棉绳、布绳和其他纤维绳等材料制成，绳的粗细视托盘货物的重量而定。

现实操作中，一些企业为了提高作业效率和集装箱托盘货的配载率，采用现成的智能软件进行辅助设计，比如，装箱大师托盘计算软件提供的装箱方案，货物被合理地码放在托盘上之后，再以给定的最优装箱方案装入集装箱。数据显示，其配载率可以达到 95% 以上，比人工计算的配载率提高 10% ~ 15%，能够最大限度地利用托盘的空间，为企业降低包装成本和物流成本提供方便快捷的办法。

资料来源：https：//max.book118.com/html/2015/0410/14639181.shtm。

**4. 托盘循环共用系统**

托盘循环共用系统（pallet pooling system）是指在多个用户间实现托盘共享、交换、重复使用的综合性物流服务系统，如图 4-12 所示。

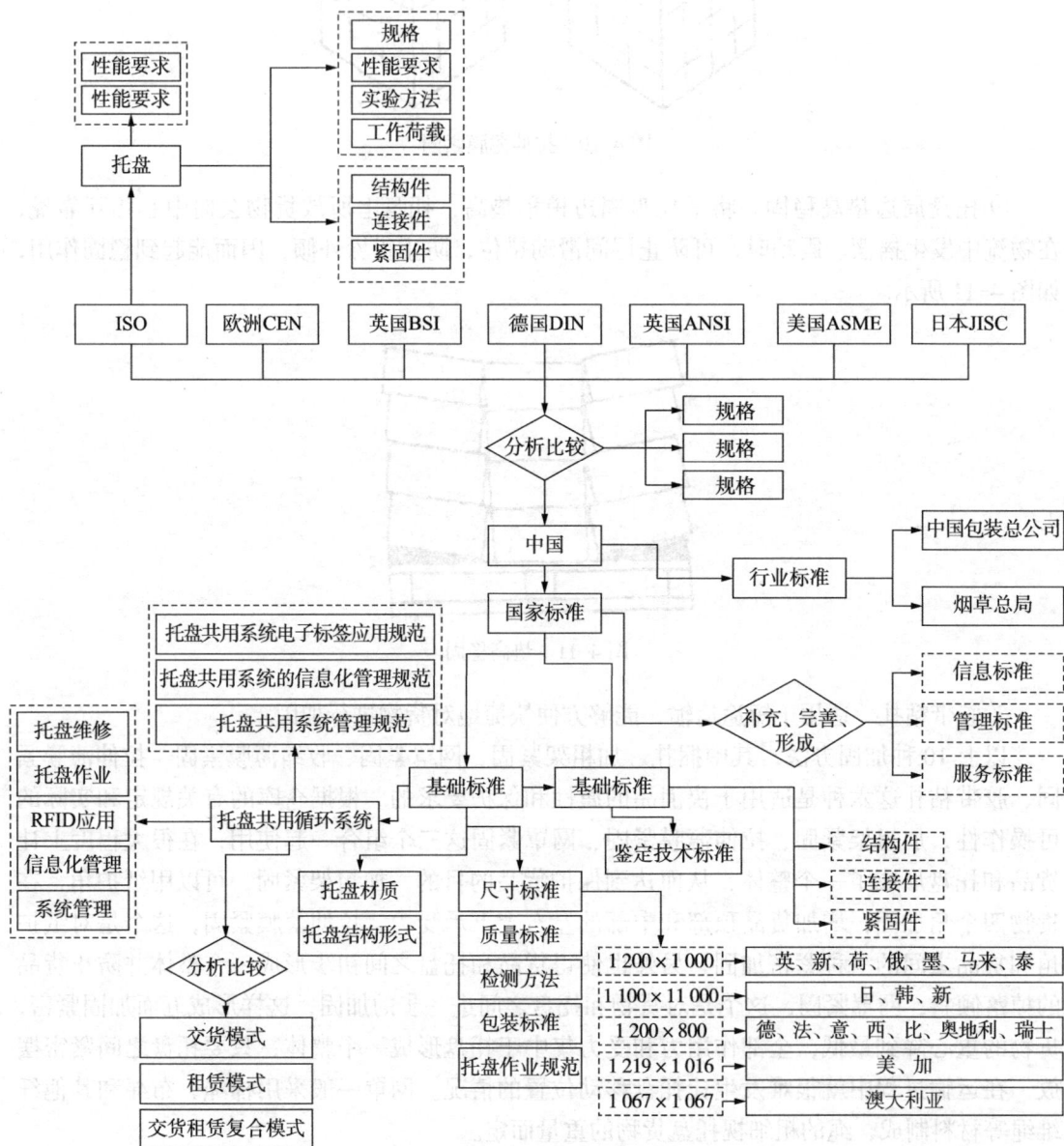

图 4-12  托盘循环共用系统

托盘循环共用系统是一种社会服务体系，指的是货物在流通过程中，托盘作为货物的一部分进行运输。在这个过程中托盘不需要更换，且始终处于单元负荷状态直到到达终点。

托盘使用完成后，会在经过检验和适当维修后通过共用平台进入另一流通过程，进行循环使用，其实质就是带板运输。使用这一模式可有效避免货物在运输过程中因重复倒换托盘而造成的人力浪费，可有效提高作业效率，降低货损货差，更为重要的是企业在使用托盘的过程中，可以直接通过托盘共用系统租赁所需数量的托盘，而不需要购买托盘。通过这个平台，可以连接供应链上下游企业并进行托盘交接，实现流通过程无缝衔接，例如，澳大利亚的托盘租赁公司集保（commonwealth handling equipment pool，CHEP）。

托盘循环共用系统的模式有以下三种。

（1）交换模式。交换模式运营依赖于国家主要运输机构，系统中所有使用托盘的用户必须使用相同数量、同一尺寸和质量的托盘进行交易，且企业必须拥有托盘所有权，这就要求企业内部必须保有相当数量的托盘。上下游企业在货物交接时交换同等数量的托盘，主要有两种方式，具体过程如下：一是生产企业 A 通过带板运输将货物运到批发商或零售商 B 企业，B 企业连同托盘一起接收，同时 B 企业需要交给企业 A 相同数量、相同规格的空托盘；二是 B 企业提前带上一定数量的空托盘去生产企业 A 提货。在此模式下有三种交换模式，分别是对口交换模式、及时交换模式和结算交换模式。

①对口交换模式。这种模式主要针对签订了流通协议的企业，企业双方共用托盘，并采用阶段性清算方式，共同承担托盘费用。这一模式兴起最早，但是应用范围较窄，最早采用这一模式与大客户之间进行交易的是瑞士铁路公司，在提高货物运输效率方面起到了重要作用。我国也曾尝试过这种运营，但是效果不佳。

②及时交换模式。在这一流通模式中，承运商是中心。承运商携带相同数量和同等规格的托盘交由发货商，随后将发货商提供的托盘和货物进行带板运输，货物到达目的地之后，收货商也需携带相同数量和同等规格的托盘交由承运商，因此，在交易过程中，不论是承运商、发货人还是收货人都必须备有相同规格和同等数量的托盘。如果交接时某一方或两方托盘数量不够，在支付滞纳金之后才允许缓交，并且需要在规定期限内交付，否则就要缴纳高额罚款。在 20 世纪六七十年代就有西方国家使用这一模式，目前许多欧洲国家的铁路运输公司采用这种模式。

③结算交换模式。这是一种新的能够弥补及时交换模式缺点的交换模式，并且与及时交换模式具有相同的交换流程，与及时交换模式不同的是在交换过程中，企业可以用传票代替实体托盘进行交易。具体流程是用户在收到传票后，只需在规定期限内将同等规格相同数量的托盘交付到规定地点即可，但是如果超过期限或传票丢失，则需要支付赔偿金。目前使用这种模式最多的国家是荷兰，因农产品供应链较短，所以农产品拍卖行在和农产品生产商进行合作的时候主要采用此种交换模式。

（2）租赁模式。托盘循环共用系统中托盘租赁公司占据主导地位，并且所有托盘由它提供，用户可以使用租赁方式向其租用托盘，前提是租赁公司必须具备一定数量同等规格和质量的托盘，并且能够以用户需求为中心，在全国各地建立可以提供租赁、回收、维修等服务的托盘服务网点，同时托盘循环共用系统必须信息化，才能够实时监控托盘使用情况并及时对闲置托盘进行合理安排。用户在需要托盘时，可在企业所在地或者附近托盘租赁网点租借托盘，在货物送达目的地之后可就近将空托盘归还到回收网点，用户只需按照合同支付租金。澳大利亚最先使用这种交换模式，到目前为止，越来越多的国家采用了此种交换模式。其中租赁模式又分封闭式和开放式两种。

①封闭式托盘循环共用系统。封闭式托盘循环共用系统是由一个或两个企业提供托盘并且负责运营，所以这个企业必须储备大量托盘，才能够满足托盘使用企业租赁需求，同时要在一定范围内建立具有托盘租赁、回收、维修等功能的服务网点，形成一个托盘循环网络，才能够实现原地或异地退租托盘等功能。

②开放式托盘循环共用系统。开放式托盘循环共用系统中有多个参与方，包括多个托盘服务企业和多个托盘使用企业。托盘使用企业购买或租赁的标准化托盘，不仅可以用作储存，还可以通过带板运输流通到外地、国外，在到达目的地之后，对于租赁的托盘，企业可以就近退租，或者将所有权转移给收货商。对于自购托盘，则可以交由二手公司进行回收，以实现多次循环共用或空托盘自行带回。

（3）租换并用模式。这种模式将交换模式和租赁模式结合起来。收货人、发货人与承运人均可在当地托盘运营公司租赁托盘。在进行带板运输过程中，承运人可以通过交换模式与发货人和收货人进行交易，但是前提是不管是发货人、承运人还是收货人在交换时使用的托盘必须是标准托盘。托盘循环共用系统三种模式的优缺点如表4-3所示。

表4-3　托盘循环共用系统三种模式的优缺点

| 模式 | 交换模式 | 租赁模式 | 租换并用模式 |
|---|---|---|---|
| 优点 | 1. 托盘交易双方在交易时发生，费用少<br>2. 交易方式直接，交易过程可以不涉及第三方物流企业 | 1. 不仅能够降低托盘用户的托盘保有量，还能够提高托盘利用率<br>2. 租赁服务由租赁服务方提供，托盘可得到及时维护，服务相对规范<br>3. 能够促进托盘标准化建设 | 1. 结合了交换模式与租赁模式的优点<br>2. 方式灵活，企业可根据自身情况选择交易方式<br>3. 托盘租赁服务可为其他企业托盘租换提供信誉保证 |
| 缺点 | 1. 在交换时双方必须备有相同数量且托盘尺寸和质量一致的托盘<br>2. 空置托盘不仅增加了库存成本，还降低托盘利用率<br>3. 托盘标准化程度要高，否则在交换过程中很容易因为交换双方的托盘规格、质量不相符等原因，产生不公平，导致交易失败<br>4. 托盘使用寿命不长<br>5. 托盘租赁市场相对垄断 | 1. 前期投入成本高，需要大范围建立托盘租赁的服务站点，且回报时间长<br>2. 交易过程较为复杂，管理难度较高，有一定风险<br>3. 难以深入二、三线城市 | 1. 前期投入成本高，需要大范围建立托盘租赁的服务站点，且回报时间最长<br>2. 交易过程复杂，管理难度高，风险大<br>3. 在建设初期需要政府大力支持 |
| 适用情况 | 1. 供应链时间较短<br>2. 有一个主要的运输单位并限定用户<br>3. 交换双方关系密切<br>4. 跨境的商业活动 | 供应链时间长短均可，但是租赁双方信誉度要高，或者有第三方担保 | 供应链长短均可，但是租赁双方或多方信誉度要高，或者有第三方担保；管理能力强 |

目前，欧洲的标准化托盘使用率为 70%，使用最广泛的尺寸是 1 200 mm×800 mm，少量尺寸为 1 200 mm×1 000 mm，主要在英国使用或用于承载出口美国的货物。为了服务于欧洲的国际贸易，欧洲托盘协会在中国设有办事处，对出口至欧洲的货物所带托盘进行质量认证。与此同时，欧洲的封闭式共用系统也在发展，规模也在快速增长。

欧洲采用的是交换式托盘循环共用系统。一方面欧洲国家众多，不同国家对托盘的使用政策不尽相同；另一方面欧洲托盘协会成员使用的托盘是由 EPAL（European Pallet Association）严格控制的，在交换过程中，托盘数量、规格和质量等均有保证。在这个系统中，托盘生产企业需要按照其特定的标准进行生产，并交由托盘管理协会进行质量检验，只有检验合格的标准托盘才能进入 EPAL 的托盘共用体系中供客户使用。客户可以根据相关标准判断托盘是否需要进行维修或者销毁，并且可以将托盘就近送至 EPAL 托盘服务站点进行妥善处理之后再由托盘服务中心根据需求量再次投放到托盘服务站点，这一系列的过程形成一个完整的 EPAL 托盘共用体系。

澳大利亚和日本采用的均是封闭式托盘循环共用系统，其共同点是托盘市场相对垄断，如澳大利亚主要是由集保和路凯提供托盘，且提供的托盘尺寸为 1 167 mm×1 167 mm。日本也是由日本托盘租赁公司（简称为 JPR）和日本托盘同盟（简称为 NPP）两家公司运营。

以澳大利亚 CHEP 循环系统为例，其主要过程是：A 企业根据自身运输需求，就近向 CHEP 服务网点申请租赁托盘，CHEP 录入系统后将所需托盘配送到 A 企业，并开始计算托盘租赁时间，直到 A 企业将托盘随货物运输至 B 企业后，托盘使用权随之转移到 B 企业，同时 A 企业托盘租赁计时停止，B 企业开始计时，直到 A 企业租赁的托盘返回至 CHEP 服务网点，托盘租赁计时全部停止，在这个流程中，各企业只需承担托盘使用期间的租赁费用。

## 中国步伐——摩方智能共享托盘推进标准化物流体系建设

摩方以标准化托盘（见图 4-13）为载体，加入自主研发的"智慧物流芯"，打造"智能托盘"，同时具备信息收集传输和追踪定位功能，通过绑定 GS1 编码，来实现企业对"托盘＋货物"的追踪管理，能够广泛应用到食品、医药、生鲜冷链等众多行业，还能应用在在途运输、仓储等物流场景，实现人管托盘、托盘管货的物流模式。

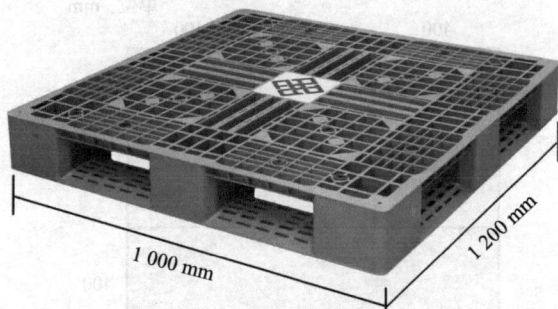

图 4-13　摩方标准化托盘

摩方智享云平台免费对企业开放使用，与企业 WMS、TMS 对接，提供物流云服务。摩方智能托盘收集到的货物数据全部上传到智享云平台，企业可随时查看"托盘＋货物"流转数据，流量、流向、流速一目了然。摩方智能托盘免费租赁，企业每年可以节省大笔传统托盘租赁／购买的费用，还能推动标准化物流体系建设，真正做到降本、提质、增效。

● 知识拓展：物流模数

物流模数是为了物流的合理化和标准化，以数值关系表示的物流系统各种因素尺寸的标准尺度。物流是指为了满足客户的需要，以最低的成本，通过运输、保管、配送等方式，实现原材料、半成品、成品及相关信息由商品的产地到商品的消费地所进行的计划、实施和管理的全过程。目前 ISO 中央秘书处及欧洲各国认定 600 mm×400 mm 为基础模数尺寸。为什么确定 600 mm×400 mm 为基础模数尺寸呢？

由于物流标准化系统较之其他标准系统建立较晚，所以确定基础模数尺寸主要考虑了目前对物流系统影响最大而又最难改变的事物，即输送设备。采取"逆推法"，由输送设备的尺寸来推算最佳的基础模数。当然，在确定基础模数尺寸时也考虑到了现在已通行的包装模数和已使用的集装设备，并从行为科学的角度研究了人及社会的影响。从其与人的关系看，基础模数尺寸是适合人体操作的最高限尺寸的。

①确定物流模数。物流模数即集装基础模数尺寸。物流标准化的基点应建立在集装的基础之上，还要确定集装的基础模数尺寸（即最小的集装尺寸）。集装基础模数尺寸可以从 600 mm×400 mm 按倍数系列推导出来，也可以在满足 600 mm×400 mm 的基础模数的前提下，从卡车或大型集装箱的分割系列推导出来。

②确定系列尺寸。物流模数作为物流系统各环节的标准化的核心，是形成系列化的基础。依据物流模数进一步确定有关系列的大小及尺寸，再从中选择全部或部分，确定为定型的生产制造尺寸，这就完成了某一环节的标准系列。

几个基础模数尺寸如下。

①物流基础模数尺寸：600 mm×400 mm。

②物流模数尺寸（集装基础模数尺寸）：1 200 mm×1 000 mm 为主，也允许 1 100 mm×1 100 mm 及 1 200 mm×800 mm。

③物流基础模数尺寸与集装基础模数尺寸的配合关系如图 4-14 所示。

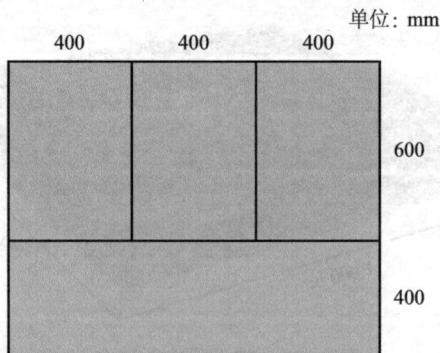

图 4-14　物流基础模数尺寸的配合关系

## 4.4.2　集装箱

集装箱（container）是指具有足够的强度，可长期反复使用的适于多种运输工具而且容积在 1 m³ 以上（含 1 m³）的集装单元器具。使用集装箱转运货物，可直接在发货人的仓库装货，运到收货人的仓库卸货，中途更换车、船时，无须将货物从箱内取出换装。因此，集装箱是一种伟大的发明。

集装箱最大的成功在于其产品的标准化以及由此建立的一整套运输体系。能够让一个载重几十吨的庞然大物实现标准化，并且以此为基础逐步实现全球范围内的船舶、港口、航线、公路、中转站、桥梁、隧道、多式联运相配套的物流系统，这的确堪称人类有史以来创造的伟大奇迹之一。

**1. 国际标准集装箱分类**

集装箱种类很多，分类方法多种多样。

（1）按货物种类分。集装箱按货物种类可分为杂货集装箱、散货集装箱、液体货集装箱、冷藏箱集装箱，以及一些特种专用集装箱，如汽车集装箱、牧畜集装箱、兽皮集装箱等。

①杂货集装箱是最普通的集装箱，主要用于运输一般杂货，适合各种不需要调节温度的货物使用的集装箱，一般称通用集装箱。

②散货集装箱是用于装载粉末、颗粒状货物等各种散装货物的集装箱。

③液体货集装箱是用以装载液体货物的集装箱。

④冷藏箱集装箱是一种附有冷冻机设备，并在内壁敷设热传导率较低的材料，用以装载冷冻、保温、保鲜货物的集装箱。

⑤汽车集装箱是一种专门设计用来装运汽车，并可分为两层装货的集装箱。

⑥牲畜集装箱是一种专门设计用来装运活牲畜的集装箱，有通风设施，带有喂料和除粪装置。

⑦兽皮集装箱是一种专门设计用来装运生皮等带汁渗漏性质的货物，有双层底，可存贮渗漏出来的液体的集装箱。

（2）按制造材料分。制造材料是指集装箱主体部件（侧壁、端壁、箱顶等）的材料，集装箱按制造材料可分为钢制集装箱、铝合金集装箱、玻璃钢集装箱三种，此外还有木集装箱、不锈钢集装箱等。

①钢制集装箱。用钢材造成，优点是强度大，结构牢，焊接性高，水密性好，价格低廉；缺点是重量大、防腐性差。

②铝合金集装箱。用铝合金材料造成，优点是重量轻，外表美观，防腐蚀，弹性好，加工方便以及加工费、修理费低，使用年限长；缺点是造价高，焊接性能差。

③玻璃钢集装箱。用玻璃钢材料制成，优点是强度大，刚性好，内容积大，隔热、防腐、耐化学性好，易清扫，修理简便；缺点是重量大，易老化，拧螺栓处强度降低。

（3）按结构分。集装箱按结构可分为固定式集装箱、折叠式集装箱、薄壳式集装箱三类。

①固定式集装箱中还可分密闭集装箱、开顶集装箱（open top container）、板架集装箱等。

②折叠式集装箱，指集装箱的主要部件（侧壁、端壁和箱顶）能简单地折叠或分解，

再次使用时可以方便地再组合起来。

③薄壳式集装箱，指把所有部件组成一个钢体，它的优点是重量轻，可以适应所发生的扭力而不会引起永久变形。

（4）按用途分。集装箱按用途分可分为通用集装箱、通风集装箱、敞顶集装箱、框架集装箱、罐式集装箱、平台集装箱、冷藏集装箱等。

①通用集装箱（general purpose container，GP），指用以装载除液体货、需要调节温度的货物及特种货物外的一般件杂货。这种集装箱使用范围极广，目前在国内外运营中的集装箱，大部分属于杂货集装箱。常用的有 20 ft 和 40 ft 两种，其结构特点是常为封闭式，一般在一端或侧面设有箱门，可 270° 开启。有的杂货集装箱，其侧壁可以全部打开，属于敞侧式集装箱，主要是为了便于在铁路运输中进行拆装箱作业。

②通风集装箱（ventilated container，VH），一般在侧壁或端壁上设有 4 ~ 6 个通风孔，适于装载不需要冷冻而需通风、防止汗湿的货物，如水果、蔬菜等。当船舶驶经温差较大的地域时，通风集装箱可防止由于箱内温度变化造成"结露"和"汗湿"而使货物变质。如将通风孔关闭，可作为杂货集装箱使用。

③敞顶集装箱（open top container，UT），指没有刚性箱顶的集装箱，但具有通过可以转动或可拆卸的顶梁来支撑的柔性顶篷或可以移动的刚性顶盖，其他部分与通用集装箱类似。开顶集装箱适用于装载较高的大型货物和需吊装的重货，如钢材，木材，玻璃等。货物从箱顶吊入箱内，这样不易损坏货物，可减轻装箱的劳动强度，又便于在箱内把货物固定。

④框架集装箱（flat rack container，FR），指以箱底面和四周金属框架构成的集装箱，适用于长大、超重、轻泡货物。

⑤罐式集装箱（tanker container，TN），指由箱底面和罐体及四周框架构成的集装箱，适用于液体货物。

⑥平台集装箱（platform container，PL），指一种没有上部结构的载货平台，其平面尺寸和最大总质量以及供搬运和紧固作业的设施等均符合标准集装箱的要求。专供装运超限货物的集装箱，有一个强度很大的底盘，在装运大件货物时，可同时使用几个平台集装箱。

⑦冷藏集装箱（reefer container，RF）专为运输要求保持一定温度的冷冻货或低温货，如鱼、肉、新鲜水果、蔬菜等食品而设计的集装箱，具有制冷或保温功能。它分为带有冷冻机的内藏式机械冷藏集装箱和没有冷冻机的外置式机械冷藏集装箱。

**2. 国际标准集装箱的尺寸**

集装箱尺寸包括集装箱外部尺寸和集装箱内部尺寸。

（1）集装箱外部尺寸（overall external dimensions）包括集装箱永久性附件在内的集装箱外部最大的长、宽、高尺寸。它是确定集装箱能否在船舶、底盘车、货车、铁路车辆之间进行换装的主要参数，是各运输部门必须掌握的一项重要技术资料。

（2）集装箱内部尺寸（internal dimensions）是箱体的最大无障碍内部尺寸，对于角件的局部伸入量可予以忽略。高度为箱底板面至箱顶板最下面的距离，宽度为两内侧衬板之间的距离，长度为箱门内侧板至端壁内衬板之间的距离。它决定集装箱内容积和箱内货物的最大尺寸。同一规格的集装箱，由于结构和制造材料的不同，其内容积和载重吨略有差异。下面参数仅供参考，具体参见集装箱资料。

20 ft 集装箱：内容积为 5.69 m×2.13 m×2.18 m，配货毛重一般为 17.5 t，体积为 24～26 m³。

40 ft 集装箱：内容积为 11.8 m×2.13 m×2.18 m，配货毛重一般为 22 t，体积为 54 m³。

40 ft 超高集装箱：内容积为 11.8 m×2.13 m×2.72 m，配货毛重一般为 22 t，体积为 68 m³。

45 ft 超高集装箱：内容积为 13.58 m×2.34 m×2.71 m，配货毛重一般为 29 t，体积为 86 m³。

20 ft 开顶集装箱：内容积为 5.89 m×2.32 m×2.31 m，配货毛重 20 t，体积为 31.5 m³。

40 ft 开顶集装箱：内容积为 12.01 m×2.33 m×2.15 m，配货毛重 30.4 t，体积为 65 m³。

20 ft 平底集装箱：内容积为 5.85 m×2.23 m×2.15 m，配货毛重 23 t，体积为 28 m³。

40 ft 平底集装箱：内容积为 12.05 m×2.12 m×1.96 m，配货毛重 36 t，体积为 50 m³。

**3. 集装箱的计算单位**

集装箱计算单位 TEU，是英文 twenty equivalent unit 的缩写，又称 20 ft 换算单位，是计算集装箱箱数的换算单位，也称国际标准箱单位。通常用来表示船舶装载集装箱的能力，也是集装箱和港口吞吐量的重要统计、换算单位。

目前各国大部分集装箱运输，都采用 20 ft 和 40 ft 长的两种集装箱。为使集装箱箱数计算统一化，把 20 ft 集装箱作为一个计算单位，称为标准集装箱，40 ft 集装箱可折合为两个计算单位，以利于统一计算集装箱的营运量。

在统计集装箱数量时有一个术语：自然箱，也称"实物箱"。自然箱是不进行换算的实物箱，即不论是 40 ft 集装箱，30 ft 集装箱，20 ft 集装箱或 10 ft 集装箱，均作为一个集装箱统计。

## 4.4.3　托盘与集装箱和货车车厢尺寸之间的关系

### 1. 托盘和集装箱的关系

标准海运集装箱有 20 ft、40 ft 和 45 ft 三种长度，它们的外宽都是 8 ft，内宽是 2 350 mm。理想状态是两个托盘能够并排拼成一个矩形放入集装箱，并且宽度上尽量不留缝隙。

托盘国际标准《国际物料搬运平托盘主要尺寸及公差》（ISO 6780：2003）中列举了全球主流的托盘标准，一共有 6 种托盘，其中前三款是矩形托盘（长方形），分别是 1 200 mm×800 mm、1 200 mm×1 000 mm 和美式英制的 48 in×40 in 托盘，后三款是正方形托盘，包括美式英制 42 in×42 in、1 100 mm×1 100 mm 及 1 140 mm×1 140 mm 托盘。

前三种托盘，如果用 1 200 mm 一侧并排两个的宽度都超过集装箱的内径，则放不进去。如果变换方向并排放入两个，则会留出很大的缝隙。后三款正方形托盘，前两款会留出明显的缝隙，只有 1140 托盘能够做到并排放入，缝隙最小。

国际主流的托盘有 1210、1208 和 1111 三种，无论如何装都会产生很大的缝隙。国际海运和陆运不一样，集装箱船会在海上晃来晃去，集装箱不但要承受垂直方向的颠簸，还要承受水平各个方向的倾斜，如果不把托盘固定住并把缝隙填充起来，托盘单元之间，托盘单元和集装箱之间就会产生碰撞，一定会产生明显的货损。所以，海运集装箱内会用充气填充袋把托盘间、货物间的缝隙填满，有的还需要把托盘捆扎固定。托盘本身的高度，填充袋塞满的缝隙都是集装箱空间的浪费。所以，用托盘一定会降低集装箱的装载率。

标准海运集装箱和塑料托盘如图 4-15 和图 4-16 所示。

图 4-15　标准海运集装箱

图 4-16　塑料托盘

还有一种说法，托盘能够提高国际海运的效率。从中国向海外不同地区的航线时间来看，基本上都需要 20～30 天，再加上两端的集货、两端的拆装箱、两端的报关和商检，周期可达到 60 天左右。相比直接码垛装箱，理论上叉车配合托盘的效率会更高，但是考虑到还有捆扎和填充袋的操作时间，节省时间很有限，估计在 1 h 以内，这对于以月为周期的国际海运，效率提升微乎其微。

怎么装载，能把集装箱装得又快又满呢？以一个六叉的叉车为例，它可以一次性塞满集装箱，直接码垛可以装得最满，而且缝隙最小，晃动也是最小的。相比于托盘直接码垛，使用叉车装载率更高，也更稳定。这种设备就像填香肠一样可以快速塞满集装箱，速度也比托盘操作快得多。

既然在效率和装载率方面，托盘都没有明显优势，那为什么还要把托盘放入集装箱？这是为了在集装箱拆箱之后，托盘可以快速融入目的地国家的供应链和物流体系，因此，需要让托盘与出口目的国的货车车厢尺寸相匹配。

**2. 托盘和货车车厢尺寸的关系**

欧美和日本货车的宽度：美国的货车的内宽是 33 m，欧洲的货车的内宽是 2 438 mm；跟国内一样，日本最大的货车的内宽是 2 350 mm，这就是为什么三个地区用了三种不同的托盘体系。不同的国家根据自己的车厢设计托盘体系。托盘的设计和集装是两个独立的体系，托盘就是为了适应货车而设计的。比如，货车做的是短途循环取货，用叉车配合托盘装车大约 13 min，传统装车如果不靠叉车的话，至少需要两小时或者更多时间，那么节约下来的两小时的时间，也可以让这个货车多跑两趟，这就是托盘对于物流与运输效率的提升。托盘是为了配合短途运输和频繁搬运来成倍提高作业效率的利器，公路运输没有海运颠簸大，所以也不需要捆扎固定。通过托盘适应目的地货车、货架、输送线等物流设备，能够为出口产品节约成本，提高效率。

# 4.5 绿色包装

● 思政案例：保护环境，人人有责

资料来源：https://v.qq.com/x/page/h03541xjequ.html?n_version=2021。

## 可怕的快递包装数据

快递业的包装主要包含快递运单、编织袋、塑料袋、封套、包装箱（瓦楞纸箱）、胶带等。同时，快递包装中还有大量缓冲气泡袋、气泡膜、发泡塑料等填充物。

据国家邮政局统计，2021 年"6·18"活动期间（6 月 1 日—20 日），全国邮政快递业揽收快件超 65.9 亿件，同比增长 24.24%。截至 6 月 1 日，我国快递业务量已突破 400 亿件，以年均 50% 的行业增速成就了世界第一。

从包装数量看，初步估算我国快递业每年消耗的纸类废弃物超过 900 万 t、塑料废弃物约 180 万 t。如果按业内每个快递包装 0.2 kg 的标准计算，2020 年我国全年的快递业共产生了 1 600 多万 t 的"天量"固态垃圾，相当于约 1.5 亿个成年人的体重。在特大型城市中，快递包装的垃圾增量已占到生活垃圾增量的 93%，且增势不减。在未来一段时间内仍将保持高速增长态势，给城市生活垃圾治理带来严峻挑战。

从包装组成看，目前我国快递包装以瓦楞纸箱和塑料袋为主。据《中国快递包装废弃物产生特征与管理现状研究报告》显示，快递包装物主要包括瓦楞纸箱（44.03%）、塑料袋（33.5%）、套袋纸箱（9.47%）、文件袋（5.05%）等。一个瓦楞纸箱平均重约 329 克，其中瓦楞纸占 92.4%，其他间接包装材料如填充塑料薄膜占 5.5%、快递运单占 1.3%、塑料胶袋占 0.8%。2018 年，我国瓦楞纸消耗量达 823.3 万 t，塑料包装材料消耗约 85.18 万 t，73%的塑料包装是由废料直接再生，呈现灰色或黑色；25.6% 的塑料包装由废料和少量原生料混合生产，一般呈黄绿色。废料大多来历不明，在生产过程中也会产生环境污染。而完全由原生料（PP 或 PE 等）生产的纯白色快递包装塑料袋仅占 1.5%。2020 年国家出台相关规定，"限塑令"升级为"禁塑令"，一方面降低了塑料包装的使用量，另一方面刺激了快递业对瓦楞纸的需求。预计到 2025 年，纸质快递包装的潜在需求将增加 165.9 亿件，我国资源环境面临的挑战和压力不容小觑。

从回收数据看，以 2018 年为例，我国快递行业共消耗纸类包装材料 837.33 万 t，仅有约 34.08 万 t 瓦楞纸箱被重复使用，约 688.89 万 t 快递包装废纸被流动回收者回收。也就是说，仅有 4% 的纸箱实现了直接二次再利用，其余 82.3% 需降级为废料再生产，还有约 15% 由于污染破损等被混入生活垃圾清运系统。而塑料泡沫箱由于回收难度大、再生利用成本高、再生料利润不足等原因，回收率仅为 70%～80%。使用占比约 95% 的快递塑料包装袋因为回收价低，且粘贴了塑料胶带和运单，现有回收渠道无法处理，最终和生活垃圾一起被焚烧或填埋。一些辅助包装材料也面临使用量大、回收率低的窘境。比如，出于营销考虑，或为了避免运输过程中损坏，商家倾向于使用大纸箱进行包装，并在包裹中大量加入填充物、气泡袋、气泡柱等塑料填充材料，且过度使用胶带缠绕包装。这些辅助填充材料回收率几乎为零，绝大多数进入了生活垃圾中，给环卫系统带来极大压力。

2020年11月30日，国家发展改革委发布《关于加快推进快递包装绿色转型的意见》，规划到2025年，电商快件基本实现不再二次包装，可循环快递包装应用规模达1000万个，包装减量和绿色循环的新模式、新业态发展取得重大进展，国内快递包装基本实现绿色转型。

标准是一把尺子，要实现快递包装的绿色化、减量化和可循环，需要标准予以支撑。我国在快递包装上已出台一系列标准，涉及快递封套、包装袋、包装箱、生物降解胶带、电子运单等诸多方面，为支撑快递业绿色发展发挥了积极作用。

**开放性讨论话题：**谈谈日常物流活动中如何提高环境保护意识，如何加快快递包装绿色转型。

绿色包装（green packaging）是满足包装功能要求的对人体健康和生态环境危害小、资源能源消耗少的包装，又称为无公害包装和环境之友包装（environmental friendly package）。绿色包装的理念有两个方面的含义：一个是保护环境，另一个是节约资源。这两者相辅相成，不可分割。其中保护环境是核心，节约资源与保护环境又密切相关，因为节约资源可减少废弃物，其实也就是从源头上对环境的保护。

从技术角度讲，绿色包装是指以天然植物和有关矿物质为原料研制成对生态环境和人类健康无害，有利于回收利用，易于降解、可持续发展的一种环保型包装。也就是说，其包装产品从原料选择、产品的制造到使用和废弃的整个生命周期，均应符合生态环境保护的要求。

绿色包装设计是以环境和资源为核心概念的包装设计过程。具体是指选用合适的绿色包装材料，运用绿色工艺手段，为包装商品进行结构造型和美化装饰设计。

### 4.5.1 材料要素

#### 1. 材料要素的内容
材料要素包括基本材料（纸类材料、塑料材料、玻璃材料、金属材料、陶瓷材料、竹木材料、皮质材料以及其他复合材料等）和辅助材料（黏合剂、涂料和油墨等）两大部分，是包装三大功能（保护、方便和信息传递）得以实现的物质基础，直接关系到包装的整体功能和经济成本、生产加工方式及包装废弃物的回收处理等多方面的问题。

#### 2. 材料选择应遵循的原则
绿色包装设计中的材料选择应遵循以下几个原则。

（1）轻量化、薄型化、易分离、高性能的包装材料。避免过度包装，在满足包装的保护、审美、便利、销售的前提下，尽可能减少包装材料的使用，做到轻量化、薄型化。多种材料共用时尽量做到易分离，方便后续再利用或者废弃处理。另外，通过改进材料的结构和形态，达到提高结构强度的目的。

（2）重复再用和再生的包装材料。重复再用包装，如啤酒、饮料、酱油等包装采用的玻璃瓶可反复使用。再生利用包装，例如，聚酯瓶在回收之后，可用两种方法再生。物理方法是指直接彻底净化粉碎，无任何污染物残留，经处理后的塑料再直接用于再生包装容器。化学方法是指将回收的物资粉碎后，用解聚剂在碱性催化剂作用下，全部或部分解聚为单体或低聚物，纯化后再重新聚合成再生的物资。如树脂包装材料。

包装材料的重复利用和再生，仅仅延长了塑料等高分子材料作为包装材料的使用寿命，当达到其使用寿命后，仍要面临对废弃物的处理和环境污染问题。

（3）可食性包装材料。几十年来，大家熟悉的冰糖葫芦、糖果包装上使用的糯米纸及包装冰激凌的玉米烘烤包装杯都是典型的可食性包装。

人工合成可食性包装膜中比较成熟的是 20 世纪 70 年代已工业化生产的普鲁兰树脂，它是无味、无嗅、非结晶、无定形的白色粉末，在水中容易溶解，可为黏性、中性、非离子性、非还原性的不胶化水溶液，经干燥或热压能制成的薄膜透明、无色、无嗅、无毒，具有韧性、高抗油性，能食用，也可做仪器包装。可食性包装材料在食品工业，尤其在果蔬保鲜方面，具有广阔的应用前景。

（4）可降解包装材料。可降解材料是指在特定时间内造成性能损失的特定环境下，其化学结构发生变化的一种塑料。可降解塑料包装材料既具有传统塑料的功能和特性，又可以在完成使用寿命之后，通过阳光中紫外线的作用或土壤和水中的微生物作用，在自然环境中分裂降解和还原，最终以无毒形式重新进入生态环境中，回归大自然。

可降解塑料主要分为合成光降解塑料、添加光敏剂的光降解塑料和生物降解塑料，以及多种降解塑料复合在一起的多功能降解塑料。

（5）利用自然资源开发的天然生态的包装材料。

（6）尽量选用纸包装。

（7）尽量选用同一种材料进行包装。尽量使用同一种包装材料，避免使用由不同材料组成的多层包装体，以减少不同材料包装物的分离，提高包装物的回收和再利用性能。

（8）尽量使包装件可以重复使用，而不只是包装材料可以回收再利用。选用回收和再利用性能好的包装材料是实现绿色包装的有效途径之一。比如，常用于饮料包装的可循环的、清洁的、高质量的聚苯二酸乙烯（PET）塑料包装。但是不限于此，更应该注重托盘、集装箱等可循环包装容器的利用。

**课堂讨论：**

对于学校的菜鸟驿站，快递包裹的包装用品可以采用哪些回收和处理方式呢？如何引导消费者购买采用绿色包装的商品，进行绿色消费？

● 人物故事："一撕得"创始人邢凯

医药学出身的理科生邢凯，淘宝兴起时跟几个朋友创业"玩"淘宝。因不耐烦于网店的天天打包贴胶带，有了"给包装纸箱加个拉链"的想法而创立了中国首家数字化包装公司"一撕得"。不用胶带、三秒撕开的箱子不但让老客户唯品会回头，还迎来了阿里、小米、杜蕾斯、欧莱雅、三只松鼠等大品牌电商的青睐。

针对特殊需求设计的防盗功能纸箱更是让一撕得拿到中国大奢侈品电商公司的订单，因为一撕得能带给他们安全感。

一撕得采用散发着爆米花味道，有婴儿肌肤般柔软触感的环保可降解塑料袋开创了中国环保数字化包装的市场。而创始人邢凯却一直很谦虚地说自己是个产品经理，不是技术人员，因为创新不能仅仅依靠一个人。一撕得包装如图 4-17 所示。

图 4-17 "一撕得"包装

邢凯身上传承了中华千年儒商文化的核心——"创新＋包容"。现在的一撕得已经是一家互联网平台公司，其业务核心已经从纸箱、包装袋等耗材产品，转向为客户提供从包装设计到交付的全过程服务。

## 4.5.2 外形要素

包装的外形是包装设计的一个主要方面，外形要素包括包装展示面的大小和形状。如果外形设计合理，则可以节约包装材料，降低包装成本，减轻环保压力。在考虑包装设计的外形要素时，应优先选择那些节省原材料的几何体。各种几何体中，若容积相同，则球形体的表面积最小；对于棱柱体来说，立方体的表面积要比长方体的表面积小；对于圆柱体来说，当圆柱体的高等于底面圆的直径时，其表面积最小。

优秀的包装外形设计应遵循以下原则。

（1）结合产品自身特点，充分运用商品外形要素的形式美法则。

（2）适应市场需求，进行准确的市场定位，创造品牌个性。

（3）要以"轻、薄、短、小"为准则，杜绝过度包装、夸大包装和无用包装。

（4）从自然中吸取灵感，用模拟的手法进行包装外形的设计创新。

（5）充分考虑环境与人机工程学要素。

（6）积极运用新工艺、新材料进行现代包装外形设计。

（7）大力发展系列化包装外形设计。

## 4.5.3 技术要素

要想真正达到绿色包装的标准，仅仅依靠以上两点是不完善的，还需要绿色包装技术作为补充。这里说的技术要素包括包装设计中设备、工艺、能源及采用的技术。而所谓的绿色技术，是指能减少污染，降低消耗、治理污染或改善生态的技术体系。

绿色包装设计的技术要素包括以下几点。

（1）加工设备和所用能源等要有益于环保，不产生有损环境的气、液、光、热、味等。加工过程不产生有毒、有害的物质。

（2）加强可拆卸式包装设计的研究，以便消费者能轻易按照环保要求拆卸包装。

（3）加强绿色助剂、绿色油墨的研制开发。

## 物流新技术、新方法——π-box

2021 年 12 月，在杭州顺丰的营业网点内，出现了一种魔术黏贴合的新型循环快递箱"π-box"。通过 2 步折叠、4 步封箱，不到 10 s，一个箱子就可以投入使用。截至 12 月 7 日，顺丰在杭州共计投放超 2.5 万个"π-box"，累计使用量达到 8.8 万次。

"π-box"是在此前顺丰自主研发的第一代快递循环箱"丰·box"基础上推出的升级版，并率先在杭州、上海等地试点应用。根据实验室测试，"π-box"可循环使用 70 次以上，整箱材料 96% 可回收。

相较于第一代循环箱，"π-box"采用的是更易回收的单一化材料 PP 蜂窝板材，易清理，抗戳穿性能提升 100%，极大地保护了快递内件。"π-box"采用简单易操作的自锁底折叠结构和全箱体魔术黏贴合模式，免去使用胶带纸、拉链等易耗材料。目前，"π-box"共推出 6 种规格，寄件人可根据自身需求及物品实际大小来选择对应的型号，价格与以往纸箱收费一致。

据悉，2018 年顺丰科技推出第一代"丰·box"共享循环箱。与普通一次性包装相比，"丰·box"有效解决了成本高、破损多、操作效率低、资源浪费等问题，其不仅开创了用拉链代替封箱胶纸、易拆封、可折叠、防盗、内绑定、无内填充等产品结构，还增加了防水、阻燃、隔热保温等特殊性能，同时，"丰·box"更拥有多达数十次乃至上百次的使用寿命，能最大化地从实际意义上践行绿色可循环的环保理念。而本次顺丰推出的"π-box"正是由第一代"丰·box"衍生而来的。

资料来源：http://www.cea.org.cn/content/details_10_22146.html。

● "欢乐绿色行"倡议剧

请同学们自编自导一场倡议绿色包装的主题剧，选出几位同学分别扮演商家、快递方、买家等不同角色，站在各自的立场表述心意，为什么"我"要"过度包装"？为什么绿色包装那么"难"？最后再集体反思，谈谈绿色包装从"我"做起的重要性。

● "环境保护"探究性主题活动："绿色物流从我做起，我是绿色小能手"

学生自主完成探究活动（两选一）

1. 学生自主发现、搜集不符合绿色包装理念的现象、事物或做法等，设计一款体现绿色包装理念的小作品（实物＋设计或理念说明）或完成一个绿色物流减量包装设计。

2. 讲述一个绿色物流小故事，拍摄一个体现绿色物流主题的短片，或完成一次绿色物流街头（或校园）采访。

**思政目标：** 让学生在实践中去体验环境保护、物流可持续发展的内涵及重要性，树立环保意识和可持续发展信念，切身感受扎根祖国大地的使命担当。

学生作品 1：多轨小轻仓

学生作品 2：一款体现绿色包装理念的 Logo

多轨小轻仓

绿色包装推广势在必行，它的理念有两个方面的意义：一个是保护环境，另一个是节省资源。这两者相辅相成，不可分割。其中保护环境是中心，节省资源与保护环境又密切相关，由于节省资源可削减抛弃物，其实也是从源头上对环境的保护。从技术角度讲，绿色包装是指以天然植物和有机矿物质为原料研发成对生态环境和人类健康无害，又利于收回使用，易于降解、可持续发展的一种环保型包装。图 4-18 是学生设计的一款 Logo。

Logo 图案

图 4-18　绿色包装 Logo

图案基本构成元素中有两个循环的箭头，箭头末尾的两个图形分别代表包装盒和手提袋，喻指产品的包装，绿色表明要践行绿色的包装理念。两个首尾相连的箭头代表产品包装可回收，可以循环利用，环保可持续。同时，闭合的环代表着山水，表明有绿色包装才有绿水青山。山形为 m 状，又指人类英文单词"man"的首字母。最后，包装组成的闭合环上长出了植物，表明可降解，对环境无害，符合可持续发展理念。

● 知识拓展：驿站绿色物流

绿色物流（green logistics）通过充分利用物流资源、采用先进的物流技术，合理规划和实施运输、储存、装卸、搬运、包装、流通加工、配送、信息处理等物流活动，降低物流活动对环境影响的过程。它包括物流作业环节和物流管理全过程的绿色化。从物流作业环节来看，包括绿色运输、绿色包装、绿色流通加工等。从物流管理过程来看，主要是从环境保护和节约资源的目标出发，改进物流

快递中的绿色物流

体系，既要考虑正向物流环节的绿色化，又要考虑供应链上的逆向物流体系的绿色化。绿色物流的最终目标是可持续性发展，实现该目标的准则是经济利益、社会利益和环境利益的统一。随着绿色物流的发展，驿站逐渐采取三种绿色物流措施：电子面单、纸箱胶带、智能切箱计算法。

1. 电子面单

纸质面单由于成本高、人工输入信息效率低、正确率也相对较低，不符合物流业"降本增效"的发展理念。另外，纸质面单有一定的局限性，受天气、运输影响较大，如果遇到恶劣天气或者运输过程的碰撞拉扯，这些都容易破坏面单信息。此外，信息安全得不到保障，自从 2015 年快递实行实名制后，用户的信息全都暴露在面单上，无论是有心还是无意，

信息泄露问题都无可避免，这也是纸质面单存在已久的痛点。而电子面单的出现，减少了纸张和油墨的使用，用户信息收集整合效率更高，也为企业提供了解用户的第一手数据。

2. 纸箱胶带

有些快递采用原包装或旧纸箱，不需要二次包装，可以直接贴单发货，减少了纸箱的使用数量，无胶带纸箱（零胶纸箱）也是绿色物流的重要措施，零胶纸箱在普通纸箱基础之上，做了很多的升级。除了完全不使用胶带，更实现了轻便的打开方式。关键之处是盒子两端各设置了牢固的一次性"环保封箱扣"，能最大限度地保障商品的隐私与安全。不仅如此，封箱扣由环保材料制作，可以实现自然降解，商品取出后，快递盒交由快递员折叠带回快递点，再循环入仓。整个过程，零胶纸箱能真正做到对自然环境的零污染、零破坏。

3. 智能切箱计算法

菜鸟自主研发的智能箱型设计和切箱算法，通过使用高科技计算出来最适合商品大小的包装箱，卖家只要输入商品的长宽高和历史订单数量，系统就会自动推荐最佳尺寸的箱型。有新订单时，系统会根据商品体积，自动与纸箱匹配，并提供装箱顺序及摆放样式。

● 知识拓展：物流包装的发展趋势

2018 年，全球包装消费总支出为 8861 亿美元。其中，亚太地区人口数量庞大、市场氛围活跃、居于世界制造中心地位，是全球最大的包装消费地区，占比高达 44%；北美和西欧分别排名第二和第三。据预测，亚洲和非洲对包装的需求年均增速将达到 4.5%，而北美和欧洲将以 1% 的速度缓慢增长，需求差异继续扩大。

2019 年 12 月，DHL《物流包装发展趋势》研究报告指出，电商和多渠道零售加速了现代物流发展，然而，过程复杂化、体量规模化也导致包装成本上升、下游供应链效率下降。当今，包装浪费已经成为严重的环境问题，有必要从可持续发展的角度来反思。在未来，先进的包装优化技术，尤其是物联网技术的应用，将大幅提升流程效率，同时关注可持续发展与用户体验。

包装的传统功能是防护产品、方便搬运及传达信息。随着消费者行为转变、电子商务的出现，以及社会对可持续发展的要求提高，包装增加了三个新功能：品牌体验、安全与追踪及智能连接。

目前三大趋势正在影响包装行业。一是电商的发展。电商平台交易的商品，运输流程复杂多变，多次搬运直接增加货物摔坏与破损的风险。因此，电商对包装的坚固性、持久性和客户满意度要求更高。二是客户体验升级。过度包装和无效包装会降低客户满意度，包装的防护能力和使用便捷度之间需要一种平衡。电商的发展衍生出商品的拆箱体验需求，客户非常享受包裹的拆箱过程，这为包装制造商和产品市场团队创造了宝贵的机遇。三是可持续发展的压力。塑料的消耗累计约占所有包装材料的 1/4。但目前全球只有 14% 的塑料可循环利用，DHL 的报告指出，在电商市场，24% 的包裹空间是浪费的。不得不承认，我们的包装在环境保护方面做得还不到位。

资料来源：http://www.sitpe.com/2956.html。

# 章末测试

## 一、单选题

1. 在物流包装设计时需要考虑的因素中，（    ）是首要因素。

    A. 标志性        B. 装卸性        C. 作业性        D. 保护性

2. 下列选项中，（    ）是指出现在货物或其相应包装上的一个符号或图形，包括警示危险的符号或表示产品能够再循环利用的图形。

    A. 挂牌        B. 标记        C. 标签        D. 图形

3. 不属于"五防"包装的是（    ）。

    A. 防震包装        B. 防潮包装        C. 防火包装        D. 防水包装

    E. 防锈包装

4. （    ）是生产的终点，又是物流的起点。

    A. 运输        B. 仓储        C. 包装        D. 配送

## 二、多选题

1. 按包装的作用可将包装划分为（    ）。

    A. 内包装        B. 外包装        C. 销售包装        D. 运输包装

2. 包装的保护功能体现在（    ）几个方面。

    A. 防破损变形        B. 防化学变化        C. 防有害生物        D. 防潮湿

3. 物流包装的主要功能有（    ）。

    A. 保护商品        B. 方便物流        C. 改变商品外形        D. 传递信息

4. 防震包装的三种方法指（    ）。

    A. 全面防震包装        B 部分防震包装        C. 复合式防震包装    D. 悬浮式防震包装

5. 下列符合绿色包装材料要求的包装形式有（    ）。

    A. 可食性包装材料                B. 再生的包装材料

    C. 不可降解的塑料袋             D. 可降解材料

## 三、判断题

1. 部分防震包装一般用于整体性好的产品和有内装容器的产品。         （    ）

📖 **案例思考**

### 多措并举，开启绿色行动

2020 年年底，中央经济工作会议明确将"做好碳达峰、碳中和工作"列为 2021 年八大重点任务之一。根据目标，我国二氧化碳排放力争 2030 年前达到峰值，力争 2060 年前实现碳中和。

使用环保包材是实现"双碳"目标的有效途径，但与普通包材相比，其价格显然更高。免胶带的快递纸箱成本高出普通快递纸箱两三倍甚至更多；可降解塑

京东青流
计划

料包装制品的市场价通常也是普通塑料包装制品的 1.5 倍左右。京东物流从 2017 年就开始推行绿色低碳的青流计划，启用无纸青流箱，无需封包胶带，可循环使用 50 次以上；太阳能光伏发电，上海亚洲一号仓一年减少二氧化碳排放量约 2 000 t；新能源车代替油车，每年减少二氧化碳排放约 12 万 t。但是目前我国缺乏对电商销售商品的绿色包装要求，因此也限制了绿色包装的推广使用，推进绿色包装实际工作仍然存在一些困难。比如，购置全生物降解等绿色包装难度较大，终端用户不理解，支持不足等。此外，以"包邮"或非常低廉的寄递成本作为电商货物营销策略，也使得电商更倾向于选择一次性且低成本的包装材料。

绿色物流就是从环保出发实施各项物流活动，降低物流对地球环境的影响。它是一项系统性、长期性的工作，不能仅靠个人和企业，需要全社会全面参与。快递垃圾问题不能只看快递物流企业，电商也要加入"绿色行列"，形成包装生产企业、电商平台及商家"三位一体"协同发力的格局，才能真正做到快递包装的优化升级、减量和回收再利用。比如，快递包装供应商应发挥创造力，生产可循环、更环保的包装材料；占据快递业务量最大的电商平台及商家，应在保障商品安全的前提下，尽可能避免二次包装，避免不必要的浪费。

**讨论话题**：请同学们分组讨论，采取哪些措施能促进我国绿色物流发展，提高人们使用绿色包装的意识，早日实现"双碳"目标。

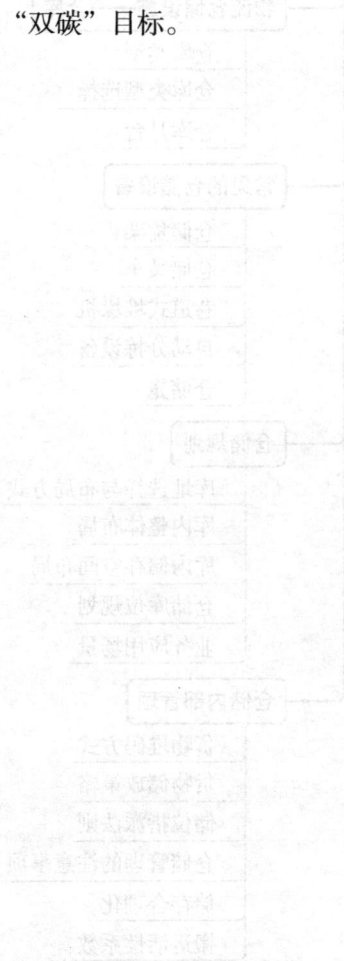

# 第5章

# 仓储管理

**章前导读**

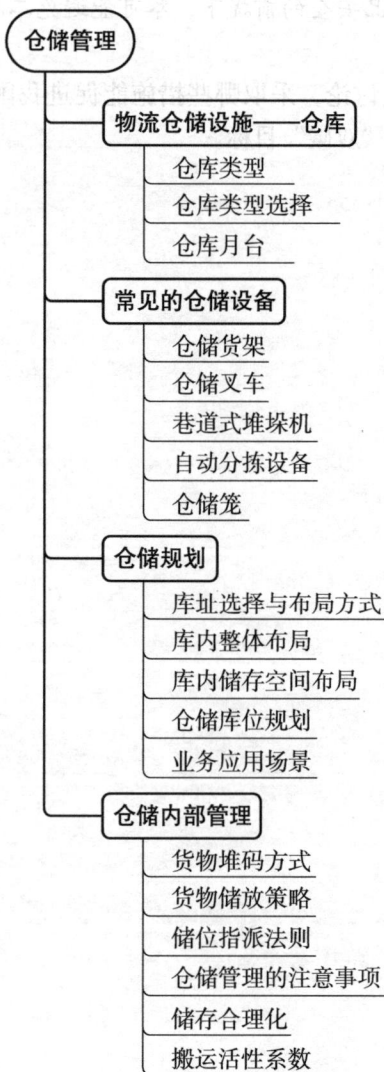

仓储管理
- 物流仓储设施——仓库
  - 仓库类型
  - 仓库类型选择
  - 仓库月台
- 常见的仓储设备
  - 仓储货架
  - 仓储叉车
  - 巷道式堆垛机
  - 自动分拣设备
  - 仓储笼
- 仓储规划
  - 库址选择与布局方式
  - 库内整体布局
  - 库内储存空间布局
  - 仓储库位规划
  - 业务应用场景
- 仓储内部管理
  - 货物堆码方式
  - 货物储放策略
  - 储位指派法则
  - 仓储管理的注意事项
  - 储存合理化
  - 搬运活性系数

**知识目标：**

1. 了解仓库的常见类型、月台设计及选择。

2. 会描述仓库内部主要设备特点、形式和选择。

3. 掌握仓库类型选择的主要依据，能分析企业适合的仓库类型。

4. 熟记仓储内部布局规划及货位指派基本原则，能利用货物储放基本理论和方法进行实例规划与分析。

5. 熟记仓储合理化的标志，会解释各个标志所代表的含义；能举例说出几条仓储管理合理化的措施和要求；会利用储存合理化管理原则对实际问题进行分析。

6. 会分析物流系统的物料搬运活性系数，选择适合的搬运工具。

**素养目标：**

1. 通过线上分享叉车等库内作业的视频，强调物流作业规范对作业安全、人身安全的重要性，培养学生遵守职业规范的意识，树立正确的职业观。

2. 让学生懂得从事科学研究最重要的是"勤""思""严""实"的精神和意志。

3. 结合国内外托盘循环共用系统的发展情况，说明其在建设节约型社会中的必要性，培养学生厉行节约的意识。

**创新创业教育：**

本章侧重实操，培养学生解决实际问题的能力，将历年高职高专物流设计大赛方案内容，分别安排在运输、配送、包装、仓储、库存、物流信息采集等章节进行阶段性训练，最后进行完整的综合物流方案设计。

## 开篇案例

### 别拿别人的库存不当钱

我们看到：很多从事"流通"的经销或零售企业并没有在"库存"上动太大的"脑筋"——是这个问题不重要吗？不是，有人认为库存管理是零售企业的三大核心能力之一（另两个是商品管理和顾客行为分析）。那为什么分销企业对此"漠然"呢？

原因也很简单，它们不知道同样做到了 800 万元的销售额，但 A 企业是用 600 万元库存做到的，而 B 企业是用 1 000 万元库存做到的，B 企业可能到资金链断裂而倒闭的那一天都不知道是库存出了问题。

具体如何实现降低库存，不同类型的企业有着不同的库存政策，像上述库存问题就可以利用好的商品管理方法来改善。但这样做得再好也只是"各家自扫门前雪"。更重要的是，当你为转移了自己的库存风险而得意时，你的上下游正通过其他"卑鄙"的手法把库存损失再转回来——供应链上没有"一枝独秀"的美事。因此，我们提倡的是：分销企业应该鼓励或联合供应商一起来降低库存，提高周转率——"别拿别人的库存不当钱"。

让我们看看上海通用是如何解决这个问题的。

小技巧可以解决大成本

上海通用三种车型的零部件总量有 5 400 多种！这相当于一个中型超市的单品数。通用的这些零部件来自 180 家供应商，这也和一个大型卖场的供应商数量相近。我们来看看通用怎么提高供应链效率，帮助整个供应链降低库存。

通用的部分零件是本地供应商所生产的，这些供应商会根据通用的生产要求，在指定的时间将零件直接送到生产线上。这样，因为不进入原材料库，所以保持了很低或接近于"零"的库存，省去大量的资金占用。但供应商并不愿意送那些用量很少的零部件。于是，以前的传统汽车制造商要么有自己的运输队，要么找运输公司把零件送到公司。

这种方式的缺点如下。

1. 有的零件根据体积或数量的不同，并不一定能正好装满一卡车。但为了节省物流成本，他们经常装满一卡车才给你送——如果装不满，就要等待。这样不仅造成了库存高、占地面积大的问题，而且也影响了对客户的服务速度。

2. 不同供应商的送货环节缺乏统一的标准化管理，在信息交流、运输安全等方面都会带来各种各样的问题，如果想管好它，必须花费很多的时间和很多的人力资源。

所以，通用就改变了这种做法，使用了叫作"循环取货"的小技巧。他们聘请一家第三方物流供应商来设计配送路线，然后每天早晨依次到不同的供应商处取货，直到装上所有的材料，再直接送到上海通用。这样，通过循环取货，通用的零部件运输成本可以下降30% 以上。这种做法省去了所有供应商空车返回的浪费，充分节约运输成本，而且体现了这样的基本理念：把所有增值空间不大的业务外包给第三方，他们会比通用更懂得怎样节省费用。

给分销业的启示

如果一个大卖场有 300 个供应商，他们是否有必要每一家都包一辆车，把货物送到收货处呢？你认为供应商会白白地替你送货吗？而且你用考核指标要求他们不能断货，要及时送到，那么这就是在逼迫供应商在当地为你保有一定的库存量。这部分库存成本，供应商会白白为你付出吗？如果没有厂家愿意出，那么他们都是把费用打到了商品价格中。

我们建议，区域性的零售大户如果没有建立配送中心的实力，应该考虑请一家物流公司来用"牛奶取货"法为你供货，然后可以和供应商一同协商支付物流费用。

这是"痴心妄想"吗？不是。

日本 7-11 在刚开始快速发展的时候，是让众多供应商非常头疼的一个客户，为什么？因为当时 7-11 的确发展很快，已经达到 100 家以上了，供应商不肯放弃或得罪这样一个有潜力的零售客户。但问题是，7-11 在要求厂家直供门店时，供应商们发现：7-11 都是便利店，由于定位针对年轻顾客，即食商品多，因此要求门店存货少。这样，供应商送货时要面对频繁的送货次数，复杂的送货路线，小批量的订单，大量的上下搬运作业——没有几个供应商愿承担这样的成本。但如果采取大批量小频率送货，7-11 就要承担大量库存的风险。

于是，7-11 建议自己的供应商联合起来送货，最初响应的人很少，但最终人们发现这样的确可以降低大量的成本。但问题出来了，为了保证 7-11 的低库存，为了能在 7-11 要货时就能备足各种品类，就要求供应商多准备很多库存，怎么办？

实际上，上海通用也遇到了这种情况。上海通用采取的是"柔性化生产"，即一条生产流水线可以生产不同平台多个型号的产品。这种生产方式对供应商的要求极高，即供应商必须时常处于"时刻供货"的状态，这样就会给供应商带来很高的存货成本。但是，供应商一般不愿意独自承担这些成本，就会把一部分成本打在给通用供货的价格中。同时，他们还会把另一部分成本"赶"到了其上游的供应商那里——于是上游就准备了更大的库存。

为了克服这个问题，上海通用与供应商时刻保持着信息沟通。"我们有一年的生产预测，也有半年的生产预测，我们的生产计划是滚动式的，基本上每个星期都有一次滚动，在滚动生产方式的前提下，我们的产量在做不断地调整。这个运行机制的核心是要让供应商也看到我们的计划，让其能根据通用的生产计划安排自己的存货和生产计划，减少对存货资金的占用。"通用的人如是说。

实际上，零售商一样可以做到这一点——问题就是，零售商是否还守着以往的旧观念，而不愿意把销售数据和促销计划提前通知供应商呢？

你为什么拿不到零售商的 POS 数据？

供应商至少在以下三个降低库存的方面非常需要零售商的 POS 数据。

销售预测：这决定了供应商的日常库存。

补货运作：这里终端数据决定了供应商的存货量和补货速度。

促销计划：这决定了供应商的促销库存，以及清理以往快过季的库存。

但糟糕的是，我们所见的大多数中国零售商还没有"贡献"出他们的 POS 数据。当然供应商可以采取贿赂采购 / 运营人员和偷窃的方法，但这不能保证数据的及时和持续供应。

IBM 商业价值学会的奥尼尔提醒我们，让零售商交出 POS 数据至少还要迈过三道"坎"：

信任——传统上，消费品制造商和零售商之间存在着一种不信任的关系，贸易伙伴经常为进场费、进货价、结算、补货以及压货等问题争执。在双方的敌对情绪中，零售商进而会怀疑"供应商是否会拿着我的数据给我的竞争对手"。

数据所有权——这直接涉及某一方想获得数据时，应该付出的"代价"。协作要求公开共享 POS 数据，然而，大多数公司将 POS 数据视为竞争时有用的东西。供应商如果想得到，就必须拿什么东西来交换！也许宝洁和联合利华能拿出很多让零售商"心仪"的东西（如帮助零售商作区域零售市场局势调查），但那些既没有金钱，又没有"技巧"的供应商怎么办呢？

数据分析——这是一个非常关键的问题。供应商和零售商都想当然地以为对方有大量的数据分析报告，但事实的真相却可以让人大跌眼镜！国内某大型连锁超市信息总监说："中国零售商不缺 POS 机，但就是缺对 POS 数据的分析和应用。"

不要以为精细的数据分析是个企业就能做到，这可是一项非常繁重的任务——华东区某大型超市尽管建立了商品数据分析部门，但它们承认，自己 80% 的时间和精力都被耗在了信息收集和整理上，只有不到 20% 用于数据分析！实际正像 IBM 的奥尼尔所说："信息的来源各种各样……事实上，许多零售商现在仍使用过时的数据分析技术。"如果零售商都没有从他们拥有的数据中受益，供应商还想得到什么？

另外，尽管像联华、华联、华润等超市正在成立专门的组织处理 POS 数据，但一位采购经理批评道："懂得怎样要数据也是非常重要的。很多供应商希望像宝洁一样，跟我们进行促销计划的协作，但是他们根本就没有具体的计划——你至少应该明确地列出你需要什么数据才行啊！"

资料来源：http://info.jctrans.com/xueyuan/wlyt/ccykc/200865645386_2.shtml。

**问题讨论：**

1. 上海通用是如何有效降低库存的？
2. 零售商可以借鉴通用的哪些经验来降低库存？
3. 谈谈你对后三段引号内容的理解。

● 古人智慧：古代仓储制度——现代仓储管理的基础

我国古代仓库的基本用途有：储存、储备两大功能。储存是将运来的粮食保管起来，供皇室、吏官及人民日常消费；储备是为应付战争、灾荒及突发事件的。同时，仓储还有平抑物价之功能。秦代就有专门的仓律，汉代设立的常平仓制度，设有专门的会计筹册，详细记录仓储谷物数量、品种、出入、经手人、核验等，成为后世封建王朝沿用的主要仓储制度。宋代以后，有关仓储的规章更多、更细、更严。我国古代仓储系统最发达和完善的时期是清代。

"仓"与"库"有专门的特指区分，仓为储粮所用，库则保管其他物资。高效的物流一方面要靠运输过程中各种便利省时的操作，另一方面也离不开就近的货物仓储。最初的"仓"由于皇族的地位和"刚需"所致，都集中于京师，西汉的大司农耿寿昌则明确反对这一安排，他建议"令边郡皆筑仓"，反对粮食仓储过于集中在京师，主张多地设仓。《资治通鉴》里也有隋炀帝的"宁积于人，无藏库府"的主张。到元代，奠定元制及今日北京都城形态的政治家刘秉忠针对"纳粮就远仓，有一废十者"的现象，提出"宜从近仓，以输为便"的主张。

古代历朝建仓时基本看重的三大原则：便于运输、就近设置、依山傍水。

古代仓储分为官办仓储和民办仓储。官办仓储是古代政府为了稳定政治和军事而建立的仓储制度。主要有常平仓、义仓、民仓、广室仓等。民办仓储是以民间自主、自愿为主要特点的积储方式，更多是作为官办仓储的补充。最早的民办仓储从隋朝开始，到宋朝达到高潮。含嘉仓是中国最大的古代粮仓，建于隋大业元年（605），是用作盛纳京都以东州县所交租米之皇家粮仓，历经隋、唐、北宋3个王朝，沿用500余年，后来废弃。

# 5.1　物流仓储设施——仓库

《物流术语》（GB/T 18354—2021）中对仓储（warehousing）的定义是利用仓库及相关设施设备进行物品的入库、储存、出库的活动。因此，这里的"仓"即仓库，为存放、保管、储存物品的建筑物和场地的总称，可以是房屋建筑、洞穴、大型容器或特定的场地等，具有存放和保护物品的功能。"储"即储存、储备，表示收存以备使用，具有收存、保管、交付使用的意思。

仓储是产品生产、流通过程中因订单前置或市场预测前置而使产品、物品暂时存放。它是集中反映工厂物资活动状况的综合场所，是连接生产、供应、销售的中转站。在物流系统中，仓储和运输是同样重要的构成因素。仓储功能包括对进入物流系统的货物进行堆存、管理、保管、保养、维护等一系列活动。

## 5.1.1　仓库类型

仓库（warehouse）是用于储存、保管物品的建筑物和场所的总称。根据仓库的结构、用途、保管货物的特性不同，仓库可以分为单层仓库、多层仓库、立体仓库，零售仓库、中转仓库、储备仓库、保税仓库，恒温仓库、冷藏仓库、危险品仓库等。

**1. 按库场的结构划分**

（1）单层仓库。单层仓库是最常见的，也是使用最广泛的一种仓库建筑类型，这种仓库只有一层，当然也就不需要设置楼梯，它的主要特点是：

①单层仓库设计简单，所需投资较少；

②由于仓库只有一层，因此，在仓库内搬运、装卸货物比较方便；

③各种附属设备（如通风设备、供水、供电等）的安装、使用和维护都比较方便；

④由于只有一层，仓库地面承压能力都比较强。

（2）多层仓库。有单层仓库，必然对应的有多层仓库，多层仓库一般占地面积较小，它一般建在人口稠密，土地使用价格较高的地区。由于是多层结构，因此，一般使用垂直输送设备来搬运货物，总结起来，多层仓库有以下几个特点：

①多层仓库可适用于各种不同的使用要求，例如，可以将办公室和库房分处两层，在整个仓库布局方面比较灵活；

②分层结构将库房和其他部门自然地进行隔离，有利于库房的安全和防火；

③多层仓库作业需要的垂直运输重物技术已经日趋成熟；

④多层仓库一般建在靠近市区的地方，因为它占地面积较小，建筑成本可以控制在较低范围内。所以，多层仓库一般经常用来储存城市日常用高附加值的小型商品。使用多层仓库存在的问题在于建筑和使用中的维护费用较大，一般商品的存放成本较高。

（3）立体仓库。立体仓库是指采用高层货架，可借助机械化或自动化等手段立体储存物品的仓库。这种仓库也是一种单层仓库，但同一般的单层仓库的不同在于它利用高层货架来储存货物，而不是简单地将货物堆积在库房地面上。在立体仓库中，由于货架一般比较高，所以货物的存取需要采用与之配套的机械化、自动化设备。一般当仓库的存取设备自动化程度较高时也将其称为自动化仓库。

（4）自动化仓库。自动化仓库是指由高层货架、巷道堆垛起重机、入出库输送机系统、自动化控制系统、计算机仓库管理系统及其周边设备组成，可对集装单元货物实现自动化存取和控制的仓库。

（5）露天堆场。露天堆场是用于在露天堆放货物的场所，一般适用于大宗原材料，或者不怕受潮的货物。

（6）简仓。简仓就是用于存放散装的小颗粒或粉末状货物的封闭式仓库，一般这种仓库被置于高架上。例如，简仓经常用来储存粮食、水泥和化肥等。

**2. 按仓库的用途划分**

仓库按照它在商品流通过程中所起的作用可以分为以下几种。

（1）采购供应仓库。采购供应仓库主要用于集中储存从生产部门收购的和供国际进出口的商品，一般这一类的仓库库场设在商品生产比较集中的大、中城市，或商品运输枢纽的所在地。

（2）批发仓库。批发仓库主要是用于储存从采购供应库场调进或在当地收购的商品，这一类仓库一般贴近商品销售市场，规模同采购供应仓库相比一般要小一些，它既从事批发供货，也从事拆零供货业务。

（3）加工仓库。加工仓库指具有产品加工能力的仓库。

（4）中转仓库。中转仓库是指处于货物运输系统的中间环节，存放那些等待转运的货物，一般货物在此仅做临时停放，这一类仓库一般设置在公路、铁路的场站和水路运输的港口码头附近，以方便货物在此等待装运。

（5）零售仓库。零售仓库主要用于为商业零售业做短期储货，一般用途是提供店面销售。零售仓库的规模较小，所储存物资周转快。

（6）储备仓库。这类仓库一般由国家设置，以保管国家应急的储备物资和战备物资。货物在这类仓库中储存时间一般比较长，并且储存的物资会定期更新，以保证物资的质量。

（7）保税仓库。保税仓库是指经海关批准设立的专门存放保税货物及其他未办结海关手续货物的仓库。外国企业的货物可以免税进出这类仓库办理海关申报手续，而且经过批准后，可以在保税仓库内对货物进行加工、储存等作业。

（8）海外仓库。国内企业在境外设立，面向所在国家或地区市场客户，就近提供进出口货物集拼、仓储、分拣、包装和配送等服务的仓储设施。

以上是常见的几类仓库，可以看出生产出来的产品首先是被储存在采购供应仓库，其次流向批发仓库，接着是零售仓库，最后进入卖场，在那里向最终用户销售。

**3. 按保管货物的特性划分**

（1）原料仓库。原材料仓库是用来储存生产所用的原材料的，这类仓库一般比较大。

（2）产品仓库。产品仓库的作用是存放已经完成的产品，但这些产品还没有进入流通区域，这种仓库一般附属于产品生产工厂。

（3）冷藏仓库。冷藏仓库用来储藏那些需要进行冷藏储存的货物，一般多是农副产品、药品等对于储存温度有要求的物品。

（4）恒温仓库。恒温仓库和冷藏仓库一样也是用来储存对于储藏温度有要求的产品。

（5）危险品仓库。危险品仓库从字面上就比较容易理解，它是用于储存危险品的。危险品由于可能会对人体以及环境造成危险，因此，在此类物品的储存方面一般会有特定的要求。例如，许多化学用品就是危险品，它们的储存都有专门的条例。

**4. 新型物流仓库**

自疫情以来，由于需求的多维度变化刺激，仓储类型向高密度云仓、平行仓、前置仓、冷链仓的仓储类型分化。新型专用物流仓库主要面向特定物资的管理，实现定向物流仓配。在疫情或突发事件防控时期，专用物流仓库的价值集中体现在物资定点接收，统一管理与调配，安全可靠且临时仓配效率高等方面。如湖北武汉疫情防控捐赠物资联合应急仓库、京东特定救援物资仓库等都属于临时专用物流仓库。关于前置仓前面已有介绍，下面仅介绍一下云仓和平行仓。

（1）云仓。简单地说，云仓就是电商仓储服务，是以一个"系统＋多个仓库"的形式（见图5-1），对所投入的仓库进行合理精细的数据化管控。分仓服务可以遍布全国（视规模而定）。根据客户在区域范围内的订单需求量，在仓库内部进行大量智能储存设置，不仅能够大幅度提高用户体验，同时也能提高效率，节

峰华云仓

约成本，大幅度增强用户黏性。比如，蜗牛云仓、百世云仓、物联云仓、京东云仓、鲸仓等。

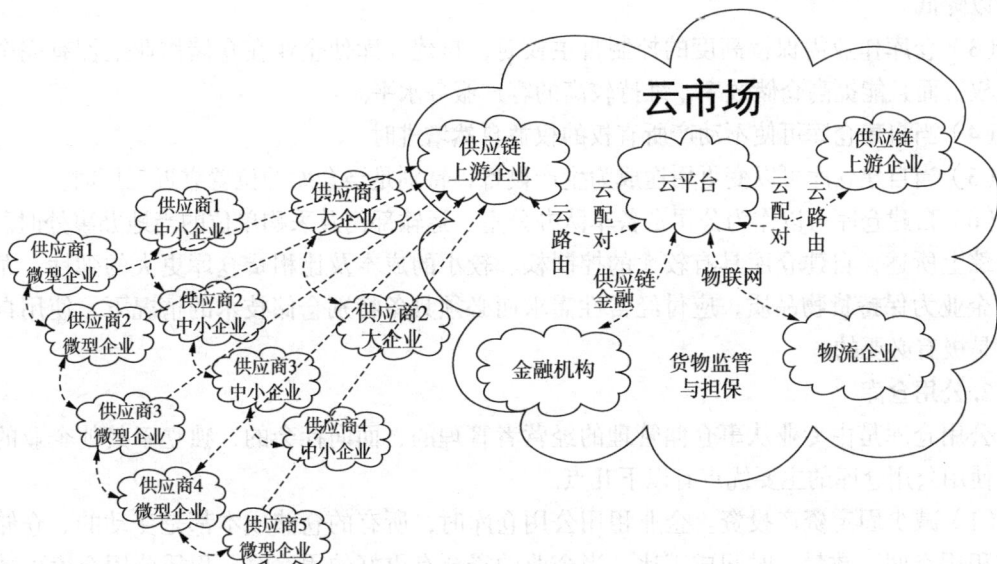

图 5-1　云仓

## 中国步伐——盘点中国十大云仓

电商平台类开放式云仓——京东云仓、阿里菜鸟云仓等；物流快递自建云仓——顺丰云仓、百世云仓、宅急送"宅云仓"、天天云仓等；第三方仓储供应商所建云仓——中联网仓、物联云仓等。

（2）平行仓。平行仓是区别于地区仓而言的，即哪个仓有订单所包含的货物，订单就从哪里发，必要的时候甚至还要拆单多仓发货，而地区仓则只负责本地区发货，例如上海仓发江浙沪的订单，北方仓则发东三省的订单。平行仓和地区仓均属于所谓统仓，就是所有订单统一从一个仓库发货。而分仓则是相对统仓而言的，是指多个仓库同时发货。

### 5.1.2　仓库类型选择

根据仓库隶属关系的不同，仓库可以分为自建仓库（private warehouse）、公用仓库（public warehouse）、合同仓库（contracted warehouse）、运输途中的储存（storage in transit）、混合使用的仓储系统（combination systems），企业可以根据实际情况做出不同的选择。

**1. 自建仓库**

在自建仓库（private warehouse）情况下企业对于仓库及物料搬运设备拥有财务及管理控制能力。自建仓库可配合企业本身生产线的需要，因而有其内部特殊设计的仓库布置与建筑结构。

一般说来，在下列特定情况下可选择自建仓库。

（1）产品需要特殊的搬运及存放，如化学物品或药品等，对搬运作业人员必须进行训练，并配合专业化的储运设备，以确保仓库服务的品质。

（2）仓库内需保持高而稳定的产品储存条件时，自建仓库能充分利用设备，且仓储成本可以降低。

（3）仓库作业需保持高度的控制自主权时，自建仓库使企业在仓储作业上拥有完全的自主权，而且能提高仓储效率，维持较高的客户服务水平。

（4）当自建仓库可使不动产所有权的权益自然增进时。

（5）当自建仓库可以变更用途成为生产设备，特别是当仓库的位置靠近工厂时。

（6）自建仓库可以作为公司自备车队办公室、运输部门及采购单位的当地办事处时。

综上所述，自建仓库具有较大的控制权、较小的成本及比租赁仓库更大的弹性，尤其是在企业为保持货物品质，应付经常性需求而必须具备特别仓储技术的情况下，使用自建仓库是极有必要的。

**2. 公用仓库**

公用仓库是由专业从事仓储管理的经营者管理的、面向社会的、独立于其他企业的仓库。使用公用仓库的主要优点有以下几点。

（1）减少固定资产投资。企业租用公用仓库时，所有的仓储成本都是变动的。仓储成本与租用空间、数量、时间成正比。当企业的资金有更好的用途时，租赁公用仓库可减少资金占用，不失为一种好的选择。

（2）降低仓储成本。一般而言，当存货数量低或产品需求类型有季节性时，公用仓库的成本比自建仓库低，因为公用仓库可以平衡各厂商季节性产品的储存问题，能充分地利用仓库空间的容量。

（3）地点选择具有弹性。由于租赁公用仓库的费用往往是按月计算的，因此，根据市场的变迁来改变仓库的位置变得很容易，这为整个物流系统提供了弹性。

**3. 合同仓库**

合同仓库是从公用仓库中延伸出来的一个分市场，具有私有仓库和公用仓库两个方面的优点。合同仓库是一种长期互惠的协议，排他性地向一个客户提供特别定制的仓储和物流服务，供方和客户分担与经营有关的风险。合同仓库把私有仓库和公用仓库最佳的特征结合在一起。它的优点有以下几个方面。

（1）尽管仓库设施仍然需要最低限度的固定资产进行维持，但由于双方存在长期的关系和共担风险，可以使合同仓库的成本低于典型的公用仓库的仓储。

（2）合同仓库的经营还能提供专家意见及与一系列客户分享管理、劳动、设备和信息资源等所产生的规模效应。

（3）合同仓库的经营者还可把其提供服务的范围扩大到包括其他物流活动，例如运输、存货控制、订货处理、客户服务以及退货处理等。

总之，合同仓库能够提供专业、高效、经济和准确的分销服务，对仓库作业既拥有部分自主权，又无需像自建仓库那样大量投资。

**4. 运输途中的储存**

运输途中的储存是指货物在装运到交货之间，存放于运输设备中，因而运输工具成为储存货物的活动仓库。运输途中的储存是一种有效的仓储方法，因为物流管理人员能够控制货物在运输过程中的时间，且运输的时间也可视运输工具的选择而改变。例如，铁路运输的时间往往较空运要长，因此，经由缜密的规划以减少对仓库的需要是有可能的。特别是在货物运输距离很远，客户要求的服务水平又较高，同时在转运途中的货物存储成本低于一般的仓储成本时，则可不用仓库。

**5. 混合使用的仓储系统**

很多厂商对公用仓库及自建仓库采取联合使用的方式，当自建仓库的容量不能容纳一年的需求量时，可使用公用仓库来解决高峰需求问题。

总之，各种仓库使用的目的，都是以最小的成本来满足最大的需求。对于企业的物流系统来讲，仓储物流选择自营还是外包，关键要从以下几个方面来进行权衡考虑。

（1）企业的仓储物流业务所占用的经营资金是否过多。

（2）企业的仓储物流功能是否是支撑企业竞争力的主要组成部分。

（3）仓储物流环节是否已成为企业经营高成本的原因。

（4）企业自身是否缺乏对仓储物流环节的管理能力。

如果企业将自己的仓储业务外包给专业的公用仓库，每月只需负担一定的管理费和仓库面积的租金，就可轻松拥有专业化的仓储物流服务，这是一种很好的缓解成本上升、节约经营资金的方法。另外，企业应该根据自身的资金能力和实际的经营情况，考虑选择外包仓库的形式，以获得最大的规模经济效益和资金回报率，增强企业财务上的灵活性，同时避免仓库经营中存在的内在风险，更有效地发挥企业所选择的仓储物流战略的功效，达到企业在仓储物流控制上的目标。

从国家和社会层面讲，发展公用仓库事业，实现物流服务的社会化和专业化对于提高全社会的物流效率、降低物流成本具有重要意义。如何将公用仓库纳入企业的物流系统，充分利用社会仓库资源是企业需要认真思考的问题。作为公用仓库，完善信息系统、扩展服务功能，主动融入企业的物流系统或供应链系统当中，为企业的物流合理化做出贡献是公用仓库提高竞争力的关键所在。

## 5.1.3　仓库月台

仓库月台也称为进出货站台（以下统称月台），是指与仓库相连的线路或进入仓库内部的线路，以及线路与仓库的连接点。月台是物流园区货物的入口，也是货物的出口，是进出货的必经之地。

**1. 月台的基本作用和设置月台的目的**

（1）月台的基本作用。实现装卸货物的便利性，同时满足进出库货物暂存、车辆停靠，实现网络中线与节点的衔接转换。月台有一定高度，装卸货物时减少了货物与车厢间的高差，为人工装卸提供了便利。

（2）设置月台的目的。使货物装卸作业高效、有序、省力。通过月台上的调节板，叉车、地牛、伸缩皮带机等设备可以驶入车厢之中，使装卸更为省时省力。

月台设施既是园区库房运行的基本保证，又是库房高效运作不可忽视的场所，已经成为物流中心的关键设施，成为现代仓库的标配。但是很多传统仓库没有月台，如我国以前的图书仓库，大部分就没有月台，很多生产车间的仓库也没有月台。前者主要与作业的习惯有关，后者则是为了照顾车间的其他作业，因为有月台阻挡，货车就无法进入车间，有些大件就无法进入或运出车间。毕竟一个车间的物料是有限的,即使没有月台,也不会对生产产生大的影响。

### 2. 仓库月台的形式与分类

(1)按照月台位置,分为外置月台和内置月台两种。

所谓外置月台,是指月台布置在仓库外面的一种布局形式,如图 5-2 所示。

图 5-2　外置月台

所谓内置月台,则是指月台被嵌入仓库之中,如图 5-3 所示。

图 5-3　内置月台

目前,这两种形式都非常普遍。有时,一个仓库会同时有外置月台和内置月台。

外置月台本身也有其他形式。常见的是 90° 月台,由于场地的限制,有时还设计 0°、

30°、45°和 60° 月台。

调节板是月台的常见设备。通过调节板（见图 5-4），可以使月台与车厢实现平滑过渡，便于装卸货作业。

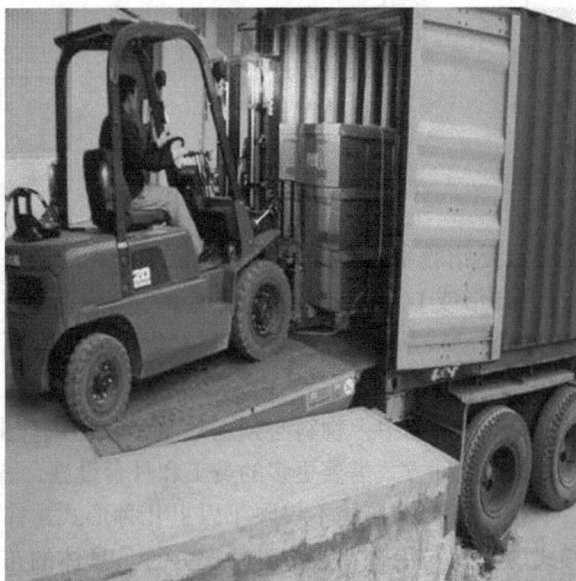

图 5-4　调节板与叉车

内置月台由于封闭性好，一般情况下适用于冷链等情况，同时还需要配置门封、风幕等装置。

封闭式月台与内置月台不同，其本质上是一种外置月台。封闭式月台常见于北方，主要是为应对冬季的严寒和北方的风沙。

除此之外，还有所谓的可移动月台。此外，无月台作业还会在一些场合应用，尤其是在自动化作业的情形下，月台的形式可能会发生较大的改变。

（2）按照作业区域配置形态，月台分为集中型月台和分散型月台。

①集中型月台。仓库（或物流中心）只有一个月台区域，而且在较小的仓库（或物流中心），进货及出库是合并的。在较大的仓库（或物流中心），进货及出货就可能分开但相邻。这种集中型月台规划方式，最大的好处就是可降低监管成本及有效运用仓管人员及设备。此类型月台外部货车作业空间需以最大型的货车来规划。

②分散型月台。分散型月台因即时库存管理（just in time）的要求有普遍发展的趋势。此种安排方式是将好几个月台分散于厂房的四周，而每一个月台配合特定的产品线或作业区域。

**3. 月台设计**

月台设计的基本原则是保证车辆快速安全通行，不产生交叉会车；月台尺寸兼顾车辆规格，使货物在月台暂存区与储存区之间有效移动。

月台的布局形式。月台的布局有 3 种典型的形式，分别为 U 型 [见图 5-5（a）]、L 型 [见图 5-5（b）] 和 I 型 [见图 5-5（c）]。

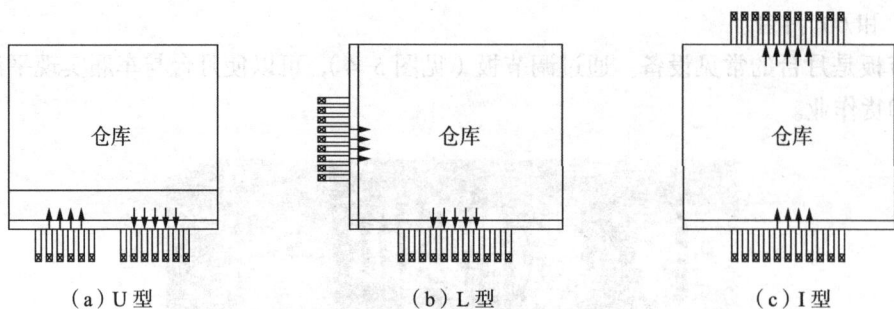

| （a）U 型 | （b）L 型 | （c）I 型 |

图 5-5　月台的布局形式

①U 型月台。U 型月台是指收货月台和发货月台位于仓库的同一区域或同侧。如果是布置在多个方向，这时采用 I 形或 L 形月台就成为必然。

②L 型月台。L 型的物流动线从收货暂存区域到发货区域中间隔着储存区。储存区会有多个通道"流往"其中的一个月台。

③I 型月台。在 I 型月台的布置中，物料必须通过整个仓库的作业区域到达发货场地。这不是移动物料的最短距离。这种方式需要更多的员工和月台设施，意味着更大的投资。

应该指出的是，一个仓库月台的布局不仅限于以上几种形式，往往会根据场地和业务流程的要求，有各种形式的交叉与混合，或多种情况并行。具体的布局主要根据仓库收发货的基本要求和场地情况确定，并无明确的要求。

从物流方向看，U 型月台与 L 型月台更加适合于有交叉转运的场合，I 型月台则适合于仓库纵深比较大的情形，或无库存的配送中心。但这些原则都不是绝对的。场地的形状和业务流程需要起决定作用。从空间利用率来讲，U 型月台和 L 型月台是比较好的，但也不尽然。

**4. 月台形式的选择**

月台形式选择内置还是外置，根据业务需求、环境需求，以及场地限制等因素来综合考虑。

（1）业务需求。绝大多数常温库均选择外置月台，这是因为外置月台使用方便，布置紧凑，使用灵活，成本低。

但对于绝大多数冷库来说，尤其是对冷链有严格要求的场合，如医药冷链，则选择内置月台的居多。在内置月台与仓库储存空间之间，一般需要有缓冲间，一方面作为收发货的交接区和作业区，另一方面也防止冷气的散发。尤其是有调节板的内置月台，由于冷桥的作用，是不宜与储存区连接在一起的。

（2）环境需求。有些低温的环境对温度要求不是很低，如医药物流系统的阴凉库，环境温度为 15 ～ 19℃即可，这与 -18℃的环境是有很大差异的。在设计上，一方面不需要有缓冲间过渡，另一方面，管理上也不要求冷链的无缝连接。这时，从成本和作业的灵活性考虑，采用"外置月台 + 风幕"是比较合适的选择。

而对于 -18℃及以下温度的冷库，采用内置月台是合适的。过渡间的作用，除了将冷库进行隔离，另一个作用是提供比较舒适的作业环境。自动化冷库之所以越来越受重视，就在于除节能、高效等优势外，还给人提供了一个良好的作业环境。

（3）场地限制。很多比较怪异的或不符合常理的设计，往往是因为场地的限制所导致的。如由于停车场宽度不够，往往只能采用 0° 月台或其他角度的月台，就是一个典型的例子。此外，还包括将常温库设计成内置月台等。因地制宜是物流系统设计的基本原则，月台设计也是如此。

**5. 月台的尺寸**

月台看起来很简单，但设计好却有难度。

（1）月台高度。通常月台上会安装月台调节板，作为月台与运输车辆之间起连接浮桥作用的高度调节板，以避免月台高度与来往运输车辆的厢底高度的高度落差或间隙，造成搬运叉车不能进出运输车辆直接装卸货物。因此，不同用途的月台，其尺寸相差很大。一般情形下，是以货车车厢内的底面高度来反推月台的高度的。所以，会有高度在 900～1 300 mm 不等的月台。

以医药物流为例，收货时往往会有 40 ft 规格厢式货车（车厢长度为 12.19 m），车厢内底面高度一般为 1 200～1 300 mm，所以，月台高度设计往往以 1 200 mm 居多，也有采用 1 300 mm 的情形。而发货则以小车为主，月台高度设计为 900 mm 更为合适。

（2）月台宽度。月台的宽度也是多种多样的，既与月台的使用需求和装卸货物的频繁程度有关，也与装卸货物的尺寸有关，还与月台的设备及叉车型号有关。一般月台的宽度为 4 500～6 000 mm，特殊情况除外。

月台一般需要配置调节板，即使是统一高度的货车，也会因为轮胎的充气与载荷的大小而出现高差。在南方，带尾板的厢式货车比较多，可以考虑不设计调节板，但对于大多数情况而言，设计调节板还是非常必要的。调节板的尺寸还会影响月台的宽度，一般调节板的深度达到 2 400 mm，因此，4 500 mm 以上的月台宽度是非常必要的。应该指出的是，随着越来越多的自动化装卸设备的诞生，月台宽度已经突破传统的定义，变得更宽，有的甚至可以达到 10 m 以上。

月台设计的基础是月台停车位，月台停车位的计算与物流量、采用的装卸方式和技术手段有很大关系。在设计月台时，首先要明确车辆是什么形式，数量是多少，每小时装卸的能力如何，由此进行月台的布局和停车位的计算。有时，月台布局还与周边道路、园区大门等情况有很大关系。

**6. 月台雨棚设计**

雨棚的形式有很多种，不仅尺寸变化较大，并且南方和北方的差异也比较大。雨棚的设计除长、宽、高尺寸外，还要计算各种载荷。

（1）雨棚的高度。雨棚的高度一般在 5 500 mm 比较合适，这是相对于 4 500 mm 限高而言的。雨棚下需要安装照明、摄像机等设备，因此，需要比车辆高出一定尺寸。

雨棚高度设计不宜过高或过低，过高对于避雨是不利的，尤其在南方更是如此，过低则要考虑大车的影响，避免干扰车辆。

（2）雨棚的宽度。雨棚的宽度一方面取决于货车是否全部是厢式货车，原则上，厢式货车的雨棚相对窄一些，伸出月台 2～3 m 即可，而对于敞篷货车而言，原则上要求能够遮住全部车身。但实际上大多数情况都做不到。此外，对于多雨的南方，雨棚的宽度需要宽一些，而干旱的北方，则雨棚设计可以相对窄一些。

雨棚过宽时（如超过 10 m），可以在月台上设计支撑柱，这样可以减少雨棚拉杆承受的载荷。

（3）雨棚的载荷。雨棚的载荷，除雨水载荷外，还要考虑风载荷和雪载荷，这一点是很重要的。沿海地区的台风常常对雨棚造成破坏，而北方的大雪也会造成严重破坏，这些都是设计中要引起重视的。

### 7. 仓库门的配合

与月台设计配套的，除雨棚和调节板外，还有仓库门的设计。

作为重要的物流仓储设施，仓库门不仅种类、规格繁多，其应用也非常广泛。目前最常采用的仓库门是滑升门，也称为升降门。卷帘门（不含快速卷帘门）作为月台上的仓库门已逐渐被淘汰，但在仓库的防火隔墙上使用是常见的。

外置月台的仓库门以 3 000 mm × 3 000 mm 规格居多，这是为方便叉车作业。但有高架叉车进入时，需要设计一个高度为 4 200 mm 的仓库门，以及供叉车上下的坡道，这很容易被忽视。

内置月台的门，因为没有叉车出入，仅需要考虑保温的需要，门的尺寸要求与车厢匹配，一般情况下，选择 2 400 mm × 3 000 mm 的门是合适的，外面需要配备门封，作业时车厢要与门封紧密贴合，防止冷气外泄。

### 8. 月台设备

月台上的设备种类不多，但随着自动装卸概念的提出，越来越多的月台设备被发明出来。

（1）调节板。这是最常见的月台设备，有多种规格，最常见的规格有 2 000 mm × 2 400 mm 和 1 800 mm × 2 400 mm，由于调节板要与车厢连接，因此，过宽和过窄都有问题，过宽则车厢放不下，过窄则作业有风险。

（2）叉车和托盘搬运车。叉车和托盘搬运车是最常见的仓储设备，也是常见的月台设备。叉车和托盘搬运车将货物从车上卸下或通过它将托盘货物送入车厢，这是最常见的作业方式。在设计月台承载能力和宽度时，要考虑适应叉车的要求。

（3）伸缩式皮带机。通过伸缩功能，皮带输送机工作时可以伸展到车厢里面，大大方便了装卸。皮带输送机不工作时，设备可以收回到室内。伸缩式皮带机有很多规格，其伸展长度为 6～10 m，如图 5-6 所示。

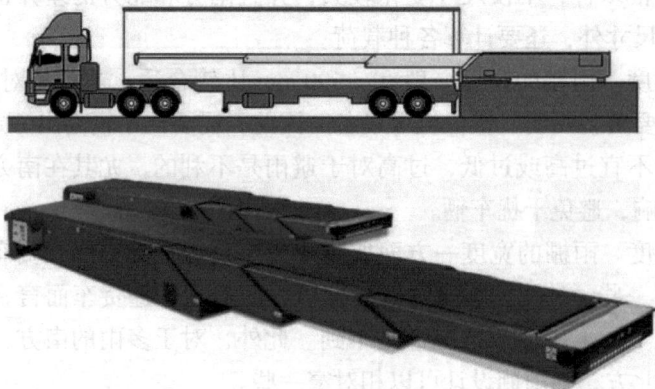

图 5-6 伸缩式皮带机

（4）移动式月台车。对于没有月台的情况，可以采用移动式月台车来提高装车效率。如图 5-7 所示是一种典型的移动式月台车，叉车可以通过坡道顺利进入车厢，这在传统的无月台仓库常有应用。

图 5-7　移动式月台车

（5）月台装卸车设备。欧洲有公司开发了多种形式的月台装卸车设备，如 JOLODA 公司开发的手动、半自动装卸车系统。有一套整车装车系统，是在月台上先完成整车的码垛，然后一次性通过布置在地面和车厢内的轨道，将整车货物推入车厢。这时的月台宽度要求超过整车的长度。

**9. 如何提高月台的作业效率**

物流中心的发展趋势是规模越来越大，自动化程度越来越高（并朝着智能化方向演变），效率越来越高，处理能力越来越强。收发货作业作为仓储系统的重要环节，也越来越受到人们的重视。随着收发货量的不断增加，收发货区也越来越大，月台资源有限的矛盾日益凸显，如何提升月台效率也就越来越受到重视。

（1）月台的调度管理。月台的调度管理分为几个部分，一个大型的物流中心，集货区资源和月台资源总是有限的，因此，采用波次作业成为一般做法。波次作业一方面可以大幅度减少对集货区的需求，另一方面则要求月台的管理要与波次作业相匹配。简单来说，月台管理即要求每辆车的装卸必须在指定的时间内完成。

月台管理分为月台资源管理、月台预约等功能，它与订单管理、运输管理密切相关。有时，它甚至是订单管理的一个前提条件。

设想一下整个发货作业过程。订单下达后，并不会立即执行，而是要进行调度和波次划分，使订单在规定的时间段完成发货。从集货区的角度来看，从波次开始执行的那一刻起，集货区就被占用，直到波次执行完毕，装车发运完成为止，集货区才能被释放，从而可以执行下一个波次的作业。从月台的角度看，当波次集货完成后，才可以进行装车发运，这时月台被波次占用，直到装车完毕，货车驶离月台。

物流系统的运行，是多个环节的互动过程，因此，从物流仓储管理的角度看，如何提高效率，关键是看各个环节的衔接是否紧密有序。月台管理是其中重要的一环。有一些专门的软件系统可提供对月台的管理，这在大型且繁忙的物流中心，对提升整体效率是有很大帮助的。

（2）带板运输。带板运输即带托盘运输，这是单元化物流的一个基本理念。

带板运输曾经有过很大的争议，至今仍然没有平息。争议的焦点是带板运输是否真的会带来效益。其最大争议点是装载率低，空托盘回收困难。然而，带板运输的优势是巨大的，一辆 40 ft 的货车，如果采用人工一箱一箱地装卸，需要 2 ～ 3 h 甚至更长，而采用带板运输，装卸时间可以控制在 0.5 h 以内，对月台的利用率提升 4 ～ 6 倍。这种巨大的效率的提升，完全可以抵消其负面影响。尤其在城市配送领域，带板运输的优势更加明显。随着托盘循环共用体系的建立，带板运输将逐渐成为主流。

有序是现代物流设计与管理的精髓。在一个自动化物流系统中，有序往往意味着自动化成本降低，自动化难度降低，以及效率大幅度提升。带板运输即物流装卸有序的典型代表。

（3）自动化装卸。物流的发展趋势是自动化和智能化，提高月台效率的关键也是自动化。自动装卸系统不仅可以大幅度提升月台的作业效率，还在降低劳动强度、减少货品损耗等方面发挥作用。在一些特殊的行业，如对于重载和体积较大的货物，采用自动化装卸技术，不仅可以提高作业效率，还可以减少安全事故。而对于应急物流体系来说，采用无人化的自动装卸系统，可大幅度提升效率，其意义更加重大。

资料来源：https://www.sohu.com/a/439481217_757817。

## 中国步伐——未来机器人打造业内首例外月台装车场景物流解决方案

未来机器人从事工业无人车辆的技术开发及生产。自 2016 年起，结合计算机视觉、运动控制、人工智能、深度学习等技术，该公司研发并生产了多系列视觉工业无人车辆，现致力于融合 L4 级无人驾驶感知技术及视觉伺服运动控制技术，实现视觉工业无人车辆在多个行业的规模化推广。截至 2021 年，未来机器人已开发并量产八大系列视觉工业无人车辆及配套软件系统，其产品利用工业相机强大的信息获取能力进行视觉 SLAM 建图，可实现快速部署，实现高度智能化的自主导航取放货和绕障，单车运行效率更高、更稳定，可实现对随机品类、随机位置货物高精度自适应取放（误差小于 ±5 mm）；实现车辆云端调度，具有高效率、高柔性、安全稳定等优点。无缝对接 MES、WMS、ERP 等系统，配合未来机器人视觉导航模块，可实现多机型、跨场景调度。

2020 年，通过外月台装车场景的物流无人化解决方案，实现了工厂物流从线边转运—货物堆叠—外月台装车的真正全流程无人化升级。目前，未来机器人视觉工业无人车辆已经广泛应用于石化、烟草、工程机械、汽配、轮胎、电商物流、第三方物流、3C 制造、食品制药、新能源等领域，涵盖了外月台装车、料笼堆叠、货物上下架、室外长距离运输等核心场景。落地项目总计 75 个，累计客户超过 100 个，其中包括 30 多个世界五百强企业，累计出货量超过 500 台。

资料来源：https//www.360kuai.com/pc/94bf244a87d9d2b55?cota=3&kuai_so=1&sign=360_57c3bbd1&refer_scene=so_1。

# 5.2　常见的仓储设备

物流仓储设备是现代化企业的主要作业工具之一，是合理组织批量生产和机械化流水作业的基础。对第三方物流企业来说，物流仓储设备又体现了企业的物流能力大小和物流现代化水平。

伴随着物流的发展与进步，物流仓储领域许多新的设备不断涌现，如四向托盘、高架叉车、自动分拣机、自动引导搬运车（AGV）、集装箱等，极大地降低了人们的劳动强度，提高了仓储物流运作效率和服务质量，降低了物流成本，促进了物流仓储的快速发展。

物流仓储设备主要包括货架、堆高车、搬运车、出入境输送设备、分拣设备、提升机、搬运机器人以及计算机管理和监控系统。按用途可分为包装设备（见 4.3 节）、仓储设备、集装单元器具（见 4.4 节）、装卸搬运设备、流通加工设备、运输设备。这些设备可以组成自动化、半自动化、机械化的商业仓库来堆放、存取和分拣承运物品。本节仅介绍几种库内常见设备。

## 5.2.1　仓储货架

货架（rack）是由立柱、搁板或横梁等结构件组成的储物设施。在仓库中占有十分重要的地位和作用。

①用钢材或钢筋混凝土制成的架子，可通过提升货架高度来扩大仓库的储存能力；②货架上的货物相互不接触、不挤压，减少货损；③货物存取方便，结合计算机管理易实现先进先出；④可采用防潮、防尘、防盗等措施来提高货物储存质量。

### 1. 按货架每层载重量分

（1）重型托盘货架。每层货架载重量一般在 500 kg 以上，适用于大型仓库。

（2）中型货架。每层搁板载重量为 200 ～ 500 kg。

中型货架是介于轻型货架与重型货架之间的货架类型。最常出现的形式是在每层横梁上放入层板挂接于两边的立柱上。所以这种货架也可以被称为层板货架或者搁板货架，在现代仓储环境中，搁板主要以钢板或者复合材料的板面为主，层高可根据需要进行调节。

中型货架在电商仓库、中小型仓库中，在日用品、轻工业品或者零部件的仓储中被广泛使用。这种货架在民用产品中也是最常见的货架之一。比如，个人店铺、中小贸易公司仓储等。

中型货架如图 5-8 所示。

图5-8　中型货架

（3）轻型货架。每层货架载重量在200 kg以下。

**2. 按货架适用性及外型特点分**

仓储货架被认为是高效达成立体化、集约化、规模化仓储运营的至关重要的设备之一，在仓储中起着非常重要的作用。仓储用到的货架类型很多，下面主要介绍常用的几种。

（1）重型货架（托盘货架或者横梁式货架）。重型货架的主要受力点在于立柱与横梁，如图5-9所示。重型货架在使用中一般是离不开托盘类的容器的，故此，它也被称为托盘货架或者横梁式货架。重型货架在物流仓储中占据重要的地位。这其中的原因主要有两点：①每单元承受的重量可以超过4 000 kg，可设置钢板层、金属丝网。②适合物料堆高存放，可充分利用仓库的空间达到物料分类管理目的，可配合叉车或堆高机使用。

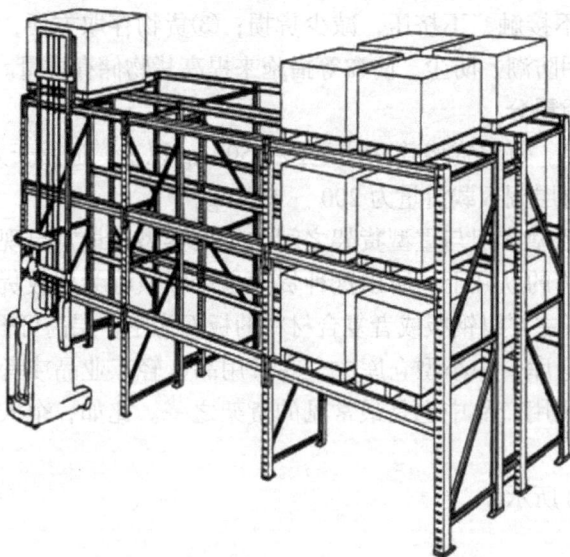

图5-9　重型货架

托盘货架结构简单，可调整组合，安装简易，费用经济；入库不受先后顺序的限制；储物型态为托盘装载货物，配合升降式叉车存取。

托盘货架具有刚性好、自重轻，层高可自由调节，适合规模化生产，成本低、运输和安装便利，并易于实现模块化设计等优点，目前已是工业企业各类货架仓库的主流，在电器、机械、五金以及化工行业广泛应用。

由于横梁式货架适用于品种多、批量大的货物仓储，为了存取方便，设计的巷道会比较多，所以地面使用率相对偏低。

（2）贯通式货架（通廊式货架或驶入式货架）。在现代仓储中，叉车以及自动叉车的使用让仓储操作变得高效又方便。为此要设计出一种适合叉车使用的货架，主要解决的是货架中的通廊空间，让叉车方便安全地进入操作。为此，贯通式货架应运而生。贯通式货架的托盘一个接一个按深度方向存放在支撑导轨上，增大了储存密度，相较于托盘货架，几乎多出一倍的储存能力，最大限度地提高了库容量，如图 5-10 所示。

基于以上的特点，贯通式货架适用于对于物品批次有严格要求的食品、饮品、乳制品、化工、烟草等品类相对单一，数量较大，需要先进先出作业管理的仓库。由于贯通式货架需要叉车驶入货架内部存取货物，所以人员的安全问题需要特别注意。

图 5-10　贯通式货架

（3）阁楼式货架。如果需要一种适合较多储存类型的较为综合类型的货架，那么阁楼式货架是一个不错的选择。

阁楼式货架是在已有的货架场地上按使用情况建立起阁楼形式的空间，一般有两层或者三层。按照货架的立柱规格不同，阁楼式货架也可以分为重型阁楼式货架与中型阁楼式货架。阁楼式货架通常承载能力在 $300 \sim 1\,000\,\text{kg/m}^2$。

阁楼式货架适用于场地有限，货物品种繁多，数量少的情况下，如电子器材、机械零配件等大批量、多品种的小件物品或者轻泡的货物仓储。它能使现有场地增加几倍的利用率，可配合使用升降机操作。

阁楼式货架如图 5-11 所示。

图 5-11　阁楼式货架

（4）悬臂式货架。一般的货架对于长形、圆形、环形、不规则货物不能胜任，必须依照这些产品或者货物的特点来定制货架，源于两个臂膀灵感的悬臂式货架应运而生。在两组货架的悬臂上，上述货物就可以很好地上架储存了。悬臂可以是单面或双面的，货架结构稳定，高度通常在 2.0 m 以内（如果用叉车存取货物则悬臂高度可达 6 m），悬臂长度在1.5 m 以内，每臂载重通常在 800 kg 以内。

悬臂式货架为开放式货架，不便于机械化作业，需配合跨距较宽的设备。一般高度 6 m以下，空间利用率较低，为 35%～50%。适用于保管管材、型钢、铝型材、塑钢材等长大的物料。

悬臂式货架如图 5-12 所示。

图 5-12　悬臂式货架

（5）流利式货架。流利式货架也称为流利条货架或者滚轮式货架，核心部件是由滚轮构成的流利条，这种货架一般每层有一定的倾斜角度，以便适应分拣或其他的生产环节上作业。流利条安装倾斜度通常取 5%～9%，将货物放入塑料盒或周转箱中，靠重力沿滚轮下滑，实现先进先出，适用于生产线或装配线上物料的存放。

流利式货架如图 5-13 所示。

图 5-13　流利式货架

（6）重力式货架。重力式货架靠自重力使货物滑动，不需要操作通道，所以减少了运输路线和叉车的数量。在货架每层的通道上，都安装有一定坡度的、带有轨道的导轨，入库的单元货物在重力的作用下，由入库端流向出库端。这样的仓库，在排与排之间没有作业通道，大大提高了仓库面积利用率。但使用时最好同一排、同一层上的货物为相同的货物或一次同时入库和出库的货物。层高可调，配以各种型号叉车或堆垛机，能实现各种托盘的快捷存取，单元货格最大承载可达 5 000 kg，是各行各业最常用的储存方式。

重力式货架如图 5-14 所示。

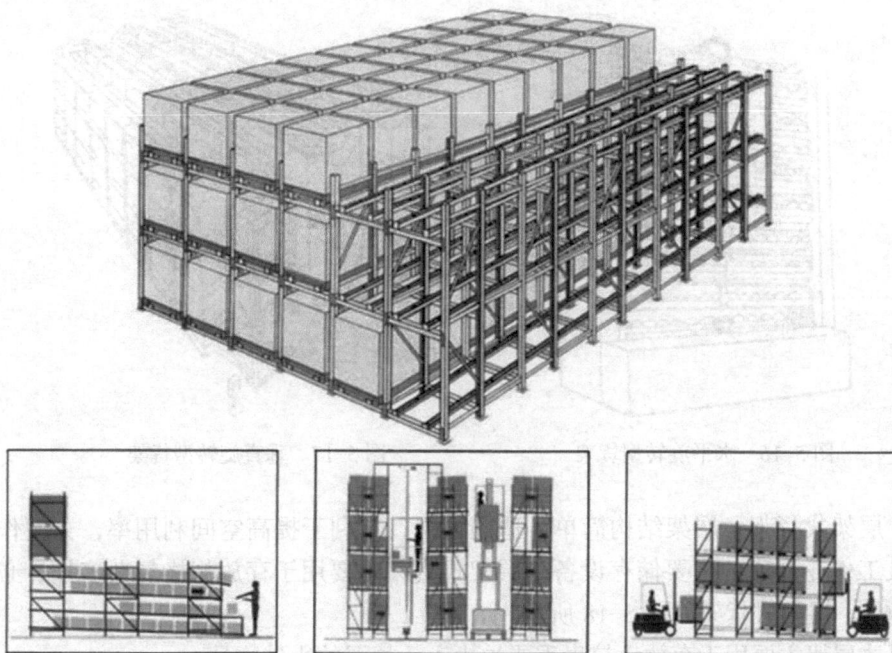

图 5-14　重力式货架

（7）移动式货架。移动式货架在货架的底部安装有运行车轮，可在地面上运行。它适用于库存品种多，出入库频率较低的仓库；或出入库频率较高，但可按巷道顺序出入库的仓库。因为只需要作业通道，可大大提高仓库面积的利用率。广泛应用于办公室存放文档，图书馆存放档案文献，金融部门存放票据，工厂车间、仓库存放工具、物料等。移动式货架如图 5-15 所示。

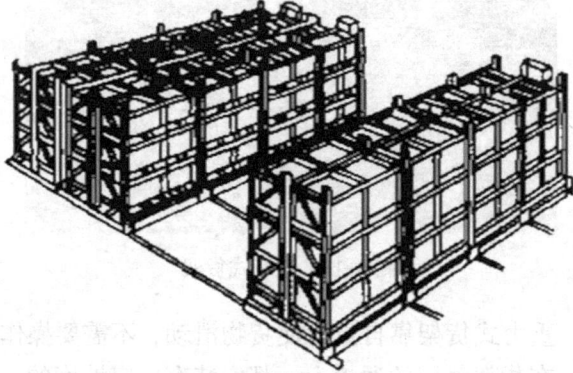

图 5-15　移动式货架

（8）旋转式货架。旋转式货架根据旋转方式不同可分为水平旋转型（见图 5-16）、垂直旋转型（见图 5-17）、立体旋转型三种，而水平旋转型货架根据层动形式不同又分为整体旋转和单层独立旋转。整体旋转是各层仅用一台马达带动，同时将连在一起的上下各货架层予以水平方向旋转的自动仓储，单层独立旋转是每层各有一台马达，各单层能独立旋转。

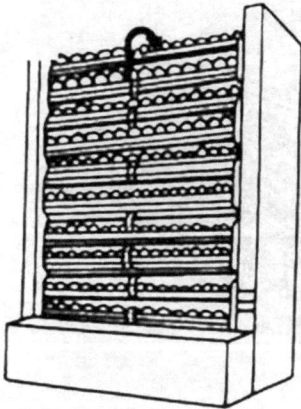

图 5-16　水平旋转型货架　　　　　　　　图 5-17　垂直旋转型货架

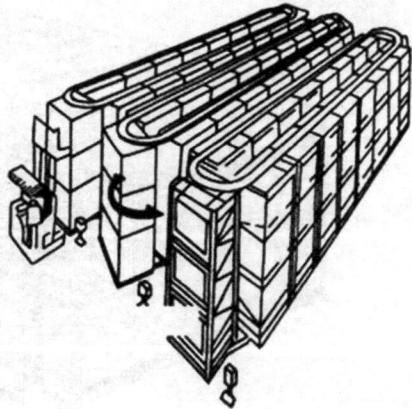

（9）层架式货架。层架结构简单，适用性强，有利于提高空间利用率，方便作业的存取，是人工作业仓库的主要储存设备。层架式货架主要用于存放规格复杂多样、必须互相隔开的物品。层架式货架如图 5-18 所示。

抽屉式层架主要用于存放比较贵重或怕尘土、怕湿的小件物品。

图 5-18　层架式货架

## 5.2.2　仓储叉车

仓储叉车主要是为仓库内货物搬运而设计的叉车。除了少数仓储叉车（如手动托盘叉车）采用人力驱动，其他都是以电动机驱动，因其车体紧凑、移动灵活、自重轻和环保性能好而在仓储业得到普遍应用。在多班作业时，电动机驱动的仓储叉车需要有备用电池。

仓储叉车主要分为电动托盘搬运车、电动托盘堆垛车、前移式叉车、平衡重式电动叉车、三支点式电动叉车、低位驾驶三向堆垛叉车、高位驾驶三向堆垛叉车、侧面叉车、四向叉车、电动拣选叉车、万向电动叉车、电动牵引车等。

（1）电动托盘搬运车。承载能力为 1.6～3.0 t，作业通道宽度一般为 2.3～2.8 m，货叉提升高度一般在 210 mm 左右，主要用于仓库内的水平搬运及货物装卸。有步行式、站驾式和坐驾式三种操作方式，可根据效率要求选择。电动托盘搬运车如图 5-19 所示。

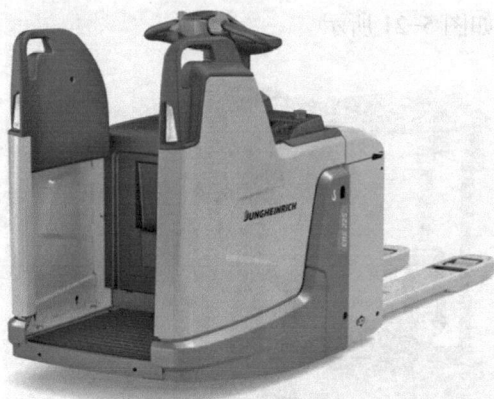

图 5-19　电动托盘搬运车

（2）电动托盘堆垛车。电动托盘堆垛车分为全电动托盘堆垛车和半电动托盘堆垛车两种类型。顾名思义，前者行驶、升降都为电动控制，比较省力。而后者是需要人工手动拉或者推着叉车行走，升降则是电动的。电动托盘堆垛车的承载能力为 1.0～2.5 t，作业通道宽度一般为 2.3 ～ 2.8 m，在结构上比电动托盘搬运叉车多了门架，货叉提升高度一般在 4.8 m 内，主要用于仓库内的货物堆垛及装卸。

（3）前移式叉车。承载能力为 1.0 ～ 2.5 t，门架可以整体前移或缩回，缩回时作业通道宽度一般为 2.7 ～ 3.2 m，提升高度最高可达 11 m 左右，常用于仓库内中等高度的堆垛、取货作业。前移式叉车根据操作方式可分为大前移（带有驾驶室，通过方向盘来操作转向）和小前移（通过手柄来操作转向）。

（4）平衡重式电动叉车。以电动机为动力，蓄电池为能源。承载能力为 1.0 ～ 4.8 t，作业通道宽度一般为 3.5 ～ 5.0 m。没有污染、噪声小，广泛应用于室内操作和其他对环境要求较高的工况，如医药、食品、冷库等行业，由于其充一次电最多只能用 5 ～ 8 h，因此，一般多班制的都要配备多组电池。平衡重式电动叉车如图 5-20 所示。

图 5-20　平衡重式电动叉车

（5）三支点式电动叉车。三支点式电动叉车也是以电动机为动力，蓄电池为能源。承载能力为 1.0 ～ 2.0 t，该系列叉车具有无污染、噪声小、操作方便等特点。又因为以三支点为支撑形式，故能实现 90° 转向，转弯半径小，适用于窄通道或作业空间狭小的物料搬运仓储。三支点式电动叉车如图 5-21 所示。

图 5-21　三支点式电动叉车

（6）三向堆垛叉车（窄通道叉车）。三向堆垛叉车通常配备一个三向堆垛头，叉车不需要转向，货叉旋转就可以实现两侧的货物堆垛和取货，三向堆垛叉车分低位和高位三向堆垛车两种。

低位驾驶三向堆垛叉车：通道宽度为 1.5 ～ 2.0 m，提升高度可达 12 m。叉车的驾驶室始终在地面不能提升，考虑到操作视野的限制，主要用于提升高度低于 6 m 的工况。

高位驾驶三向堆垛叉车：通道宽度为 1.5 ～ 2.0 m，提升高度可达 14.5 m，承载能力一般是 1 t 左右。其驾驶室可以提升，驾驶员可以清楚地观察到任何高度的货物，也可以进行拣选作业。高位驾驶三向堆垛叉车在效率和各种性能方面都优于低位驾驶三向堆垛叉车，因此，该车型已经逐步替代低位驾驶三向堆垛叉车。

（7）侧面叉车（窄通道叉车）。承载能力一般为 2.5 t，最大起升高度为 6 m，有利于搬运条形、长尺寸货物，如长形管材、木料、铝型材等。操作时因长尺寸货物与车体平行，在出入仓库作业的过程中，车体进入通道，货叉面向货架，在进行装卸作业时不必先转弯后作业，故不受通道宽度的限制，使得侧面叉车适用于窄通道作业。

（8）四向叉车（窄通道叉车）。四向叉车集前移式叉车、侧面叉车、平衡重式电动叉车的功能于一身。在构造上，它和前移式叉车基本相同，门架位于前后车轮之间，在叉车前方有呈臂状伸出的两条插腿，插腿前端装有支撑轮，货叉可随门架在叉车纵向前后移动。叉车卸货时，货叉伸出，叉卸货物后货叉退回到接近车体的中间位置，因此，叉车行驶的稳定性大大提高。前轮换向时，不需调转车身即可改变行驶方向，常用于长尺寸货物，如长形钢材、木材、铝材等的搬运及堆垛。最大承载能力为 2.5 t，最大起升高度一般为 6 m。

其与前移式叉车不同之处在于，四向叉车叉腿前端的两个承重轮可以通过转向机构回转 90°，当后轮转过 90°时，整个叉车可以从前后行驶的状态就地变为左右行驶，相当于侧叉，因此，适合更窄通道的长形货物搬运。最小通道宽度通常可以在 2 m 以内。但因结构复杂，成本较高。

（9）电动拣选叉车。在某些工况下（如超市的配送中心），不需要整托盘出货，而是按照订单拣选多种品种的货物组成一个托盘，此环节称为拣选。按照拣选货物的高度，电动拣选叉车可分为低位拣选叉车（2.5 m 内）和中高位拣选叉车（最高可达 10 m）。承载能力为 2.0 ～ 2.5 t（低位）、1.0 ～ 1.2 t（中高位，带驾驶室提升）。

（10）万向电动叉车。万向电动叉车可以万向行驶，除了具备平衡重式叉车的主要特点，三个轮子可以任何角度一致朝一个方向行驶，因此该车型转向灵活，在叉取货物后，可根据场地限制原地转向，向任意方向移动叉车。该车型解决了长形货物在狭窄空间的转向问题，极大地节约了空间，可以实现在火车和汽车车厢内斜向码垛与拆卸。

（11）电动牵引车。牵引车采用电动机驱动，利用其牵引能力（3.0 ～ 25 t），后面拉动几个装载货物的小车。经常用于车间内或车间之间大批货物的运输，如火车站、飞机场，或者汽车制造业仓库向装配线的运输等。

### 5.2.3　巷道式堆垛机

堆垛起重机也称堆垛机，是立体仓库中最重要的起重运输设备，是立体仓库特征的标志。巷道式堆垛机是由叉车、桥式堆垛机演变而来的。桥式堆垛机由于桥架笨重因而运行速度受到很大限制，它仅适用于出入库频率不高或存放长形原材料和笨重货物的仓库。巷道堆垛机的主要用途是在高层货架的巷道内来回穿梭运行，将位于巷道口的货物存入货格，或者取出货格内的货物运送到巷道口。巷道式堆垛机结构示意图如图5-22所示。

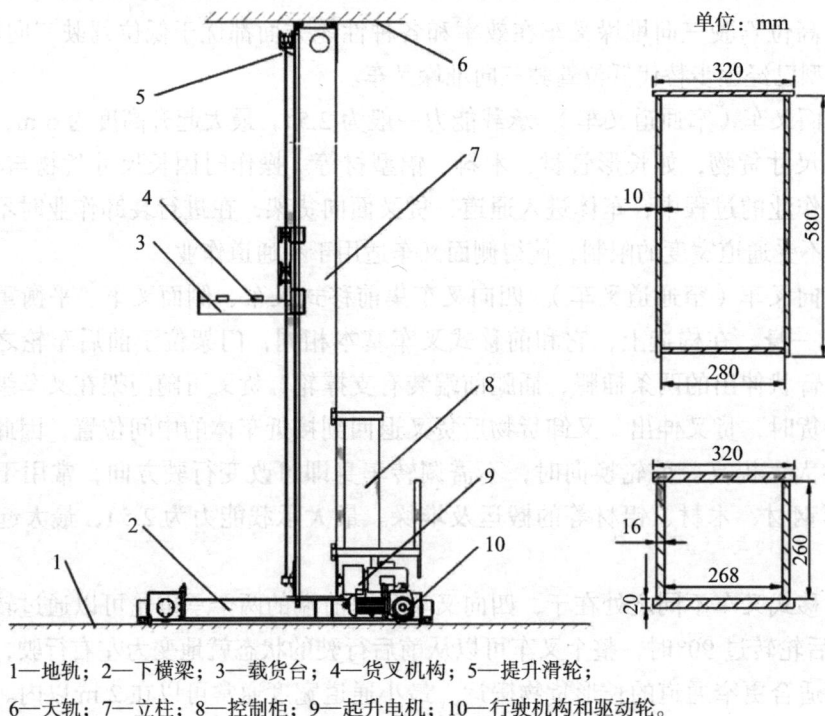

1—地轨；2—下横梁；3—载货台；4—货叉机构；5—提升滑轮；
6—天轨；7—立柱；8—控制柜；9—起升电机；10—行驶机构和驱动轮。

图5-22　巷道式堆垛机结构示意图

**1. 巷道式堆垛机的特点**

（1）电气控制方式有手动、半自动、单机自动及计算机控制。可任意选择一种电气控制方式。

（2）大多数堆垛机采用变频调速，光电认址，具有调速性能好，停车准确度高的特点。

（3）采用安全滑触式输电装置，保证供电可靠。

（4）运用过载松绳，断绳保护装置确保工作安全。

（5）配备移动式工作室，室内操作手柄和按钮。

（6）堆垛机机架重量轻，抗弯、抗扭刚度高，起升导轨精度高，耐磨性好，可精确调位。

（7）可伸缩式货叉减小了对巷道的宽度要求，提高了仓库面积的利用率。

**2. 巷道式堆垛机的分类**

巷道式堆垛机的类型、特点和用途如表5-1所示。

表 5-1　巷道堆垛机的类型、特点和用途

| | 类型 | 特点 | 用途 |
|---|---|---|---|
| 按结构分类 | 单立柱型巷道堆垛机 | 1. 机架结构是由 1 根立柱、上横梁和下横梁组成的 1 个矩形框架；<br>2. 结构刚度比双立柱差 | 适用于起重量在 2 t 以下，起升高度在 16 m 以下的仓库 |
| | 双立柱型巷道堆垛机 | 1. 机架结构是由 2 根立柱、上横梁和下横梁组成的 1 个矩形框架；<br>2. 结构刚度比较好；<br>3. 质量比单立柱大 | 1. 适用于各种起升高度的仓库；<br>2. 一般起重量可达 5 t，必要时还可以更大；<br>3. 可用于高速运行 |
| 按支撑方式分类 | 地面支承型巷道堆垛机 | 1. 支承在地面铺设的轨道上，用下部的车轮支承和驱动；<br>2. 上部导轮用来防止堆垛机倾倒；<br>3. 机械装置集中布置在下横梁，易保养和维修 | 1. 适用于各种高度的立体库；<br>2. 适用于起重量较大的仓库；<br>3. 应用广泛 |
| | 悬挂型巷道堆垛机 | 1. 在悬挂于仓库屋架下弦装设的轨道下翼沿上运行；<br>2. 在货架下部两侧铺设下部导轨，防止堆垛机摆动 | 1. 适用于起重量和起升高度较小的小型立体仓库；<br>2. 使用较少；<br>3. 便于转巷道 |
| | 货架支承型巷道堆垛机 | 1. 支承在货架顶部铺设的轨道上；<br>2. 在货架下部两侧铺设下部导轨，防止堆垛机摆动；<br>3. 货架应具有较大的强度和刚度 | 1. 适用于起重量和起升高度较小的小型立体仓库；<br>2. 使用较少 |
| 按用途分类 | 单元型巷道堆垛机 | 1. 以托盘单元或货箱单元进行出入库；<br>2. 自动控制时，堆垛机上无司机 | 1. 适用于各种控制方式，应用最广；<br>2. 可用于"货到人"式拣选作业 |
| | 拣选型巷道堆垛机 | 1. 在堆垛机上的操作人员从货架内的托盘单元或货物单元中取少量货物，进行出库作业；<br>2. 堆垛机上装有司机室 | 1. 一般为手动或半自动控制；<br>2. 用于"人到货"式拣选作业 |

## 5.2.4　自动分拣系统

自动分拣系统（automatic sorting system）是先进配送中心所必需的设施条件之一，具有很高的分拣效率，通常每小时可分拣商品 6 000 ～ 12 000 箱。可以说，自动分拣机是提高物流配送效率的一项关键因素。自动分拣系统如图 5-23 所示。

菜鸟"货到人"仓储分拨系统

图 5-23　自动分拣系统

**1. 自动分拣系统的特点**

自动分拣系统的特点如下。

（1）能连续大批量地分拣货物。由于采用大生产中使用的流水线自动作业方式，自动分拣系统不受气候、时间、人的体力等限制，可以连续运行。自动分拣系统可连续运行100 h 以上，每小时可分拣 7 000 件包装商品。如用人工则每小时只能分拣 150 件左右，同时分拣人员也不能在这种劳动强度下连续工作 8 h。

（2）分拣误差率极低。自动分拣系统的分拣误差率大小主要取决于所输入分拣信息的准确性大小，这又取决于分拣信息的输入机制，如果采用人工键盘或语音识别方式输入，则误差率在 3% 以上，如果采用条码扫描输入，除非条码的印刷本身有差错，否则不会出错。因此，目前自动分拣系统主要采用条码技术来识别货物。

（3）分拣作业基本实现无人化。国外建立自动分拣系统的目的之一就是减少人员的使用，减轻员工的劳动强度，提高人员的使用效率，因此，自动分拣系统能最大限度地减少人员的使用，基本做到无人化。分拣作业本身并不需要使用人员，人员的使用仅局限于以下工作。

①送货车辆抵达自动分拣线的进货端时，由人工接货。

②由人工控制分拣系统的运行。

③分拣线末端由人工将分拣出来的货物进行集载、装车。

④自动分拣系统的经营、管理与维护。

**2. 自动分拣系统的组成**

自动分拣系统一般由控制装置、分类装置、输送装置及分拣道口组成。

（1）控制装置的作用是识别、接收和处理分拣信号，根据分拣信号的要求指示分类装置按商品品种、商品送达地点或货主的类别对商品进行自动分类。这些分拣需求可以通过不同方式，如条码扫描、色码扫描、键盘输入、重量检测、语音识别、高度检测及形状识别等方式输入分拣控制系统中去，根据对这些分拣信号的判断来决定某一种商品该进入哪个分拣道口。

（2）分类装置的作用是根据控制装置发出的分拣指示，当具有相同分拣信号的商品经过该装置时，该装置动作将会改变物品在输送装置上的运行方向，使其进入其他输送机或分拣道口。分类装置的种类一般有推出式、浮出式、倾斜式和分支式 4 种，不同的装置对分拣货物的包装材料、包装重量、包装物底面的平滑程度等有不同的要求。

（3）输送装置的主要组成部分是传送带或输送机，其主要作用是使待分拣商品通过控制装置、分类装置、输送装置完成输送，一般连接若干分拣道口，使分好类的商品滑下主输送机（或主传送带），以便进行后续作业。

（4）分拣道口是已分拣商品脱离主输送机（或主传送带）进入集货区域的通道，一般由钢带、皮带、滚筒等组成滑道，使商品从主输送装置滑向集货站台，在那里由工作人员将该道口的所有商品集中后，或是入库储存，或是组配装车，并进行配送作业。

以上四部分装置通过计算机网络联结在一起，配合人工控制及相应的人工处理环节，构成一个完整的自动分拣系统（见图 5-24）。

图 5-24　自动分拣系统的组成

### 3. 常用的自动分拣系统

根据分类机构的不同，常用的自动分拣系统分为以下几种类型。

（1）带式分拣机。带式分拣机是利用输送带载运货物，完成分拣工作的机械设备，如图 5-25 所示。

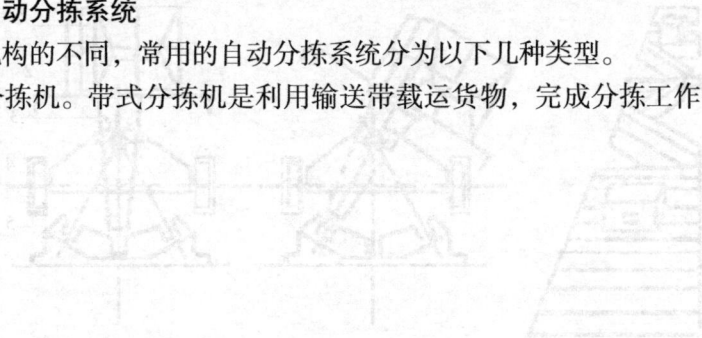

图 5-25　带式分拣机

（2）交叉带式分拣机。交叉带式分拣机由主驱动带式输送机和载有小型带式输送机的台车（简称"小车"）连接在一起，当"小车"移动到所规定的分拣位置时，转动皮带，完成商品分拣任务。因为主驱动带式输送机与"小车"上的带式输送机呈交叉状，故称交叉带式分拣机。

交叉带式分拣机的主要优点／性能参数如下。

①适宜于分拣各类小件商品，如食品、化妆品、衣物等。

②分拣出口多，可左右两侧分拣。

③分拣能力一般达 6 000 ～ 7 700 件 /h。

注：大型交叉带式分拣系统一般应用于机场行李分拣和安检系统，根据作业现场的具体情况可分水平循环式或直行循环式。

（3）翻板式分拣机。翻板式分拣机由一系列相互连接的翻板、导向杆、牵引装置、驱动装置、支承装置等组成，其工作原理如图 5-26 所示。

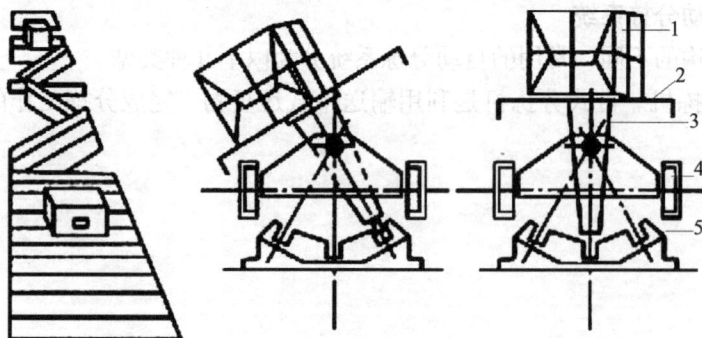

1—货物；2—翻板；3—导向杆；4—链条走轮；5—尼龙导轨。

图 5-26　翻板式分拣机的工作原理

（4）浮动滚子式分拣机。浮动滚子式分拣机的自动分拣装置由两排能够上下浮动的旋转滚轮组成，每排由 8 ～ 10 个滚轮组成。在非工作状态下，两排滚轮位于主输送线上表面下方，当滚轮接收到分拣信号后立即向上跳起，使两排滚轮的表面高出主传送线上平面一定高度（约 10 mm），恰好与运行到这里的货物底面接触将货物向上托起，并根据分拣信号要求控制滚轮向一侧方向旋转，使原来保持直线运动的货物在一瞬间改变方向，进入分拣道口。

（5）气缸侧推式分拣机。气缸侧推式分拣机的工作装置是安装于主输送线一侧的推送气缸，如图 5-27 所示。当货物运行到需分拣的分拣道口时，侧推式气缸迅速动作，将货物推下分拣道口，货物脱离主输送线进入相应的集货区域。

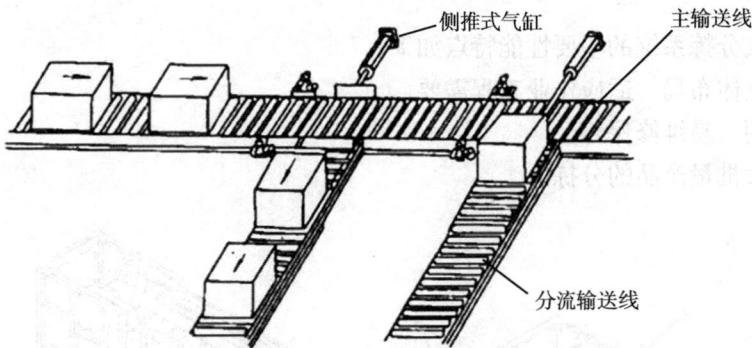

图 5-27　气缸侧推式分拣机

（6）推块式分拣系统。推块式分拣系统（pusher sorting system）由推块式分拣机、供件机、分流机、信息采集系统、控制系统、网络系统等组成，如图 5-28 所示。它是利用独特形状的滑块，通过在主输送线链板间的左右滑动完成分拣作业的一种机械。

图 5-28　推块式分拣系统

推块式分拣系统的主要优点 / 性能参数如下。

①可适应不同大小、重量、形状的货物。

②分拣时轻柔、准确。

③可向左、右两侧分拣，占地空间小。

④分拣时所需商品间隙小，分拣能力高达 18 000 件 /h。

⑤机身长，最长达 110 m，出口多。

（7）轨道台车式分拣系统。被分拣的物品放置在沿轨道运行的小车托盘上，当到达分拣口时，台车托盘倾斜 30°，货物被分拣到指定目的地。轨道台车式分拣系统示意图如图 5-29 所示。

轨道台车式分拣系统的主要性能特点如下。

①可三维立体布局，适应作业工程需要。

②可靠耐用，易维修保养。

③适用于大批量产品的分拣。

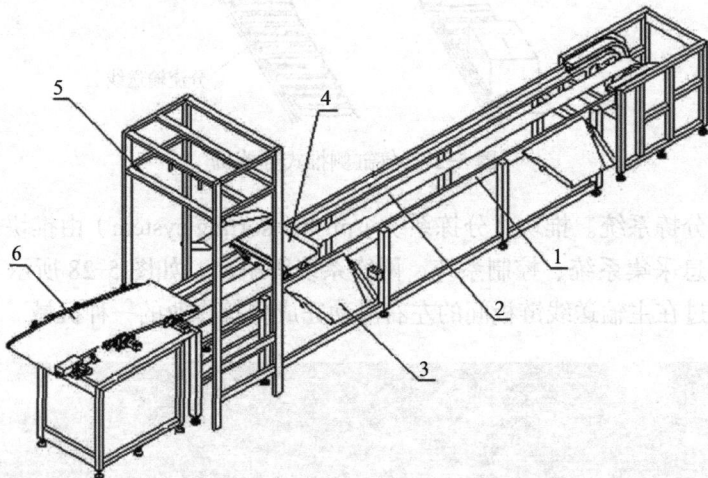

1—架体；2—循环运行轨道；3—分拣下料口；4—分拣台车；5—视觉机构。

图 5-29　轨道台车式分拣系统示意图

（8）斜导轮式分拣机。当转动的斜导轮，在平行排列的主窄幅皮带间隙中浮上、下降时，达到商品分拣的目的，如图 5-30 所示。

斜导轮式分拣机主要是利用斜导轮的导向作用，斜导轮可以在货物的传输设备上上下浮动，实现与分拣对象的接触和分离，当货物到达预定分拣位置时，斜导轮浮起与货物接触，改变货物的运动方向，实现分拣功能，如图 5-30 所示。

斜导轮式分拣机的主要优点 / 性能参数如下。

①对商品冲击力小，分拣轻柔。

②分拣快速准确。

③适应各类商品，只要是硬纸箱、塑料箱等平底面商品。

④分拣出口数量多。

图 5-30　斜导轮式分拣机

（9）摇臂式分拣机。被分拣的物品放置在钢带式或链板式输送机上，当到达分拣口时，摇臂转动，物品沿摇臂杆斜面滑到指定的目的地，如图 5-31 所示。

摇臂式分拣机结构简单，控制容易，但只能单向分拣，价格较低。

图 5-31　摇臂式分拣机

（10）塔式分拣系统。塔式分拣系统（wireless digital picking），主要应用于香烟分拣领域，每种香烟都有自己的出货口，由拨块负责操作，用于控制出货的数量，后面是补货系统，一般由人工完成补货作业。塔式分拣系统结构简单，分拣速度快。

（11）挡板式分拣机。挡板式分拣机是利用一个挡板（挡杆）挡住在输送机上向前移动的商品，将商品引导到一侧的滑道排出。挡板的另一种形式是挡板一端作为支点，可作旋转。挡板动作时，像一堵墙似地挡住商品向前移动，利用输送机对商品的摩擦力推动，使商品沿着挡板表面移动，从主输送机上排出至滑道。平时挡板处于主输送机一侧，可让商品继续前移；如果挡板作横向移动或旋转，则商品就拨向滑道。

（12）垂直式拣选系统。垂直式拣选系统（又称折板式垂直连续升降输送系统）（vertecal picking system）是不同楼层间平面输送系统的连接装置。根据用途和结构的不同，可从某楼层分拣输送至某楼层，或从某楼层分拣输送至不同的各楼层，或从某楼层分拣输送至某楼层的不同出口方向等几种形式。

● 知识拓展：分拣系统

目前常用的分拣系统有世界知名的自动化物流系统集成商德国德马泰克开发的自动分拣系统及相关系统；丹麦的克瑞斯普兰（德国伯曼机械）开发的全自动分拣系统；深圳市天和双力物流自动化设备有限公司开发的自动分拣系统；康大基业开发的电子标签拣货系统；上海邮政通用技术设备公司开发的交叉带式分拣机控制系统；壹比多开发的系列电子分拣系统等。

我国物流领域涉及分拣设备的主要有邮政、烟草、图书、医药、百货配送等行业。邮政领域通过前期的规划建设分拣系统已趋合理，在未拓展新业务之前不会对分拣系统有大的需求。而烟草、图书、医药、百货配送等行业对分拣系统需求旺盛，企业在整合资源扩大规模的同时，必将通过运用现代物流技术来提高市场反应速度，以赢得市场竞争力，从而适应各行业小批量、多品种、多客户端的各种高速自动分拣。从行业需求和前景来看，自动分拣设备将会有以下几个发展趋势。

（1）高速低耗。设备的高效和低成本运行直接影响用户的经济效益，在提高分拣效率方面，除提高设备自身运行线速度外，国外已有供货商将双层分拣主线和多层分拣格口技术方案应用到国内实施的案例，如深圳邮政局、广州邮政局。另外，合理的结构和选材以减轻主线自重、低功耗的驱动方式等都是降低设备能耗的主要因素，也是用户设备选型的重要内容。

（2）高适应性。设备适应性可分两个方面：一是对分拣物品的适应性，合理优化设备结（机）构可提高设备被分拣物件规格的范围；二是对设备安装场地的适应性，使用户有更大的挑选余地。

（3）高自动化。通过设备优化，减少工艺环节，如自供件、自卸载等。同时，减少设备日常维护工作量，也是提高设备自动化程度的有效举措，如传感器的免维护措施、提高设备自监控能力等。

（4）高性价比。高性价比主要反映在以下两个方面：一是在规划物流系统时，如何选用合适的设备来达到系统功能要求，不盲目求洋求全；二是同类设备在具备相同性能指标的情况下售价要低。

## 5.2.5　仓储笼

仓储笼又名仓库笼、蝴蝶笼、巧固笼、周转笼等，是一种标准的物流容器，主要用于较重或大物品的存放及机械化周转搬运，特别适合汽车、家电、机械五金等行业的使用，在欧美和日本等地区已得到广泛应用。仓储笼如图5-32所示。

仓储笼的结构特点如下。

（1）规格统一、容量固定、存放一目了然，易于仓库清点。

（2）可使用叉车、升降机、吊车，可互相堆垛四层，实现立体化储存。

（3）操作简便、应用广泛、使用寿命长。

（4）使用强力铁丝碰焊而成，底部以 U 型槽钢焊拉补强，结构更坚固。

（5）配合叉车、台车、液压托盘车等设备，可适用于运输、搬运、装卸、储存等物流各环节。

（6）可选配中空板作衬垫，保护装载工件。

（7）仓储笼可折叠存放，在没有放置物品的情况下，折叠放置可节约大量空间。

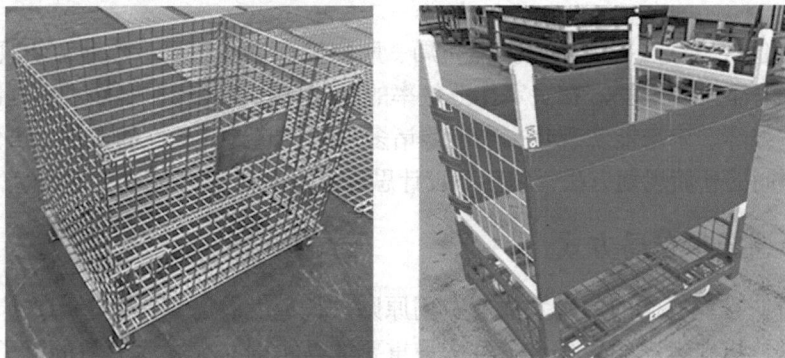

图 5-32　仓储笼

## 中国步伐——京东亚洲一号打造亚洲第一仓

　　京东亚洲一号是京东立志将自动化运营中心打造成亚洲范围内 B2C 行业内建筑规模最大、自动化程度最高的现代化运营中心的一个项目名称。其特点是将所有的商品集中储存在同一物流中心的仓库内，减少跨区作业，提升客户满意度，降低成本。快速完成商品的拆零拣选，合并属于同一订单的商品。京东亚洲一号的主要设备有：

双 11 背后
的物流科技

　　（1）货到人系统：用于对纸箱、周转箱等容器进行自动化存取、搬运并可实现货物到人的拣选技术。

　　（2）AS/RS 系统：自动化立体仓库系统，高密度储存形式，能够充分利用储存空间。

　　（3）交叉带分拣机系统：高速自动化分拣系统，适用于中、小件型的包裹分拣，配合全自动供包形式，最大限度地降低人员投入，提高分拣效率。

　　（4）AGV 系统：自动引导小车（AGV），替代了人工模式的重物搬运和重复常规的物料搬运工作，能够和机器人、自动化立体仓库等联合作业。

　　（5）阁楼货架系统：一种充分利用空间的由钢结构搭建而成的多层货架系统，员工在巷道内拣货。京东亚洲一号的部分项目中，采用四层阁楼货架系统，增加可用拣选面积，同时最大限度地利用储存空间。

　　（6）输送系统：京东亚洲一号各物流中心内使用了大量的输送线以减少货物搬运量，减轻人员的劳动强度，提升自动化水平。

　　（7）京东物流无人配送车：作为国内首家将自动驾驶应用到物流实际场景中的企业，早在 2016 年京东物流就推出机器人送快递服务，并逐步完成封闭社区、开放道路的规模化运营，让物流行业有望成为自动驾驶技术最先实现广泛商用的场景。目前，京东物流已经开发出全球领先的L4级别、车规级的第四代智能快递车产品，在不需要人工干预的情况下，实现自主行驶、智能避障、识别红绿灯、智能取货等功能。

资料来源：http://www.360doc.com/content/20/1029/15/77611_943032697.shtml。

# 5.3　仓储规划

仓储规划包含库址选择、库内整体布局、库内储存空间布局、作业流程规划等，它是物流规划中的一个重要模块。在决定作业效率的高低、能否实现便利性和数据准确性两全、货物保管质量好坏、未来能实现什么功能等诸多方面都起到基础性的作用。虽然不同行业、不同企业有不同的仓储规划方法，但整体设计思路基本上都是相通的。

## 5.3.1　库址选择与布局方式

在选址时，需要遵循的原则大致有费用原则、长远发展原则、接近用户原则。当然在遵循原则以外，更要考虑约束条件。其中最重要的是明确建立仓库的目的，了解基本所需条件，包括仓库服务对象现在的分布情况以及对未来分布情况的预测、货物作业量的增长率以及配送范围等。

**1. 不同类型仓库选址考量因素**

（1）转运型仓库。转运型仓库大多经营倒装、转载或储存周期短的周转类物品，一般选择在城市边缘地区交通便利的地段，以便转运和减少短途运输。

（2）储备型仓库。储备型仓库主要经营中长储存时间的物品，普遍将仓库设置在城镇边缘或城市郊区的独立地段，并且具备直接且方便的水路运输条件。

（3）综合性仓库。综合性仓库所经营的物品种类多，需要根据物品类别和物流量选择不同的地段。比如，与居民生活息息相关的生活型仓库，如果物流量不大，又没有严重的环境污染问题，就可以选择在接近服务对象且交通运输方便的地段设立仓库。

（4）专用仓库。专用仓库是指为专门储存单种类物品而设的仓库。根据各种物品性质的不同，有相应的技术设施，也会形成不同的库址需求。例如，冷藏库多数选择在城郊、危险品仓库基本选择远离居民区与重要设施的地段，最好是在城镇周围的地形低洼处。

**2. 基本仓库布局方式**

（1）辐射型。仓库位于许多收货人的居中位置，产品由此向各个方向的收货人运送。适用于收货人相对集中的经济区域，或者仓库是主干运输线路中的一个转运站时的情况。这种仓库深入用户中心，但是辐射服务距离受物流中心等级和交通情况影响，如图5-33所示。

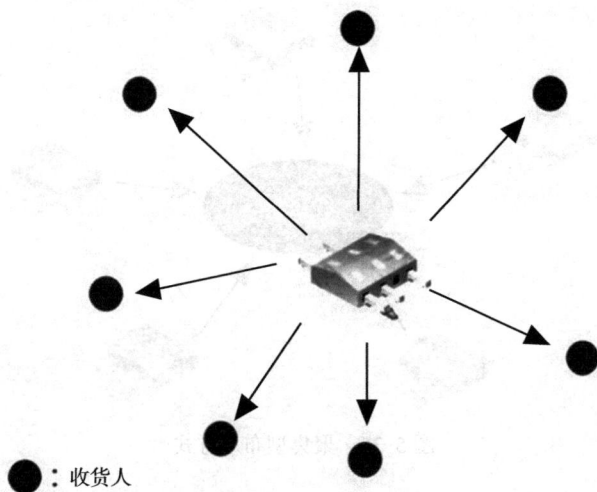

**：收货人**

图 5-33　辐射型布局方式

（2）吸引型。仓库位于许多货主的某一居中位置，货物从各个产地向此中心运送。这种仓库大多属于集货中心，如图 5-34 所示。

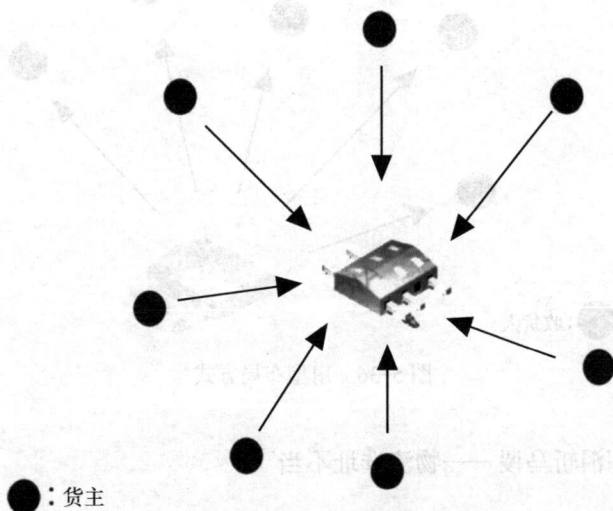

**：货主**

图 5-34　吸引型布局方式

（3）聚集型。类似于吸引型仓库，但处于中心位置的是一个生产企业聚集的经济区域，四周分散的是仓库。适用于经济区域中生产企业比较密集，不可能设置若干仓库的情况。如图 5-35 所示。

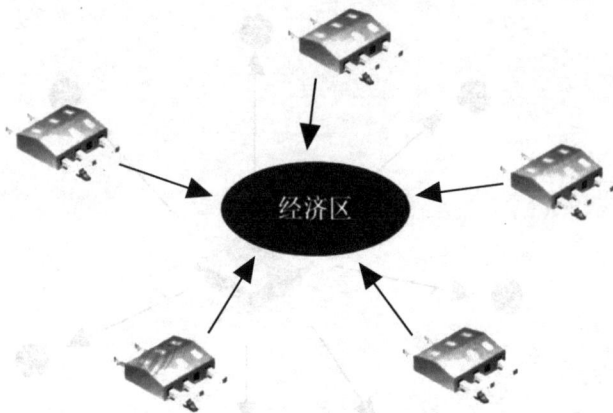

图 5-35　聚集型布局方式

（4）扇型。产品从仓库向一个方向运送，辐射方向与干线上的运输运动方向一致，从而形成扇型。适宜于在运输主干线上仓库距离较近，下一个仓库的区域恰好是上一仓库合理运送区域的这种情况，这种仓库主要受一些自然条件或交通情况影响，如图 5-36 所示。

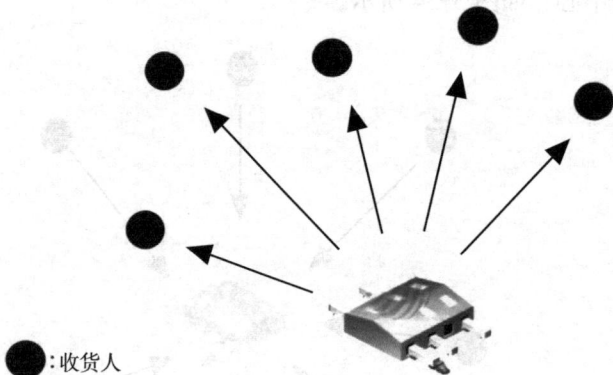

●：收货人

图 5-36　扇型布局方式

● 三国故事：挥泪斩马谡——物流选址不当

蜀后主建兴六年（228），诸葛亮为实现统一大业，发动了一场北伐曹魏的战争。他任命参军马谡为前锋，镇守战略要地街亭（今甘肃秦安县东北）。临行前，诸葛亮再三嘱咐马谡："街亭虽小，关系重大。它是通往汉中的咽喉。如果失掉街亭，我军必败。"并具体指示让他靠山近水安营扎寨，谨慎小心，不得有误。

挥泪斩马谡

马谡到达街亭后，固执己见，骄傲轻敌，不遵诸葛亮的指令，不听副将王平再三劝阻，将大军部署在远离水源的街亭山上，并称"如若兵败，我甘愿革职斩首"。最后街亭失守，战局骤变，迫使诸葛亮退回汉中。马谡因为选址不当给蜀国造成无法挽回的损失，留下了诸葛亮挥泪斩马谡的故事。

## 5.3.2　库内整体布局

### 1. 区域组成与布局原则

仓库整体布局指的是根据实际物流需求，确定各区域的面积以及相对位置，最终得到仓库的平面布局。仓库一般划分为三大组成部分：生产作业区、辅助区、行政区。其中生产作业区是核心区域，通常有出/入货区、储存区、通道、拣货区，有的也包括包装区、拼装区、退货暂存区等。在进行整体规划时，需要着重考虑生产作业区域的布局。

（1）入货区。入货区也叫进货区、质检入库区，主要职能是卸货、验收、搬运、入库、登账。

（2）储存区。储存区分整箱区和散货区，整箱货和散货分开存放，这样既利于清点，也能减少操作误差。对于像圆筒形等不好包扎的货物，最好也一扎一扎定量捆扎起来，以提高配货速度。零散需求从散货区取货，减少拆箱次数。

（3）拣货区。拣货区是分拣作业的主打区，是完成订单分拣作业的区域。具体采取哪种拣货策略取决于订单需求和对作业效率的要求。

（4）包装区。一般在此处将订单的物品装入合适的包装箱，并在包装箱外清楚标识好目的地等相关信息。包装区在台资、港资企业也称刷唛区。

（5）拼装区。从包装区到出货区一般设有拼装区，在此处完成散货拼装或以整批发货。

（6）出货区。出货区是物品出库的场所，一般在此处完成货物的清点、交接。为了作业方便，站台通常设置有调节平台。

在现代仓库中，一般储存区面积占比 40%～50%、通道面积占比 8%～12%、出/入货区域占比 10%～15%、拣货区占比 10%～15%、退货及不合格品区占比 5%～10%。主干道一般采用双车道，宽度在 6～7 m，次干道为 3～3.5 m 的单车道。

在进行整体布局时，主要遵循以下几项原则。

（1）适应物流操作流程，有利于作业优化，能够实现一次性作业，减少搬运次数，缩短搬运距离，避免不必要的搬运环节。同时要保证各区域间的信息互通。

（2）单一的物流流向，避免迂回、交叉、逆向作业；强调唯一的物流入口与出口；便于管理与监督。

（3）最大限度地利用平面与空间，节省建设投资。

### 2. 常见布局

（1）U 型。可以根据进/出货频率大小，将流量大的物品安排在靠近进/出口的储存区域，缩短这些物品的拣货、搬运路线。U 型布局适用于有大量物品需要一入库就进行出库操作的企业（比如大量越库作业），可提高作业效率。另外，储存区在靠里位置，比较集中，易于控制与进行安全防范。这是目前仓储业较多采用的布局，如图 5-37 所示。

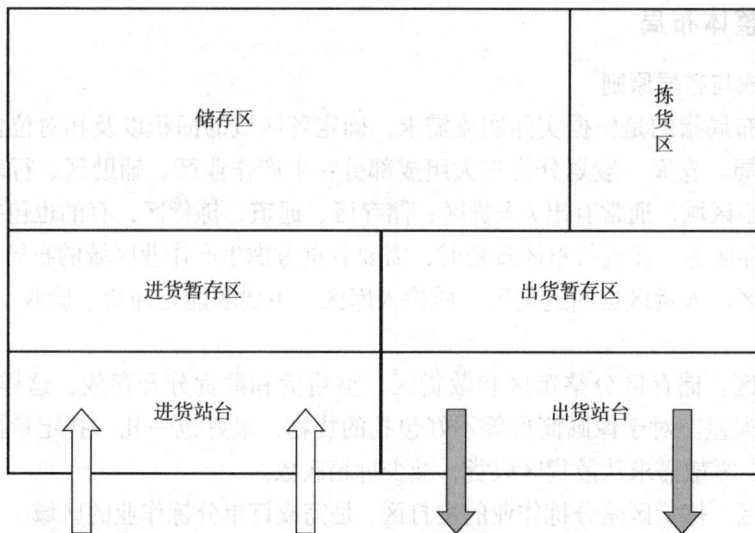

图 5-37　U 型布局

● 知识拓展：越库作业

越库（cross docking）配送是现在物流的一种运送方式，即商品到了配送中心以后，不进库，而直接在站台上向需要的客户进行配送，这样就使物流成本大大降低。越库作业特别适合于快速处理的紧急订单，适合于要求零售商向客户直接运送商品的情况。在越库作业中，货物是流经仓库或配送中心而不是储存起来。通过越库策略，可以大幅降低库存水平，降低库存管理成本，减少货物损失率、丢失率及加快资金周转等。采用越库作业后，仓库将成为一个编组场所，而非一个保管场所。货物到达仓库后经过简短的交叉分装后，省去了仓储等其他内部操作，而直接将货物发送至供应链下一节点。

越库配送

（2）直线型。无论订单大小、拣货品项多少，直线型仓库物品均需要通过仓库全程，适用于作业流程简单、规模较小的物流作业。直线型布局可以应对进/出货高峰同时出现的情况，如 5-38 所示。

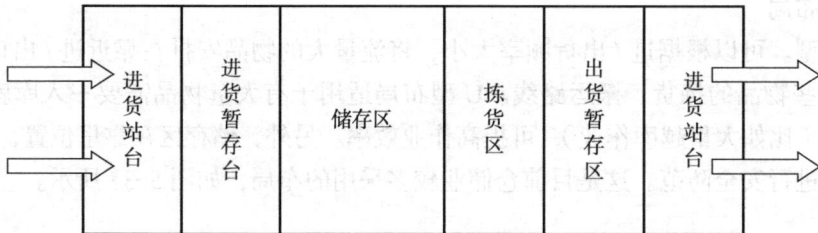

图 5-38　直线型布局

（3）T 型。T 型布局可以满足物品流转与储存两大功能，也可以根据需求增加储存面积，如图 5-39 所示。

图 5-39　T 型布局

### 3. 不同类型仓库的布置要求

（1）储备型仓库。在储备型仓库中，一般物品储存时间较长，出／入库作业间隔也长，并且以整进整出为主。对于此种类型的仓库来说，仓库布局的重点是尽可能压缩非储存面积，增加储存面积。

储备型仓库内非储存面积有出／入库作业场地、通道、墙距与跺距。规划通道面积时，在合理安排出／入库作业线路的基础上，可以适当减少通道的数量与长度。另外，在确定通道宽度时，主要考虑仓库使用机械设备的尺寸和灵活性。

（2）流通型仓库。流通型仓库主要以物品收发为主，一般物品周转较快，频繁进行出／入库作业。对于流通型仓库来说，为了适应仓库内大量物品经常收／发作业的需求，布局时要充分考虑作业效率问题。

与储备型仓库相比，流通型仓库需要适当缩小储存区，增大拣货区以及出货暂存区面积。在流通型仓库中，物品经过质检后进入储存区，在储存区内一定要按要求进行密集堆码。随着物品出库，拣货区物品不断减少，然后再从储存区往拣／出货区上补货。通过这样的布局设置能较好地协调储存与作业的需求。

在确定拣货区以及出货暂存区面积时，主要考虑出库作业的复杂程度以及作业量大小。作业越复杂，作业量越大，相应的作业区域也越大。实际上，储存物品的周转越快，储存面积越小。

## 5.3.3　库内储存空间布局

在规划仓储空间时，首先考虑的是物品的货量以及储存条件，以便能根据实际需求提供适当的空间。所以在布局时要充分了解物品长宽高、重量等物理性质，同时还需要掌握物品库存量单位（stock keeping unit，SKU）、堆码标准等信息。

### 1. 基本思路

（1）根据物品的特征，分区分类存放，特性相近的物品共同存放。

（2）重不压轻，将单位体积大、单位质量大的物品存放在货架底层，并且靠近出库区和通道。

（3）周转率高的物品储存在进／出库装卸搬运最便捷的位置。

（4）同一供应商或者同一客户的物品集中存放，便于后期进行分拣配货作业。

### 2. 布置形式

（1）空间布置。空间布置是指库存物品在仓库立体空间上的布局，其目的在于充分有效地利用仓库空间，提高库容利用率，扩大储存能力。在货架各层中的物品可以做到随时自由存取，便于实现先进先出，某些专用的货架还能做到防损、防盗的功能。

（2）平面布置。平面布置是指对货跺、通道、货跺间距、收/发货区等进行合理规划。主要有横列式、纵列式、横纵式（见图5-40），以及倾斜式（见图5-41）。

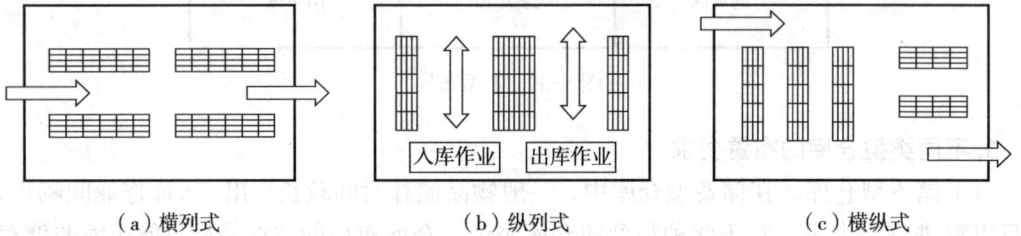

（a）横列式          （b）纵列式          （c）横纵式

图 5-40  平面布置

横列式的优点在于主通道长且宽，副通道短，便于存取盘点，通风采光良好，但是仓库利用率低。

纵列式的优点在于仓库利用率较高，主干道货位储存周转率高的物品，支干道货位储存周转率低的物品，但是该布置不利于机械化操作。

横纵式是横列式与纵列式的混合版，两种布局的优势兼而有之，可以根据储存物品的特性进行利用。

倾斜式又分为货跺倾斜式与通道倾斜。货跺倾斜式是横列式的变形，主要出于方便叉车作业、减小叉车旋转角度，提高作业效率的考虑而采用这种布置方式。通道倾斜式可以将仓库划分为不同特点的作业区，如少量长期储存、大量短期储存等区域，便于仓储区域综合利用。

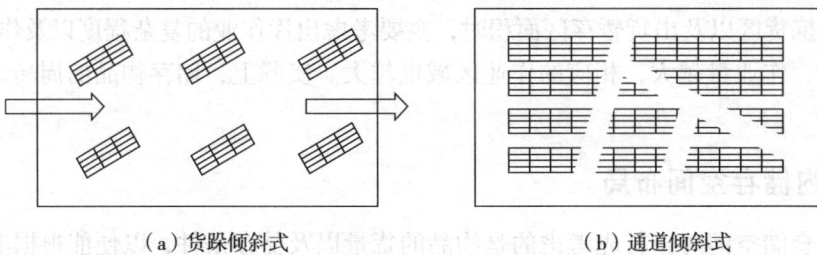

（a）货跺倾斜式          （b）通道倾斜式

图 5-41  倾斜式平面布置

### 3. 仓库有效面积分布比率

仓库面积怎么样分配是比较合理的？很难找出统一的标准，因为物品形状不一样，例如，钢管很长，它的仓库利用率就比较低，而小五金配件，它的仓库利用率就很高。它们需要的通道不一样，宽度也不同。

一般的储存区面积要占到有效面积的30%～60%，低于30%就说明这个仓库的利用率太低，高于60%利用率是比较高的，但超过90%就太拥挤了。检验商品的面积要达到15%～20%。出库待运占用面积达10%～15%。当然也不能一概而论，还要看到产品的体积有多大，产品的特性怎么样，这些数据只是基本的情况，不能绝对标准化。每一个企业都要按实际的需求设置相关的比例，要保证货物进和出都很方便，这是最基本的原则。

仓库的容积利用率越高越好，这是毫无疑问的。如果仓库高度很高，要充分把它利用起来。一般要求是货物堆放到离天花板 50 cm，便于通风、淋水，所以不要全部堆满。有些仓库地面堆得满满的，高度方面没有利用，这是不对的。仓库的利用率有两个指标：一个是面积，另一个是容积，要合理安排。

**4. 仓库空间布局六大原则**

（1）直线移动。尽量避免迂回，最好是直线。

（2）单层储存。最好避免多层累加。

（3）高效的搬运。搬运效率一定要高，单层储存的搬运速度相对较快，但需要很大的面积。从另外一个角度考虑，就是一个托盘进去，托出来就是一托，可以理解为单层。

（4）储存有计划。采购供应商在送货前一定要事先通知仓库，以便仓库提前做好计划和安排，减少仓库的工作量。

（5）通道要尽量的小。通道够用就行，否则就会占用仓库的可利用面积。

（6）利用高度。货架是有效利用仓库高度的方法，如图 5-42 所示。

图 5-42　仓库空间布局

## 5.3.4　仓储库位规划

仓储规划是指在进行仓储活动之前，对于仓储模式、仓储设施、储存空间、信息管理系统等进行决策及设计，目的是提高仓库的空间利用率、优化作业效率、保障作业的顺畅和安全。

在仓储规划前，首先要做的工作就是库区库位的规划和实施，如何做好库位规划，可以从如下几个方面入手。

**1. 信息的收集**

（1）仓库本身相关的信息：库房的净高、库区内面积、支撑柱子的数量、每一跨度的宽度、两跨之间的距离等；

（2）作业所使用到的工具：是否用托盘，托盘的尺寸，是否用叉车或夹抱机，机器的长度、宽度、转弯半径是多少等；

（3）使用平面仓、货架仓，还是立体仓；

（4）出入库车辆的大小，出入库库门数量，站台数量等；

（5）货品的分类，各品类的包装尺寸大小，堆码的层数，是否严格先进先出，是否拆零出库等。

以上只是列举信息收集中的部分事项，通常也需要收集相关货物特性信息、最大库存量及周转量等预测数据。现实中需要根据自身业务需求，收集更多更丰富的信息。

**2. 数据的处理和分析**

对于以上收集到的数据进行处理和分析，比如各区规模的计算、物流关系和非物流关系分析等，并将规划结果以直观图的形式呈现出来。如图 5-43 所示，库区区位划分信息、各区库位数量明细汇总、平面图、货架规划信息等均以图表化的方式展现出来。

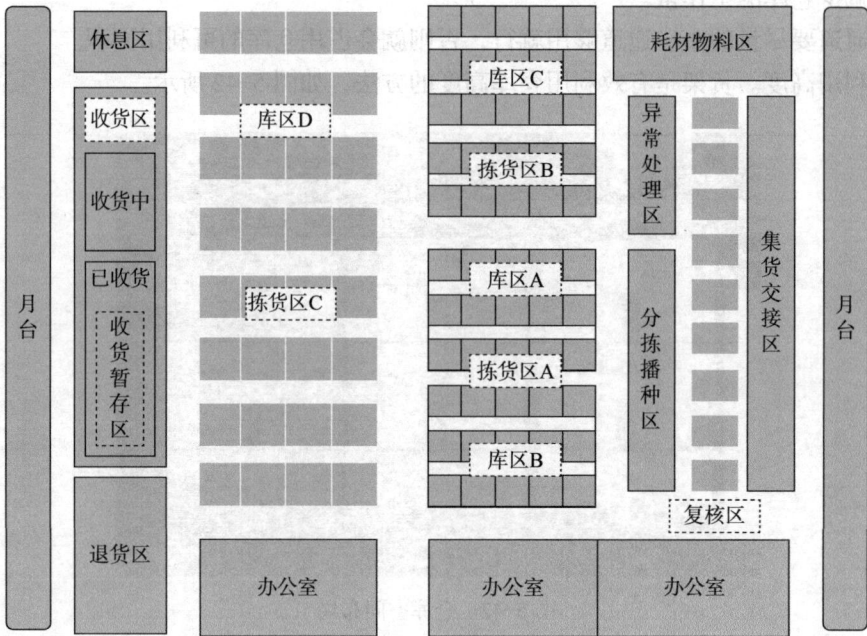

图 5-43　图表化数据处理和分析

**3. 系统需求分析**

仓储业务作为一个整体，其中的每一个步骤都构成这一整体系统的一部分，合理地整合优化这些要素才能达到最终理想的状态。

如库存的优化离不开合理的库位规划、订单出库的及时率、空间的有效利用及通道的合理布局等因素。

**4. 制订方案并对不同方案进行评估选择**

在所有分析结束后，通常会制订出 2 ～ 3 份选择的方案，并对方案进行优劣分析，结合业务的未来发展趋势预测，最终评选出一套确定的规划方案。

**5. 方案的实施执行**

对前期所做的分析结果按照已制订好的方案以实物的形式落实到仓库中，如以下几个方面。

（1）画库位线（注意墙距，柱距，人行通道，安全通道，货物通道，消防栓安全距离）；

（2）各种标识的粘贴、悬挂（库位分区标识、库位标识、警示语、操作规章、5S 等）；

（3）货架的安装；

（4）其他辅助区域的划分画线（如叉车停放区、卫生工具区、托盘区、废品区等）。

（5）不要忘了与软件系统的配置，如扫描设施，监控设施等。

## 5.3.5　业务应用场景

### 1. 电商仓储

电商仓储讲究的是流通而并非储存；追求的是入库量应与出库量基本持平，实现快进快出。虽然京东的亚洲一号、亚马逊的智能仓储十分高大上，但是由于价格等各种因素的存在，更多的仓储还是人工操作。

基于电商日订单量大、每张订单项目量少、订单量波动大、要求反应速度快的特点，需要灵活调配工作人员，并且地理位置要靠近消费者。

（1）储存区规划。电商仓多 SKU，但每个 SKU 库存少，所以在电商仓储中以箱为单位，并非传统的托盘。主要选择箱式货架，如隔板货架、中型货架等。在存放时，遵循 ABC 分类。

① A 类指销量高、周转快、月出货占比高的物品，把这类物品统一放置于靠近分拨区位置，进出货频繁，为重点盘点区，如图 5-44 所示。

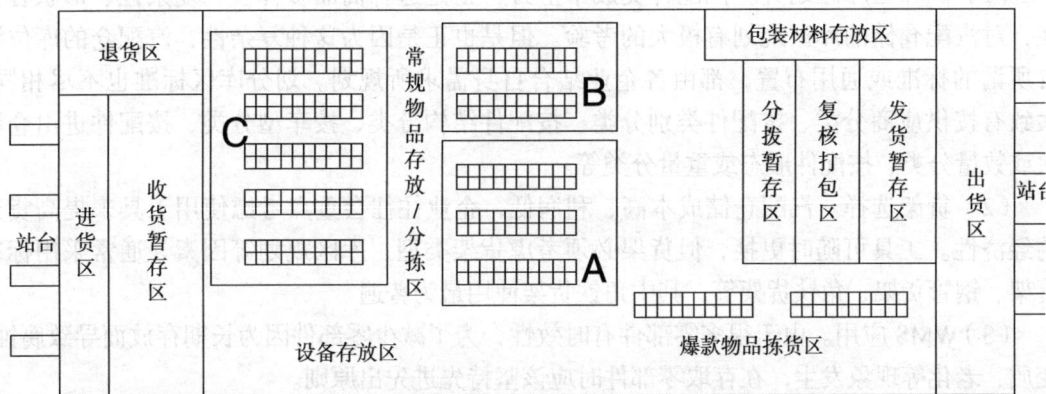

图 5-44　仓储区规划

② B 类为出货量少、频率低的物品，相对接近分拨区。

③ C 类为滞销品，靠后放，可以按周期盘点。

（2）分拣操作。基于 C 端客户送货速度快、送货准确度高的需求，对电商仓储的分拣能力提出了很高的要求，同时在拣货后还需要在复核区进行二次订单核对，确保无误。为追求效率可以创建波次，如表 5-2 所示。相较纸单拣选，采用 PDA（personal digital assistant，个人数字助理）分拣正确率高，同时能实现实时库存同步。

表 5-2　分拣操作

| 创建波次 | 目的 |
| --- | --- |
| 爆款订单分离 | 爆款产品订单可免去分拣及复核，实现快递发货 |
| 单品多件分离 | 免去分货，实现快速拣货与复核 |
| 不同承运商分离 | 不同承运商的订单分离，可减轻交接压力 |

另外，由于电商看不到实物便下单的特性，造成退货量较大。因而对于电商仓储来说，还需要有退货处理能力，能做到对退货产品快速分拣，可二次销售产品再次上架。

● 知识拓展：SKU 的相关概念

**件量预测**：结合内外部影响因素，利用数据挖掘方法，批量化精准预测商品 SKU 的未来订单走势，助力商家提前备货。

**分仓模拟**：模拟分仓运作场景，提供基于时效和成本的最优解决方案，指导商家合理分仓，提升时效、降低成本，实现"单未下，货先行"。

**库存健康**：帮助商家即时了解当前库存状况，缺货、呆滞 SKU 各个击破，进行有效的库存管理，节约成本。

**2. 汽配仓储**

（1）储存区库区划分。汽配种类成千上万，正是这种商品多样性、复杂性、形状各异性，对汽配仓储的库区规划有极大的考验。但是也正是因为这种复杂性，汽配仓的库位没有所谓的标准或通用布置，都由各企业结合自身需求所规划。划分库区标准也不尽相同，大致有按供应商分类、按配件类别分类、按配件结构分类、按车型分类、按配件进出仓频次或数量分类、按配件形态或重量分类等。

（2）货架选择。汽配仓储成本高、利润低，企业往往会重点考虑使用工具来提高货架的经济性。工具可随时更换，但货架必须考虑货架类型、库区规划等因素。通常采用标准货架、钢管货架、角铁货架等，其中角铁货架使用最为普遍。

（3）WMS 应用。由于很多零部件有时效性，为了减少零部件因为长期存放而导致腐蚀、变质、老化等现象发生，在存取零部件时应该坚持先进先出原则。

使用 WMS 的企业，在遵循先进先出原则时，应用的是条码管理。通过扫描入库时候采购订单条码，完成系统入库作业后，系统会自动产生每一零部件的入库标签，而标签上的条码与采购订单条码是相互关联的。在出库拣货时，系统会根据零部件入库日期、批次等信息，自动分配先入库的存货库位。操作人员只需根据系统提示，去指定的库位拣货即可完成先进先出的操作。

**3. 医药仓储**

医药仓储是一个特殊的行业。对于普通仓储来说先进先出等原则只是制度，但是对医药仓储来说，每一细节都在《药品经营质量管理规范》（Good Supply Practice, GSP）中有规定。

（1）库区划分。医药仓库库区应划分为收货验收区、合格品区、发货区、不合格品区、退货区、待处理药品区；另外冷库需设置收货验收区、合格品区、装箱发货区、退货区、待处理药品区、包装物料预冷区等专用场所；同时专管药品、中药材和饮片需单独设置对应区域。

不同的药品对于温度与湿度也有一定要求。一般来说，会将散货区设在阴凉库，因为阴凉库可以存放常温要求的药品，如果放在常温库就要设置两个散货区，会降低利用率和增加成本。

（2）储存方式。仓储储存方式的优化对提高拣选出库效率有重要作用，一般医药仓储会采用整零分开。它是指将未拆过箱的药品储存在整件库，把已经拆箱、零散的药品放在专属的散件库区。每个库区都有专职操作人员，只从事各自库区内药品的保管、拣货发放、出库复核工作，互不串岗。

实行整零分开后，最大的好处是可以明确药品的责任人，能有效减少药品发货的差错率，能实现快速盘点，并且在整件库配合使用重型货架可以有效提高库房的空间利用率。

（3）流程规划。随着智能仓储的兴起，面对药品多批次、信息繁多的难题也随之得到缓解。另外整个流程是多个环节的组合，每个环节保质保量完成，能提升整个流程作业的效率。在验收入库时，药品上架准确，有助于后期拣货作业。一般采用无线射频确认上架药品信息，同时建议采用组盘上架方式，这样既可以提高效率，又可以通过扫描上架目的库位，保证上架准确率。另外，尽量采用系统指示上架，减少人工指示上架。

拣货是医药仓储工程量最大的环节，拣货的效率决定了仓库的效率。可依据货物形态、指示介质、人与物的关系、订单处理方式等因素，进行拣选方式选择。在智能仓储中，通过扫描分拣集货箱上的条码，便能获知分拣清单上所需的药品种类与数量，分拣人员可以在系统中定位到药品储存库位，引导拣货。

在出库环节一定要清点准确，交接清楚，一旦出错，后续处理就很麻烦。但场地不够，集货复核效率低下等问题真实存在。有的企业采取"密集式储存货架＋穿梭小车模式"试图解决上述问题。比如，香港威裕医药健康产业园，选择设置独立庭院，独立管理，方便装卸货物，有效解决了上述问题。

## 中国步伐——菜鸟无人仓不断刷新物流新技术

菜鸟已经上线了第三代无人仓，实现了从商品储存到直接发货的全流程，刷新了物流行业无人仓的技术水平。据了解，菜鸟第一代无人仓以流水线为代表，快递箱带着订单在货架间穿行，由人工从货架上取货放入箱内。实现了"货架不动，人员少动，快递箱多动"。该模式最早在菜鸟广州仓库中使用，当时一条4 000 m长的流水线贯穿仓库，工人每天平均步数从2万多步下降到2 000多步。但第一代无人仓缺乏弹性，哪怕只有一个订单，也要在几千米长的流水线上走一遍。菜鸟随后开始研发柔性自动化技术，发展出以AGV机器人为主的第二代无人仓。这些机器人可以组合、拆散作业，还可以带着货架去找人，实现了"人不动，货架和快递箱动"，较上一代无人仓拣货效率提升了两倍。第二代无人仓已经是目前行业内领先的自动化设施，仅菜鸟无锡仓库就有近千台机器人同时工作。但在实际物流仓库中，储存区的商品不能直接发货，必须先运到售卖区的货架上。货架卖完了，再从储存区补过去。值得一提的是，储存区有亿级的库存、售卖区有千万件商品、一个仓库每天有数十万张订单、上百台机器人有繁忙的动线，把这些数据全部打通联动，调度和算法系统的复杂度是指数级的增加，目前行业内还没有哪家公司能够稳定实现。菜鸟自动化专家曾透露，市面上所谓的全流程无人仓都只是概念，无法常态化运行。

菜鸟第三代无人仓在天津和南京先后投入实战，这一代仓库机器人速度更快、续航时间更长、承重更高，并且添加了 5G 网络，可以通过物联网接口连接更多智能设备，打通储存、售卖、订单、包裹后，菜鸟新无人仓可以直接从储存区发货，省掉中间环节。单个立体仓库的吞吐能力提高一倍多，单库一天发货可以达到 8 000 m³，相当于 140 万箱牛奶。此外，与以往无人仓主要处理中小件、标准化商品不同，菜鸟还首次把柔性自动化技术用在了大家电物流当中，洗衣机、空调等大商品也能通过机器人高效处理。

**菜鸟物流无人车**：物流无人车"小蛮驴"是菜鸟与阿里巴巴达摩院联手布局多年，通过智能仿真、嵌入式系统等自动驾驶技术创新和末端基础设施的创新，为末端配送提供了效率高、体验优、成本合理的自动配送整体解决方案。2020 年"双 11"期间，浙江大学的 22 台"小蛮驴"往返于校内 27 栋宿舍楼，配送了 5 万个包裹，为师生节省 1.7 万 h 取件时间。

阿里巴巴达摩院和菜鸟已启动了公开道路无人物流卡车的定义与研究。"无人驾驶技术正在成为数字时代的一项核心技术，我们相信未来全链路的无人物流配送也能实现产品化、实用化，成为数字物流的重要生产工具。"

资料来源：https://www.sohu.com/na/428953150_120659903。

# 5.4　仓储内部管理

仓库管理也叫仓储管理（warehouse management，WM），指的是对仓储货物的收发、结存等活动的有效控制，其目的是为企业保证仓储货物的完好无损，确保生产经营活动的正常进行，并在此基础上对各类货物的活动状况进行分类记录，以明确的图表方式表达仓储货物在数量、品质方面的状况，以及所在的地理位置、部门、订单归属和仓储分散程度等情况的综合管理形式。

## 5.4.1　货物堆码方式

### 1. 地面堆码

（1）行列堆码。行列堆码是指将货物按行列堆码，在货堆之间留下足够的空间使得任何一行（列）堆码的托盘出货时皆不受阻碍。当在一行（列）储区中只剩几个托盘时，即应将这些托盘转移至小批量储区，而让此区域能再储存大批产品。

（2）整区堆码。整区堆码是指每一行与行间的托盘堆码并不留存或浪费任何空间，此方式能节省空间，适用于储存大量同类货品时。采用整区堆码时必须格外小心作业，避免托盘存取时由于互相挤压而发生危险。

地面堆码的优点：

①适于形状不规则货品的储存。尺寸及形状不会造成地面堆码的困难。

②适合大量可堆叠货品的储存。若重量不致过重，能提供规则形状或容器化的物品三维空间的有效储存。

③只需简单的建筑即可。

④堆叠尺寸能根据储存量适当调整。

⑤通道的需求较小，且容易改变。

地面堆码的缺点：

①不能兼顾先进先出，若要先进先出，则必须增加翻堆作业，造成工作负荷增大并易损坏货品。

②堆叠边缘无法被保护，容易被搬运设备损坏。

③地面堆码容易不整齐，不适合小单位的拣取作业。

④不适于储存某些特殊物品。如易燃物，需置于一定高度。

**2. 货架储存**

货架储存是指把货物置于货架上储存。货架有两面开放式和单面开放式之分。两面开放式货架前后两面均可用于储存和拣选工作，最适合于先进先出的原则。单面开放式货架只有一面可供储存和拣选之用。

货架储存的优点：

①存取方便。

②可以实现先进先出或自由存取。

③货物之间不会相互挤压。

④货架储存空间除适于多样规则性货品的储存外，也能用于不规则形状货品的储存，但不能超出货格范围。

缺点：成本较高。

## 5.4.2　货物储放策略

仓库因为其库存物品的不同有其个性化的管理原则，例如食品类仓库、产品类仓库、工业设备类仓库等管理原则不尽相同。下面介绍常用的仓储管理原则，现实中可以结合货品特性和要求进行综合考虑。

**1. 定位储放**

定位储放（dedicated location）是指每一项货物都有固定的储位，货物在储存时不可互相换位。在采用这一储存方法时，必须注意每一项货物的储位容量必须大于其可能的最大在库量。

（1）选用定位储放的原因。

①储区安排有考虑物品尺寸及重量（不是随机储放）。

②储存条件对货品储存非常重要时。例如，有些商品必须控制温度。

③易燃物必须限制储放于一定高度以满足保险标准及防火法规。

④依商品物理特性，由管理或其他政策指出某些商品必须分开储放。例如，化学原料和药品。

⑤保护重要物品。

（2）定位储放的优缺点。

优点：

①每种货品都有固定储放位置，拣货人员容易熟悉货品储位。

②货品的储位可按周转率大小或出货频率来安排，以缩短出入库搬运距离。

③可针对各种货品的特性做储位的安排调整，将不同货品特性间的相互影响减至最小。

缺点：

储位必须按各项货品最大在库量设计，因此储区空间平时的使用效率较低。

（3）定位储放的适用情况。

①厂房空间大。

②多种少量商品的储放。

## 2. 随机储放

随机储放（random location）是指每一个货品被指派储存的位置都是经由随机的过程所产生的，而且可经常改变。也就是说，任何货品可以被存放在任何可利用的位置。随机原则一般是由储存人员按习惯来储放，且通常按货品入库的时间顺序储放于靠近出入口的储位。

（1）随机储放的优点。

①对操作人员来讲比较方便。

②共同使用储位，最大限度地提高了储区空间的利用率。

（2）随机储放的缺点。

①货品的出入库管理及盘点工作的难度较高。

②周转率高的货品可能被储放在离出入口较远的位置，增加了出入库的搬运距离。

③具有相互影响特性的货品可能相邻储放，造成货品的伤害或发生危险。

（3）随机储放的适用情况。

①库房空间有限。

②种类少或体积较大的货品。

有模拟实验表明，随机储存比定位储存能节约35%的移动储存时间，增加约30%的储存空间。

## 3. 分类储放

分类储放（class location）是指所有的储存货品按照一定特性加以分类，每一类货品都有固定存放的位置，而同属一类的不同货品又按一定的法则来指派储位。

（1）分类储放的分类。

①按产品相关性（产品需求相关性图表）。

②按流动性（产品空间周转分布图）。

③按产品尺寸、重量（产品搬运单元分布图）。

④按产品特性（产品热销性分布图）。

（2）分类储放的优缺点。

优点：

①便于畅销品的存取，具有定位储放的各项优点。

②各分类的储存区域可根据货品特性再做设计，有助于货品的储存管理。

缺点：

储位必须按各类货品最大在库量设计，因此储区空间平均的使用效率较低。

（3）分类储放的适用情况。

①产品相关性大者，经常被同时订购。

②周转率差别大者。

③产品尺寸相差大者。

**4. 分类随机储放**

分类随机储放（random within class location）是指每一类货品有固定存放位置，但在各类的储区内，每个储位的指派是随机的。

（1）优点。可吸收分类储放的部分优点，又可节省储位数量，提高储区利用率。

（2）缺点。

①货品出入库管理及盘点工作的难度较高。

②分类随机储放兼具分类储放及随机储放的特色，需要的储存空间介于两者之间。

**5. 共享储放**

在各货品进出仓库时，不同的货品可以共享相同储位的方式称为共享储放（utility location）。共享储放在管理上虽然较复杂，但所需的储存空间及搬运时间却更经济。

## 5.4.3 储位指派法则

**1. 可与随机储放策略、共享储放策略相配合的法则**

靠近出口法则（closest open location）：将刚到达的商品指派到离出入口最近的空储位上。

**2. 可与定位储放策略、分类（随机）储放策略相配合的法则**

（1）以周转率为基础的法则（turnover based location）。各项仓储作业中，通常最耗时费力的是搬运行走。因此确定货位时首先要考虑减少行走路径，把进出频繁的物品靠近出入口，反之则远离，这就是以周转率为基础的法则。零售型仓库物品入库时通常品少量大，而出库多为拆零，所以这类仓库首先也要考虑高周转货物靠近出口。

$$库存周转率 = 出货量 / 平均库存量$$

或：

$$库存周转率 = 营业额 / 平均库存金额$$

$$仓储空间周转 = 一定时期进出货总体积$$

$$仓储空间周转率 = 一定时期进出货总体积 / （该时期天数 \times 仓库容积）$$

仓储行业普遍认可的 ABC 分类原则可看作周转率原则的延伸和细化，其主要做法是对出货频率不同的物品，分别采用不同的储存和拣选方式，在实践中取得了很好的效果。但是电商行业因其无计划特性使得这个原则很难实施。

（2）产品相关性法则。在库存货品中，有些品种是经常被同时订购的，例如铅笔和橡皮。这些具有相关性的货品应尽量存放在相邻货位，以缩短拣选路径。通常同类物品都有相关性，例如碗和盘子，所以把同类物品集中存放在一个区域内是必要的。当然有的时候不同类的物品也有相关性，比如婴儿尿布和啤酒的故事。因此，我们可以通过分析历史订单数据来找出库存货品的相关性。另外，需要注意的是相关性会随着销售季节变化。

考虑物品相关性储存的优点：

①缩短提取路程，减少工作人员疲劳。

②简化清点工作。

（3）产品同一性法则。它是指把同一物品储放于同一保管位置的原则，简称一货一位。因为一种物品存放在多个货位，其上架、拣选、盘点等作业都会增加工作量。

（4）产品类似性法则。它是指将类似物品比邻保管的原则。类似物品是指主要属性相似，例如黄豆和绿豆。这个法则要求把类似物品相邻存放，就是常用的分类储存法。在仓储管理信息系统功能较弱时，分类储存可以大大降低人工管理难度，但有时会降低空间利用率、增加拣选路径。所以用这个法则时要酌情变通。

（5）产品互补性法则。互补性（complementary）高的物品也应存放于邻近位置，以便缺货时可迅速以另一物品替代。

（6）产品相容性法则。相容性（compatibility）低的产品绝不可放置一起，以免损害品质。所谓相容性，是指物品存放在一起的容许程度。例如，对气味有个性要求的物品就不相容，典型例子是香水和茶叶。相容性法则是分类储存的基本原因之一，其实施的难点在于怎样少占空间少花钱。

（7）先进先出法则。先进先出（first in first out，FIFO）原则，一般适用于生命周期短的商品，例如，感光纸、奶制品、食品等。

作为库存管理的手段，先进先出是必需的，但是若在产品型式变更少，产品生命周期长，保管时的减耗、破损等不易产生等情况下，则要考虑先进先出的管理费用及采用先进先出所得到的利益，将两者之间的优劣点比较后，再来决定是否要采用先进先出的原则。

另外，对于食品或易腐败变味之货品，此时应考虑的是先到期先出货的原则；例如，进口货柜货物储放配销的情况，常会有先进货的反而保存期限较晚过期，而后进货的保存期限较短，快到过期日。所以，此时应以保存期限先到过期的货品要先出库，且在保存期限剩下2～3个月的货品应考虑退货给原供应商或折扣处理，以免后续发生过期退货或品质变质，造成顾客抱怨，影响整个作业进行等情况。药品要按照GSP规定按生产批次存放和配送，更有其作业的特殊性。

（8）叠高法则。叠高法则是指为了提高仓库空间的利用率，尽量将货物叠高存放。简单的一箱压一箱叠放不利于选择性取货，也不能叠放很高，所以产生了多层高位货架。多层高位货架有很多类型，各有自己的适用范围，并且需要配用不同的装卸机械。

（9）面对通道法则。所谓面对通道法则，即物品面对通道来保管，将可识别的标号、名称让作业人员容易简单地辨识。该法则要求我们按照货物的重量来安排存放位置。通常重物往下放，轻货往上放。此外，还要考虑机械化搬运和人工搬运的不同，人工搬运的重物应存放在腰部以下位置，而机械化搬运的存放位置可以高些，具体高度与不同的机械和货架匹配。

（10）产品尺寸法则。产品尺寸法则是货位规划的基本法则，它要求按照货物大小的不同来设计对应的货位空间。这个法则也是选用货架类型的一个依据，我们可据此选择托盘地堆、横梁式货架、层板式货架、储柜式货架等。

在仓库布置时，要同时考虑物品单位大小及由于相同的一群物品所形成的整批形状，以便能提供适当的空间满足储存需要。所以在储存物品时，必须要有不同大小位置之变化，用以容纳一切不同大小的物品和不同的容积。

（11）重量特性法则。所谓重量特性法则，是按照物品重量的不同来决定储放物品于保管场所不同的高低位置上。

一般而言，重物应保管于地面上或料架的下层位置，而轻物则保管于料架的上层位置；若是以人手进行搬运作业时，人之腰部以下的高度用于保管重物或大型物品，而腰部以上的高度则用来保管重量轻的物品或小型物品。

（12）产品特性法则。产品特性（characteristics）法则指对于具有物理特性、热销性、季节性等特征的物品需要考虑的法则。

（13）储位表示法则。储位表示法则也是货位规划的基本法则之一，它要求使用简单规范、具有唯一性的方法来表示货位。目前多数仓库都使用字母加数字编码的方式，可表示货区、通道、排列、层、格等信息。简洁的货位表示法可以大大简化对千差万别货物的仓储管理。

（14）明示法则。因为货位管理是仓储管理的基础，货位信息是仓储作业所需的最基本信息，所以货位信息必须标示的非常明显，这对提高仓储作业效率是非常有效的。可以使用大小标牌、看板、位置指示灯、电子显示屏等。

## 中国步伐——苏宁物流数字孪生系统大促模拟干预危机

脱胎于物理世界的数字孪生系统，具有仅在数字化世界中才能实现的快速运算、运筹优化功能。该系统可以根据仓库的现实空间布局，自动生成真实大件仓库的数字孪生系统，通过在系统内设置条件参数，即可自动输出仓库最优运营策划，提升人工效率、降低成本。

从仓库的商家、理货、补货、拣选、集货、仓储、分类模块，到运输网络的静态网络结构、动态网络的随机波动、车辆满载率、车型选择、路径选择、货量预测，再到分拨环节的发件、分拣、建包等，在数字孪生系统中都可以优化测算。

在数字孪生系统中，对大促活动提前模拟，优化流程，通过算法可实现对热销品及长尾商品铺货量、商品上架、拣货路径、人员设备等资源的大促活动的全过程模拟，大概率提前干预各种危机。

除了最新的数字孪生系统，苏宁物流研究院围绕"超级仓、超级配、超级算法"研发智能技术和智能系统，研究成果还包括新一代 5G 无人仓、AI 安防、无人叉车、无人机、新能源汽车运输、微仓系统等，共同构筑起苏宁智慧物流的创新力量，从而不断优化物流供应链系统整体效率。

### 5.4.4　仓储管理的注意事项

（1）商品定位管理。一般来讲，仓库内至少要分为三个区域：

①大量储存区，即以整箱储存；

②小量储存区，即将拆零商品放置在陈列架上；

③退货区，即将准备退换的商品放置在专门的货架上。

（2）区位确定后应制作一张配置图，贴在仓库入口处，以便于存取。小量储存区应尽量固定位置，整箱储存区则可弹性运用。若储存空间太小或属冷冻（藏）库，也可以不固定位置而弹性运用。

（3）物料不得直接置于地上，必要时加垫板、纸皮或置于容器内，予以保护存放。

（4）要注意仓储区的温湿度，保持通风良好，干燥、不潮湿。

（5）库内要设有防水、防火、防盗等设施，以保证商品安全。

（6）商品储存货架应设置存货卡，商品进出要注意先进先出的原则。也可采取色彩管理法，如每周或每月采用不同颜色的标签，以明显识别进货的日期。

（7）仓库管理人员要与订货人员及时沟通，以便到货的存放。此外，还要适时提出存货不足的预警通知，以防缺货。

（8）仓储存取货原则上应随到随存、随需随取，但考虑到效率与安全，有必要制定作业时间规定。

（9）商品进出库要做好登记工作，以便明确保管责任。但有些商品（如冷冻、冷藏商品）为讲究时效，也采取卖场存货与库房存货合一的做法。

（10）仓库要注意门禁管理，不得随便入内。

## 5.4.5 储存合理化

**1. 储存合理化的定义**

所谓储存合理化就是用最经济的办法实现储存的功能，即在保证储存功能的前提下使投入尽量少。

**2. 储存合理化的标志**

（1）质量标志。保证被储存物的质量，是完成储存功能的根本要求，只有这样，商品的使用价值才能通过物流得以最终实现。在储存中增加了多少时间价值或是得到了多少利润，都是以保证质量为前提的。所以，在储存合理化的主要标志中，为首的应当是反映使用价值的质量。

（2）数量标志。在保证功能实现前提下有一个合理的数量范围。目前管理科学的方法已能在各种约束条件的情况下，对合理数量范围做出决策，但是较为实用的还是在消耗稳定、资源及运输可控的约束条件下，所形成的储存数量控制方法。

（3）时间标志。在保证功能实现前提下，寻求一个合理的储存时间，这是和数量有关的问题，储存量越大而消耗速率越慢，则储存的时间必然长，相反则必然短。在具体衡量时往往用周转速度指标来反映时间标志，如周转天数、周转次数等。

（4）结构标志。根据不同品种、不同规格、不同花色的被储存物的数量比例关系对储存合理性进行判断，尤其是相关性很强的各种物资之间的比例关系更能反映储存合理与否。由于这些物资之间相关性很强，只要有一种物资出现耗尽，即使其他种物资仍有一定数量，也会无法投入使用。所以，不合理的结构影响面并不仅仅局限于某一种物资身上，而是有扩展性。结构标志的重要性也可由此确定。

（5）分布标志。指不同地区储存的数量比例关系，以此判断各地的需求比，对需求的保障程度，也可以以此判断对整个物流的影响。

（6）费用标志。仓储费、维护费、保管费、损失费、资金占用利息支出等，都能从实际费用上判断储存的合理与否。

**3. 储存合理化的措施**

（1）进行储存物的 ABC 分析。在 ABC 分析基础上实施重点管理，分别确定各种物资的合理库存储备数量及经济地保有合理储备的方法，乃至实施零库存。

（2）在形成一定社会总规模前提下适当集中储存。适度集中储存是合理化的重要内容，所谓适度集中库存是指利用储存规模优势，以适当集中储存代替分散的小规模储存来实现合理化。

（3）加速总周转，提高单位产出。储存现代化的重要课题是将静态储存变为动态储存，周转速度变快，会带来一系列的好处：资金周转快、资本效益高、货损小、仓库吞吐能力增加、成本下降等。具体做法诸如采用单元集装储存，建立快速分拣系统等都有利于实现快进快出，大进大出。

（4）采用有效的"先进先出"方式。保证每个被储物的储存期不至过长。"先进先出"是一种有效的方式，也成为储存管理的准则之一。

（5）提高储存密度，提高仓容利用率。主要目的是减少储存设施的投资，提高单位储存面积的利用率，以降低成本、减少土地占用。

（6）采用有效的储存定位系统。储存定位的含义是被储物位置的确定。如果定位系统有效，能大大节约寻找、存放和取出的时间，节约不少物化劳动及活劳动，而且能防止差错，便于清点及实行订货点等管理方式。

（7）采用集装箱、集装袋、托盘等储运装备一体化的方式。集装箱等集装设施的出现，也给储存带来了新观念。集装箱本身便是一栋仓库，不需要再有传统意义上的库房，在物流过程中，也就省去了入库、验收、清点、堆垛、保管、出库等一系列储存作业，因而对改变传统储存作业有重要意义，是储存合理化的一种有效方式。

**4. 仓储绩效评价指标体系**

仓储绩效评价指标是指反映仓库生产成果及仓库经营状况的各项指标。它是仓储管理成果的集中体现，是衡量仓库管理水平高低的尺度，利用指标考核仓库经营的意义在于对内加强管理、降低仓储成本，对外接受货主定期服务评价。

（1）进出货作业效率评价指标。

$$站台利用率 = \frac{进出货车装卸货停留总时间}{站台泊位数 \times 工作天数 \times 每天工作时数} \times 100\%$$

$$人均处理进货量 = \frac{进货量}{进货人员数 \times 每日出货时间 \times 工作天数}$$

（2）储存作业评价指标。

$$库存周转率 = \frac{出货量 \quad （另一维度：销售额）}{平均库存量 \quad （另一维度：平均库存金额）} \times 100\%$$

$$呆货品率 = \frac{呆废品件数}{平均库存量} \times 100\%$$

（3）订单处理作业评价指标。

$$紧急订单响应率 = \frac{未超过 12\,h 出货订单数量}{紧急订单总量} \times 100\%$$

（4）备货作业效率评价指标。

$$人均每小时备货订单数 = \frac{订单总笔数}{备货人员数 \times 每天备货时数 \times 工作天数}$$

（5）装卸搬运效率评价指标。

$$装卸搬运劳动率 = \frac{装卸搬运作业人数}{作业总人数} \times 100\%$$

（6）服务质量评价指标。

$$服务水平 = \frac{满足需求次数}{用户要求次数} \times 100\%$$

$$商品完好率 = \frac{交货时商品完好量}{物流商品总量} \times 100\%$$

（7）仓储经营管理综合评价指标。

$$仓库生产率 = \frac{某时期装运的订单数}{某时期装运的平均订单数} \times 100\%$$

## 5.4.6 搬运活性系数

物料搬运的难易程度称为活性，我们用活性系数来衡量。所费的人工越多，活性就越低。反之，所需的人工越少，活性就越高，但相应的投资费用也越高。所以，在堆放货物时，事先要考虑到物料装卸作业的方便性。

**1. 基本概念**

（1）搬运活性，指物料的存放状态对搬运作业的难易程度。

（2）物料的存放状态——散放、装箱、支垫和装车。

（3）搬运作业，即集中、搬起、升起、运走。

**2. 搬运活性系数的确定**

散放在地上的物料要运走，需要经过集中、搬起、升起和运走四次作业。所需的人工作业最多，即活性水平最低，其活性系数定为 0。搬运活性系数如表 5-3 所示。

表 5-3 搬运活性系数

| 物品状态 | 作业说明 | 作业种类 | | | | 还需要作业数目 | 已不需要的作业数目 | 搬运活性系数 |
|---|---|---|---|---|---|---|---|---|
| | | 集中 | 搬起 | 升起 | 运走 | | | |
| 散放 | 集中、搬起、升起、运走 | 是 | 是 | 是 | 是 | 4 | 0 | 0 |
| 装箱 | 搬起、升起、运走（已集中） | 否 | 是 | 是 | 是 | 3 | 1 | 1 |
| 支垫 | 升起、运走（已搬起） | 否 | 否 | 是 | 是 | 2 | 2 | 2 |
| 装车 | 运走（不用升起） | 否 | 否 | 否 | 是 | 1 | 3 | 3 |
| 移动 | 不要（保持运动） | 否 | 否 | 否 | 否 | 0 | 4 | 4 |

根据物料所处的状态，将物料搬运活性分为不同的级别，如图 5-45 所示。

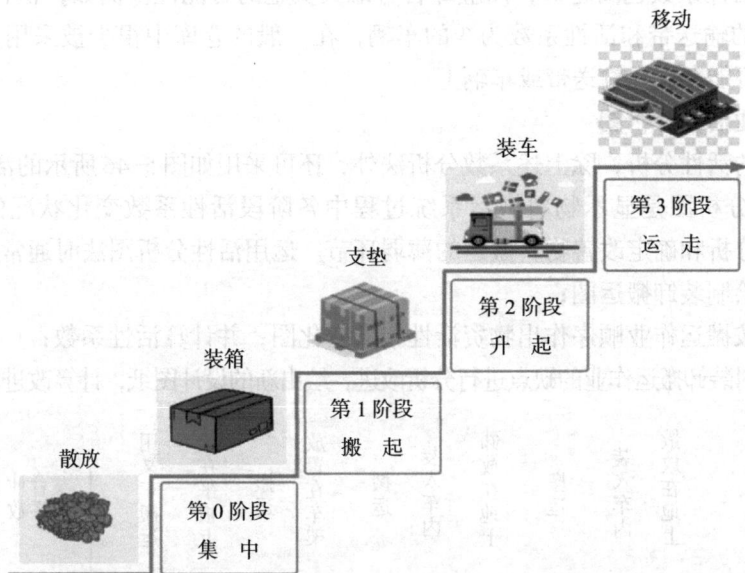

图 5-45 搬运阶段

0 阶数——物料杂乱地堆在地面上的状态。

1 阶数——物料装箱或经捆扎后的状态。

2 阶数——箱子或被捆扎后的物料，下面放有枕木或其他衬垫后（如置于托盘上），便于叉车或其他机械作业的状态。

3 阶数——物料被放于台车上或用起重机吊钩钩住，即刻移动的状态。

4 阶数——被装卸、搬运的物料，已经被起动、直接作业的状态，或装于集装箱的货物。

在对物料的活性有所了解的情况下，可以利用活性理论，通过提高某些作业的活性系数，改善搬运作业。例如活性系数为 0 的散放，可通过放入容器中（活性系数为 1）或码放在托盘上（活性系数为 2），来提升搬运活性，提高工作效率。

为了说明和分析物料搬运的灵活程度，通常采用平均活性系数的方法。用这个方法对某一物流过程物料所具备的活性情况累加后计算其平均值，用"δ"表示。然后根据平均活性系数δ值的大小，确定改进搬运方式。

**平均活性系数δ＝活性系数总和／作业工序数**

当δ<0.5时，是所分析的搬运系统半数以上处于活性系数为0的状态，即大部分物料处于散装情况，改进方式是采用料箱等集装器具或者推车来存放物料。

当0.5<δ≤1.3时，大部分物料处于集装状态，改进方式是采用叉车、卡车和动力搬运车。

当1.3<δ≤2.3时，装卸、搬运系统大多处于活性系数为2的状态，改进方式是采用单元化物料的连续装卸和运输，比如利用传送带、自动导引车等。

当δ>2.3时，大部分物料处于活性系数为3的状态，改进方法是选用拖车、机车车头拖挂的装卸搬运方式，进一步减少搬运工序数。

总之，活性系数越高，所需人工越少，但设备投入越多。在进行搬运系统设计时，不应机械地认为活性系数越高越好，而应综合考虑其实施的可能性。例如，物料在储存阶段，活性系数为4的输送带和活性系数为3的车辆，在一般的仓库中很少被采用，这是因为大批量的物料不可能存放在输送带或车辆上。

**3. 搬运作业活性分析图**

装卸搬运的活性分析，除上述系数分析法外，还可采用如图5-46所示的活性分析图法。搬运作业活性分析图是显示物料搬运系统过程中各阶段活性系数变化状况的示意图，该图便于直观地分析和确定改善物料搬运的薄弱环节。运用活性分析图法时通常分三步进行：

第一步，绘制装卸搬运图；

第二步，按搬运作业顺序作出物资活性指数变化图，并计算活性系数；

第三步，对装卸搬运作业的缺点进行分析改进，绘出新的设计图纸，计算改进后的活性系数。

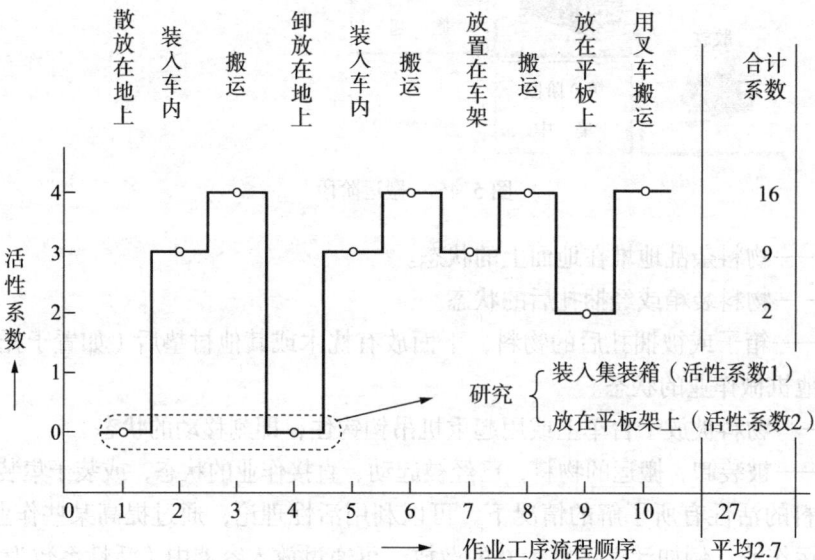

图5-46 搬运作业活性分析图

● "工程伦理" 探究性主题活动："小物流，大学问"

搜集物流领域不文明行为，不当语言，不规范作业标准和规范，甚至法律空白，探讨其不良后果、影响或危害。要求有图有真相，以"图片（或视频）＋文本"形式呈现。

物流不规范
作业

**思政目标**：通过实践活动，让学生正确认识职业操守的重要性，树立正确的职业观、价值观。在丰富学识、增长见识的同时，达到塑造品格、引领价值观的作用。引导学生坚定地从事专业岗位工作的决心和信心，未来能将爱国主义情怀倾注到自己的岗位工作中去。

# 章末测试

## 一、单选题

1. 仓库在物流系统中承担物流的功能是（　　）。
   A. 装卸　　　　　B. 包装　　　　　C. 流通加工　　　　　D. 保管

2. 某新成立公司前期投入大量的市场调研和产品研发经费，预测产品市场前景良好，最终决定将其产品投放到 A 地销售，在筹划仓库设置时，应首先考虑（　　）。
   A. 自营仓库　　　　B. 公共仓储　　　　C. 合同仓储　　　　D. 公共或合同仓储

3. 当储存条件对货物储存非常重要，且货物的货位不能互用时，适合采用（　　）的储存方式。
   A. 分类储存　　　B. 随机储存　　　C. 分类随机储存　　　D. 定位储存

4. 当库房空间有限，需尽量利用储存空间，同时储存的货物种类又较少时，适宜采用（　　）的储存方式。
   A. 定位储存　　　B. 分类储存　　　C. 共同储存　　　D. 随机储存

5. 以下不属于定位储存优点的是（　　）。
   A. 提高作业效率
   B. 减少搬运次数
   C. 可针对货品的特性安排货位，将相互间的影响减至最小
   D. 需要较多的储存空间

6. 同产品同一区域摆放是为了遵循货位分配的（　　）。
   A. 同一性原则　　　B. 相关性原则　　　C. 互容性原则　　　D. 货品特性原则

7. 仓库中用不同颜色的标识来区分不同的产品是遵循货位分配的（　　）。
   A. 明晰性原则　　　B. 相关性原则　　　C. 先进先出原则　　　D. 同一性原则

8. 当要评价仓库进出货作业效率时，需用以下（　　）指标来考核。
   A. 站台利用率、站台高峰率、人员负担和时间耗用
   B. 设施空间利用率、库存周转率、呆废货物率
   C. 人均作业能力、批量备货时间、差错率

    D. 装卸搬运劳动率、搬运装备利用率、通道空间百分比、储存空间利用率

9. 从物流基础模数与人的关系看，基础模数尺寸是适合人体操作的（    ）。

    A. 最低限尺寸        B. 最高限尺寸        C. 适合的尺寸        D. 不适合尺寸

10. 物流标准化的基点应该建立在集装的基础之上，ISO 确定的基础模数尺寸为（    ）。

    A. 200 mm × 200 mm                 B. 400 mm × 300 mm

    C. 200 mm × 300 mm                 D. 600 mm × 400 mm

11. 托盘货的活性系数是（    ）。

    A. 1            B. 2            C. 3            D. 4

12. 下列搬运活性系数最易于移动的状态是（    ）。

    A. 0            B. 1            C. 2            D. 4

## 二、多选题

1. 以下储存堆垛方法错误的有（    ）。

    A. 大型建材加毡露天堆放            B. 精密仪器放在仓库底层叉车容易叉取

    C. 无论如何，化学品需单独立仓        D. 把物品放在托盘上有利于装卸

    E. 生鲜物品应放在温暖通风干燥的地方

2. 随机储存能使货架空间得到最有效的利用，但也不是任何情况都适合，只有在（    ）情况下才适用。

    A. 库房空间较大

    B. 多种少量货物的储存

    C. 库房空间有限，需尽量利用储存空间

    D. 种类少或体积较大的货物

    E. 周转率差别大

3. 下列属于定位储存、分类储存相配合的原则有（    ）。

    A. 以周转率为基础的原则            B. 产品相关性原则

    C. 产品同一性原则                D. 产品互补性原则

4. 关于货位分配原则，理解不准确的有（    ）。

    A. 产品相关性原则指的是相关性大的货品尽可能不在相邻位置

    B. 产品同一性原则指的是同一货品应放在同一保管位置

    C. 产品互补性原则指的是互补性高的物品应该分开放置避免混淆

    D. 重量特性原则指的是按照货品的重量来决定货品在保管场所的高低位置

    E. 产品特性原则指的是必需符合产品的特殊保管要求

5. 物流仓储管理中所采用的"有效的先进先出方式"有（    ）。

    A. 五五化堆码        B. 贯通式货架        C. 双仓法        D. 四号定位法

6. 下列属于仓储合理化措施的有（    ）。

    A. 提高仓容利用率            B. 适当集中库存

    C. "先进先出"               D. 采用现代仓储技术

7. 储存合理化的标志为（　　）。

A. 质量标志与数量标志　　　　　　B. 时间标志

C. 价格标志　　　D. 结构标志　　　E. 分布标志

8. 合同仓储两项主要的公共仓储业务是（　　）。

A. 仓单质押　　　B. 保税仓储　　　C. 增值服务　　　D. 运输

### 三、判断题

1. 自营仓库的建立需要企业有较强的物流环节管理能力。（　　）

2. 储存策略即决定货品在储区的存放位置的方法或原则。（　　）

3. 随机储存同定位储存相比更能节约储存空间。（　　）

4. 定位储存方法中，每一项货品的货位容量不得小于其可能的最大在库量。（　　）

5. 货位分配原则中，以周转率为基础的原则被经常使用，即周转率越大的物品应放在离出入口越远的位置。（　　）

6. 茶叶和海鲜不能放在相近的位置，这符合货物分配互容性原则。（　　）

7. 一般货物周转率越高，距离仓库出口越近。（　　）

8. 在仓库货物储存原则中，首先要遵循的就是货物互容性原则。（　　）

9. 储存规律性表现很强的货品其仓储费率相对较低。（　　）

10. 在运动的货车中托盘上的货物的搬运活性系数是 4。（　　）

11. 集装单元是指将货物存放在集装箱内，以便于储存、搬运与运输。（　　）

12. 指示标志是用来指示运输、装卸等作业人员在作业时需注意的事项，保证货物的安全。（　　）

13. 仓储管理中常采用的库存定位方法是"四号定位法"。（　　）

### 四、简答题

简述仓储合理化的几项措施，并简要说明。

### 案例思考

## 苏宁云仓：智慧物流，提升流通效率！

苏宁把智慧物流当作全面布局未来电商产业链中的重要一环，自动化的无人物流渗透到了其物流全产业链的每一个环节。从仓储分拨，到干线配送，再到"最后一公里"，从无人仓，到无人卡车，再到无人配送车，苏宁把黑科技视作提高未来流通效率的重要抓手——无论是在消费者看得见的终端或是在他们看不见的上游。

苏宁云仓

云仓驱动仓储端智慧化

苏宁云仓是智慧物流体系中重要的一环，建筑面积在 20 万 $m^2$，相当于 28 个标准足球场大小，可储存 2 000 万件商品，是亚洲最大智慧物流基地。苏宁云仓日处理包裹可达到

181 万件，是行业同类仓库处理能力的 4.5 倍以上。

凭借云仓中的 SCS 智能拣选系统，拣选人员无须步行只须简单操作，拣选速度可以达到 1 200 件 /h。此外，苏宁云仓还有每小时能够拣选 1 600 箱小件商品的 A-frame 自动拣货系统，以及智能 AGV 机器人。据计算，苏宁云仓的分拣速度是传统人找货拣选方式的 10 倍以上。

目前，苏宁物流正在以南京为范本，在北京、南京、广州、成都等 11 个中心城市，通过升级现有全国级大仓全流程自动化的作业能力，从南到北、从东到西，逐步构建一张覆盖全国的智能云仓体系。

与此同时，苏宁正在推广它们的 AGV 机器人在无人仓的应用。2018 年 4 月上线的济南仓是苏宁物流全国第二个智能机器人仓。AGV 机器人在上海仓主要负责 3C 商品的拣选，而在济南仓主要是承接快消品的拣选。

苏宁物流在合肥、福州、深圳、郑州、重庆等城市也已启动机器人仓库的建设工作，全国最大的机器人仓储网络正在逐步形成。

### 无人重卡引路干线物流

电商物流正尝试将无人化应用拓展至更多的场景。2018 年 5 月 24 日，苏宁在苏宁物流上海奉贤园区完成了对无人重卡的第二轮测试。该论测试完成后，意味着苏宁在干线运输方面正加速实现无人化。

参与测试的苏宁物流无人重卡名为行龙一号，主要解决苏宁物流园区到物流园区的干线运输和园区内的自动驾驶问题。当前苏宁无人驾驶项目由物流研究院 S 实验室主导，旨在通过无人驾驶技术来进一步提升自身物流系统的服务能力，通过无人化打通配送链条的自动化，最终实现降本增效。

无人重卡采用深度传感器融合技术，在无人驾驶感知、认知、决策、控制层面技术领先，300 m 的精确识别，25 ms 的反应速度，能够在驾驶速度达 80 km/h 时实现安全自动驾驶。

行龙一号可实现从物流园区到物流园区的全程无人化运输。在高速路段（测试道路）可以实现自动紧急制动（AEB）、自适应巡航（ACC）、交通拥堵辅助（TJA）、车道偏移预警（LDW）、车道保持辅助（LKA）、高速跟车、行人检测、自主避障等功能。

在物流园区路段，行龙一号可实现自主避障、自主规划路线、自动精确泊车等功能。无人重卡具有成熟的 RTK、GPS、SLAM、VSLAM 定位技术，配合算法，两次驾驶误差可控制在 2 cm 以内。

### 无人配送延伸末端长度

面向农村地区的物流需求，苏宁物流利用无人机物流做了多种尝试，仅 2017 年苏宁物流的无人机就成功完成了两次实景派送。无论是在浙江安吉创造的 15.06 km 飞行纪录的首飞，还是在安徽的 3 条航线同一天多次实景派送，苏宁物流无人机都做到了精准、迅速、安全。未来，苏宁物流计划围绕无人机上下游配套产业，在全国建设 5 000 个无人机智慧物流枢纽，覆盖全国的无人机通航、研发、生产和售后的地面服务网络，集中管理无人机行业资源，解决各项服务问题。

除无人机外，苏宁的无人快递车卧龙一号也已正式上路。卧龙一号有四轮和六轮版，六轮版车高在 1 m 左右，承重 30 kg，速度可达 12 km/h，爬坡高度 35°，续航可达 8 h，定位精度 1～3 cm，可 24 h 为封闭园区提供无人配送服务。

卧龙一号的导航技术可以实现从户外到户内的无缝切换，解决了小区复杂场景的配送需要。因采用了激光雷达技术，因此它可以实现恶劣天气以及夜晚的 24 h 配送，真正做到了全天候服务。苏宁团队还在研发四足行走的版本，未来卧龙一号会拥有更多技能，除了坐电梯甚至还可爬楼梯，为更多小区居民提供送货上门的智能服务。

资料来源：http://news.cheaa.com/2018/0905/542246.shtml。

**思考题：** 在苏宁云仓里，你了解哪些仓储黑科技？

第6章

# 库存管理

## 章前导读

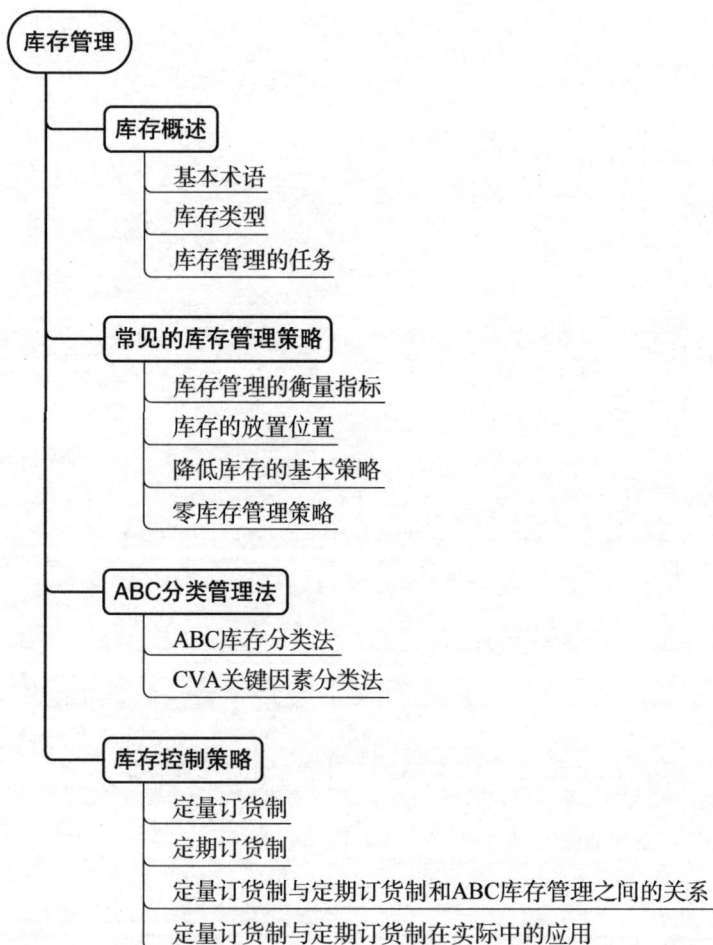

**知识目标：**

1. 会区别库存相关概念，分析库存增加的主要原因。

2. 掌握 ABC 分类方法和 CVA 方法，并能利用其进行库内物资管理。

3. 会解释零库存含义，描述零库存管理策略，会应用库存控制策略解决简单的实际问题。

4. 会推导 EOQ 模型公式，能应用定量订货模型求解问题；会进行批量折扣问题求解；会利用定期订货制制订订货计划。

**素养目标：**

库存水平控制决定影响着企业的命脉，工作中需要保持严谨、求实和理性的工作态度，解决复杂问题时需要具备大局观、清晰的思路和严谨的逻辑、必要的风险分析和规避能力，培养学生不畏艰险、兢兢业业、一丝不苟的敬业精神。

**创新创业教育：**

本章节侧重综合应用，培养学生创新思维、综合设计和应用能力。依据全国大学生物流设计大赛要求，鼓励学生结合前序章节知识的学习，对往年案例的部分内容进行分析，实现物流与实践相结合，提高学生解决实际问题的能力、综合策划能力和组织协调能力。

### 开篇案例

## 科技加持，直击供应链管理痛点

对黑科技的应用是日日顺供应链仓储系统的显著特征。在日日顺供应链遍布全国的智能仓内，随处可见 AGV、RGV、堆垛机、输送机等针对大件商品定制的机器人，在大数据总控系统的指挥下有条不紊地执行商品入库、上架、摆放、出库等操作。基于"智慧大脑"的精密计算，所有货品都能实现"零搬运、零差错、零货损"。

工作人员能够通过数控中心找到所有想要的信息，包括库内智能设备的任务状态、进出库单量趋势、进出库订单进度等，这对促进仓库运作合理化、提升工作效率意义重大。据了解，相较于传统仓库，日日顺供应链智能仓的人工成本为其一半，而作业效率整整高出一倍。

基于遍布全国的仓干配网络以及强大的数据能力，日日顺供应链在行业内首创了智能供应链全流程体验方案。早在 2018 年，日日顺供应链就推出了国内首个居家大件智慧物流全流程服务标准——"天龙八步"，针对"仓、干、配、装、揽、鉴、修、访"八个关键环节制定具体标准。标准的确定使日日顺供应链形成贯穿始终的服务准则。在此基础上，日日顺供应链场景物流还结合企业特征，为其打造定制化方案。

以电动车为例，过去这个行业一直存在"车电分离""到店提车"的难题。为此，日日顺供应链便将电动车品牌生产线上的模块组装工序前置到仓库内，基于用户对电动车的电池、车胎、车架、车把、车灯、反光镜等场景方案需求定制组装。从前只具备仓储功能的仓库，顿时化身成了连接零部件供应商、车企和用户的定制平台，同时实现柔性生产、需求快速响应、中间成本降低，大大提升了三方的配置效率。

而在日日顺供应链为吉利定制的方案中，这种针对性体现得更加明显。汽车备件行业对时效性的要求一直很高，但由于汽车品牌方无法全面掌握经销商库存信息，长尾商品的配送效率便成为一个不受控制的变动项。为了改变这一现状，日日顺供应链通过算法模型，为吉利汽车定制了四个总仓和六个前置仓的布货方案，实现了库存共享、全国随时调货，订单即时满足终于得到了保证。同时，这个方案还可对销售情况进行全面监控，从而制订智能补货方案。从仓储、运输到送达，全流程可视化管理，大大提高了库存周转率、降低仓储成本。不论是把仓库变成组装车间，还是运用数据算法为企业量身打造供应链方案，都体现了日日顺供应链在业界领先的创新意识和执行能力。而每一个方案的实现，都将丰富日日顺供应链的方法论，推动自我裂变，实现在家居、健身、出行、汽车、冷链、快消、3C 电子等其他行业的复制延伸，直至生态在全行业的全覆盖。

资料来源：https://www.360kuai.com/pc/9c9b2dccdf754c137?cota=3&kuai_so=1&tj_url=so_
vip&sign=360_7bc3b157。

**开放性问题：**日日顺的场景物流服务在业内享有盛誉，不管你有没有参加过日日顺的物流大赛，都对他或多或少有些了解，那请同学们结合所学知识进一步搜索关注日日顺，同时加深对场景物流的认识。

● 三国智慧：草船借箭与物流外包

《三国志·吴书·吴主传第二》，建安十八年（213，赤壁之战的五年后）正月，曹操与孙权对垒濡须（今安徽巢县西巢湖入长江的一段水道）。初次交战，曹军大败，于是坚守不出。一天孙权借水面有薄雾，乘轻舟从濡须口闯入曹军，观察曹军部署。孙权的轻舟行进五、六里，并且鼓乐齐鸣，曹操生性多疑，见孙军整肃威武，恐怕有诈，不敢出战，随后，曹操下令弓弩齐发，射击吴船。不一会儿，孙权的轻舟因一侧中箭太多，船身倾斜，有翻沉的危险。孙权下令调转船头，使另一侧再受箭。一会儿，箭均船平，孙军安全返航。曹操这才明白自己上当了，最后留下了草船借箭的历史佳话。

草船借箭，孙权以惊人的机智、巧妙的计谋，凭借他人的人力或财力来达到自己的目的。那么在现代物流业务中如何效仿孙权，利用别人的资源解决自己资源匮乏的问题呢？典型的就是物流外包，比如自建仓库、自建配送网络，不但建设成本高，而且周期长。那么制造业企业把物流仓储、配送等业务外包给第三方物流公司，借助它们的仓库进行仓储、利用它们的配送网络来实现高效配送服务，达到降本增效的目的，这是不是"草船借箭"呢？只不过草船借箭的巧妙更在于他不费一兵一卒，完全是空手套白狼的玩法。

# 6.1 库存概述

在物流科学体系中，经常涉及库存、储备及储存这几个概念，而且经常被混淆。其实，这三个概念有共同之处，但也有区别和联系，下面结合定义先认识一下这些区别，有助于理解物流中"储存"的含义和以后要遇到的零库存概念。

## 6.1.1　基本术语

### 1. 库存

《物流术语》（GB/T 18354—2021）中对库存相关概念的定义如下：

库存（ventory）是储存作为今后按预定的目的使用而处于备用或非生产状态的物品。

注：广义的库存还包括处于制造加工状态和运输状态的物品。

从库存的定义可以看出，并未明确物品所在的位置必须是仓库，而且可以是处于加工状态或运输状态的物品。那么可以理解为"一切闲置的可能用于未来的物品"都是库存，物品闲置的原因可能是有意识的储备，也可能是预测误差导致的积压。

库存是一种闲置资源，不仅不会在生产经营中创造价值，也可能会掩盖企业管理中的各种问题。但是在实际的生产经营或营销活动过程中，库存又是不可避免的，有时还是十分必要的。因为库存管理不当会造成大量资金的沉淀，影响到资金的正常周转，同时还会因库存过多增加市场风险，给企业经营带来负面影响。因此，必须对库存进行有效的管理，尽量保持合理的库存水平，消除不必要的浪费。

### 2. 物资储备

物资储备（goods reserving）是为应对突发公共事件和国家宏观调控的需要，对备用物资进行较长时间的储存和保管的活动。

物资储备是一种有目的的储存物资的行动，也是这种有目的的行动和其对象总体的称谓。储备的目的是保证社会再生产连续不断有效地进行。所以物资储备是一种能动的储存形式，或者说是有目的的、能动地生产领域和流通领域中物资的暂时停滞，尤其是指在生产与再生产，生产与消费之间的那种暂时停滞。

储备和库存的本质区别在于：①储备的时间较长，但是库存不一定，可能长也可能短，但是二者都有可能用不上，比如储备物资在很长时间无应急需求发生的情况下失效，库存物品成了积压品等；②储备是有目的的、能动的、主动的行动，而库存有可能是预测误差导致的，或者是盲目的。

### 3. 储存

储存（storing）是贮藏、保护、管理物品。

在任何社会形态中，对于不论什么原因形成停滞的物资，也不论是什么种类的物资，在没有进入生产加工、消费、运输等活动之前，或在这些活动结束之后，总是要存放起来，这种物流活动就是储存。《物流术语》（GB/T 18354—2021）中对于储存的定义也只是表述为"贮藏、保护、管理物品"，并没有对其场所和目的进行限定。因此，储存不一定在仓库中，也不一定是有储备的要素。可以在任何位置，也有可能永远进入不了再生产和消费领域。因此，储存是包含库存和储备在内的一种广泛的经济现象，是一切社会形态都存在的经济现象。

在任何社会形态中，对于不论什么原因形成停滞的物资也不论是什么种类的物资在没有进入生产加工、消费、运输等活动之前或在这些活动结束之后，总是要存放起来，这就是储存。因此，一般情况下，储存、储备两个概念也是不做区分的，物流学要研究的是包括储备、库存在内的广义的储存概念。

### 6.1.2 库存类型

**1. 按库存的作用分类**

（1）周转库存。周转库存是指为满足日常生产经营需要而保有的库存。周转库存的大小与采购批量直接有关。企业为了降低物流成本或生产成本，需要批量采购、批量运输和批量生产，这样便形成了周期性的周转库存，这种库存随着每天的消耗而减少，当降低到一定水平时需要补充库存。

（2）安全库存（safety stock）。安全库存是指用于应对不确定性因素而准备的缓冲库存。即为了防止不确定性因素的发生（如供货时间延迟、库存消耗速度突然加快等）而设置的库存。安全库存的大小与库存安全系数或者说与库存服务水平有关。从经济性的角度看，安全系数应确定在一个合适的水平上。例如，国家为了预防灾荒、战争等不确定性因素的发生而进行的粮食储备、钢材储备、麻袋储备等，就是一种安全库存。

（3）调节库存。调节库存是指用于调节需求与供应的不均衡、生产速度与供应的不均衡以及各个生产阶段产出的不均衡而设置的库存。

（4）在途库存。在途库存是指处于运输以及停放在相邻两个工作地之间或相邻两个组织之间的库存，在途库存的大小取决于运输时间以及该期间内的平均需求。

**2. 按生产过程分类**

（1）原材料库存。原材料库存是指企业通过采购和其他方式取得的用于制造产品并构成产品实体的物品，以及供生产耗用，但不构成产品实体的辅助材料、修理用备件、燃料以及外购半成品等，是用于支持企业内制造或装配过程的库存。

（2）在制品库存。在制品库存是指已经过一定生产过程，但尚未全部完工、在销售以前还要进一步加工的中间产品和正在加工的产品。

（3）成品库存。成品库存是指已经制造完成并等待装运，可以对外销售的制成品的库存。

**3. 按用户对库存的需求特性分类**

（1）独立需求库存。独立需求库存指用户对某种库存物品的需求与其他种类的库存无关，表现出这种库存需求的独立性。消耗品、维修各部和最终产品的库存属于独立需求库存。

（2）相关需求库存。相关需求库存是指与其他需求有内在相关性的需求，根据这种相关性，企业可以精确地计算出它的需求量和需求时间，是一种确定性需求。

库存需求特性的这种分类构成库存管理的两个部分。一部分是对相关需求库存的管理。这种需求实际上是对完成品生产的物料需求，与完成品的需求之间有确定的对应关系。对于独立需求库存，由于其需求时间和数量都不是由企业本身所能控制的，所以不能像相关需求那样来处理，只能采用"补充库存"的控制机制，将不确定的外部需求问题转化为对内部库存水平的动态监视与补充的问题。

**4. 按物品需求的重复次数分类**

（1）单周期库存。单周期库存是指偶尔发生的对某种物品的需求，仅仅发生在比较短的一段时间内或库存时间不可能太长的需求，以及经常发生的对某种生命周期短的物品的不定量需求。

（2）多周期库存。多周期库存是指在足够长的时间内对某种物品的重复的、连续的需求，其库存需求不断地补充。

**5. 按需求的确定性分类**

（1）确定型库存。确定型库存是指物品的需求量是已知和确定的，补充供应链的前置时间是固定的，并与订货量无关，这两个条件得不到满足时，确定型就不再适用。

（2）随机型库存。随机型库存是指物品的需求量和补充供应链的前置时间至少有一个是随机变量。

此外，还有季节性库存、沉淀库存或积压库存、促销库存、时间效用库存等。

## 6.1.3　库存管理的任务

**1. 持有库存的目的**

一般而言，在库存上有更大的投入可以带来更高水平的客户服务。长期以来，库存作为企业生产和销售的物资保障服务环节，在企业的经营中占有重要地位。企业持有一定的库存，有助于保证生产正常、连续、稳定进行，也有助于保质、保量地满足客户需求。维护企业声誉，巩固市场占有率。当然，持有库存应保持在合理范围，既不能过度积压也不能短缺。

让企业管理者困惑的是，库存控制的标准是什么？库存控制到什么量才能达到要求？如何配置库存是合理的？这些都是库存管理的风险计划问题。以日本丰田为代表的企业提出的所谓"零库存"的观点，主要代表是准时生产方式（JIT）。他们认为，库存即是浪费，零库存就是其中的一项高效库存管理的改进措施，并得到了企业广泛的应用。

**2. 库存增加的原因**

企业在持有库存的过程中又会因一些原因导致库存水平不尽合理，甚至给企业带来严重的负面影响。具体表现如下。

（1）营业部门对于订货的预测出现误差。对于未来的经济变动预测不准确造成的订货变更、延期或中止等。

（2）设计部门的计划不周全。由于技术不成熟、不完善造成的对物料所需数量的把握上出现误差。

（3）库存管理方法拙劣。由于管理人员的管理水平低下造成库存增加。

（4）制造工程延迟。由于制造管理者的计划出现偏差等原因造成搬运等待、加工等待等现象的发生，使生产制造工程延迟，半成品增加。

（5）采购部门的业务技术不成熟造成订货期间过长。

从以上列举的原因可以看出，库存增加不仅仅是由库存管理部门带来的，其他部门也有密切关系，或者说很大部分是由其他部门的工作差错带来的。因此，合理的库存水平需要各个部门的协调配合，加强日常管理。

**3. 库存管理的目的**

库存管理的目的是在满足顾客服务要求的前提下通过对企业的库存水平进行控制，提早把握库存状况，尽可能降低库存水平，节约库存费用，以最小的库存量促进生产或者销售活动的进行，强化企业的竞争力。具体可以表现在以下方面。

（1）谋求资本的有效运用。如果有多余的资本长期积压，对资金的正常运行是非常不利的。要防止资金僵化，资金良性循环才能为企业产生利润。

（2）保有最小库存量。使库存量达到不至于存量不足的最小限度，保证销售流动能顺利进行，同时避免资金积压。

（3）及早掌握库存状况。以便对库存过剩、库存短缺及时进行处理。

（4）节省库存费用。适当地保存库存量能节省库存费用。

（5）为了企业的经济效益。库存保存多会积压资金，库存不足也会造成资金浪费，唯有适当保存库存才能获得有效的营运。

（6）稳定操作水准，能减少或维持制造成本。

（7）促进生产防止库存不足。库存是为了配合生产降低物料短缺率，作为生产期内保障物料供应、促进生产而存在的。

（8）缩短生产周期。适当保存材料、在制品以缩短生产周期。

（9）改善物料搬运效率。为了使物料合理地搬运，必须强调时间观念，改善搬运和库存，使之完美结合才能收到效果。

（10）为了缩短物料供应周期。如果缩短了从订货到物料进厂的时间，即把物料的订货、交货时间缩短，为供应周期准备的预备库存量可以减少。

（11）为了防止物料陈旧。了解各种物料的特性，分别针对其特性采取相应的保管方法。对那些容易风化、生锈、破碎及体积大的物品则必要时再购进，或尽量少存。

（12）为了有效地利用工厂面积、仓库面积。在有限的场地厂房内，放置多余的物料或零散堆放造成拥挤。为了有效地利用面积，应采用立体储存来提高仓储效率。

# 6.2 常见的库存管理策略

库存管理的总目标是在库存成本的合理范围内达到满意的客户服务水平。为达到库存管理的总目标，需采取科学的库存管理策略，以尽可能减少库存，提高企业的管理水平，使企业能够有效地参与市场竞争。

## 6.2.1 库存管理的衡量指标

管理是从衡量开始的，在库存管理中有三个重要的衡量指标：平均库存值，可供应时间和库存周转率。

### 1. 平均库存值

平均库存值一般指某一时期库存平均占用的资金比例。一般来说，制造企业大约占25%，而批发、零售业有可能占到75%。管理人员可根据历史数据或同行业的平均水平从纵横两方面评价自己企业的这一指标是过高还是过低。但是，一个不可忽视的因素是市场需求，也就是说，必须从满足市场需求的角度来考虑库存管理的好坏。为此，下面的两个指标可能更重要。

### 2. 可供应时间

可供应时间即平均库存值除以相应时间段内单位时间（如每周，每月等）的需求值，指现有库存能够满足多长时间的需求；也可以分别用每种物料的平均库存量除以相应时间段内单位时间的需求量来得到。在有些情况下，后者更具现实意义。

**3. 库存周转率**

库存周转越慢，意味着库存占用资金量越大，保管等各种费用也会大量发生；反之亦然。同时，库存周转率对企业经营中至关重要的资金周转率指标也有极大的影响。但究竟库存周转率多大为最好，难以一概而论。很多西方制造企业为一年 6～7 次，而有些日本企业可达一年 40 次之多，在中国有的企业一年仅周转 2 次。

## 6.2.2  库存的放置位置

物资保管的基本要求是摆放科学、定量准备、质量不变、消灭差错。具体到制造企业，针对标准品和成品的放置方法有所区别。

**1. 标准品的放置**

标准品指库存中常有的、随时可以利用的原材料和在制品。显而易见，标准品大多指各种不同程度的半成品，可用来加工或装配成用户所需的特殊品。一个订单接收以后，供货周期的长短取决于从库存中的标准品制成用户所需的特殊品的生产周期，而生产周期的长短与标准品的放置位置关系密切。

**2. 成品的放置**

成品的放置位置是配送管理中的一个重要问题，有两种基本选择：向前放置和靠后放置。向前放置是指尽量把成品库储存放在靠近用户的仓库或配送中心，或放置在批发商或零售商处。靠后放置是指将成品储放在生产厂家的仓库内或不保持成品库存。

向前放置有利于快速交货并降低运输成本。前一个优点显而易见，因为成品放置的位置距用户越近，对用户要求的响应时间越短；后一个优点是指在向前放置中，产品出厂后不是零散地送往各个用户，而是集中运送到几个配送中心，这样运费可以用整车而不是用零担费来计。尤其是企业产品品种较多的情况下，如果分别送往各个用户，可能全部需要以零担费来计，但如果送到配送中心，配送中心可以把不同工厂送来的、给同一用户的产品再集中起来以整车方式运送。这种前置的优点在连锁商店、超市等批发、零售业中得到了最好的体现。

在企业的全球生产运作中，将多个生产基地生产的多种产品按不同国家和地区分别设置配送中心以加速全球销售已经成为越来越重要的一个问题。但向前放置在有些情况下也不一定适用。例如，当竞争策略是把重点放在产品顾客化、多样化上时，就不应该持有大量的库存。又如，一个地区的需求可能是某月高、某月低，而且这种变化难以精确预测，在这种情况下，如果把几个地区的需求品种集中放置在靠后的中心仓库里，而不是向前放置在各个地区，地区之间的不同需求就会有一种互补效应，使总需求的不确定性变小，并使必要的总库存量降低（即"风险吸收"效应）。

## 6.2.3  降低库存的基本策略

大多数企业都面临着库存风险问题。库存物资要占用资金、场地，派人维护，形成库存成本。库存过多，易造成积压，占用大量资金，花费过多的保管费用。如果通过借贷支持所需的库存资金，还会加重企业的利息负担。同时，长期存放会使物品因损坏、变质或意外事故而陈旧过时，失去原有的价值和使用价值。如果库存过少，易造成缺货，不仅影响生产的正常进行，还会丧失销售机会，丢失客户，减少企业利润。因此，如何降低库存风险，使库存经常处于合理水平是每个企业都十分关心的问题，企业总是不断地寻求降低库存的方法。这里仅从库存作用的角度出发，讨论降低库存的基本策略和具体措施。

**1. 降低周转库存策略**

基本做法是减少库存批量，同时采取一些具体措施，寻求降低订货成本或作业交换成本的办法。此方面较为成功的经验是日本企业的"快速换模法"，利用一人多机、成组技术和柔性制造技术，即尽量利用"相似性"来增大生产批量、减少作业交换。此外，还可以尽量采用通用零件来减少库存。

**2. 降低在途库存策略**

影响在途库存的变量有需求和生产—配送周期。由于企业难以控制需求，因此，降低这种库存的基本策略是缩短生产—配送周期。可采取的第一个措施是前文所述的标准品库存前置。第二个措施是选择更可靠的供应商和运输商，以尽量缩短不同存放地点之间的运输和储存时间。还可以利用计算机管理信息系统来减少信息传递上的延误，以及由此引起的延误时间的增加。此外，还可以通过减小批量来降低在途库存。

**3. 降低调节库存策略**

降低调节库存的基本策略是尽量使生产速度与需求变化吻合。一种思路是尽力把需求的波动"拉平"，针对性地开发新产品，使不同产品之间的需求"峰""谷"错开，相互补偿；另一种思路是在需求淡季通过价格折扣等促销活动转移需求。

**4. 降低安全库存策略**

安全库存是一种额外持有的库存，它作为一种缓冲器用来补偿在订货提前期内实际需求量超过期望需求量或提前期超过期望提前期所产生的需求，其目的是防止不确定因素（如不能按时到货、进货品质不符合要求或大量突发性订货等）对生产和销售的影响。降低这种库存的具体策略是使订货时间尽量接近需求时间，订货量尽量接近需求量。有以下四种措施可供使用。

（1）改善需求预测。预测越准，意外需求发生的可能性就越小，所以，可以采取一些方法鼓励用户提前订货。

（2）缩短订货周期与生产周期。这一周期越短，在该期间发生意外的可能性就越小。

（3）减少供应的不稳定性。途径之一是让供应商知道企业的生产计划，以便及早做出安排；另一个途径是改善现场管理，减少废品或返修品的数量，从而减少由于这种原因造成的不能按时按量供应；还有一种途径是加强设备的预防维修，以减少由于设备故障而引发的供应中断或延迟。

（4）增加设备、人员的柔性。可以通过生产运作能力的缓冲、培养多面手人员等方法来实现。这种方法更多地用于非制造业，因为对于非制造业来说，服务无法预先储存。

## 中国步伐——5 家中国企业入围全球仓储自动化 50 强

2019 年 Logistics IQ™ 发布的仓储自动化 50 强，中国科技企业嘉腾机器人、新松、极智嘉、海康威视、快仓等纷纷入围。

嘉腾（JATEN）成立于 2002 年，致力于无人搬运车（AGV）领域的研发、生产、销售，凭借惯性导航、激光导航、二维码导航、磁导航等先进技术，推出了系列便捷、高效、智能的搬运机器人。其产品获得了多项国内外大奖，其中 2015 年大黄蜂获得创客中国企业组唯一一等奖，同年单举升无人搬运车斩获中国红星奖，2016 年磁导航和惯性导航两款 AGV（无人搬运车）产品获得世界设计界的奥斯卡大奖——德国红点设计奖，并代表中国机器人参加德国汉诺威工业展。

新松成立于 2000 年，隶属中国科学院，是一家以机器人技术为核心的高科技上市公司。作为中国机器人领军企业及国家机器人产业化基地，新松拥有完整的机器人产品线及工业 4.0 整体解决方案。物流与仓储自动化成套装备、工业机器人占其营收总数的三分之一。

极智嘉（Geek+）是一家专注于智慧物流的智能机器人公司，致力于利用人工智能和机器人技术创新。其解决方案覆盖了丰富的拣选、搬运、分拣、智慧工厂等智慧物流场景。在传统解决方案提供的业务模式外，还独特创新了"机器人即服务"商业模式，最终客户可按需租赁机器人、智能仓，或者由极智嘉全面代为运营，最终赋能客户以轻资产配置。在最近的 2019 亚洲物流展上，极智嘉推出了领先业界的柔性无人仓整体解决方案、F16R 高位智能叉车和 M20 小型搬运机器人。

海康威视是全球领先的以视频为核心的物联网解决方案提供商，旗下杭州海康机器人技术有限公司是面向全球的移动机器人、机器视觉产品和算法平台的研发和提供商。目前海康机器人布局移动机器人、机器视觉、行业级无人机三大业务领域。

快仓成立于 2014 年，自称是全球第二大的智能仓储机器人系统解决方案提供商，致力于打造下一代智能机器人及机器人集群操作系统。服务 15 个国家 20 多个行业 500 多家企业，并且拥有国药、一汽、DHL、邮政等 50 家各行业全球头部企业客户。快仓智能有三种业务模式：提供包含"系统软件＋可定制化机器人硬件"在内的智能仓储解决方案；提供按单收费的智能仓储服务；提供智能设备租赁服务。已覆盖电商、第三方物流、医药、制造、汽车、零售等 20 多个行业，全球累计出货量近万台。

资料来源：https://www.sohu.com/a/352393256_343156。

### 6.2.4　零库存管理策略

对企业来说，"库存是万恶之源"，虽然这个说法比较夸张，但是对于流通企业来说，库存无法销售出去，就会导致管理成本和租金成本增加，甚至面临库存货物贬值的风险，大大消耗了企业的资源，使企业资金无法实现有效流通。同样，对于生产企业意味着大量占用流动资金，影响企业正常生产经营活动。于是企业纷纷采取新的库存管理策略，努力实现零库存。

零库存是一种特殊的库存概念，零库存并不等于不要储备和没有储备。所谓的零库存，是指物料（包括原材料、半成品和产成品等）在采购、生产、销售、配送等一个或几个经营环节中，不以仓库储存的形式存在，而均处于周转的状态。它并不是指以仓库储存形式的某种或某些物品的储存数量真正为零，而是通过实施特定的库存控制策略，实现库存量的最小化。所以"零库存"管理的内涵是以仓库储存形式的某种物品数量为"零"，即不保存经常性库存，它是在物资有充分社会储备保证的前提下，所采取的一种特殊供给方式。常用的零库存策略主要有以下几种。

**1. 委托保管策略**

委托保管策略是委托第三方进行代存代管所有权属于企业的物资，从而使企业不再保有库存，甚至可不再保有保险储备库存，从而实现零库存。受托方收取一定数量的代管费用。

优点：受委托方利用其专业的优点，可以实现较高水平和较低费用的库存管理，用户不再设仓库，同时减去了仓库及库存管理的大量事务，集中力量于生产经营。

缺点：第三方托管质量不一，企业无法一手掌握公司库存情况，对库存规划提出挑战。另外，这种零库存方式主要是靠库存转移实现的，并不能使库存总量降低。

**2. 协作分包策略**

协作分包策略即美国的"SUB—CON"（Sub-contract，转包合同）方式和日本的"下请"方式。主要是制造企业的一种产业结构形式，这种结构形式可以以若干分包企业的柔性生产准时供应，使主企业的供应库存为零；同时主企业的集中销售库存使若干分包劳务及销售企业的销售库存为零。

在许多发达国家，制造业企业都是以一家规模很大的主企业和数以千百计的小型分包企业组成一个金字塔形结构。主企业主要负责装配和产品开拓市场的指导，分包企业各自分包劳务、分包零部件制造、分包供应和分包销售。

优点：可采取各种生产形式和库存调节形式，以保证按企业的生产速率，按指定时间送货到主企业，从而使主企业不再设一级库存，达到零库存的目的。

缺点：在协同合作时，安全意识相对淡薄，质量水平控制较低，协同作战意识不强。

**3. 轮动策略**

轮动策略是指在对系统进行周密设计的前提下，使各个环节速率完全协调，从而根本取消甚至是工位之间暂时停滞的一种零库存、零储备形式。

优点：这种方式是在传送带式生产基础上，进行更大规模延伸形成的一种使生产与材料供应同步进行，通过传送系统供应从而实现零库存的形式。

缺点：一旦供应链被破坏，或企业不能在很短的时间内根据客户需求调整生产，企业生产经营的稳定性将会受到影响，经营风险加大。

**4. 准时供应策略**

在生产工位之间或在供应与生产之间完全做到轮动，这不仅是一件难度很大的系统工程，而且，需要很大的投资，同时，有一些产业也不适合采用轮动方式。因而，广泛采用比轮动方式有更多灵活性、较容易实现的准时方式。准时方式不是采用类似传送带的轮动系统，而是依靠有效的衔接和计划达到工位之间、供应与生产之间的协调，从而实现零库存。如果说轮动方式主要靠"硬件"，那么准时供应系统则在很大程度上依靠"软件"。

优点：提高了生产效率，在企业采购中，常常存有大量的不增加产品价值的活动，进一步减少并最终消除原材料和外购件库存，实现柔性生产。

缺点：采用较少的供应商，小批量采购必然增加运输次数和运输成本，对交货的准时性要求更加严格。

### 5. 水龙头策略

水龙头策略是一种像拧开自来水管的水龙头就可以取水，而无须自己保有库存的零库存形式。这种方式经过一定时间的演进，已发展成即时供应制度，用户可以随时提出购入要求，采取需要多少就购入多少的方式，供货者以自己的库存和有效供应系统（如 WMS）承担即时供应的责任，从而使用户实现零库存。适于这种供应形式实现零库存的物资主要是工具及标准件。

优点：降低存货的储存成本。

缺点：为了保证能够按照合同约定频繁小量配送，供应商可能要求额外加价，企业因此丧失了从其他供应商那里获得更低价格的机会收益。

### 6. 无库存储备

国家战略储备的物资往往是重要物资，战略储备在关键时刻可以发挥巨大作用，所以几乎所有国家都要有各种名义的战略储备。由于战略储备的重要，一般这种储备都保存在条件良好的仓库中，以防止其损失，延长其保存年限。因而，实现零库存几乎是不可想象的事。无库存的储备是仍然保持储备，但不采取库存形式，以此达到零库存。比如，有些国家将不易损失的铝这种战备物资作为隔音墙、路障等储备起来，以备万一，在仓库中不再保有库存就是一例。

优点：零库存可减少物资的仓储成本、减少对财务资金的占用、减少库存物资的跌价损失等。

缺点：如果通过以销订购的方式实现零库存，那么企业将处于被动的状态，商品质量与物流管理都掌握在厂家或者供应商手里，企业难以干涉。

### 7. 采用准时生产方式

准时生产是零库存应用的典型例子。这种生产方式是日本丰田汽车公司在 20 世纪 60 年代实行的一种生产方式，1973 年以后，这种生产方式对丰田公司渡过第一次能源危机起到了突出的作用，后来引起其他国家企业的重视，并逐渐在欧洲和美国的日资企业中推行开来。

准时生产的基本思想是只在需要的时候，按需要的量，生产所需的产品，也就是追求一种零库存，或库存达到最小的生产系统。其基本思想是生产的计划和控制，以及库存的管理。

看板方式是准时生产方式（JIT）中一种简单有效的方式，也称"传票卡制度"或"卡片"制度，是日本丰田公司首先采用的。在企业的各工序之间，或在企业之间，或在生产企业与供应者之间，采用固定格式的卡片为凭证，由下一环节根据自己的节奏，逆生产流程方向，向上一环节指定供应，从而协调关系，做到准时同步。采用看板方式，有可能使供应库存实现零库存。

### 8. 配送方式

这是综合运用上述若干方式采取配送制度保证供应从而使用户实现零库存。

（1）采用"多批次、少批量"的方式向用户配送货物。企业集中各个用户的需求，统筹安排、实施整车运输，增加送货的次数、降低每个用户、每个批次的送货量，提高运输效率。配送企业也可以直接将货物运送到车间和生产线，从而使生产企业呈现出零库存状态。

（2）采用集中库存的方法向用户配送货物。通过集中库存的方法向用户配送货物，增加库存使商品和数量形成规模优势，降低单位产品成本，同时，在这种有保障的配送服务体系支持下，用户的库存也会自然日趋弱化。

（3）采用"即时配送"和"准时配送"的方法向用户配送货物。为了满足客户的特殊要求，在配送方式上，企业采用"即时配送"和"准时配送"的方法向用户配送货物。"即时配送"和"准时配送"具有供货时间灵活、稳定、供货弹性系数大等特点。因此作为生产者和经营者，采用这种方式，库存压力能够大大减轻，甚至企业会选择取消库存，实现零库存。

● 三国智慧：空城计与零库存

诸葛亮可谓是三国时期的"物流之父"，把古人的智慧在物流领域发挥得淋漓尽致。"空城计"玩的是釜底抽薪，这一计的关键是一定要非常熟悉你的"合作伙伴"，知道他是否能"配合"，只有这样的条件成立时才能冒险一搏。当然，此计是迫不得已，风险极大。那现代物流中的"零库存"是不是有点像"空城计"呢？只有你的外协环境成立，非常熟悉你的合作伙伴且他如此行事的概率非常大的时候这一方案才可行。当然真正的"零库存"只是让我们不断追求一种理想化的库存水平，督促我们不断优化管理的过程，并非库存为零。

# 6.3 ABC 分类管理法

## 6.3.1 ABC 库存分类法

企业库存物资种类繁多、价格不同、数量不等，但由于企业资源有限，不可能对所有物资给予同等重视，为使有限的人力、物力、财力能更有效地发挥作用，应对库存物资分类，进行重点管理或一般管理，即依据库存物资重要程度的不同，分别进行不同的管理，这就是 ABC 分类法（ABC classification）的基本思想。

ABC 分类法源自意大利经济学家帕雷托的理念，也称 20 对 80 原则，是质量管理七大手法之一。帕雷托认为企业管理中存在着"重要的少数"和"不重要的多数"。由于全体中极少数的要素决定利益、成本或营业额的大部分，亦即 20% 顾客占总营业额的 80%，或者 20% 的库存占总库存金额的 80%，这种关系称为 20 对 80 原则。

1879 年，帕累托在研究个人收入的分布状态时，发现少数人的收入占全部人收入的大部分，而多数人的收入却只占一小部分，他将这一关系用图表示出来，就是著名的帕累托图。该分析方法的核心思想是在决定一个事物的众多因素中分清主次，识别出少数的但对事物起决定作用的关键因素和多数的但对事物影响较少的次要因素。后来，帕累托法被不断应用于管理的各个方面。1951 年，管理学家戴克（H. F. Dickie）将 ABC 分类法应用于库存管理，命名为 ABC 库存分类法。1951—1956 年，约瑟夫·朱兰将 ABC 分类法引入质量管理，用于质量问题的分析，被称为排列图。1963 年，彼得·德鲁克（P. F. Drucker）将这一方法推广到全部社会现象，使 ABC 分类法成为企业提高效益的普遍应用的管理方法。

ABC 分类法在物流领域的应用就是将库存物品按照设定的分类标准和要求分为特别重要的库存（A 类）、一般重要的库存（B 类）和不重要的库存（C 类）三个等级，然后针对不同等级分别进行控制的管理方法。

**帕累托定律**

### 1. 如何进行分类

对库存物资通常按库存物资所占总库存资金的比例和所占库存总品种数目的比例这两个指标来分类如图 6-1 和表 6-1 所示。

A 类库存品种数目少，但资金占用大，占库存总数目的 5%～20%，而其占用资金总额却占总库存金额的 60%～70%。

C 类库存品种数目大，但资金占用少，库存占总库存量的 60%～70%，而其占用资金却占库存金额的 15% 以下。

B 类库存介于两者之间，占库存品种总数的 20%～30%，资金占总金额的 20% 左右。

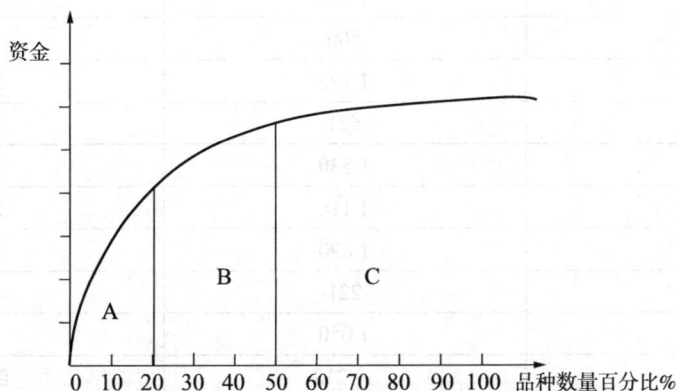

图 6-1 比例分配图

表 6-1 ABC 分类

|  | 价值比例 | 物品比例 |  |
| --- | --- | --- | --- |
| A | 60%～70% | 5%～20% | 贵重物资（包含关键物资） |
| B | 20% | 20%～30% |  |
| C | <15% | 60%～70% | 大众廉价物资 |

### 2. 如何进行管理

（1）A 类。量少但重要，需严格管理和控制。定时盘点，详细记录，经常检查分析物资使用，存量增减，品质维持，需求供应等信息。加强进货，发货，运送管理，在满足企业内部需要和顾客需要的前提下，维持尽可能低的经常库存量和安全库存量（小批量订货，减少资金占用），加快库存周转。

（2）B 类。一般重要，管理强度介于 A 类与 C 类之间，一般进行正常的例行管理和控制。

（3）C类。数量大，但重要性低，一般进行简单的管理和控制。由于价格低廉，资金占用少，可大批量采购，保持大量库存，减少管理人员数目，延长库存检查时间间隔。

**3. ABC分类实施步骤**

（1）计算每一品类物品的价值（按物动量分类时计算每一种货物的周转量）；

（2）按照价值（周转量）由大到小排序并列成表格；

（3）计算货物的累计价值（周转量）百分比；

（4）计算累计比率；

（5）分类。

二八法则
的应用——
ABC分类

【例6-1】如表6-2所示为库房物料清单，请对其进行ABC分类。

表6-2　库房物料清单

| 物料 | 品种数量 | 库存金额 / （万元） |
|---|---|---|
| 1. 锁具 | 717 | 448.6 |
| 2. 三通阀门 | 430 | 111.3 |
| 3. 油漆 | 1 423 | 79.4 |
| 4. 水盆 | 500 | 39.1 |
| 5. 电缆 | 1 722 | 29.3 |
| 6. 铜芯水龙头 | 621 | 32.2 |
| 7. PVC管 | 1 530 | 22.1 |
| 8. 线材 | 1 114 | 21.5 |
| 9. PVC接头 | 1 890 | 14.8 |
| 10. 公牛大插排 | 221 | 14.0 |
| 11. 填料盒 | 1 050 | 8.3 |
| | 11 218 | 820.6 |

解：（1）计算物料的价值，如表6-3所示。

表6-3　物料单价

| 物料 | 品种数量 | 库存金额 / （万元） | 单价 / （万元） |
|---|---|---|---|
| 1. 锁具 | 717 | 448.6 | 0.6257 |
| 2. 三通阀门 | 430 | 111.3 | 0.2588 |
| 3. 油漆 | 1 423 | 79.4 | 0.0558 |
| 4. 水盆 | 500 | 39.1 | 0.0782 |
| 5. 电缆 | 1 722 | 29.3 | 0.0170 |
| 6. 铜芯水龙头 | 621 | 32.2 | 0.0519 |
| 7. PVC管 | 1 530 | 22.1 | 0.0144 |
| 8. 线材 | 1 114 | 21.5 | 0.0193 |
| 9. PVC接头 | 1 890 | 14.8 | 0.0078 |
| 10. 公牛大插排 | 221 | 14.0 | 0.0633 |

续表

| 物料 | 品种数量 | 库存金额 /（万元） | 单价 /（万元） |
|---|---|---|---|
| 11. 填料盒 | 1 050 | 8.3 | 0.0079 |
|  | 11 218 | 820.6 |  |

（2）按照价值由大到小排序，并计算货物的累计价值百分比，如表6-4所示。

表 6-4　累计比率

| 物料 | 品种数量 | 累计数量比例 | 库存金额 /（万元） | 累计价值比例 |
|---|---|---|---|---|
| 1. 锁具 | 717 | 6.39% | 448.6 | 54.67% |
| 2. 三通阀门 | 430 | 10.22% | 111.3 | 68.23% |
| 3. 油漆 | 1 423 | 22.91% | 79.4 | 77.91% |
| 4. 水盆 | 500 | 27.37% | 39.1 | 82.67% |
| 5. 铜芯水龙头 | 621 | 32.90% | 32.2 | 86.60% |
| 6. 公牛大插排 | 221 | 34.87% | 14.0 | 88.30% |
| 7. 电缆 | 1 722 | 50.22% | 29.3 | 91.87% |
| 8. PVC 管 | 1 530 | 63.86% | 22.1 | 94.56% |
| 9. 线材 | 1 114 | 73.79% | 21.5 | 97.18% |
| 10. PVC 接头 | 1 890 | 90.64% | 14.8 | 98.99% |
| 11. 填料盒 | 1 050 | 100.00% | 8.3 | 100.00% |
| 合计 | 11 218 | | 820.6 | |

（3）最后进行分类，如表6-5所示。

表 6-5　ABC 分类表

| 物料 | 品种数量 | 数量比例 | 库存金额 /（万元） | 价值比例 |
|---|---|---|---|---|
| 1. 锁具 | 717 | A 类 | 448.6 | 68.23% |
| 2. 三通阀门 | 430 | 10.22% | 111.3 | |
| 3. 油漆 | 1 423 | | 79.4 | |
| 4. 水盆 | 500 | B 类 | 39.1 | 20.07% |
| 5. 铜芯水龙头 | 621 | 24.65% | 32.2 | |
| 6. 公牛大插排 | 221 | | 14.0 | |
| 7. 电缆 | 1 722 | | 29.3 | |
| 8. PVC 管 | 1 530 | | 22.1 | |
| 9. 线材 | 1 114 | C 类 | 21.5 | 11.70% |
| 10. PVC 接头 | 1 890 | 65.13% | 14.8 | |
| 11. 填料盒 | 1 050 | | 8.3 | |
| 合计 | 11 218 | | 820.6 | |

在日常库存管理过程中，ABC 分类法被广泛应用，它的原理是"重要的少数，次要的

多数"，以货物的累计周转量为衡量标准划清货物的主次顺序。但在某些企业中，ABC 分类法并不令人满意，因为 C 类物资往往得不到应有的重视。比如，按照 ABC 分类法的思路，生产中不可缺少的重要部件（如鞋带、螺丝）却被归为 C 类，但是这些看似不起眼的小部件一旦缺货，将会严重影响到鞋的销售或者导致装配线停工。那么为了弥补按金额大小分类的不足，人们在思考新的库存分析方法用以解决上述问题，CVA 关键因素分类法（critical value analysis）由此诞生。

## 6.3.2　CVA 关键因素分类法

**1. CVA 关键因素分类法的基本思想**

将物资按照关键性分成 3 ～ 4 类，对不同类型的库存物品采取不同的管理方式。即：

（1）最高优先级。最高优先级指企业经营活动中的关键性物品，或 A 类重点客户需要的物品。这类物品在库存管理中不允许缺货。

（2）较高优先级。较高优先级指企业经营活动中的基础性物品，或 B 类客户需要的物品。这类物品在库存管理中允许偶尔缺货。

（3）中等优先级。中等优先级指企业经营活动中比较重要的物品，或 C 类客户需要的物品。这类物品在库存管理中允许在企业确定的服务水平范围之内缺货。

（4）较低优先级。较低优先级指企业经营活动中需要，但可替代性高，在库存管理中允许缺货。

**2. ABC 分类法与 CVA 分类法结合使用**

CVA 分类法比起 ABC 分类法有更强的目的性，在使用中，人们往往倾向于把库存品制定高的优先级，以显示这类物品的重要性。不过，高优先级的库存品太多，最终哪种库存品都没有得到应有的重视，甚至使库存管理缺乏主次。因此，CVA 分类管理法的使用，必须建立在企业对客户进行详细分类管理的基础上。在实际应用中，将 CVA 分类法与 ABC 分类法结合使用，可以达到分清主次，抓住关键环节的目的。

结合库位优化的拣货路径规划

# 6.4　库存控制策略

库存量的调整是通过订货节奏的控制来实现的。目前主要存在两种订货方式，即定量订货制（fixed-quantity system）和定期订货制（fixed-interval system）。

## 6.4.1　定量订货制

当库存量下降到预定的库存数量（订货点）时，立即按一定的订货量进行订货的方式，称为定量订货制，也称为订货点法。订货点法模型如图 6-2 所示。

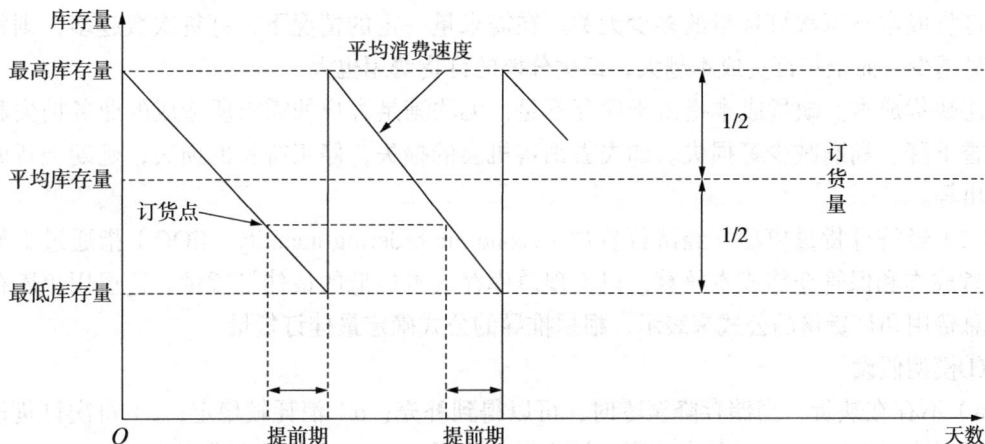

图 6-2　订货点法模型

订货点法是建立在以下假设条件上的。

①库存物品的消费速度是稳定的，不会出现消费急剧增加或减少的情况，或者说，市场的需求情况是稳定的。

②订货提前期也是稳定的，不会出现因供应不及时而影响库存补充的延误，进而影响生产供料。

在上述假设条件下，库存量的增加和减少遵循图 6-2 所示的变化趋势。在物料进库时间点，这时库存量最高，随着库存的发放使用，库存按照需求的稳定速率而减少，当减少到警戒点时，就必须发出订货指令，组织物料采购。当物料到达最低点时，也是所购物料再入库的时间点，库存量再回到最高点，又开始物料逐渐减少的另一个周期过程。

订货点法的关键在于计算出订货点和订货量。订货点是指库存物品的库存量下降到必须再次订货的时点时，仓库所具有的库存量。订货量是指交易品种已签订电子合同，尚未转让或交收的合同标的数量，即拣仓量。对于某种物品来说，当订货点和订货量确定后，就可以实现库存的自动管理。

**1. 经济订货量**

（1）库存成本分析。库存控制的目标之一就是对库存成本进行控制，因此，库存成本是决策的主要考虑因素。库存成本的构成如下。

①购买成本。购买成本指用于购买或生产该商品所花费的费用，它的大小与商品的数量呈正比例关系，而且随着时间的推移，库存成本由于储存产品的市场价格发生变化而变化。

②储存成本。储存成本指保管库存产品所花费的费用，包括储存设施的成本、搬运费、保险费、折旧费、税金以及资金的机会成本等。每次订货量越大，库存量也越大，保管费用就越多。显然，这些费用随库存量的增加而增加。

储存成本通常用单位时间内（每天、每周、每月、每年等）产品成本的百分比来表示。例如，每年 10% 的储存费用是指价值 100 元的商品保存一年需要花费 10 元的储存费用。储存费用主要由库存资金的机会成本、仓库租金、仓库管理费、保险费用、税金以及消耗等组成。

③订货成本。订货成本主要包括差旅费、通信费、运输费以及有关跟踪订单系统的成

本。订货成本与每次订货量的多少无关。在需求量一定的情况下，订货次数越多，则每次订货量越少，而全年订货成本越大，每次分摊的订货费用也大。

④缺货成本。缺货成本指由于库存不足，无法满足客户的需求所造成的业务损失和企业信誉下降、利润减少等损失。如失去销售机会的损失，停工待料的损失，延期交货的额外支出等。

（2）经济订货量模型。经济订货量（economic ordering quantity，EOQ）指通过平衡采购进货成本和保管仓储成本核算，以实现总库存成本最低的最佳订货量。这里用年库存管理的总费用和订货量的公式来表示，根据推导的公式确定最佳订货量。

①模型假设。

a）不存在缺货，当储存降至零时，可以得到补充；b）消耗较稳定；c）每次订货量不变，订货费用不变；d）订货点相同，订货提前期固定；e）单位储存费不变。

②最佳订货量的确定。通过使某项库存物资的年费用达到最小来确定相应的订货量，如图6-3所示。

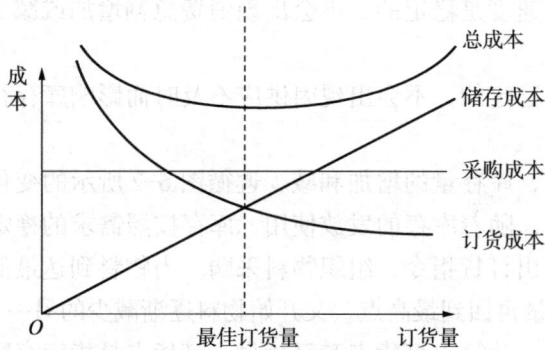

图 6-3　订货量—成本模型

经济订货量原理就是库存总费用是由采购成本、库存保管费用和订货成本三部分组成的。采购成本指的是订购数量和价格之积，一般是一个常量。库存保管费用则指物品存放在仓库中所需要的各种费用，它是平均库存量和平均每件物品的保管费用之积，订货批量增加，则平均库存量增加，库存保管费用升高。因此，库存保管费用是跟订货量同向变化的指标。订货成本指的是发生订货业务所需要的费用，如差旅费、洽谈费、信息处理费等，订货批量增大，则一定核算期内订货次数减少，订货业务量减少，则订货成本降低。因此，订货成本是随订货量反向变化的指标。由于库存保管费用和订货成本之间有相反的变化规律，因此可以找到库存总费用最小的点，与此点对应的订货批量就是经济订货批量。可以说，以这个数量去订货，可以使库存总费用最低。

从图中可见，库存保管费用（$QK/2$）随订购量增大而增大，订货费用（$DC/Q$）随订货量增大而减少，当两者费用相等或总费用（TC）曲线最低时为 EOQ。

③理想的经济订货批量。理想的经济订货批量指不考虑缺货，也不考虑数量折扣以及其他问题的经济订货批量。在不允许缺货，也没有数量折扣等影响的情况下，库存物品的总费用（TC）= 采购成本 + 订货成本 + 库存费用，即

$$TC = DU + \frac{DC}{Q} + \frac{QK}{2}$$

若使 TC 最小，将上式对 $Q$ 求导后令其等于 0，得到经济订购批量 EOQ 的计算公式为：

$$EOQ = \sqrt{\frac{2DC}{K}} \text{ 或 } \sqrt{\frac{2DC}{UF}}$$

式中：

$D$——某库存物品的年需求量（件／年）；

$U$——单位采购成本（元／件）；

$Q$——每次订货批量（件）；

$C$——单位订购成本（元／次）；

$K$（$UF$）——单件库存平均年保管费用〔元／（件·年）〕；

$F$——单件库存保管费用与单件库存采购成本之比。

④ EOQ 模型应用。

【例6-2】设某企业年需某物资 1 800 件，单价为 20 元，年保管费率为 10%，每次订货成本为 200 元。求经济订货量 EOQ 和总费用。

解：代入公式，得

$$EOQ = \sqrt{\frac{2 \times 1\,800 \times 200}{20 \times 10\%}} = 600 \text{（件）}$$

$$TC = 1\,800 \times 20 + \frac{1\,800 \times 200}{600} + \frac{600 \times 20 \times 10\%}{2} = 37\,200 \text{（元）}$$

即在每次订购数量为 600 单位时，库存总费用最小为 37 200 元。

【例6-3】某商店有甲商品出售，每单位甲商品成本为 500 元，其储存费用每年为成本的 20%，该商品每次的订购费为 20 元，顾客对甲商品的年需求量为 365 个，如果不允许缺货，订货提前期为零，求最佳订货量、最小费用及最佳订货周期。

解：$C = 20$ 元／次，$K = UF = 500 \times 20\% = 100$ 元／年，$D = 365$ 个／年

最佳批量 $Q = \sqrt{\frac{2DC}{K}} = \sqrt{\frac{2 \times 365 \times 20}{100}} = 12$（单位）

最小费用 $Q^* = \sqrt{2CKD} = \sqrt{2 \times 20 \times 100 \times 365} = 1\,208$（元）

最佳订货周期 $T = 365 / \left(\frac{D}{Q}\right) = 365 / \left(\frac{365}{12}\right) = 12$（天）

**2. 订货点法的适用范围和优缺点**

（1）适用范围。

①需求量比较稳定的产品；

②需求预测比较困难的维修材料；

③消费量计算复杂的产品。

（2）优缺点。

优点：

①一般按经济订货量订货，节约库存总成本；

②订货时间和订货量不受人为判断的影响，保证库存管理的准确性。

缺点：

对每个品种单独进行订货作业，会增加订货成本和运输成本。

订货点的计算公式：

订货点＝平均消费速度 × 平均到货期间＋安全库存

公式当中的"平均消费速度"，是根据过去的实际消费值计算出平均值后通过修正得到的。

"平均到货期间"也称提前期，是指从库存下降到订货点以下开始，经过订货、送货、接货、检验以及入库为止的全部时间。这里，不仅指送货时间，而且包括送货之前的订货事务以及货送达后的检验等时间。

"平均到货期间"的单位与计算"平均消费速度"的单位应该一致。订货量一般根据经济订货量来确定。

安全库存 ＝ 安全系数 × 最大订货提前期 × 需求变动值

安全系数取决于缺货率，需要根据缺货概率查安全系数表得到，如表6-6所示，最大订货提前期则需要根据以往数据得到，需求变动值的计算方法为：

$$需求变动值 = \sqrt{\frac{\sum (y_i - y_a)^2}{3}}$$

式中：$y_i$——实际需求量；

$y_a$——平均需求量。

表6-6 安全系数表

| 缺货概率 / % | 安全系数值 | 缺货概率 / % | 安全系数值 | 缺货概率 / % | 安全系数值 |
|---|---|---|---|---|---|
| 30.00 | 0.54 | 11.50 | 1.20 | 3.60 | 1.80 |
| 27.40 | 0.60 | 10.00 | 1.28 | 2.90 | 1.90 |
| 25.00 | 0.68 | 8.10 | 1.40 | 2.30 | 2.00 |
| 20.00 | 0.84 | 6.70 | 1.50 | 2.00 | 2.05 |
| 16.00 | 1.00 | 5.50 | 1.60 | 1.40 | 2.20 |
| 15.00 | 1.04 | 5.00 | 1.65 | 1.00 | 2.33 |
| 13.60 | 1.10 | 4.00 | 1.75 | | |

**3. 有数量折扣的经济订货量**

在实际应用 EOQ 公式时，除了考虑缺货费用，一般还必须考虑其他一些因素对总成本的影响。最常见的是，由于批量不同而带来的在采购价格和运输价格上的差异。

（1）考虑采购数量折扣的经济批量。为鼓励大批量购买，供应商往往在订购数量超过一定量时提供优惠的价格。在这种情况下，买方就要进行计算，以确定是否需要增加订货量去获得折扣。若接受折扣所产生的总成本小于订购 EOQ 所产生的总成本，则应按折扣数量采购。反之，则按不考虑数量折扣计算的 EOQ 进行订购。

【例 6-4】某工厂每月需要某种零件 2 000 件，已知每件每月储存费为 0.1 元，一次订购费为 100 元。一次订货量与零件单件关系如下：

$0 \leqslant Q < 1\,000$，$C=1.20$ 元 / 件；$1\,000 \leqslant Q < 3\,000$，$C=1.15$ 元 / 件；$3\,000 \leqslant Q < 5\,000$，$C=1.10$ 元 / 件；$5\,000 \leqslant Q$，$C=1.05$ 元 / 件。

**解：** 年需求量 $D=24\,000$（件），年平均储存费用为 $K=1.2$ 元 / 年

经济订货量为：

$$\text{EOQ} = \sqrt{\frac{2DC}{K}} = \sqrt{\frac{2 \times 2\,000 \times 100}{0.1}} = 2\,000（件）$$

当订货量为 2 000 时，总费用为：

$$TC_1 = DU + \frac{D}{Q}C + \frac{Q}{2}K = 24\,000 \times 1.15 + \frac{24\,000}{2\,000} \times 100 + \frac{2\,000}{2} \times 1.2 = 30\,000（元）$$

当订货量为 3 000 时，总费用为；

$$TC_2 = DU + \frac{D}{Q}C + \frac{Q}{2}K = 24\,000 \times 1.10 + \frac{24\,000}{3\,000} \times 100 + \frac{3\,000}{2} \times 1.2 = 29\,000（元）$$

当订货量为 5 000 时，总费用为：

$$TC_3 = DU + \frac{D}{Q}C + \frac{Q}{2}K = 24\,000 \times 1.05 + \frac{24\,000}{5\,000} \times 100 + \frac{5\,000}{2} \times 1.2 = 28\,680（元）$$

所以，最佳订货量为 5 000 件时总的成本最低为 28 680 元。

也可采用月需求量和月平均库存成本计算，计算过程同上。

当订货量为 2 000 时，总费用为：

$$TC_1 = DU + \frac{D}{Q}C + \frac{Q}{2}K = 2\,000 \times 1.15 + \frac{2\,000}{2\,000} \times 100 + \frac{2\,000}{2} \times 0.1 = 2\,500（元）$$

当订货量为 3 000 时，总费用为：

$$TC_2 = DU + \frac{D}{Q}C + \frac{Q}{2}K = 2\,000 \times 1.10 + \frac{2\,000}{3\,000} \times 100 + \frac{3\,000}{2} \times 0.1 = 2\,416.7（元）$$

当订货量为 5 000 时，总费用为：

$$TC_3 = DU + \frac{D}{Q}C + \frac{Q}{2}K = 2\,000 \times 1.05 + \frac{2\,000}{5\,000} \times 100 + \frac{5\,000}{2} \times 0.1 = 2\,390（元）$$

最佳订货量为 5 000 件时，总的成本最低为 2 390 元。

（2）考虑运输数量折扣的经济批量。当运输费用由卖方支付时，一般不大考虑运输费用对库存总成本的影响。但如果由买方支付，则会对库存总成本产生较大影响。当增大批量可以得到运价上的折扣时，就要考虑是否要加大购买批量。简单的方法是将有无运价折

扣的两种情况进行对比，选择总成本低的方案。

### 6.4.2  定期订货制

**1. 定期订货方式的模型和计算公式**

订货点法是从数量上控制库存量，操作简单，但需要时常检查库存量，费时费力。特别是在仓库大、品种多的情况下，无论是检查实物，还是检查账本，工作量都很大，定期订货制就是为解决这个问题提出的。

定期订货制（fixed-interval system，FIS）是按预先确定的订货间隔期进行订货的一种库存管理方式。它是一种基于时间控制的订货方法，通过设定订货周期和最高库存量，从而达到库存控制的目的。该策略不设订货点，只设固定检查周期和最大库存量。

定期订货制每隔一段时间即进行订货，订货时间固定，但每次订货量不定，订货量的多少是由实际库存量的大小决定的，同时应考虑订货点时的在途到货量和已发出出货指令尚未出货的待出货数量。

假设 $Q$ 为订货量，$Q_1$ 为已定未达量（即在途货量），$Q_0$ 为现有库存量，$Q_2$ 为已分配量（待出库货物数量），$Q_{max}$ 为最高库存量。

（1）每次订货量的计算公式如下：

$$Q = Q_{max} - Q_0 - Q_1 + Q_2$$

该模式的关键在于确定订货周期和最高库存量。订货周期指从提出订货，发出订货通知到收到货物为止的时间间隔。这个订货周期，就是控制库存的订货时机。最高库存量是控制库存的一个给定的库存水准。每隔一个周期，就检查库存发出订货，订货量的大小就是最高库存量与当时库存量的差。有时，最高库存量是根据订货周期、平均订货时间与日需求量确定的（见图6-4）。

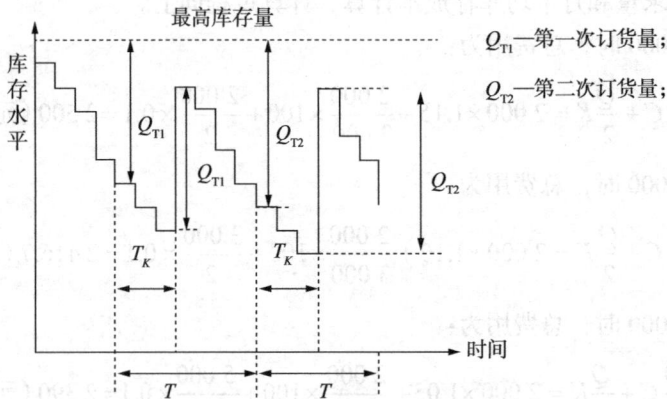

图6-4  最高库存量的影响因素

（2）订货周期的确定。

$$T^* = \sqrt{\frac{2C}{KR}}$$

式中：

$T^*$——经济订货周期（年）；

$C$——单位订购成本（元·次）；

$K$——单件库存平均年库存保管费用〔元 /（件·年）〕；

$R$——单位时间内库存商品需求量（件）。

实践中订货周期也可以根据实际情况进行相应的调整，既可以按照自然时间习惯，比如年、季、月、周，也可以根据企业生产周期或供应周期等现实情况进行操作。

（3）最高库存量的确定。定期订货制的最高库存量 $Q_{max}$ 是用以满足 $T+T_k$ 期间内的库存需求的，所以可以用 $T+T_k$ 期间的库存需求量作为最高库存量。考虑到该期间的库存需求为随机发生的、不确定的，需要再设置一定的安全库存。因此，设 $\overline{D}$ 为 $T+T_k$ 期间的库存需求量的平均值（$T$ 为订货周期，$T_k$ 为平均订货提前期），$S$ 为安全库存量，则最高库存量 $Q_{max}$ 的计算公式为：

$$Q_{max}=\overline{D}(T+T_k)+S$$

因此，订货量公式可以表示为：

$$Q=\overline{D}(T+T_k)+S-Q_0-Q_1+Q_2$$

**2. 定期订货方式的适用范围和优缺点**

（1）适用范围。

①根据市场的状况和经营方针，需要经常调整生产或采购数量的物品；

②需求量变动幅度大，而且变动具有周期性，可以正确判断的物品；

③设计变更风险大，短期流行物品；

④受交易习惯的影响，需要定期采购的物品。

（2）优缺点。

优点：由于订货间隔确定，多种货物可同时采购，可降低订单处理成本，也可降低运输成本。

缺点：不能及时掌握库存动态，容易造成缺货。

## 6.4.3  定量订货制与定期订货制和 ABC 库存管理之间的关系

综上所述，就会发现，定量订货制、定期订货制与 ABC 管理的侧重点之间存在相互矛盾的地方。

**1. 定量与定期订货制的区别**

（1）提出订购请求时点的标准不同。定量订货制提出订货请求的时点标准是，当库存量下降到预定的订货点时，即提出订货请求；而定期订货制提出订货请求的时点标准则是按预先规定的订货间隔周期，到了该订货的时点即提出请求订货。

（2）请求订货的商品批量不同。定量订货制每次订购商品的批量相同，都是事先确定的经济批量；而定期订货制每到规定的请求订货期，订购的商品批量都不相同，可根据库存的实际情况计算后确定。

（3）库存商品管理控制的程度不同。定期订货制要求仓库作业人员对库存商品进行严格的控制、精心的管理，经常检查、详细记录、认真盘点；而用定量订货制只要求对库存商品进行一般的管理，简单的记录，不需要经常检查和盘点。

**2. 定量订货制与 ABC 分类法**

定量订货制适用于品种数量少，平均占用资金大的、需重点管理的商品。采用这种方法就需要企业时刻进行库存信息的检查，定量订货制更加适合需要严格和密切管理的物资，因此需要经常了解和掌握库存的动态，也就是经常进行检查和盘点，正因如此，定量订货制的工作量大且花费大量时间，如果对于每种商品都经常进行检查盘点，就会增加库存保管成本，因此这种方式适合于少量的重要商品，即 A 类商品。但是在进行定量订货制采购时，由于每一次采购的数量都是一样的，所以在采购时并没有根据货物的实际需求和消耗速度来进行量的计算，如果遇到消耗速度减少就会导致货物在仓库中停留时间过长，造成成本上升。

**3. 定期订货制与 ABC 分类法**

用定期订货制管理物资，不需要时刻监控库存水平，只需要按照固定的周期来制定采购计划即可，定期订货制每次订货的时候，根据现有的库存量和需求情况来推算采购量，因此，定期订货制适合 B、C 类商品的管理。

**4. 定量订货制和定期订货制与 ABC 分类法商品之间的关系**

由上面可以看到，定量订货制需要时刻监控库存水平，因此适合 A 类商品。但是 A 类商品由于占用资金比较庞大，所以企业在每次采购的时候会格外地控制采购的数量，每次采购的数量需要重新进行计算才能够得到，这么说来，定期订货制似乎又更加适合 A 类商品。

反之，定期订货制按照固定周期进行采购，因此适合 B、C 类商品，但是定期订货制每次采购的时候都要计算需求量，那么对于只需要一般管理的 C 类商品来说可能更加适合定量订货制的固定量采购模式。

所以，这里也是定量订货制和定期订货制与 ABC 分类法在物流领域存在争议的地方。

## 6.4.4　定量订货制与定期订货制在实际中的应用

企业在实际生产过程中，如果仅仅是生搬硬套 ABC 三类商品分别适用的订货方法，往往会造成成本上升和提高，而且也不利于物资进行合理的管理。所以这也是 ABC 分类法在实际运用中的局限性。

因此，企业在实际生产和库存控制过程中，必须结合采购难易度、采购提前期、供方垄断、生产依赖性等因素来制订适合自己的采购方案，不能完全按照 ABC 分类法进行生搬硬套。

对于 A 类商品，不能完全采用定量或者定期的订货方法，而是应该选取定量和定期订货制各自的优势，时刻监控库存，并且在每次采购时根据实际的需求情况来计算下一次订货的数量，以达到成本的最低。对于 C 类商品，在每次采购的时候就不需要严格进行计算数量，只需要按照平时的经验在固定的周期制订采购计划，并且可以实行定量定期，甚至折扣策略的采购。

综上所述，在进行库存采购与管理的过程中，不能完全一味地按照定量订货制与定期订货制的适用物资进行管理，而应该结合 ABC 分类法综合考虑，制定适合企业自身特点的库存管理和控制方法，这样才能使企业的库存成本降低，从而实现物流整体成本的优化。

# 章末测试

## 一、单选题

1. 定期订货制中两个固定量是（    ）。

    A. 订货批量和安全库存量         B. 订货时间间隔和订货批量

    C. 订货时间间隔和最大库存量       D. 订货批量和订货点

2. 生产提前期是指产品（零件）投产开始的时间同（    ）相比较所要提前的时间。

    A. 生产准备      B. 原材料到货      C. 产成品出产      D. 送到客户手中

3. 在商品的年需求量一定的情况下，每次的订货量越大，则（    ）。

    A. 订购成本越大，储存成本越大     B. 订购成本越小，储存成本越大

    C. 订购成本越小，储存成本越小     D. 订购成本越大，储存成本越小

## 二、多选题

1. 采用定量订货制时，订货点的确定主要取决于（    ）两个要素。

    A. 订货提前期     B. 安全库存     C. 消耗速率     D. 订货量

## 三、判断题

1. 要对库存进行有效的管理和控制，首先要对存货进行分类。常用的存货分类方法有 ABC 分类法和 CVA 分类法。（    ）

2. 定量订货的优点是不必经常盘点库存，多品种可以同时采购。（    ）

3. 定量订货费用模型计算时需考虑采购成本、库存成本、缺货成本和订货成本。（    ）

4. 时间延迟策略是指把最后的组装、装配、包装等作业延迟到接近最终零售商或消费地时再进行。（    ）

## 四、计算题

1. 某配送中心每年为一大型医院配送大约 816 箱液体清洁剂，每次订货费用为 12 元，储存费用为每年每箱 4 元，供货单位区间价格如表 6-7 所示。

表 6-7　供货单位区间价格表

| 订货批量 | $Q \leq 50$ | $50 < Q \leq 79$ | $79 < Q \leq 99$ | $Q > 99$ |
|---|---|---|---|---|
| 每箱单价 / 元 | 20 | 18 | 17 | 16 |

求经济订货量和总成本（计算保留整数）。

2. 有一企业物资储存情况如表 6-8 所示，为提高仓储管理的效率，请对其进行 ABC 分类。

表 6-8　物资储存情况

| 物资代码 | 年使用量/件 | 单价/元 |
|---|---|---|
| K-8 | 400 | 20 000 |
| S-12 | 500 | 10 000 |
| S-8 | 2 000 | 600 |
| X-7 | 2 500 | 400 |
| W-30 | 4 000 | 200 |
| G-37 | 4 000 | 100 |
| G-23 | 2 000 | 100 |
| H-22 | 2 000 | 80 |
| H-44 | 5 000 | 20 |
| H-16 | 8 000 | 10 |

案例思考

## 顺丰、京东等头部玩家如何玩转云仓体系?

从 2013 年云仓开始进入大众视野,那么头部玩家是如何借助自身优势建立云仓体系,又是如何在实际应用中发挥作用的呢?

1. 云仓发展概况

(1)云仓发展背景。物流的仓储环节可分为外包仓储和自建仓储两种模式。两种模式下又通常会出现不同的问题。

对于外包仓储模式来说,因供应商规模大小不一、服务质量参差不齐,企业通常需要与多数仓储供应商合作,才能满足自身的业务覆盖需求。特别是节假日期间,易发生外包仓储爆仓、商品配送延误等问题,严重影响客户体验,导致企业业务情况不太理想。

对于自建仓储来说,则存在高昂的成本问题,以及自建团队、自建系统等带来的管理压力。

为了解决两种仓储模式带来的问题,一种新的仓储体系——云仓应运而生。云仓通过中央云系统运用云计算,对整合过后的下属分仓内库存分布进行完美调拨分配,以多仓为据点,进行货物出入库。云仓兼容了外包的成本优点及自建仓储的服务优势,在避免自建仓储带来的高成本问题的同时,又可以解决外包仓储服务质量差的问题。

(2)云仓基本构成。云仓体系通过整合社会闲置仓储资源,构建全国分仓,形成一张"云仓网络"。

在云仓的运营中,客户下单后,OMS 将订单传入最近的仓库,智能匹配分仓,再利用 WMS 进行发货,就近完成配送;分仓每过一定周期将货物储存情况进行一次反馈,在存量不够的情况下,通过中央系统向供应商发出补货申请。云仓应用统一的中央云系统以及智能化的分拣设备,具有高效快速的订单处理能力及配送效率。云仓基本构成如图 6-5 所示。

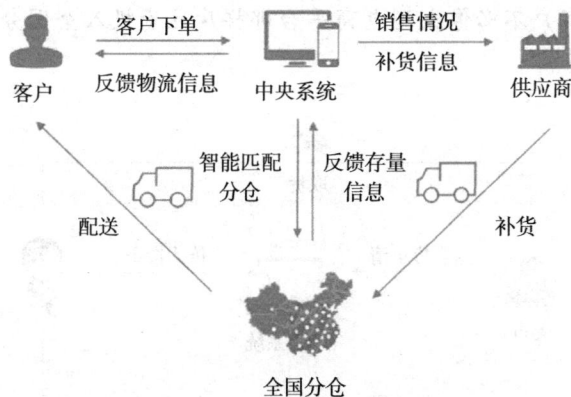

图6-5 云仓基本构成

（3）云仓的应用。目前的云仓主要应用于三个方面：快递、电商及第三方类仓储企业。

①快递方面，顺丰、百世、韵达、中通等企业，依托自身强大的运力网及仓储网，纷纷引入云仓体系，提升自身服务能力。

②电商方面，京东、苏宁、天猫、亚马逊等平台企业通过全国云仓布局，将自营或商家货物前置，以最快的速度完成客户订单。

③发网、中联网仓等第三方类云仓，则整合原有仓储网络以及社会闲置仓储资源，以自主研发或第三方的IT系统为核心，为客户提供仓配一体化解决方案。

2. 云仓运营模式

（1）快递行业云仓体系。

①顺丰云仓——自有仓储＋运力。

·运营模式。顺丰云仓的网络，由"信息网＋仓储网＋干线网＋零担网＋宅配网"五张网络组成。顺丰云仓布局基于客户销售大数据支持，为客户提供各大分仓的库存计划。在接收客户订单前，货物已经预先进入智能化分仓内，当订单进入仓库的OMS系统后，货物会在WMS的运转下以最快的速度出仓，利用顺丰传统的配送网络优势送达客户手中。

在退换货的逆向物流上，顺丰利用"云仓＋快递协同"模式，当消费者发出退换货申请时，配送人员从仓内取货至消费者处，验明旧货无问题后直接交付新货。顺丰云仓运行模式如图6-6所示。

·运营优势。

a）网络优势。截至2017年12月31日，顺丰在全国拥有各类客户服务仓136个，面积约140万 $m^2$，业务覆盖国内100多个地级市，形成辐射全国的仓储服务网络，可以满足各类电商仓储、生鲜食品冷仓、医药冷仓的发展需求，以及客户对于仓间调拨操作的需求。

b）配送优势。截至2017年12月31日，顺丰自营及外包末端收派车辆6.3万辆（不含摩托车和电动车），收派员约21.3万人，自营网点约1.3万个，覆盖2 672个县区级城市。此外，顺丰参股的丰巢科技已安装快递柜约7.5万个，覆盖国内北、上、广、深及武汉等80个城市。

c）收费优势。顺丰针对中小规模电商市场，利用自身多网结合的优势，一次性收取从仓到配的打包费用。客户不必像大型电商平台那样斥巨资投入全国分仓，也可以享受到高品质的仓配一体化服务。

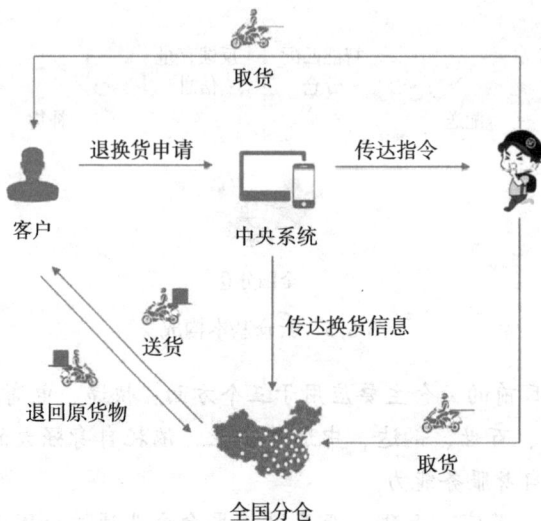

图 6-6　顺丰云仓运行模式

·其他服务。

在供应链服务上，顺丰推出以货质押的金融服务，满足中小品牌在货物流通过程中对资金的需求。

②百世云仓——产地总仓，全国分仓。

·运营模式。

百世云仓采用"总仓＋分仓"的运营模式，产地设置总仓，地方设置平行仓；采用干线运输、分仓备货、区域配送的模式，将单纯的快递成本转化为"干线运输＋区域配送"的综合成本。例如，服装、食品行业，百世云仓会根据客户的不同运作特点，进行区域分仓、季节性分仓以及活动分仓。

·云仓优势。

a）作为强大 IT 功底跨界而来的百世，强大的云计算力与优化手段，确保了客户订单处理、仓间调拨获得精益化管理，强大的 WMS 和 TMS 系统可保证发货及时率以及准确率。

b）百世自身具备快递快运资源，派送区域覆盖全国。通过全国网络化分仓，满足派送区域的同时缩短派送时间，并且实现全程透明化跟踪。

·网络现状。

截至 2017 年 12 月，百世云仓共拥有超 320 个云仓，分布于华东、华南、华北地区，覆盖全国超 170 个重点城市。

（2）电商行业云仓体系。

①京东云仓——合作建仓。

·运营模式。

京东云仓采用合作建仓模式，整合国内闲置仓储资源。京东提供"云仓平台＋WMS＋

TMS＋库内仓储作业规划"，而合作方负责提供"仓库＋仓内运营设备"和团队。京东云仓以整合共享为基础，以系统和数据为核心，从而输出标准化物流运作，赋能商家与合作商，提升商品流通效率。京东云仓如表6-9所示。

表6-9　京东云仓

| 生产要素 | 库内操作系统 | 运营监控和标准制定 | 库内规划设计 | 库内销售订单来源 | 作业团队 | 库房资源及库内设备 |
|---|---|---|---|---|---|---|
| 提供方 | 京东 | 京东 | 京东 | 合作商&京东 | 合作商 | 合作商 |

·运营优势。

a）仓储成本日渐增高，仓库建设的成本对于许多中小商家来说都是大问题。对于那些建完仓库的工场，同样也面临着资金短缺和库房管理的难题。京东运用自营仓的操作标准，以及专业的操作系统，提供库内规划，培训合作方库内作业人员，解决了不同品类商品的储存难题，提升仓内运作效率。

b）京东云仓协同京东金融，为云仓合作商以及商家提供融资租赁、仓单质押等金融服务。

·网络现状。

京东目前在全国布局了八大物流中心，分别为北京、上海、广州、沈阳、武汉、西安、成都和德州。截至2017年年底，京东大型仓库共486个，总面积约1 000万 m²。

②日日顺云仓——三级云仓。

·运营模式。

日日顺云仓采用全国共享的三级分布式云仓网络，是利用日日顺物流基地仓、区域仓、服务商仓库的云仓布局。100个TC（过站仓）分布全国，150～200 km仓库辐射半径，6 000个送装 HUB 网点，可以实现提前备货到仓、次日送达订单的效率。日日顺云仓运营模式如图6-7所示。

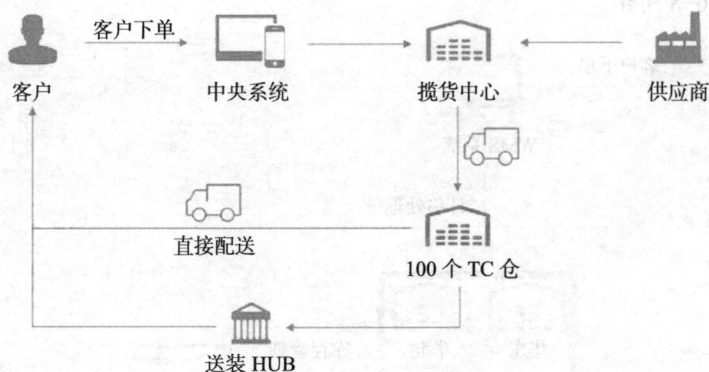

图6-7　日日顺云仓运营模式

·运营优势。

a）强大的干支配网络。干线集配网络方面，日日顺云仓目前拥有整车干线的 15 个发运基地、22 000 辆在线车辆；零担干线的 180 个中转站、5 000 辆在线车辆。

仓配一体化网络方面，日日顺云仓拥有 6 000 辆区域配送车辆、3 300 条对流班车专线，覆盖 2 915 个区县。

末端送装一体网络方面，日日顺拥有近 10 万辆车小微、约 20 万服务兵、6 000 个送装网点，可以实现全国无盲区送装服务（到村入户）。

b）信息化系统。日日顺仓内 iWMS 系统可以实现全流程订单及产品可视化追踪，拥有自动接单、订单管理、AGV 自动装载、费用结算等功能。

c）自动化出入库流程。产品入库时，日日顺采用车辆与传送带直接接驳的方式，省去了货物装卸过程。经过"扫描站＋人工扫描货物"的二次复核，机械手将货物码垛至指定位置。出库时，堆垛机从立体库中抓取指定货物，配合 AGV 小车将货物送至备货区，在二次拣选后，AGV 会将货物送至月台装车。

·仓库网络现状。

截至 2018 年 12 月底，日日顺云仓拥有 6 000 个送货网点、600 万 $m^2$ 仓储面积，覆盖全国 2 915 个区县（到村入户）。

（3）第三方云仓体系。

发网——主仓＋卫星仓。

·运营模式。

发网云仓以"主仓＋卫星仓"的网络布局，客户可选择的方案有"子母仓"以及"平行仓"的分仓模式。

"子母仓"模式为，品牌商选择区域主仓，由主仓通过物流运输完成商品在子仓的库存分布，建立总分仓之间的干线运输体系，负责各仓之间的商品批量调拨以及总分仓间的补货运输。

"平行仓"模式为，由品牌商选择在多个物流中心进行分配存货，就近选择仓库发货。发网云仓布局如图 6-8 所示。

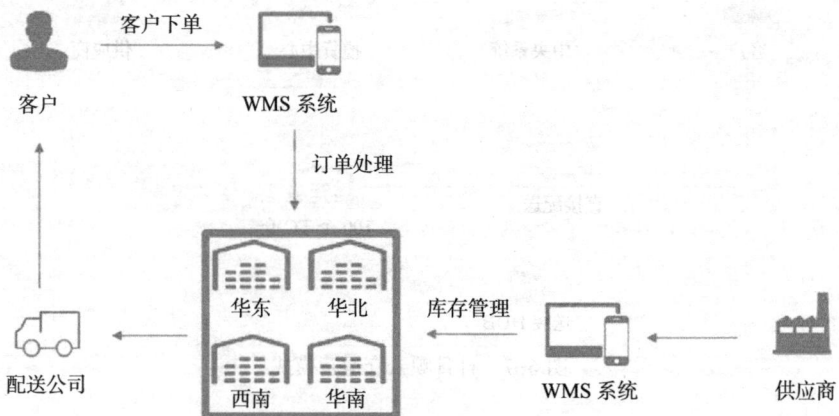

图 6-8　发网云仓布局

·运营优势。

a）强大的仓配网体系。截至 2018 年 12 月底，发网覆盖全国的仓库网络包括六大运营中心（RDC）以及 60 个区域二级分仓（FDC）；整合快递和快运为配网，提供 to B 和 to C 的综合物流服务。发网合作快递服务商主要有三通一达、顺丰、EMS、天天、品骏、宅急送等。

b）供应链金融体系。客户可以通过发网旗下供应链金融服务平台，向供应链金融机构申请最高 1 000 万元的资金借贷，盘活库存，解决资金短缺的问题。

·网络现状。

截至 2018 年 12 月底，发网已实现全国仓储面积 100 万 $m^2$，综合配送网络覆盖全国 2 866 个城市，已累计服务 500 个知名品牌商，每天约 250 万单的业务量。发网网络现状如图 6-9 所示。

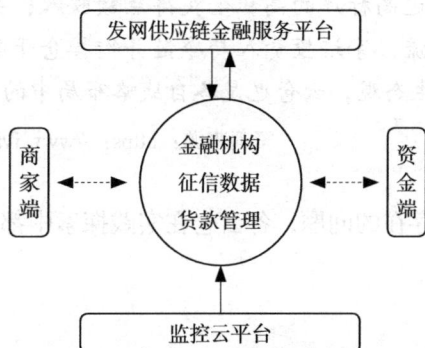

图 6-9　发网网络现状

### 3. 云仓对物流行业的影响

（1）赋能闲置仓储。物流企业对高标仓的需求持续升温，但高标仓在国内分布不均衡，华北、华东地区甚至出现一库难求的现状，而在华中、西南、西北等以低标仓为主的地区，仓库的闲置率则较高。

云仓的出现，通过合作等形式搭建全国云仓，改造低标仓，形成市场需求量大的目标仓，巧妙运用闲置的仓库、运力，优化资源配置，从而降低仓运成本。

（2）合理仓间调拨运营（见图 6-10）。与传统出仓、干线运输、末端"最后一公里"的物流过程相比，云仓可以通过仓储管理云系统综合云端数据，对区域间分仓的货物进行合理库存调配，实现货物提前调拨入库，快速发货，从而时效稳定，提升客户体验。

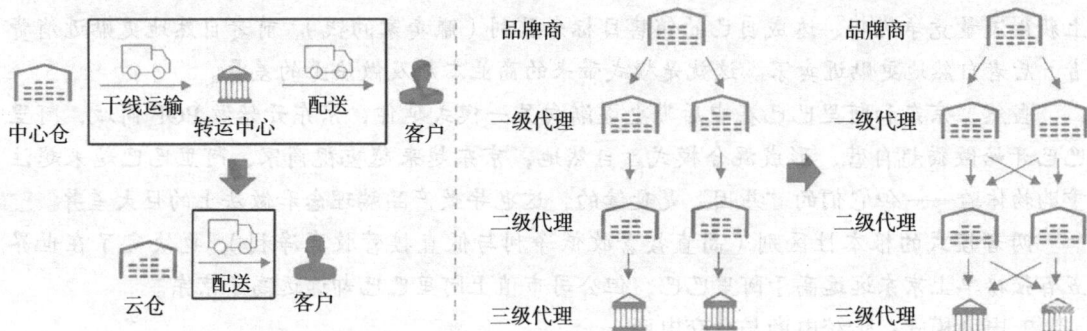

图 6-10　仓间调拨运营

此外，云仓还可以帮助品牌商实现代理上下级货物调拨，货物可以从上级代理云仓合理分配进入下级代理云仓，实现品牌商的货物在各个区域市场内的完美运营。

（3）驱动物流新生态。云仓的出现，帮助快递、电商及第三方企业整合供应链，提高客户体验感，嫁接互联网技术，使得整个产业链条上的数据在云端可视化。

对快递企业来说，云仓优化仓储模式，可承载比传统仓更多更大的发货量，扩展业务规模；对电商企业来说，云仓能够协助提升配送时效。近几年"双11"第一单都以分钟进行计算，这就归功于云仓的布局；对第三方企业来说，云仓整合全国闲置仓储资源，结合强大的落地配体系，满足客户多样化的需求。

此外，对于传统的物流地产企业，云仓的出现为他们提供了新的布局领域。如普洛斯、宇培等地产巨头，一方面通过高标库的高租金获得巨额收入；另一方面，普洛斯投资入局物流全产业链，打造生态物流，宇培投资入局冷链并衔接仓干配业务。由此可见，物流地产商对仓储的布局有更好的生态观，云仓也是各自战略布局中的一环。

资料来源：https：//www.iyiou.com/analysis/2018120687004。

**讨论问题**：面对传统仓存在的问题，各云仓在实践探索中都做了哪些有益的尝试？

## 课外阅读

## 常见产品模式

模式是一个比产品更为宏大的概念，它基本上是说业务上做什么不做什么，精确地针对谁，以什么方式做，记忆点如何形成，各环节怎么联动，以及如何实现。下面举几个具体例子。

1. 自营模式与平台模式

前者的龙头是京东，后者的代表是阿里巴巴的淘宝天猫。这两大模式有着根本性的区别：京东以商品成本加毛利驱动营收（卖货赚钱）；阿里巴巴以促进商家成交并收取服务费驱动营收（促成交易收取服务费、广告费、营销工具使用费或提成）。这就决定了对于京东，以让消费者尽快更多地购买自营商品，并拥有良好的购物体验为核心诉求（赚消费者的钱）；而阿里巴巴则更多地通过营销工具和专业化服务，让卖家能在淘宝平台的海量商家和商品上获得流量竞争优势、达成自己的销售目标来盈利（赚卖家的钱）。前者自然地更贴近消费者，后者自然地更贴近卖家。这就是模式带来的商业本质及做法上的差异。

当然，京东和阿里巴巴在中后期也逐渐向另一模式延伸，京东开始做POP商城，阿里巴巴开始做猫超自营，形成混合模式。自然地，京东越来越重视商家，阿里巴巴越来越注重购物体验——但它们的"基因"是延续的，这也导致产品端理念和做法上的巨大差异。

两者模式的根本性区别（高直接营收低净利与低直接营收高净利），也决定了在世界五百强榜单上京东远远高于阿里巴巴，但公司市值上阿里巴巴却远远高于京东。

2. 电商模式：传统电商与社交电商

传统电商以商品、品牌为中心，聚合货，消费者来平台找货（虽然也能千人千面），本质上是打造一个商品金字塔。而社交电商则天生以圈子为中心，聚合人，人拉人、人向人层层递进地卖货，把营销从 B 端过渡到 C 端，本质上是打造一个关系链，并把销售搭载其上。这是一个模式上的巨大变革，或者说是一种全新的模式。

从成本结构上看，传统电商的销售成本主要发生在营销及销售渠道的建设上，而社交电商的成本则很大程度上转移到打造关系链的社交成本。例如，利用社交红包、拼团、网红打造等，结合巨大的投资把用户向平台不断聚合；增长逻辑从商品类目的经营转变到关系链的经营；企业价值评估指标从商品品类、运营能力和销售规模过渡到关系链的广度、深度和牢固度；购买的决策逻辑从商品的描述和平台、品牌的背书，过渡到关系链中人与人之间的信任。

这两个模式的差异，决定了传统电商和社交电商对于企业价值判断以及投资建设方向的根本性不同，它们内在的商业逻辑和增长驱动手段由此有了本质的差别。

腾讯的巨大成功在于：虽然它没什么卖货的"基因"，但它就算什么也不卖，因为牢牢聚合了人，所以通过它卖什么都可以，卖什么都很容易。当然，基于炫耀属性的虚拟商品如 QQ 的各种钻，因为商品价值天生在社交范畴，则是聚合"人"的腾讯最可以卖的"货"。

3. 仓储模式：统仓 / 分仓 / 平行仓 / 前置仓

（1）所谓统仓，就是一个大仓，储存所有商品，统一发货。与之相对应的是分仓，比如京东，在全国建有八大分仓：北京、上海、广州、沈阳、武汉、西安、成都、德州，分别覆盖对应的省区，订单根据目标地址区域从分仓发货，某仓缺货时可以跨仓调拨。

（2）平行仓相对分仓的差别是：分仓是按地域分仓，每个仓都基本是全品类；而平行仓则是按品类分仓，全国调拨，哪个仓有订单所需货物就从哪个仓发，有时需要拆单多仓发货。优点是品类管理完善，缺货率低，无跨区调拨成本，缺点是系统复杂，技术要求高，物流对接协同难度大，需要实现高度自动化订单处理，国内只有亚马逊采用。

（3）前置仓，它下面也有几种细分模式，概括地说就是把少量商品（往往带有高频和应急属性）放在用户身边。比如，每日优鲜，在覆盖小区附近租一个廉价的地下室小房间（前置仓），放上冷柜和货架，精选数百个热销生鲜品类（也有少数高频百货日杂）。消费者打开 App，先定位地址（或手机 GPS 给出），随后展示该地址对应的前置仓商品，下单后配送员从隔壁的前置仓出发，迅速送达。优点就是快，缺点是商品少，成本高。

这些仓储模式的差异带来的业务模式的差异，有点类似于沃尔玛与 7-11，很大程度上影响了跑在上面的商业模型，由此产品层也需要完全不同的设计。例如，前置仓前台产品高度基于 LBS 和高频品类进行设计，契合家庭和下厨场景，充分考虑少而精以及缺货模式下的导购，充分拉动库存周转和动销率。

运营人员则应聚焦有应急属性和快速送达需求的品类，根据周边小区人群特征精选头部商品，减少长尾商品和损耗。也可以像盒马，在生鲜零售上搭配果切和外卖模式，来最小化水产死亡和水果局部腐烂带来的损耗。

而分仓模式通常为拥有海量商品的大电商，前台商品则高度基于商品和品类的个性化设计，让消费者在海量商品中快速找到适合自己的一款，搭建差异化的场景化栏目，铺设促销导向、品质导向等不同的用户群体的导购路径，充分突出转化率，并通过品类组合打好"低毛利高复购商品聚流量，高毛利商品促利润"的组合拳。

4. 跨境电商的代购模式、海外集货直邮模式、保税仓模式和商品镜像模式

在当前消费升级的大环境下，跨境电商主流模式大致有下面几种。

（1）有很多商家在电商平台上先挂商品，有订单了再进货（也可能会根据销量预测先进货），从海外一单单邮寄给买家，个人做就叫代购模式，企业做就叫海外直邮模式。随着电商平台规模的成长，卖家把多个订单商品集中起来在海外使用同一包裹发货，到境内后再分拆发货，是为集货直邮模式。该模式下运费成本下降，但物流时间长，商品损坏可能性提升。

（2）保税模式是商家通过大数据分析提前将热卖商品进货后屯在国内的保税区，消费者下单后直接从保税区发货。这一方面可节省商家的物流和人力成本，物流速度还几乎与国内订单无异。另一方面，通过保税模式进入仓库的货物，可以个人物品清关，在税收和检验检疫的环节都享有优势。

（3）商品镜像模式，这是给亚马逊海外购模式起的名字，目前在国内可能是独一无二的，其本质是海外直邮的一种。亚马逊是全球第一电商，在各国都有强大的自营平台，这是亚马逊做跨境的天然优势。通过技术，把美国、日本、德国、英国等国的亚马逊平台（称为美亚、日亚、德亚、英亚）的海量境外自营商品同步到中国亚马逊海外购平台，让中国消费者可以直接在中国网站下单，随后系统在后台把订单同步到对应的"X亚"，形成影子订单，本质上由该国亚马逊直接履约，是为镜像模式。

对比后两种模式，保税仓模式是网易考拉的核心模式，可以称为"重模式"。因为商家需要负责海内外的物流体系，管理选品和进销存，有巨大的成本投入，上线商品要一个个选品进货，数量也相对有限，并承担选品偏差带来的库存风险。

而亚马逊的商品镜像则可以相应称为"轻模式"，不负责库存，只负责销售，根据规则同步商品后不难达到海量规模。但受商品同步的市场和法律规则限制，商品从全局上看与本地市场契合度有限，缺乏定价权，由此缺乏促销的控制力，导致在"无促销不电商"的大环境下面临挑战。在这两个特性下，两者的前台、中台产品设计层面也存在巨大的差异，在商品体系、价格体系、促销体系、导购体系上都有全方位的不同。

以上是一些模式的例子，产品经理只有深入理解了自己平台的模式及其优缺点和局限性，才能更深刻精准地构思产品，达到商业效果。

有文章提到"U掌柜和叮咚买菜竞争，输在商品少，配送慢，体验差"，然后列一些数据，所以论证U掌柜项目因此失败。看起来论据充分，文章分析专业。但是，往深里想完全经不起推敲，难道U掌柜自己不知道商品多些，送得快些用户体验就会更好吗？产品经理和运营人员看到这样的文章，正确的反应是对模式细节进行思考：要送得快，就需要前置仓密集，配送人力充足。那么，模式上如何解决单仓覆盖半径减小以及随之而来的用户群基数问题、动销率问题、库存周转问题，以及坪效问题？满足一小时达的服务标准下，又怎么解决高峰时段（前置仓模式的核心品类通常都是生鲜，消费高峰通常在两餐时段前后）的配送能力不足，或者低谷时段的配送人力过剩问题？商品丰富了，长尾商品显著增多，那怎么解决销售相对缓慢的长尾商品损耗问题，以及库位成本问题？把这些问题想清楚，才能真正看到叮咚买菜到底胜在哪里，抑或是它并没有模式优势，只是暂时性地依靠更强大的资本投入取胜。

所以，只有深入理解了模式细节，才能对各家的做法和自家的优缺点有深刻的解读，

从而扬长避短，做出更精准对接市场的产品，或更有针对性地立足模式来做好运营。

资料来源：https：//www.jianshu.com/p/1dc1ea744163。

**开放性问题：** 阅读上述资料，谈谈你对上述几种新模式的认识，然后带着问题一起来学习新的内容。

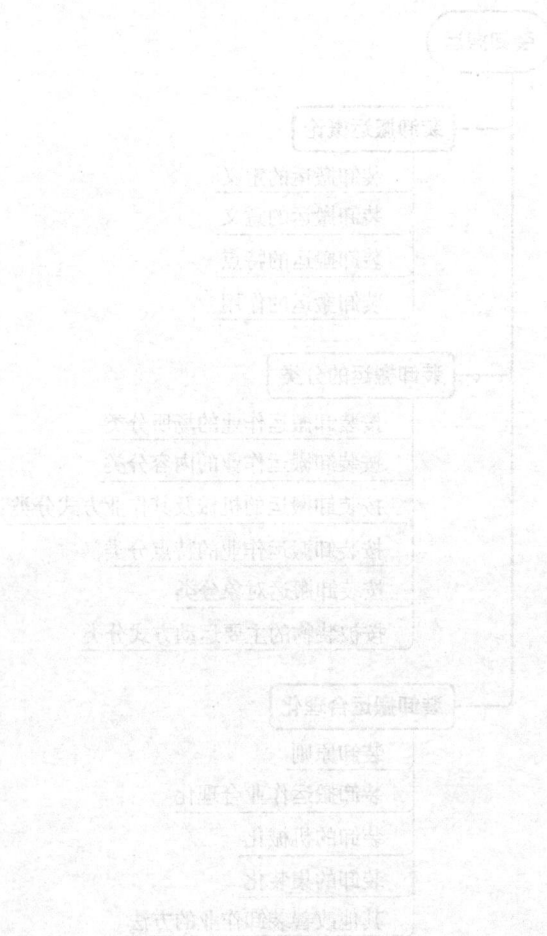

# 第7章

# 装卸搬运

## 章前导读

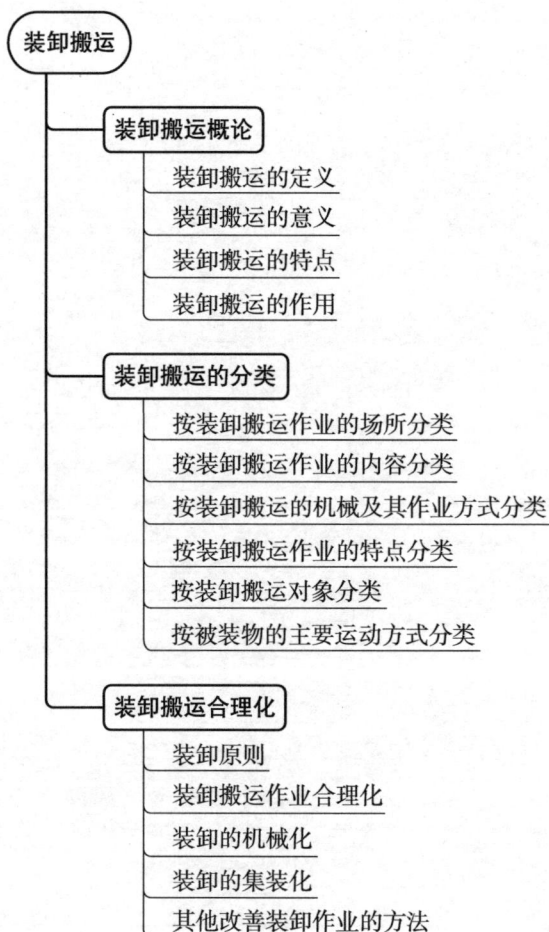

装卸搬运

- 装卸搬运概论
  - 装卸搬运的定义
  - 装卸搬运的意义
  - 装卸搬运的特点
  - 装卸搬运的作用

- 装卸搬运的分类
  - 按装卸搬运作业的场所分类
  - 按装卸搬运作业的内容分类
  - 按装卸搬运的机械及其作业方式分类
  - 按装卸搬运作业的特点分类
  - 按装卸搬运对象分类
  - 按被装物的主要运动方式分类

- 装卸搬运合理化
  - 装卸原则
  - 装卸搬运作业合理化
  - 装卸的机械化
  - 装卸的集装化
  - 其他改善装卸作业的方法

**知识目标：**

1. 了解装卸搬运的作用、各种形式的装卸搬运作业及特点。

2. 理解装卸搬运的基本原则，并能在库内规划中灵活应用。

3. 能分析装卸搬运作业的合理性。

4. 正确理解装卸机械化、集装化的意义。

**素养目标：**

培养学生的安全意识、物流作业的规范意识、节能环保意识，以及科学严谨、求真务实的职业道德，做懂技术、会规划，守规范、有素养的合格物流青年。

## 开篇案例

### 精准高效的"全景扫描+机器人码垛"

日日顺无人仓货物入库上架作业采用"全景扫描+机器人码垛"的形式（见图7-1）。

首先，商家根据销售预测完成备货计划，提前送货入库。当货车到达月台后，家电商品被人工卸至可以延伸到货车车厢的入库伸缩皮带机上（电视机产品卸至专用入库通道），商品随即经过全景智能扫描站，系统快速、准确地获取商品的重量、长宽高等信息，并根据这些信息将货物分配到相应的关节机器人工作站，关节机器人根据该信息进行垛型计算并码垛。

图 7-1　货物上架作业

此关节机器人具备混合码垛功能，但为了提高工作效率，目前系统主要将同类型商品送至码垛站；当出现不同类型商品时，系统会安排其在环形输送线上进行缓存等待，当商品在系统内匹配完成后，再一起送至关节机器人进行码垛。码垛完毕后自动贴标并扫描，随后整托盘经输送线进入自动化立体仓库储存。自动化立体仓库堆垛机利用激光导航和条码导航完成托盘上下架作业，精准选择货物装卸；并可通过大数据对订单和库存进行预测，根据预测结果对库区进行冷热区的精细化调整，实现密集储存的同时最大限度地挖掘空间储存能力。

**开放性问题：**日日顺无人仓采用"全景扫描＋机器人码垛"的形式替代了半自动、人工装卸搬运作业，请谈谈以大件作业为主的日日顺实现智能搬运的意义。

● 古人智慧：古代工程物流中的物料搬运

中国的万里长城在世界上鼎鼎有名，是人类有史以来最伟大的工程奇迹之一。它是中原汉族统治阶级抵御北方游牧民族入侵的巨大屏障。

两千多年来我国古代劳动人民在完成万里长城这一伟大工程的时候，高度运用了聪明才智，不仅在规划设计上"因地形，用险制塞"，完成了设防的需要，而且在施工方法、施工管理、材料供应等方面都有着众多发明创造，克服重重困难，完成了艰巨的任务。

长城经行的地理情况千变万化，高山峻岭、大河深谷、沙漠草原、戈壁滩石等都有长城穿越。因此，在修筑长城的时候，劳动工匠和军事家们，在实践的基础上，创造了一个利用自然地形在险要处修筑城墙、关隘和烽燧、烟墩、城堡等建筑物的奇迹，达到了防御的目的。

"因地形，用险制塞"这一条宝贵的经验是劳动人民从实践中得到的，秦始皇时已经把它肯定了下来，以后每一个朝代修筑长城时都遵循这一原则。试想假如不利用高山险阻修筑城墙，那个耗费许多倍的人力与材料。如果不利用大河深谷作为屏障，而硬是平地筑墙，所费人力物力更是无法计算。

古长城修筑施工中运输是非常重要的一个环节。比如，在居庸关、八达岭上的长城，砌墙用的条石有的长达三米，重两千多斤。而长城沿着险峻的山脊修筑，坡度十分陡峭，现今游人徒手上城依然感到十分吃力，可以想象当时修筑的人们是如何把两千多斤的大条石和一块就有数十斤重的大城砖以及大量的石灰运上山去的。为了把大量的土方、石灰、大条石、大城砖运到山上，修筑工匠们采用了很多方法。根据记载和传说，搬运建筑材料上山的方法大约有以下几种。

（1）人力搬运。这是最原始的方法，用人背、肩扛、筐挑、杠子抬等把大量的城砖、石灰、石块搬运上去。当时的人们还采用了传递的方法，把人排成长队，从山脚下或已修好的一部分城墙上一直排到山脊上，依次把城砖和小石块一块块传递上去，把石灰一筐筐、一挑挑传递上去。这种传递运输的优点是减少来回跑路。特别是山路狭窄的情况，可以减少来回的人员互相碰撞，提高运输效率。

（2）简单机具运输。除了人力运送，当时人们已经会利用简单的机具，如在比较平缓的山坡上用手推小车，修筑关城和堡子等平地建筑时更多地利用推车。在运送上千斤的大石上山时还采用了滚木、撬棍及辘轴等，并且在山上安置绞盘把巨大石块绞上山脊。在跨过深沟狭谷运送砖瓦和石灰时，还采用了"飞筐走索"的办法，即把砖瓦、石灰装在筐内，从两岸拉固的绳索上滑过去，大大节约了劳力。

（3）利用动物运输。传说在八达岭之上修筑长城时，曾经利用善于爬山的山羊和毛驴，在筐内盛满了石灰跨在毛驴背上把毛驴赶上山去。在山羊角上系上城砖把山羊哄上山去。

总之想尽了一切办法，利用一切条件来修筑长城。

但是大量的运输和修筑工作还是靠人力完成。长城上的一砖一瓦一土一石都浸透了古代劳动人民的血汗和智慧。同时，从长城这一雄伟工程来看，它充分表现了我国古代建筑工程的高度成就，表现了我国古代劳动人民的聪明才智。

资料来源：https://wenda.so.com/q/1458499467726359。

# 7.1　装卸搬运概论

## 7.1.1　装卸搬运的定义

装卸（loading and unloading）是在运输工具间或运输工具与存放场地（仓库）间，以人力或机械方式对物品进行载上载入或卸下卸出的作业过程。搬运（handling）是在同一场所内，以人力或机械方式对物品进行空间移动的作业过程。

装卸是改变"物"的存放，支撑状态的活动，主要指物体上下方向的移动。而搬运是改变"物"的空间位置的活动，主要指物体横向或斜向的移动。通常装卸搬运是合在一起用的。

在习惯使用中，物流领域（如铁路运输）常将装卸搬运这一整体活动称为"货物装卸"；在生产领域中常将这一整体活动称为"物料搬运"。实际上，活动内容都是一样的，只是领域不同而已。

在实际操作中，装卸与搬运是密不可分的，两者是伴随在一起发生的。因此，在物流科学中并不过分强调两者的差别，而是作为一种活动来对待。搬运的"运"与运输的"运"，区别之处在于，搬运是在同一地域的小范围内发生的，而运输则是在较大范围内发生的，两者是量变到质变的关系，中间并无一个绝对的界限。

## 7.1.2　装卸搬运的意义

装卸搬运活动的作业量大，方式复杂，作业不均衡，对安全性的要求高。但它是物流活动中不可缺少的环节，对物流发展和增加效益意义重大。

装卸搬运在物流活动中起着承上启下的作用。物流的各环节和不同环节之间，都必须进行装卸搬运作业，正是装卸活动把物流各个环节连接起来，使之成为连续的流动过程。在生产企业物流中，装卸搬运成为各生产工序间连接的纽带，它是从原材料设备等装卸搬运开始到产品装卸搬运为止的连续作业过程。

装卸搬运在物流成本中占有重要地位。在物流活动中，装卸活动是不断出现和反复进行的，它出现的频率高于其他物流活动。而且每次装卸活动都要花费很长时间，所以它是决定物流速度的关键。装卸活动所消耗的人力活动也很多，所以装卸费用在物流成本中所占的比重也较高。

以我国为例，铁路运输的始发和到达的装卸作业费占运费的 20% 左右，船运占 40% 左右。我国对生产物流的统计显示，机械加工企业每生产 1 t 成品，需要进行 252 t 次装卸搬运，其成本为加工成本的 15.5% 左右。因此降低物流费用，装卸是个重要环节。

此外，进行装卸操作时往往需要接触货物，因此，这是在物流过程中造成货物破损、散失、损耗、混合等损失的主要环节。例如，袋装水泥纸袋破损和水泥散失主要发生在装卸过程中，玻璃、机械、器皿、煤炭等产品在装卸时最容易造成损失。

据我国统计，火车货运以 500 km 为分界点，运距超过 500 km，运输在途时间多于起止的装卸时间；运距低于 500 km，装卸时间则超过实际运输时间。美国与日本之间的远洋船运，一个往返需 25 天，其中运输时间 13 天，装卸时间 12 天。由此可见，装卸活动是影响物流效率、决定物流技术经济效益的重要环节。

### 7.1.3 装卸搬运的特点

**1. 装卸搬运是附属性、伴生性的活动**

装卸搬运是物流每一项活动开始及结束时必然发生的活动，因而有时常被人忽视，有时被看作其他操作不可缺少的组成部分。例如，一般而言"汽车运输"实际包含了相随的装卸搬运，仓库中泛指的保管活动，也含有装卸搬运活动。

**2. 装卸搬运是支持、保障性活动**

装卸搬运的附属性不能理解成被动的，实际上，装卸搬运对其他物流活动有一定决定性。装卸搬运会影响其他物流活动的质量和速度，例如，装车不当，会引起运输过程中的损失；卸放不当，会引起货物转换到下一步运动的困难，许多物流活动在有效的装卸搬运支持下才能实现高水平。

**3. 装卸搬运是衔接性的活动**

任何其他物流活动互相过渡时都是以装卸搬运来衔接的，因而，装卸搬运往往成为整个物流的"瓶颈"，是物流各功能之间能否形成有机联系和紧密衔接的关键，而这又是一个系统的关键。建立一个有效的物流系统，关键看这一衔接是否有效。

### 7.1.4 装卸搬运的作用

装卸搬运活动在整个物流过程中占有很重要的位置。一方面，物流过程各环节之间以及同一环节不同活动之间，都是以装卸作业有机结合起来的，从而使物品在各环节、各种活动中处于连续运动或连续流动；另一方面，各种不同的运输方式之所以能联合运输，也是由于装卸搬运才得以实现。在生产领域，装卸搬运作业已成为生产过程中不可缺少的组成部分，成为直接生产的保障系统，从而形成装卸搬运系统。由此可见，装卸搬运是物流活动得以进行的必要条件，在全部物流活动中占有重要地位，发挥重要作用。

**1. 影响物流质量**

因为装卸搬运过程中会使货物产生垂直和水平方向上的位移，使货物包装和货物本身受损，如损坏、变形、破碎、散失、流溢等，因此装卸搬运损失在物流费用中占有一定的比重。

**2. 影响物流效率**

物流效率主要表现为运输效率和仓储效率。在货物运输过程中，完成一次运输循环，在发运地的装车时间和在目的地的卸车时间占有不小的比重，特别是在短途运输中，装卸车时间所占比重更大，甚至超过运输工具的运行时间，所以，缩短装卸搬运时间，对于加速车船和货物周转具有重要作用；在仓储活动中，提高装卸搬运效率对提高货物的收发速度和货物周转速度有直接影响。

**3. 影响物流安全**

由于物流活动是物的实体流动，在物流活动中确保劳动者、劳动手段和劳动对象的安全非常重要。装卸搬运特别是装卸作业，货物要发生垂直位移，不安全因素比较多。实践表明，物流活动中发生的各种货物破损事故、设备损坏事故、人身伤亡事故等相当一部分是装卸过程中发生的。特别是一些危险品，在装卸过程中如果违反操作规程，进行野蛮装卸，很容易造成燃烧、爆炸等重大事故。

**4. 影响物流成本**

装卸搬运是劳动力借助于劳动手段作用于劳动对象的生产活动。为了进行此项活动，必须配备足够的装卸搬运人员和装卸搬运设备。由于装卸搬运作业量往往是货物运量和库存量的若干倍，所以，需要有较多的活动和物化劳动的投入。这些都要计入物流成本，如果能减少用于装卸搬运的劳动消耗，就可以降低物流成本。

# 7.2　装卸搬运的分类

## 7.2.1　按装卸搬运作业的场所分类

根据装卸搬运作业场所的不同，流通领域的装卸搬运可分为车船装卸搬运、港站装卸搬运、库场装卸搬运三大类。

**1. 车船装卸搬运**

车船装卸搬运是指在载运工具之间进行的装卸、换装和搬运作业，主要包括汽车在铁路货场和站台旁的装卸搬运、铁路车辆在货场及站台的装卸搬运、装卸搬运时进行的加固作业，以及清扫车辆、揭盖篷布、移动车辆、检斤计量等辅助作业。

**2. 港站装卸搬运**

港站装卸搬运是指在港口码头、车站、机场进行的各种装卸搬运作业，主要包括码头前沿与后方之间的搬运、港站堆场的堆码、拆垛、分拣、理货、配货、中转作业等。

**3. 库场装卸搬运**

库场装卸搬运通常是指在货主的仓库或储运公司的仓库、堆场、物品集散点、物流中心等处进行的装卸搬运作业。库场装卸搬运经常伴随物品的出库、入库和维护保养活动，其操作内容多以堆垛、上架、取货为主。

在实际运作中，这三类作业往往是相互衔接、难以割裂的。例如，码头前沿的船舶装卸作业与港口和船舶都有联系，而这两者分别对应着港站装卸搬运和车船装卸搬运，所以作业的内容和方式十分复杂，在具体组织实施的过程中必须认真对待。

## 7.2.2　按装卸搬运作业的内容分类

根据装卸搬运作业内容的不同，装卸搬运可分为：堆码拆垛作业、分拣配货作业和挪动移位作业（即狭义的装卸搬运作业）等形式。

**1. 堆放拆垛作业**

堆放（或装上、装入）作业是指把物品移动或举升到装运设备或固定设备的指定位置，再按所要求的状态放置的作业；而拆垛（卸下、卸出）作业则是其逆向作业。如用叉车进行叉上叉下作业，将物品托起并放置到指定位置场所，如卡车车厢、集装箱内、货架或地面上等；又如利用各种形式的吊车进行吊上吊下作业，将物品从轮船货仓、火车车厢、卡车车厢吊出或吊进。

**2. 分拣配货作业**

分拣是在堆垛作业前后或配送作业之前把物品按品种、出入先后顺序、货流进行分类，再放到指定地点的作业。而配货则是把物品从指定的位置按品种、下一步作业种类、发货对象进行分类的作业。一般情况下，配货作业多以人工进行，但是由于多品种、小批量的物流形态日益发展，对配货速度要求越来越高，以高速分拣机为代表的机械化作业应用逐渐增多。

**3. 挪动移位作业**

挪动移位作业，即狭义的装卸搬运作业，包括水平、垂直、斜行搬送，以及这几种组合的搬送。在水平搬运方式中，广泛应用辊道输送机、链条输送机、悬挂式输送机、皮带输送机以及手推车、无人搬运车等设备。

## 7.2.3 按装卸搬运的机械及其作业方式分类

根据装卸搬运机械及其作业方式的不同，装卸搬运可分成"吊上吊下""叉上叉下""滚上滚下""移上移下""散装散卸"等方式。

**1. 吊上吊下方式**

吊上吊下方式是采用各种起重机械从物品上部起吊，依靠起吊装置的垂直移动实现装卸，并在吊车运行的范围内或回转的范围内实现搬运或依靠搬运车辆实现小范围搬运。由于吊起及放下属于垂直运动，这种装卸方式属垂直装卸。

**2. 叉上叉下方式**

叉上叉下方式是采用叉车从物品底部托起物品，并依靠叉车的运动进行物品位移，搬运完全靠叉车本身，物品可不经中途落地直接放置到目的地。这种方式如果是水平运动，属水平装卸方式。

**3. 滚上滚下方式**

滚上滚下方式主要是指在港口对船舶物品进行水平装卸搬运的一种作业方式。在装货港，用拖车将半挂车或平车拖上船舶，完成装货作业。待载货车辆（包括汽车）连同物品一起由船舶运到目的港后，再用拖车将半挂车或平车拖下船舶，完成卸货作业。

**4. 移上移下方式**

移上移下方式是指在两车之间（如火车及汽车）进行靠接，然后利用各种方式，不使物品垂直运动，而靠水平移动从一个车辆上推移到另一个车辆上的一种装卸搬运方式。这种方式需要使两种车辆水平靠接，因此，站台或车辆货台需进行改变，并配合移动工具实现这种装卸。

**5. 散装散卸方式**

散装散卸方式是指对散状物品不加包装，直接进行装卸搬运的作业方式。在采用散装散卸方式时，物品从起始点到终止点的整个过程不再落地，它是将物品的装卸与搬运作业连为一体的作业方式。

## 7.2.4　按装卸搬运作业的特点分类

根据作业特点的不同，装卸搬运可分为连续装卸搬运与间歇装卸搬运两大类。

**1. 连续装卸搬运**

连续装卸搬运是指采用皮带机等连续作业机械，对大批量的同种散状物品或小型件杂货进行不间断输送的作业方式。在采用连续装卸搬运时，作业过程中间不停顿、散货之间无间隔、小型件杂货之间的间隔也基本一致。在装卸量较大、装卸对象固定、物品对象不易形成大包装的情况下适用这种方式。

**2. 间歇装卸搬运**

间歇装卸搬运是指作业过程包括重程和空程两个部分的作业方式。间歇装卸搬运有较强的机动性，装卸地点可在较大范围内变动，广泛适用于批量不大的各类物品，对于大件或包装物品尤其适合，如果配以抓斗或集装袋等辅助工具，也可以对散状物品进行装卸搬运。

## 7.2.5　按装卸搬运对象分类

根据装卸搬运对象的不同，装卸搬运可分为单件作业法、集装作业法、散装作业法三大类。

**1. 单件作业法**

单件作业法是指对非集装的、按件计的物品逐个进行装卸搬运操作的作业方法。单件作业对机械、装备、装卸条件要求不高，因而机动性较强，可在很广泛的地域内进行而不受固定设施、设备的地域局限。

单件作业可采取人力装卸搬运、半机械化装卸及机械装卸搬运。由于逐件处理，装卸速度慢，且装卸要逐件接触货体，因而容易出现货损，反复作业次数较多，也容易出现货差。

单件作业的装卸搬运对象主要是包装杂货，多种类、少批量物品及单件大型、笨重物品。

**2. 集装作业法**

集装作业法是对集装货载进行装卸搬运的作业方法。每装卸一次是一个经组合之后的集装体，在装卸时对集装体逐个进行装卸操作。它和单件装卸的主要区别在于：都是按件处理，但集装作业"件"的单位大大高于单件作业每件的大小。

集装作业一次作业装卸量大，装卸速度快，且在装卸时并不逐个接触货体，而仅对集装体进行作业，因而货损较小，货差也小。

集装作业由于集装体较大，不能进行人力手工装卸，虽然在不得已时，可用简单机械偶尔解决一次装卸，但对大量集装体而言，只能采用机械进行装卸。同时也必须在有条件的场所进行这种作业，不但受装卸机具的限制，也受集装体存放条件的限制，因而其机动性较差。

**3. 散装作业法**

散装作业法是指对大批量粉状、粒状物品进行无包装的散装、散卸的装卸搬运方法。装卸搬运可连续进行，也可采取间断的装卸搬运方式。但是，都需采用机械化设施、设备。在特定情况下，且批量不大时，也可采用人力装卸搬运，但是会有很大的劳动强度。

### 7.2.6　按被装物的主要运动方式分类

根据被装物的主要运动方式，装卸可分为垂直装卸和水平装卸两大类。

**1. 垂直装卸**

采取提升和降落的方式进行装卸，这种装卸需要消耗较大的能量。垂直装卸是采用比较多的一种装卸形式，所用的机具通用性较强，应用领域较广，如吊车、叉车等。

**2. 水平装卸**

水平装卸对装卸物采取平移的方式实现装卸的目的。这种装卸方式不改变被装物的势能，因此比较节能，但是需要有专门的设施，例如，与汽车水平接靠的高站台、汽车与火车车皮之间的平移工具等。

# 7.3　装卸搬运合理化

### 7.3.1　装卸原则

**1. 尽量不进行装卸**

前面已经讲过，装卸作业本身并不产生价值。但是，如果进行了不适当的装卸作业，就可能造成商品的破损，或使商品受到污染。因此，尽力排除无意义的作业是理所当然的。尽量减少装卸次数，以及尽可能地缩短搬运距离等也是必须考虑的。因为装卸作业不仅要花费人力和物力，增加费用，还会使流通速度放慢。多增加一次装卸，费用也就相应地增加一次，同时还增加了商品污损、破坏、丢失、消耗的机会。因此，装卸作业的经济原则就是"不进行装卸"。所以，应当考虑减少装卸次数、缩短移动货物的距离的问题。

**2. 装卸的连续性**

装卸的连续性是指两处以上的装卸作业要配合好。进行装卸作业时，为了不使连续的各种作业中途停顿而能协调地进行，整理其作业流程是很必要的。因此，进行"流程分析"，即对货物的流动进行分析，使经常相关的作业配合在一起是很必要的。如把货物装到汽车或铁路货车上，或把货物送往仓库进行保管时，应当考虑合理取卸或出库的方便性。所以某一次的装卸作业，某一个装卸动作，有必要考虑如何方便下一步的装卸而有计划地进行。要使一系列的装卸作业顺利进行，作业动作的顺序、作业动作的组合或装卸机械的选择及运用是很重要的。

**3. 减轻人力装卸**

减轻人力装卸是指把人的体力劳动改为机械化劳动。在不得已的情况下，非依靠人力不可时，应尽可能不要让搬运距离太远。关于"减轻人力装卸"问题，主要是指在减轻体力劳动、缩短劳动时间、防止成本上升、劳动安全卫生等方面推进省力化、自动化。

**4. 提高"搬运灵活性"**

物流过程中，需将暂时存放的物品再次搬运。从便于经常发生的搬运作业考虑，物品的堆放方法是很重要的，这种便于移动的程度，被称为"搬运灵活性"。衡量物品堆存形态的"搬运灵活性"，用灵活性指数表示。一般将灵活性指数分为五个等级，如 5.4 章节所述，散堆于地面上为 0 级；装入箱内为 1 级；装在托盘或垫板上为 2 级；装在台车上为 3 级；装在输送带上为 4 级。

**5. 把商品整理为一定单位**

把商品整理为一定单位是指把物品汇集成一定单位数量，然后再进行装卸，这样既可避免损坏、消耗、丢失，又容易查点数量，而且最大的优点在于使装卸、搬运的单位加大，使机械装卸成为可能，以及使装卸、搬运的灵活性提高等。这种方式是把物品装在托盘、集装箱和搬运器具中原封不动地进行装卸、搬运、输送、保管。

**6. 从物流整体角度考虑**

在整个物流过程中，装卸要从运输、储存、保管、包装与装卸的关系来全面考虑。装卸要适合运输、储存保管的规模，即装卸要起到支持并提高运输、储存保管能力、效率的作用，而不是起阻碍的作用。对于商品的包装来说也是一样，过去是以装卸为前提进行包装，要运进许多不必要的包装材料；现在采用集合包装，不仅可以减少包装材料，同时也省去了许多徒劳的运输。

## 中国步伐——智慧大脑控制黑灯环境下的有序搬运

日日顺无人仓能够在黑灯环境下实现 24 h 不间断作业，除了依靠它的智能设备，还因为它拥有一颗"智慧大脑"——中央控制系统。该系统掌握着无人仓内所有的数据，包括设备运行的参数、电机运转等都被抽取到上位系统建模，实现数字孪生，打破了原来的信息孤岛，通过一套系统就可以管理整个仓库。即所有智能装备以三维数字孪生进行管理，系统地获取所有运营实时数据，集监控、决策、控制于一身，对全仓进行调配安排，充分发挥设备的集群效应，保障运行效率最优，实现所有环节智慧运行、匹配。

除了仓内货物和独立设备的实时运行，该系统还运用可视化数据全程监控日日顺物流位于全国的所有智慧仓库、网点、干线班车线路、区域配送线路等环节的作业数据，全面覆盖货物的整个配送过程，通过对资源的协调优化，更好地服务客户。

资料来源：https://www.sohu.com/a/407814627_649545。

## 7.3.2　装卸搬运作业合理化

装卸搬运作业应采取一些合理化的措施。

**1. 无效作业**

所谓无效作业是指在装卸作业活动中超出必要的装卸、搬运量的作业。显然，防止和消除无效作业对装卸搬运作业的经济效益有重要作用。为了有效地防止和消除无效作业，可从以下几个方面入手。

（1）尽量减少装卸次数。要使装卸次数降低到最小，要避免没有物流效果的装卸作业。

（2）提高被装卸物料的纯度。物料的纯度是指物料中含有水分、杂质等与物料本身使用无关的物质的多少。物料的纯度越高则装卸作业的有效程度越高。反之，则无效作业就会增多。

（3）包装要适宜。包装是物流中不可缺少的辅助作业手段。包装的轻型化、简单化、实用化，会不同程度地减少作用于包装上的无效劳动。

（4）缩短装卸搬运作业的距离。物料在装卸、搬运当中，要实现水平和垂直两个方向的位移，选择最短的路线完成这一活动，就可避免超越这一最短路线上的无效劳动。

## 2. 提高灵活性

所谓装卸、搬运的灵活性是指在装卸搬运作业中的物料进行装卸搬运作业的难易程度。所以，在堆放货物时，事先要考虑到物料装卸搬运作业的方便性。

虽然理论上讲，活性指数越高越好，但也必须考虑到实施的可能性。如前所述，物料在储存阶段中，不可能总存放在输送带和车辆上，所以活性指数不太可能为 4 和 3。

## 3. 实现省力化

装卸搬运使物料发生垂直和水平位移，必须通过做功才能实现，要尽力实现装卸搬运作业的省力化。

在装卸搬运作业中应尽可能地消除重力的不利影响。在有条件的情况下利用重力进行装卸，可减轻劳动强度和能量的消耗。将设有动力的小型运输带（板）斜放在货车、卡车或站台上进行装卸，使物料在倾斜的输送带（板）上移动，这种装卸就是靠重力的水平分力完成的。在搬运作业中，不用手搬，而是把物资放在一台车上，由器具承担物体的重量，人们只要克服滚动阻力，使物料水平移动，这无疑是十分省力的。

利用重力式移动货架也是一种利用重力进行省力化的装卸方式之一。重力式货架的每层架格均有一定的倾斜度，货箱或托盘可自己沿着倾斜的货架层板滑到输送机械上。为了使物料滑动的阻力越小越好，通常货架表面处理得十分光滑，或者在货架层上装有滚轮，也有的在承重物资的货箱或托盘下装上滚轮，这样将滑动摩擦变为滚动摩擦，物料移动时所受到的阻力会更小。

## 4. 提高机械化

物资装卸搬运设备运用组织是以完成装卸任务为目的，并以提高装卸设备的生产率、装卸质量和降低装卸搬运作业成本为中心的技术组织活动。它包括下列内容。

（1）确定装卸任务量。根据物流计划、经济合同、装卸作业不均衡程度、装卸次数、装卸车时限等，来确定作业现场年度、季度、月、旬、日的平均装卸任务量。装卸任务量有事先确定的因素，也有临时变动的可能。因此，要合理地运用装卸设备，就必须把计划作业量与实际装卸作业量两者之间的差距缩小到最低水平。同时，装卸作业组织工作还要把装卸作业的物资对象的品种、数量、规格、质量指标以及搬运距离尽可能地做出详细的规划。

（2）根据装卸任务和装卸设备的生产率，确定装卸搬运设备需用的台数和技术特征。

（3）根据装卸任务、装卸设备生产率和需用台数，编制装卸作业进度计划。它通常包括装卸搬运设备的作业时间表、作业顺序、负荷情况等详细内容。

（4）下达装卸搬运进度计划，安排劳动力和作业班次。

（5）统计和分析装卸作业成果，评价装卸搬运作业的经济效益。

随着生产力的发展，装卸搬运的机械化程度将不断提高。此外，由于装卸搬运的机械化能把工人从繁重的体力劳动中解放出来。尤其对于危险品的装卸作业，机械化能保证人和货物的安全，这也是装卸搬运机械化程度不断得以提高的动力。

**5. 推广组合化**

在装卸搬运作业过程中，根据不同物料的种类、性质、形状、重量的不同来确定不同的装卸作业方式。处理物料装卸搬运的方法有三种形式：普通包装的物料逐个进行装卸，叫作"分块处理"；将颗粒状货物不加小包装而原样装卸，叫作"散装处理"；将物料以托盘、集装箱、集装袋为单位组合后进行装卸，叫作"集装处理"。对于包装的物料，尽可能进行"集装处理"，实现单元化装卸搬运，可以充分利用机械进行操作。组合化装卸具有很多优点：

（1）装卸单位大、作业效率高，可大量节约装卸作业时间；

（2）能提高物料装卸搬运的灵活性；

（3）操作单元大小一致，易于实现标准化；

（4）不用手去触及各种物料，可达到保护物料的效果。

**6. 合理规划**

装卸搬运作业过程是指对整个装卸作业的连续性进行合理的安排，以减少运距和装卸次数。

装卸搬运作业现场的平面布置是直接关系到装卸、搬运距离的关键因素，装卸搬运机械要与货场长度、货位面积等互相协调。要有足够的场地集结货场，并满足装卸搬运机械工作面的要求，场内的道路布置要为装卸搬运创造良好的条件，有利于加速货位的周转。使装卸搬运距离达到最小平面布置是减少装卸搬运距离的最理想的方法。

提高装卸搬运作业的连续性应做到：作业现场装卸搬运机械合理衔接；不同的装卸搬运作业在相互联结使用时，力求使它们的装卸搬运速率相等或接近；充分发挥装卸搬运调度人员的作用，一旦发生装卸搬运作业障碍或停滞状态，立即采取有力的补救措施。

## 7.3.3 装卸的机械化

实现装卸作业的机械化是装卸作业的重要途径。过去的装卸作业主要是依靠人力手搬肩扛，劳动效率低，劳动强度大，从而严重地影响了装卸效率和装卸能力的提高，随着我国国民经济的迅速发展，商品流通量的扩大，单纯依靠人工装卸已无法满足客观形势发展的需要。

**1. 装卸机械化的作用**

（1）实现装卸机械化可以大大节省劳动力，减轻装卸工人的劳动强度。如装卸自行车时，每箱重 180 kg 左右，使用人工搬运，比较费力，而使用铲车作业时，则轻而易举，充分显示了机械化的好处。

（2）装卸机械化可以缩短装卸作业时间，加快车船周转。各种运输工具在完成运输任务的过程中，有相当一段时间是属于等待装卸。如果能缩短装卸时间，就能用现有的运输工具完成更多的运输任务，这样不仅提高了物流的经济效益，也有利于社会经济效益的提高。

（3）有利于货物的完整和作业安全。货物的种类、形状极其复杂，但都可以根据货物的不同特性来选择或设计不同的机型和属具，以保证货物的完整性。人工把超过自身重量二三倍的木箱从 3 m 高处拿下而又不使货物受损是很难做到的。

（4）有效地利用仓库库容，加速货位周转。随着生产的发展，流通速度的加快，仓储的任务不断增加，无论是库房还是货场都要充分利用空间提高库容利用率。因此，必须增加堆垛和货架的高度。但人工作业使堆码高度受到限制，若采用机械化作业就可提高仓库的空间利用率，同时由于机械化作业速度快，可及时腾空货位。

（5）装卸机械化可大大降低装卸作业成本，从而有利于物流成本的降低。由于装卸效率的提高，作业量大大增加，均摊到每吨货物的装卸费用相应地减少，因此降低了装卸成本。

**2. 装卸机械化的原则**

（1）符合装卸货物种类及特性的要求。不同种类的货物，其物理、化学性质及其外部形状是不一样的，因此，在选择装卸机械时必须符合货物的品种及其特性要求，以保证作业的安全和货物的完好。

（2）适应运量的需要。运量的大小直接决定了装卸的规模和装卸设备的配备、机械种类以及装卸机械化水平。因此，在确定机械化方案之前，必须了解货物的运量情况。对于运量大的货物，应配备生产率较高的大型机械；而对于运量不大的货物，宜采用生产率较低的中小型机械；对于无电源的场所，则宜采用一些无动力的简单装卸机械。这样，既能发挥机械的效率，又能使方案经济合理。

（3）适合运输车辆类型和运输组织工作特点。装卸作业与运输是密切相关的，因此，在考虑装卸机械时，必须考虑装载货物所用的运输工具的特性，包括车船种类、载重量、容积、外形尺寸等，同时还要了解运输组织的情况，如运输取送车（船）次数、运行图，对装卸时间的要求，对货运组织的要求，短途运输情况等。如在港口码头装卸货物和在车站装卸货物所需要的装卸机械是不同的。即使是同一运输工具，构造相同，也要采取不同的装卸机械。比如用于铁路敞车作业和用于铁路棚车作业的装卸机械是不一样的。

（4）经济合理，适合当地的自然、经济条件。在确定选择机械化方案时，要做技术分析，尽量达到经济合理的要求。对现有的设施、仓库和道路要加以充分利用，同时要充分考虑到装卸场所的材料供应情况、动力资源，以及电力、燃料等因素。要充分利用当地的地形、地理条件，贯彻因地制宜、就地取材的原则。

**3. 日用消费品装卸机械化作业方案**

（1）需要考虑的因素。

①满足日用消费品成批连续装卸的需要。日用消费品一般重量少、件数多、批量大，最好选择能连续完成装卸、搬运、堆码作业的装卸方案，以减少辅助作业的人力和时间。

②装卸机械的外形应与运输工具相适应。日用消费品在铁路上多采用箱式车运输，在选择日用消费品装卸机械时，其外形尺寸与机械自重应与箱式车作业相适应。

③满足日用消费品种繁多、形状各异的特点。为提高装卸机械的利用率，最好能配备多种属具，同时也可减轻工人的劳动强度和提高作业效率。

④要求装卸作业平稳、可靠、安全、操作灵活。由于日用消费品中有些是怕压易碎的，有些是不能倒置的，有些是怕撞击的，有些又具有腐蚀性等。因此，装卸机械应能满足上述要求。

（2）日用消费品装卸机械类型的选择。

①叉车主要用于堆放、卸货作业和搬送、移送作业，是应用最广泛的装卸机械。叉车的种类，按构造形式可分为平衡重量式叉车、前移式叉车和侧面叉式叉车。平衡重量式叉车在场所、作业方面有通用性的特长；前移式叉车有在室内使用的特长；侧面叉式叉车有叉运长尺寸商品的特长。

②输送机适宜于搬运距离较长的场所使用，但在作业的机动性和灵活性方面都不如叉车，输送机本身不能解决货物的装卸问题，它必须与其他机械（如装车机、卸车机等）配合使用，才能提高其机械化作业水平。用于日用货物搬运作业的输送机主要有滚柱式输送机、链板输送机和平型胶带输送机。输送机的结构型式取决于货物的形状、重量及工作路线。对于箱装、袋装或无包装货物，可采用滚柱式输送机。链板输送机比较坚固，能承受冲击载荷，输送机可以有较大的倾斜角度。但与功率相同的胶带输送机相比，其自重量大，且工作速度低。根据货运量的大小及具体条件的不同，输送机可单个使用，也可由几种不同型式的输送机组合使用。

③巷道式或桥式堆垛起重机主要用于货架托盘系统储存单元化货物的仓库中货物的存取，与滚柱式输送机相衔接，可构成一个完整的货物出入库运输系统。

### 7.3.4 装卸的集装化

集装就是把许多需要运输的货物集中为一个单元，进行一系列的运输、储存和装卸作业，从而可以取得多方面的效果。

**1. 集装化**

除了 4.4 节所述的托盘和集装箱，集装属具还有集装袋、集装网、集装盘等。

（1）集装袋。它是一个大型口袋，上下都能开口，装货时用绳结拴住下口从上口装，卸货时将下口的绳结拉开，货物可自动出来。主要用于装运化肥、碱粉等袋装商品。

（2）集装网。用麻绳或钢丝绳制成的网络，麻绳网主要用于装运水泥等货物，钢丝绳网主要用于装运生铁。

（3）集装盘。将多件货物放在一类似托盘的木盘上，然后用塑料带或铁皮把货物捆扎在木盘上。它与托盘的不同之处在于木盘随货而去，不能回收。

**2. 托盘化**

托盘有用木材制成的，也有用钢材、塑料等材料制成的。托盘除了起搬运工具的作用，主要起集合货物的作用。实行托盘化有许多优点，如可以提高装卸效率，有效地保护商品，减少破损；节省物流费用，还可以推动包装的标准化。多年来，我国物流行业企业在使用托盘方面积累了丰富的经验，许多物流企业的仓库、专用线，都已使用了托盘作业。

**3. 装卸的散装化**

散装化是指对大宗商品,如煤炭、矿石、建材、水泥、原盐、粮食等的运输采用散装的方法。装卸的散装化作业与成件商品的集装化作业已成为装卸现代化的两大发展方向。装卸的散装化,具有节省包装用具、节省劳动力、减轻劳动强度、减少损耗、减少污染、缩短流通时间等优点。对提高装卸效率,加速车船周转、提高经济效益,具有重要意义。开展装卸的散装化必须具备一定的条件和物质基础。散装化有连续性的特点,必须配备专用的设备,包括专用散装运输工具及设施,仓库、港口、车站的装卸设备,做到装、卸、运、储各个环节的工具设备成套配套。发、转、收各部门之间要加强横向联系,从而形成综合能力,如果有一个环节在设备的衔接上或工作的配合上脱节,就会影响散装化的开展。

## 7.3.5 其他改善装卸作业的方法

在汽车运输方面,采用集装箱专用挂车和底盘车。当集装箱由集装箱装卸桥从船舱吊起后,直接卸在专用挂车上,汽车就可以直接接走;又如散装粮食专用车在装卸时,采取汽车的载荷部位自动倾翻的办法,不用装卸即可完成卸货任务。

在船舶运输方面,采用滚装船的办法。滚装船,是在海上航行的专门用于装运汽车和集装箱等物品的专用船,它是从火车、汽车渡轮的基础上发展而来的一种新型运输船舶,在船尾有一类似登陆艇的巨大跳板和两根收放跳板的起重柱。在装卸时,集装箱挂车用牵引车拉进拉出船舱或直接用叉车作业,汽车则可直接开进开出。这种船的装卸速度比一般集装箱船快30%,装卸费用比集装箱低三分之二左右,也无须在港口安装大型超重装卸设备。在船舶运输方面,也有使用载驳船的情况。载驳船,又称子母船,是将已载货的驳船装在母船上运输的新船型。当到达目的港后,卸下的驳船再顶入或拖入内河,同时母船又装载等候的满载驳船返航。

# 章末测试

**一、名词解释**

1. 单件作业　2. 搬运活性

**二、单选题**

1. 在同一区域范围内,以改变货物的存放状态和空间位置为主要内容和目的的活动称为(　　)。

　　A. 运输　　　　　　B. 仓储　　　　　　C. 物流　　　　　　D. 装卸搬运

2. 以下对装卸、搬运作业的特点描述不正确的是(　　)。

　　A. 对象复杂　　　　B. 作业量小　　　　C. 作业不均衡　　　D. 安全性要求高

3. 将货物置于集装单元器具内时,其装卸活性有所提高,被定为(　　)。

　　A. 1级活性　　　　B. 2级活性　　　　C. 3级活性　　　　D. 4级活性

4. 目前装卸搬运作业的主流,以各种装卸搬运机械完成货物装卸搬运的作业方法是(　　)。

　　A. 人工作业法　　　B. 集装作业法　　　C. 机械化作业法　　D. 综合机械化作业法

5. 以叉车完成的装卸搬运作业，根据叉车自身作业特点的不同，应属于（　　）。

    A. 间歇式作业法　　B. 连续式作业法　　C. 集装作业法　　D. 机械化作业法

6. 电视机等易碎、贵重的成件包装货物，可使用（　　）进行装卸搬运。

    A. 小型叉车　　B. 大型叉车　　C. 轮胎式起重机　　D. 轨道式起重机

7. 与其他环节相比，（　　）具有伴随性的特点。

    A. 运输　　B. 仓储　　C. 配送　　D. 装卸搬运

8.（　　）是指利用货物的位能来完成装卸作业的方法。其装车设备有筒仓、溜槽、隧道等；卸车主要用底门开车或漏斗车在缆线或卸车坑道自动开启车门，货物依靠重力自行流出。

    A. 功能法　　B. 重力法　　C. 倾翻法　　D. 机械法

9. 配送中心实施配送活动时，绝大部分的时间耗用在货物的装卸搬运上，货物的装卸搬运费用占整个经营费用的（　　）。

    A. 10%～20%　　B. 20%～30%　　C. 30%～40%　　D. 40%～50%

10. 在装卸搬运作业中，装货、移动、卸货这三种作业在多数情况下是以一个整体形式出现的，装和卸次数之和与移动次数是（　　）的关系。

    A. 1:1　　B. 2:1　　C. 3:1　　D. 4:1

11. 搬运是指在同一场所内（通常指某一个物流节点，如仓库、车站或码头等），对物品进行以（　　）为主的物流作业。

    A. 水平移动　　B. 垂直移动　　C. 水平和垂直移动　　D. 倾翻作业

12. 搬运活性系数是用来表示各种状态下的物品的搬运难度，它可以分为（　　）等级。

    A. 2　　B. 3　　C. 4　　D. 5

13. 把物料和货物的存放状态对装卸搬运作业的难易程度称为（　　）。

    A. 搬运指数　　B. 搬运活性系数　　C. 灵活性指标　　D. 存放状态

14. 放于搬运车、台车或其他可移动挂车上的货物，它的搬运活性系数是（　　）。

    A. 0 级　　B. 1 级　　C. 2 级　　D. 3 级

15. 货物必须在特定的时间内满足客户的订货要求，而物料搬运可实现这一目标，这是从（　　）来看待物料搬运的。

    A. 移动角度　　B. 时间角度　　C. 数量角度　　D. 空间角度

16. 以下四个选项中，（　　）既属于搬运的原则，又属于搬运的目标。

    A. 利用重力的影响和作用　　B. 提高搬运活性

    C. 消除无效搬运　　D. 人身和财产安全

17. 装卸搬运设备管理要做到专人操作，防止过载，以及（　　）。

    A. 建立档案　　B. 经常保养　　C. 及时更新　　D. 经常检查

18. 物流自动化设施不能做到（　　）。

    A. 扩大物流作业能力　　B. 提高劳动生产率

    C. 减少物流作业中的差错　　D. 减少物流作业数量

**三、判断题**

1. 严格地讲，装卸和搬运是两个相同概念的组合。　　　　（　　）

2. 在生产过程中装卸搬运通常称为货物装卸，流通过程中装卸搬运多称为物料搬运。
（　　）

3. 重力法是采用各种机械，采用专门的工作机构，通过舀、抓、铲等作业方式装卸货物的方法。
（　　）

4. 物料是装卸搬运的对象，也是影响装卸搬运设备和方法选择的间接因素。（　　）

5. 配送中心装卸搬运设施布置应以系统管理为指导思想，以装卸搬运系统作为整个物流系统的一个子系统，所以其设施布置应具有系统的观点。
（　　）

6. 装卸搬运是指在一定地域范围内进行的、以改变货物存放状态和空间位置为主要内容和目的的物流活动。
（　　）

7. 因为搬运不能增加货物的价值与使用价值，反而会增加货物破损的可能性与成本，因此要千方百计地消除无效搬运，以最少的搬运次数达到目的。
（　　）

## 四、简答题

1. 如何做到搬运合理化？搬运有哪些方式？要注意什么问题？

2. 简述托盘的概念及其优点。

3. 叉车与其他装卸搬运工具相比，其优点主要体现在哪些方面？

## 案例思考

### 日日顺六大智慧仓群七大黑科技

日日顺物流是居家大件物流龙头企业，其业务特点导致相关技术设备应用起来更有难度。相比于小件快递，冰箱、空调、热水器等家电产品、跑步机、椭圆机等健身器材、电动车等出行工具由于体积大、易损等特点，仓储环节难以实现自动化、无人化运作。另外，大件商品的多元化也给大件物流的标准化作业带来了更大的挑战。日日顺物流如图 7-2 所示。

飞奔吧物流

图 7-2　日日顺物流

虽然有上述挑战，但是日日顺物流却取得了公认的成绩。比如入选"国家智能化仓储物流示范基地"、入选首批"中物联全国数字化仓库企业试点"名单等。当然，于用户而言，最直观的感受是日日顺物流的速度。多年来，日日顺物流频频斩获"双 11"物流第一单就是明显的例子，而这背后离不开日日顺场景服务师的努力，也得益于科技的支撑作用。

日日顺物流之所以能获得上述认可，也有赖于其多年来在科技方面的投入与成果。根据相关资料，日日顺物流在智慧物流领域布局起步早、起点高，不仅建成了全国首个大件物流智能仓，还建成了大件物流首个智能无人仓。事实上，放眼全国，其已经有了青岛即墨仓、黄岛仓、胶州仓、杭州仓、佛山仓、南昌仓六大智能无人仓群。下面一起来认识一下日日顺物流七大"黑科技"。

1. AGV 激光导引

在日日顺物流黄岛智能仓内，AGV 在不停地做着搬运工作。这是一份极其重要的工作，毕竟家电类产品特殊，不仅大而重，而且外形也多元化。当然，家电产品也贵重且易损。

需要说明的是，日日顺物流智能 AGV 针对大件定制化容器进行定制化设计，负载能力达 2 t，在潜伏顶升式 AGV 类型中也属于重载 AGV。据悉，黄岛智能仓内初期配备 15 台 AGV 同时作业，自主研发的双舵位 AGV 高度适配大件货物搬运，可实现全方位无人搬运，可同时承载两托盘的货物，总效率可达每小时 420 托。AGV 激光引导如图 7-3 所示。

图 7-3 AGV 激光引导

据介绍，这也是 AGV 首次在大件物流领域的广泛应用，"二维码＋惯性＋视觉"自主导航 AGV，实现零货损高效率的全自动设备路径优化，而且这些 AGV 能在短短 0.1 s 内就可以从上万个点位组成的路径网格中规划最优路径。在日日顺物流智慧无人仓群的直播中，还有 AGV 机器人穿梭在全国仓群之中，实现全覆盖。

2. 全景五面扫

此项科技率先部署于日日顺物流即墨无人仓，应用于入库环节，主要作用为完成产品精准分辨，实时采集包括重量、长、宽、高在内的货物信息。其采用的线性工业相机配备高灵敏度 CMOS 图像传感器，在物体高速运动状态下也能通过全景五面扫描提供超高清晰度的图像，将信息采集效率稳步提高至 80% 以上。在极大提高进仓速度的同时，还为运营分析提供出色的平台，顺利实现数据智能化。

据介绍，这也是大件物流领域行业首次部署全景五面扫工作站。全景五面扫如图7-4所示。

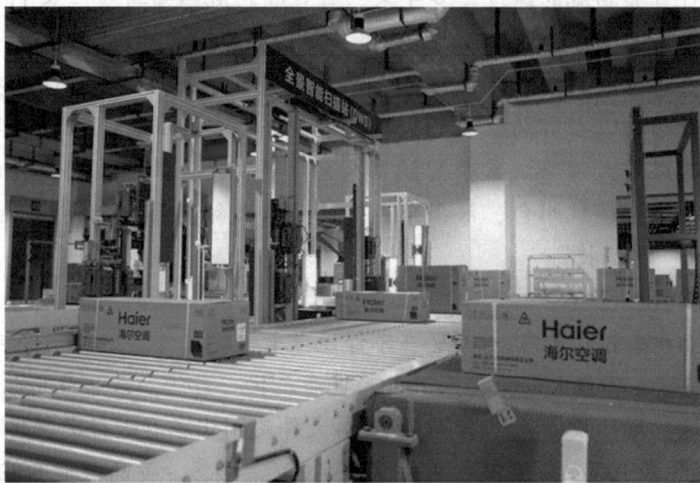

图7-4　全景五面扫

### 3. 关节机器人

关节机器人，同样率先部署于日日顺物流即墨无人仓，主要应用于码垛作业。关节机器人可以配合3D与2D视觉实现场景实时定位，而多种算法的控制，也保障了动作起落间的自主避障。在关节机器人的运作下，产品被安全放至对应托盘，智能算法则为产品分配最优位置，协作之下完成码垛。关节机器人如图7-5所示。

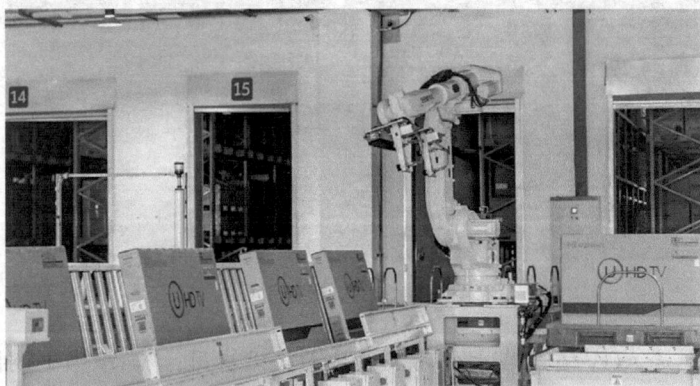

图7-5　关节机器人

相关数据显示，这些机器人最大码垛重量450 kg，而且其以视觉识别技术辅助货物辨识定位，零误差垛型计算，将码垛效率提升了80%。

### 4. 自动立体库堆垛机

自动立体库堆垛机，利用激光导航和条码导航完成托盘自动上下架，同时，通过大数据分析对订单和库存进行预测，并根据预测结果对库区进行冷热区调整。此外，它所实现的密集储存，可以在简便操作的基础上，最大限度地挖掘空间储存能力。

自动立体库堆垛机如图 7-6 所示。

图 7-6　自动立体库堆垛机

相关数据显示，日日顺物流青岛即墨仓，仓储区域可用高度 22 m，可储存近 14 万件大件商品，使用效率较同面积传统大件仓提升 4 倍。而且部署的这 16 台自动立体库堆垛机每小时可以高效执行 640 个进出任务。

5. 龙门拣选机器人

借助 3D 机器视觉识别，无人仓内的龙门拣选机器人可以对产品在库内运动造成的位移进行视觉补偿，并通过算法解析位置反馈至控制系统，进而打破空间桎梏，快速锁定目标。相关数据显示，部署的这些龙门拣选机器人在完成高效拣选任务的过程中，误差不超过 5 mm。夹抱式龙门拣选机器人和吸盘式龙门拣选机器人如图 7-7 和图 7-8 所示。

图 7-7　夹抱式龙门拣选机器人

图 7-8　吸盘式龙门拣选机器人

据介绍，这也是大件物流领域首次使用龙门机械手进行产品订单全自动分拣，凭借着机器视觉和龙门机自动控制等技术，实现了行业首例非标大件货物的混码场景。

6.骨骼机器人

当然，纵然有上述先进技术设备，当下日常作业依然离不开人，如何赋能于人也是日日顺物流关注的重点。为此，日日顺物流推出了骨骼机器人。根据介绍，其骨骼机器人包含腰部控制系统、下肢控制系统和总控集成系统，为用户的大腿与腰部进行智能化助力。此外，日日顺物流还为该款产品配备了运动控制卡与配套驱动单元。在骨骼机器人的支持下，重体力岗位可减轻工人劳动负担 50% 以上。骨骼机器人如图 7-9 所示。

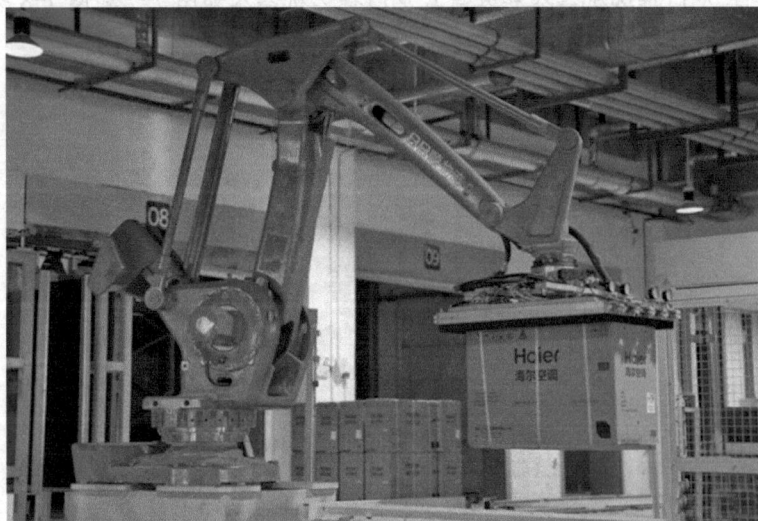

图 7-9　骨骼机器人

这不仅有助于减少工人流失，为提升生产效率提供有力保障，而且骨骼机器人逐步建立的数据收集和学习能力，还会为企业管理人员提供有关员工效率和健康数据分析的建议。

## 7. 数字孪生

除了大量智能装备，日日顺物流还打造了一个对这些装备进行管理的"中枢智慧大脑"，也就是数字孪生。通过物联网技术将现场所有设备联网建模，实现数字孪生，打破了原来的信息孤岛，将所有智能装备以三维数字孪生进行管理，以一套集监控、决策、控制于一身的系统，对全仓进行调配安排，充分发挥设备的集群效应，保障运行效率最优。

## 8. 智能仓无人机飞行盘点技术

如业内周知，日日顺物流有不少高位货架，而且很多储存在其上的家电，尤其是大家电，这就给盘点工作带来一定的困难。无人机飞行盘点技术通过四旋翼飞行器上的高清摄像头实时传输捕捉到的图像至服务器，同时编写图像识别算法、路径优化算法，使四旋翼飞行器具备人工盘点功能来代替人工操作，这也是全球首个无人机盘库，开启了一个新时代。

## 9. 无人车

不仅是仓，在其他环节日日顺物流也大量应用了新科技，比如运输环节的无人车。2019 年 618 前夕，日日顺物流主导研发生产的首辆无人车"闪电号"正式上线。根据介绍，"闪电号"可根据订单指令到达智能仓特定位置，在原材料装车完毕后，自动导引至下达订单的工厂，同时也可以在系统控制下，将产品成品从工厂送到指定智能仓，实现了从"仓"到"厂"，以及从"厂"到"仓"的全流程无人化高效对接。

当然，除了上述新科技，日日顺物流日常经营中还有很多创新举措。比如，上线"精准路由"服务方案。再如，应用自主换单、自助预约出入库、合单拣货、生物识别认证登录等智能设备和技术，以及智能货品循环箱、自动爬楼机、搬运带、杠杆推车等。

日日顺物流的六大智能无人仓也各具特色。举例来说，日日顺物流胶州仓是国内首个大件密集储存智能仓，部署了四向穿梭车、密集式货架、提升机、智能系统等先进设备，仓库的储存量增加了 1 倍，作业效率提升 40%。

日日顺物流佛山智能仓则是国内首个全品类密集储存智能仓，日处理大件订单过万，其应用的智能仓大屏，不仅具备实时监控、实时数据报表等功能，还可以进行仿真监控，戴上 VR 眼镜设备，即可走进虚拟智能仓。

日日顺物流黄岛智能仓，是国内首个大件物流智能仓；日日顺物流杭州仓，则是国内首个高端大件产品智能仓；而青岛即墨无人仓是大件物流首个智能无人仓，是首批国家智能化仓储示范基地，也是国内首个大件 5G 智慧物流园区，园区利用信息化、数字化、互联化和物联网技术，形成可复制的智慧物流园区标准化解决方案，实现了智慧安防、智能运营和车辆智能调度等功能……

资料来源：https://new.qq.com/omn/20201108/20201108A0B6ZD00.html。

**思考题：**为何日日顺物流能在科技应用方面扮演引领者角色？

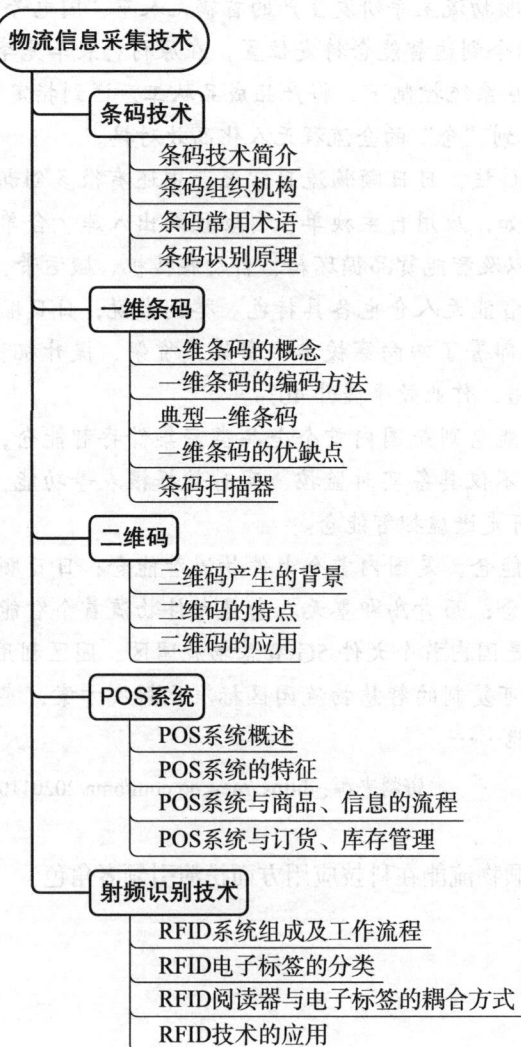

# 第8章

# 物流信息采集技术

## 章前导读

物流信息采集技术
- 条码技术
  - 条码技术简介
  - 条码组织机构
  - 条码常用术语
  - 条码识别原理
- 一维条码
  - 一维条码的概念
  - 一维条码的编码方法
  - 典型一维条码
  - 一维条码的优缺点
  - 条码扫描器
- 二维码
  - 二维码产生的背景
  - 二维码的特点
  - 二维码的应用
- POS系统
  - POS系统概述
  - POS系统的特征
  - POS系统与商品、信息的流程
  - POS系统与订货、库存管理
- 射频识别技术
  - RFID系统组成及工作流程
  - RFID电子标签的分类
  - RFID阅读器与电子标签的耦合方式
  - RFID技术的应用

**知识目标：**

1. 能举例常见条码，会解释通用商品条码的组成，计算校验码。

2. 能复述条码的识读原理。

3. 会解释并区分两种条码编码原理，能理解前置码的判断原理。

4. 会描述 POS 系统的应用原理和 POS 系统特征。

5. 能叙述射频识别技术 RFID 的组成、特点及应用。

**素养目标：**

物流信息技术的发展致力于提高物流效率、物流安全，促进我国物流高质量发展。引导学生树立勇攀科学高峰，不畏艰辛、爱岗敬业的科学精神。

教导学生要始终保持积极乐观的学习态度，工作中要稳扎稳打、实事求是、悉心打磨，树立大国工匠精神。

## 开篇案例

### RFID 正改变着我们的生活

在很多大城市中，乘坐轨道交通，你只需一次购买一张带有电子标签的单程车票，就可在不同线路间轻松换乘；在图书馆借书，你不用再找图书管理员办理借阅手续，而只需在自动借还系统上输入密码，然后轻松借到你想要的书籍；在很多大卖场和超市，RFID 标签可以有效地防止有人图谋不轨把没有付款的货物带走。在医院里，电子标签的应用比较广泛。比如，刚出生的婴儿长相都很相似，很容易造成认错宝宝的误会，电视上时而播出几十年前有医院的护士或家长抱错孩子的事情发生，导致很多的家庭悲剧，有了 RFID 标签就能准确识别身份，从而避免出错。此外，还有电子病历，通过它，医生、护士在查房时可以清楚知道患者的用药情况。这样不仅医护人员的工作有条不紊，就医人士和家属也避免了很多麻烦。RFID 标签的广泛应用给人们的生活带来了很多的便利，相信在不久的将来会被应用到更多领域。

**开放性问题：**请同学们想想你身边还有哪些类似的应用，物流新技术的发展和应用正在不断刷新我们的认知。

● 三国智慧：孔明灯与现代物流信息传输

说到古代信息的传输，烽火台、飞鸽传书、八百里加急等想必大家并不陌生，那么中国"古代物流之父"诸葛亮先生的另一发明——孔明灯的信息传输方式则尤为特别。

当年，诸葛孔明被司马懿围困于平阳，无法派兵出城求救。孔明算准风向，制成会飘浮的纸灯笼，系上求救的讯息，其后果然脱险，于是后世就称这种灯笼为孔明灯。

孔明灯最开始是信息传输的载体，但它与飞鸽传书有一个比较大的区别就是，飞鸽传书的内容有可能会被敌人拦截、篡改。但烽火台、孔明灯这类传递信息的方式如利箭离弦不能回头，能够确保传递信息的真实性，甚至已经初步具备了"区块链"上传数据不可篡改的特性。但孔明灯的弊端也是很明显的，容易受到狂风和暴雨等意外天气的影响，令其失效。

现代物流信息传输主要通过互联网技术，来提高信息传输的效率。但数据孤岛是目前供应链发展存在的主要问题。如何通过运营服务打通数据孤岛，重构物流价值链条，是当下物流发展的重点方向。

无论是木牛流马、孔明灯还是空城计，看似玄乎的神操作，其实都蕴涵着高深的物流知识，尽管当时物流的概念还没有形成，但孔明先生却早已将它运用到了军事、生活等多个领域。因此，尊其为"古代物流之父"应是实至名归。

# 8.1　条码技术

## 8.1.1　条码技术简介

条码是商品通行于国际市场的"通用语言"，是商品进入国际市场和超市的通行证，目前广泛用于商业、图书、邮政、仓库、工农业、交通物流等多个领域，在当今商品管理中仍占有重要地位。在物流领域中，信息流和实物流是分离的，信息流最终是为实物流服务，要实现二者的"互连"，主要依靠自动识别技术，包括条码技术、射频识别技术、磁识别技术、声音识别技术、图形识别技术、光字符识别技术、生物识别技术等。本章主要介绍条码技术和射频识别技术。

条码最早是由美国的 N. T. Woodland 在 1949 年提出的。近年来，随着计算机应用的不断普及，条码的应用得到了很大的发展。它可以标出商品的生产国、制造厂家、商品名称、生产日期、图书分类号、邮件起止地点、类别、日期等信息，因而在商品流通、图书管理、邮电管理、银行系统等许多领域都得到了广泛的应用。

条码是由一组规则排列的条、空组成的符号，可供机器识读，用以表示一定的信息，包括一维条码和二维码。常见的条码是由反射率相差很大的黑条（简称条）和白条（简称空）组成的。条码技术从产生到现在已有几百种，但常用的只有二十几种，国际上公认的只有三种，即 EAN/UPC 码，交插二五码（ITF25）和 EAN/UCC-128。

目前，国际广泛使用的条码种类有 EAN/UPC 码（商品条码，用于在世界范围内唯一标识一种商品）、Code39 码（可表示数字和字母，在管理领域如血库、图书馆、照相馆等应用最广）、ITF25 码（储运单元条码，在物流管理中应用较多）、Codebar 码（多用于医疗、图书领域）、Code93 码、Code128 码（贸易单元条码 0 ~ 127）等。其中，EAN 码是当今世界上广为使用的商品条码，已成为电子数据交换（EDI）的基础；UPC 码主要为美国和加拿大使用；在各类条码应用系统中，Code39 码因其可采用数字与字母共同组成的方式而在各行业内部管理上被广泛使用；在血库、图书馆和照相馆的业务中，Codebar 码被广泛使用。

## 8.1.2　条码组织机构

### 1. GS1 发展历程

GS1（全球第一商务标准化组织，Globe Standard 1）的发展可以划分为三个阶段。

（1）分治阶段。此阶段是 UCC 和 EAN 分别独立发展。

①美国统一代码委员会（Uniform Code Council，UCC）。

1973 年，美国统一代码委员会标准化组织成立，并颁布了 UPC（Universal Product Code）条码标准。其建立的 UPC 商品条码应用系统在美国、加拿大超级市场成功应用，主要成员是食品零售业。

②欧洲物品编码协会（European Article Numbering Association，EAN）。

1976 年开发出和 UCC 系统兼容的欧洲物品编码系统，即 EAN 码。

1977 年欧洲物品编码协会（EAN）成立。

1981 年欧洲物品编码协会更名为"国际物品编码协会"（International Article Numbering Association，IAN），会员遍及除北美外的六大洲。

EAN/UCC-128 条码于 1981 年被推荐应用。

（2）归一阶段。2002 年 11 月是一个划时代的里程碑，美国统一代码委员会和加拿大电子商务委员会加入 EAN，EAN International 成立，EAN 和 UCC 结束了 30 年的分治、竞争。

EAN·UCC 系统的发展实现了无缝有效、全球标准的共同目标。

（3）更名阶段。2005 年 2 月 EAN International 改名为 GS1。

● 知识拓展：GS1 的五个含义

一个全球系统；一个全球标准；一种全球解决方案；世界一流的标准化组织（供应链管理 / 商务领域）；在全球开放标准 / 系统下的统一商务行为。

GS1 拥有一套全球跨行业的产品、运输单元、资产、位置和服务的标识标准体系和信息交换标准体系，使产品在全世界都能够被扫描和识读；GS1 的全球数据同步网络（GD-SN）确保全球贸易伙伴都使用正确的产品信息；GS1 通过电子产品代码（EPC）、射频识别（RFID）技术标准提供更高的供应链运营效率；GS1 可追溯解决方案，帮助企业遵守国际的有关食品安全法规，实现食品消费安全。

**2. 国内组织机构**

中国物品编码中心是国内统一组织、协调、管理条码工作的专门机构，负责制定相关条码标准及 EAN·UCC 系统在中国的推广和发展。中国条码技术与应用协会是由从事条码技术研究、设计、生产、使用和管理的团体及个人志愿结成的专业性社会团体。其主要业务是向政府有关部门提供条码技术和政策咨询，接受国家相关部门或单位的委托，承担条码研究项目的论证和科研成果的鉴定，组织开发和推广条码应用系统，培训相关人员，开展学术交流，编辑出版相关文献书刊等。

### 8.1.3　条码常用术语

条码常用术语如表 8-1 所示。

表 8-1 条码常用术语

| 术语 | 概念 |
|------|------|
| 条码 bar code | 由一组规则排列的条、空组成的符号，可供机器识读，用以表示一定的信息，包括一维条码和二维码 |
| 条码系统 bar code system | 由条码符号设计、制作及扫描识读等部分组成的系统 |
| 条 bar | 条码中反射率较低的部分 |
| 空 space | 条码中反射率较高的部分 |
| 起始符 start character | 位于条码符号起始位置的若干条与空 |
| 终止符 stop character | 位于条码符号终止位置的若干条与空 |
| 空白区 quiet zone | 条码符号外侧与空的反射率相同的有限区域 |
| 条码字符 bar code character | 按一定规则排列的若干条与空的组合，用于表示一个数字、字母和符号 |
| 条码数据符 bar code data character | 表示特定信息的条码字符 |
| 中间分隔符 central separating character | 一些 GS1 数据载体（如 EAN/UPC 条码）中，位于条码中间位置用来分隔数据段的若干条与空 |
| 单元 element | 构成条码字符的条或空 |
| 条高 bar height | 垂直于单元宽度方向的条的高度尺寸 |
| 条宽 bar width | 条码符号中条的宽度尺寸 |
| 空宽 space width | 条码符号中空的宽度尺寸 |
| 条宽比 bar width ratio | 条码中最宽条与最窄条的宽度比 |
| 空宽比 space width ratio | 条码中最宽空与最窄空的宽度比 |
| 条码长度 bar code length | 从条码起始符前缘到终止后缘的长度 |
| 条码密度 bar code density | 单位长度的一维条码或单位面积上的二维条码所表示条码字符的个数 |
| 条码字符间隔 bar code inter-character gap | 相邻条码字符间无特定信息且与空的反射率相同的区域 |
| 模块 module | 一维条码和层排式二维条码中符号字符的最窄构成单元或矩阵式二维条码中最小的信息承载单元 |
| 保护框 bearer bar | 围绕条码符号且与条的反射率相同的边或框 |
| 校验码 check code | 通过数学关系来验证代码正确性的字符 |
| 连续型条码 continuous bar code | 没有条码字符间隔的条码 |
| 非连续型条码 discrete bar code | 有条码字符间隔的条码 |
| 双向条码 bi-directional bar code | 条码符号两端均可作为扫描起点的条码 |
| 附加条码 add-on bar code | 表示附加信息的条码 |
| 自校验条码 self-checking bar code | 条码字符本身具有校验功能的条码 |
| 定长条码 fixed length of bar code | 条码字符个数固定的条码 |
| 非定长条码 unfixed length of bar code | 条码字符个数不固定的条码 |
| 条码字符集 bar code character set | 某种条码所能表示的字符的集合 |
| 前缀码 GS1 prefix | 厂商识别代码的前 2 位或 3 位数字，有 GS1 统一分配 |

### 8.1.4　条码识别原理

由于不同颜色的物体，其反射的可见光的波长不同，白色物体能反射各种波长的可见光，黑色物体则吸收各种波长的可见光，所以当条码扫描器光源发出的光经光栅及凸透镜 1 后，照射到黑白相间的条码上时，反射光经凸透镜 2 聚焦后，照射到光电转换器上，于是光电转换器接收到与白条和黑条相应的强弱不同的反射光信号，并转换成相应的电信号输出到放大整形电路，整形电路把模拟信号转化成数字电信号，再经译码接口电路译成数字字符信息。

白条、黑条的宽度不同，相应的电信号持续时间长短也不同。但是，由光电转换器输出的与条码的条和空相应的电信号一般仅 10 mV 左右，不能直接使用，因而先要将光电转换器输出的电信号送放大器放大，放大后的电信号仍然是一个模拟电信号，为了避免由条码中的疵点和污点导致错误信号，在放大电路后需加一整形电路，把模拟信号转换成数字电信号，以便计算机系统能准确判读。

整形电路的脉冲数字信号经译码器译成数字、字符信息。它通过识别起始、终止字符来判断条码符号的码制及扫描方向；通过测量脉冲数字电信号 0、1 的数目来判断条和空的数目；通过测量 0、1 信号持续的时间来判断条和空的宽度。这样便得到了被辩读的条码符号的条和空的数目及相应的宽度和所用码制，根据码制所对应的编码规则，便可将条形符号转换成相应的数字、字符信息，通过接口电路送给计算机系统进行数据处理与管理，便完成了条码辨读的全过程。

条码识读原理示意图如图 8-1 所示。

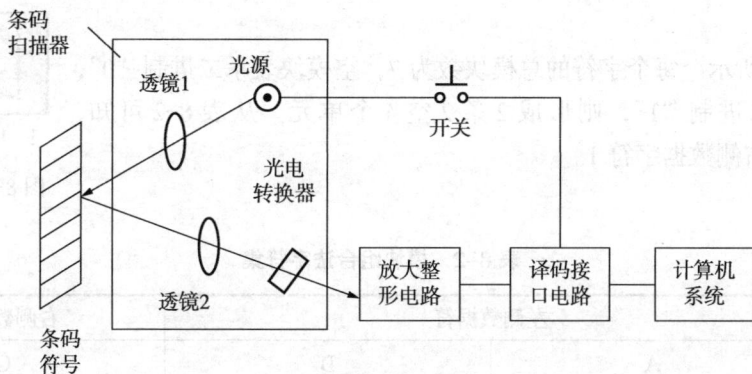

图 8-1　条码识读原理示意图

# 8.2　一维条码

## 8.2.1　一维条码的概念

一维条码（linear barcode；one-dimensional barcode）指仅在一个维度表示信息的条码符号。它是由一个接一个的"条"和"空"排列组成的，条码信息靠条和空的不同宽度和位置来传递，信息量的大小是由条码的宽度和印刷精度来决定的。条码越宽，包容的条和空越多，信息量越大；条码印刷的精度越高，单位长度内可以容纳的条和空越多，传递的信息量也就越大。这种条码技术只能在一维方向上通过"条"和"空"的排列组合来存储信息，所以叫作一维条码。

通常，任何一个完整的一维条码都是由两侧的空白区、起始符、数据字符、校验符、终止符和供人识别的字符组成的。一维条码符号中的数据字符和校验符是代表编码信息的字符，扫描识读后需要传输处理，左右两侧的空白区、起始符、终止符等都是不代表编码信息的辅助符号，仅供条码扫描识读时使用，来判别码制和扫描方向，但不参与信息代码传输。

### 8.2.2  一维条码的编码方法

条码的编码方法是指条码中条与空的编码规则以及二进制逻辑表示的设置。因为计算机只能识读二进制数据，所以条码符号作为一种为计算机信息处理而提供的光电扫描信息图形符号，也应该满足二进制的要求。条码通过条与空的排列组合来表示不同的二进制数据。常见条码编码方法有两种：模块组合法和宽度调节法。

**1. 模块组合法**

模块组合法指条码符号中条与空由标准宽度的模块组合而成。一个标准宽度的条表示二进制的"1"，而一个标准宽度的空表示二进制的"0"。商品条码中的一个字符由两组条和两组空（4个单元）构成，每一组条或空（每一单元）由1～4个标准宽度模块组成。模块组合法无"空位"，因为条、空均表示信息。

如图8-2所示，每个字符的总模块数为7，空模块表示二进制"0"，条模块表示二进制"1"，则形成2条2空4个单元。从表8-2可知，1100100表示右侧数据字符1。

条码编码
方法——
模块组合法

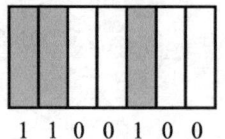

1 1 0 0 1 0 0

图8-2  模块组合法

表8-2  模块组合法字符集

| 数字符 | 左侧数据符 | | 右侧数据符 |
| --- | --- | --- | --- |
| | A | B | C |
| 0 | 0001101 | 0100111 | 1110010 |
| 1 | 0011001 | 0110011 | 1100110 |
| 2 | 0010011 | 0011011 | 1101100 |
| 3 | 0111101 | 0100001 | 1000010 |
| 4 | 0100011 | 0011101 | 1011100 |
| 5 | 0110001 | 0111001 | 1001110 |
| 6 | 0101111 | 0000101 | 1010000 |
| 7 | 0111011 | 0010001 | 1000100 |

| 数字符 | 左侧数据符 | | 右侧数据符 |
|---|---|---|---|
| | A | B | C |
| 8 | 0110111 | 0001001 | 1001000 |
| 9 | 0001011 | 0010111 | 1110100 |
| | 起始符：101 | 中间分隔符：01010 | 终止符：101 |

● 知识拓展：前置符的隐式表示

EAN-13 第 1 位（即起始符前一位）采用隐式表示，即不用条和空表示，而是用第 2 位～第 7 位（左侧 6 个字符）的奇偶性来隐式表示。左侧字符有奇偶性，右侧字符全是偶性。左侧的奇偶性取决于隐式表示的第一位字符。具体奇偶性如表 8-3 所示：B 代表偶性数，A 代表奇性数，假如某条码左侧 6 个字符都采用奇性数表示，则前置符为 0。同理，如左侧 6 个数据字符分别采用奇偶偶偶奇奇（ABBBAA）表示，则前置符为 6。

表 8-3　前置符隐式表示

| 前置符 | 左侧数据符奇、偶排列 | 前置符 | 左侧数据符奇、偶排列 |
|---|---|---|---|
| 0 | A A A A A A | 5 | A B B A A B |
| 1 | A A B A B B | 6 | A B B B A A |
| 2 | A A B B A B | 7 | A B A B A B |
| 3 | A A B B B A | 8 | A B A B B A |
| 4 | A B A A B B | 9 | A B B A B A |

**2. 宽度调节法**

宽度调节法指条码中条与空的宽窄设置不同，用宽单元表示二进制"1"，用窄单元表示二进制的"0"。

以二五码为例，如图 8-3 所示：二五码由 2 宽 3 窄 5 个基本单元的字符构成，"二"指 2 个宽单元，"五"指共 5 个单元，对照表 8-4 字符集可知表示字符"1"。

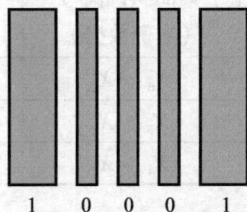

条码编码方法——宽度调节法

1 0 0 0 1

图 8-3　宽度调节法

表 8–4　宽度调节法字符集

| 字符 | 条的图案 | 条的重量 |
| --- | --- | --- |
| | | 1 2 4 7 P |
| START | | 0 0 |
| 0 | | 0 0 1 1 0 |
| 1 | | 1 0 0 0 1 |
| 2 | | 0 1 0 0 1 |
| 3 | | 1 1 0 0 0 |
| 4 | | 0 0 1 0 1 |
| 5 | | 1 0 1 0 0 |
| 6 | | 0 1 1 0 0 |
| 7 | | 0 0 0 1 1 |
| 8 | | 1 0 0 1 0 |
| 9 | | 0 1 0 1 0 |
| STOP | | 1 0 |

## 8.2.3　典型一维条码

### 1. 通用商品条码 EAN-13（模块组合法）

EAN 码是国际物品编码协会制定的一种商品用条码，通用于世界。EAN 码符号有标准版（EAN-13）和缩短版（EAN-8）两种。商品包装上所印的条码一般都是 EAN 码。

EAN-13 码是按照"模块组合法"进行编码的，标准版商品条码采用 EAN-13 码制，由左侧空白区、起始符、左侧数据符、中间分隔符、右侧数据符、校验符、终止符、右侧空白区及供人识别的字符组成。

EAN-13 编码方法

标准版商品条码所表示的代码由 13 位数字组成，其结构见表 8-5。代码位置序号是指包括校验码在内的，由右至左的顺序号（校验码的代码位置序号为 1）。

表 8–5　标准版商品条码结构

| 结构种类 | 厂商识别代码（左侧数据） | 商品项目代码（右侧数据） | 校验码 | 代表 |
| --- | --- | --- | --- | --- |
| 结构一 | $X_{13} \sim X_7$ | $X_6 \sim X_2$ | $X_1$ | 690、691 |
| 结构二 | $X_{13} \sim X_6$ | $X_5 \sim X_2$ | $X_1$ | 692 ~ 695 |
| 结构三 | $X_{13} \sim X_5$ | $X_4 \sim X_2$ | $X_1$ | 696 ~ 699 |

（1）厂商识别代码。由 7 ~ 9 位数字组成，用于对厂商的唯一标识。它是 EAN 编码组织在 EAN 分配的前缀码（$X_{13}X_{12}X_{11}$）的基础上分配给厂商的代码。前缀码是标识 EAN 编码组织的代码，由 EAN 统一管理和分配，分配给中国的前缀是 690 ~ 699。例如：

得力迷你型订书机　　　　　　　　6921734903020

河北承德露露杏仁露　　　　　　　6901808188881

（2）商品项目代码。由 5～3 位数字组成，由厂商自行编码。在编制商品项目代码时，厂商必须遵守商品编码的基本原则，即唯一性，也就是一个商品项目只对应一个代码标识。

（3）校验码。校验码的计算：按一定的规则计算得出，用于校验厂商识别代码和商品项目代码的正确性。计算步骤如下。

第 1 步：从代码位置序号 2 开始，所有偶数位的数字代码求和。

第 2 步：将第 1 步的结果乘以 3。

第 3 步：从代码位置序号 3 开始，所有奇数位的数字代码求和。

第 4 步：将第 2 步和第 3 步的结果相加。

第 5 步：用大于或等于第 4 步所得结果且为 10 的最小整数倍的数减去第 4 步所得结果，其差即为所求校验码的值。

例：6917310588934　　　　　$33 \times 3 + 27 = 126$　　　　　$130 - 126 = 4$

缩短版商品条码采用了 EAN-8 码，它是 EAN-13 码的压缩版，由 8 位数字组成。与标准版商品条码相比，缩短版商品条码没有制造厂商代码，仅有前缀码、商品项目代码和校验码。

除 EAN-13 外，常见的中国标准书号 ISBN（978……）和标准刊号 ISSN（977……）的编码也采用模块组合法。

**2. 交插二五码（宽度调节法）**

交插二五码也称为 Interleaved 2 of 5 码，由美国的 Intermec 公司于 1972 年发明，广泛用于仓储、运输、包装等领域。在条码打印软件中，这类条码类型也是常用条码之一。具有高密度，连续、非定长，条空都表示信息等特点。下面介绍一下交插二五码的编码规则及在条码打印软件的生成方法。

交插二五码是一种密度较高的非定长条码。由于条与空均表示信息，没有条码字符间隔，故是连续型条码。交插二五码字符集为 0～9，每个字符由 5 个单元组成，其中 2 个是宽单元（用 1 表示），其余是窄单元（用 0 表示）。这类条码由左侧空白区域、起始符、数据符、终止符、右侧空白区域 5 个部分组成。每部分又由"条""空"单元组成，条空单元有"窄""宽"之分，条码中的"宽"单元表示二进制中的"1"，"窄"单元表示二进制中的"0"。

交插二五码的起始符与终止符是固定的，起始符为 2 条 2 空，均为窄。所以用二进制表示为"0000"；终止符为 2 条 1 空（其中第一条为宽单元），用二进制表示为"100"。在交插二五码中 5 个"条"单元或者是 5 个"空"单元，表示一个条码字符。条码字符用二进制表示，如图 8-4 所示。

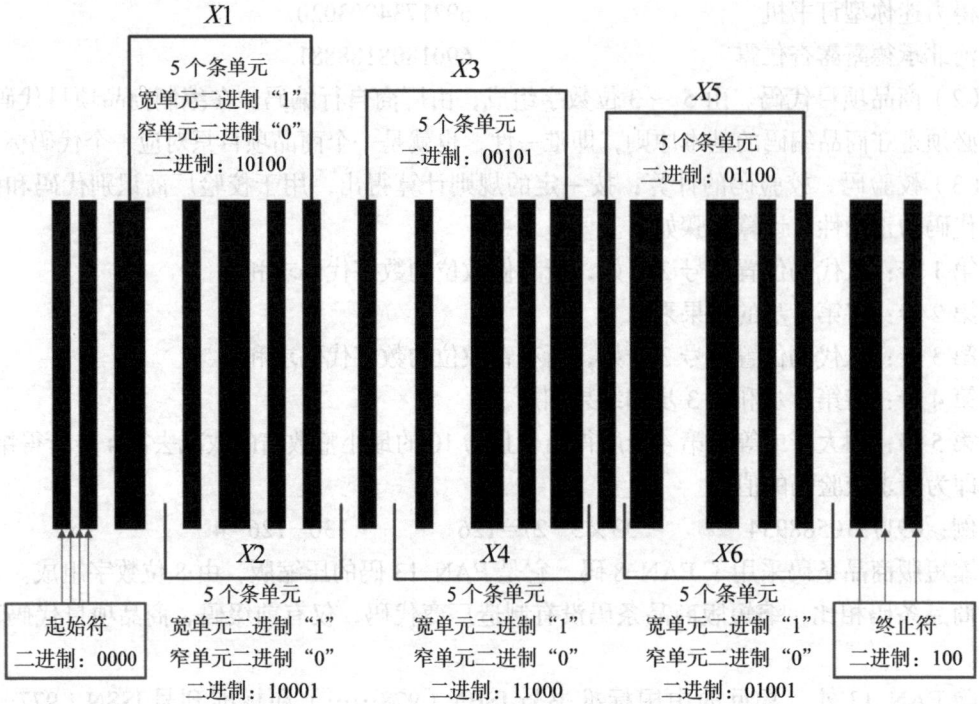

图 8-4　交插二五码编码

（1）第 1 位字符 X1 的条码二进制是：10100，对照下表得出 $X_1$ 为 5；
（2）第 2 位字符 X2 的条码二进制是：10001，对照下表得出 $X_2$ 为 1；
（3）第 3 位字符 X3 的条码二进制是：00101，对照下表得出 $X_3$ 为 4；
（4）第 4 位字符 X4 的条码二进制是：11000，对照下表得出 $X_4$ 为 3；
（5）第 5 位字符 X5 的条码二进制是：01100，对照下表得出 $X_5$ 为 6；
（6）第 6 位字符 X6 的条码二进制是：01001，对照下表得出 $X_6$ 为 2；
最终得出不带校验位的条码内容为：514362。
交插二五码字符的二进制表示如表 8-6 所示。

表 8-6　交插二五码字符的二进制表示

| 字符 | 二进制表示 | 字符 | 二进制表示 |
| --- | --- | --- | --- |
| 0 | 00110 | 5 | 10100 |
| 1 | 10001 | 6 | 01100 |
| 2 | 01001 | 7 | 00011 |
| 3 | 11000 | 8 | 10010 |
| 4 | 00101 | 9 | 01010 |

　　根据交插二五码条码规范，该条码类型的条码数字内容必须是偶数位，如果为奇数位则要在最左侧补 "0"，比如说上面的条码内容为 514362，添加一位校验位 7 后，变成奇数位，就需要在左侧添加 0，完整带有校验位的条码内容则为：05143627。

实际上在条码打印软件中，并不需要了解某类条码的编码过程。只要知道条码的类型及条码内容，就可以通过条码打印软件，自动生成需要的条码。比如，以领跑标签条码软件为例，打开软件，新建标签后，在左侧工具栏中选择条码图标按钮，绘制条码。在条码上双击或者在选项"属性"上右击鼠标，如图 8-5 至图 8-6 所示，弹出图形属性窗口。

图 8-5　条码绘制步骤 1

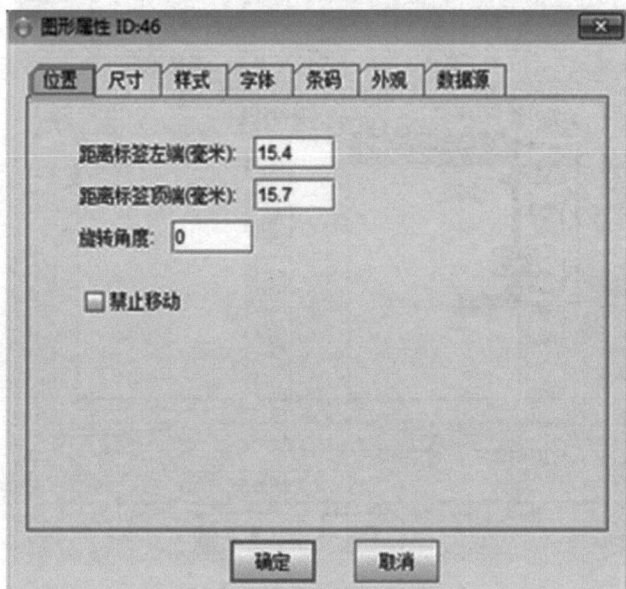

图 8-6　条码绘制步骤 2

在图形属性窗口下，选择"条码"标签卡，并在该选项卡中选择条码"类型"为 Interleaved 2 of 5（交插二五码），如图 8-7 所示。

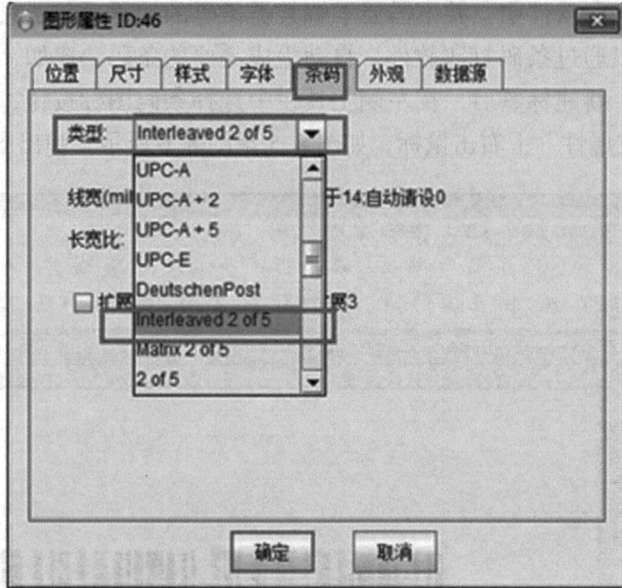

图 8-7　条码绘制步骤 3

　　选择好条码类型后，再单击"数据源"标签。在"数据源"选项卡中对条码内容进行编辑，如图 8-8 所示。可以直接删除默认条码内容，单击黄色十字添加按钮，添加条码数据对象。

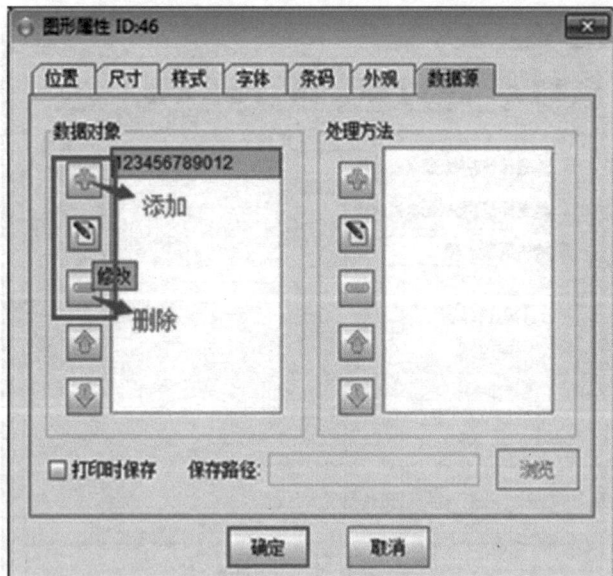

图 8-8　条码绘制步骤 4

　　在"领跑"标签条码打印软件中支持手动输入，序列生成，随机生成，日期插入，数据库导入等多种数据对象输入类型。这里选择手动输入，并输入条码内容为：514362。如图 8-9 所示，确认保存设置，得到内容为 514362 的交插二五码（见图 8-10）。

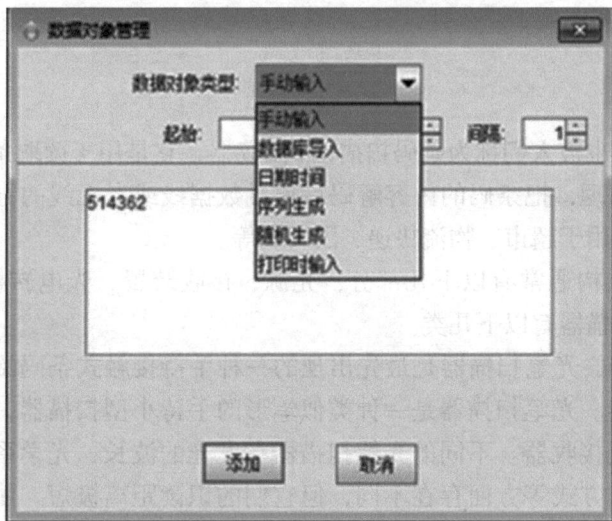

图 8-9　条码绘制步骤 5

图 8-10　生成交插二五码

设置好条码类型及内容后，就可以安排打印了。这是交插二五码在条码打印软件中的设置方法及相关编码规则，同学们可以到网上下载一个软件去体验一下。

### 8.2.4　一维条码的优缺点

**1. 一维条码的优点**

（1）输入速度快，并且能实现"即时数据输入"。

（2）可靠性高：键盘输入数据出错率为三百分之一，利用光学字符识别技术出错率为万分之一，而采用条码技术出错率为百万分之一。

（3）采集信息量大：一维条码一次可采集几十位字符的信息。

（4）灵活实用：条码标识既可以作为一种识别手段单独使用，也可以和有关识别设备组成一个系统实现自动化识别，还可以和其他控制设备连接起来实现自动化管理。

（5）低成本：一维条码标签易于制作，用专业的条码打印软件就可以实现批量制作打印，对设备和材料没有特殊要求，一维条码识别设备也易于操作，不需要特殊培训。

**2. 一维条码的缺点**

相对二维码来说，一维条码最明显的缺点是可以容纳的数据量小，主要依靠计算机中的关联数据库来获取信息。一维条码只是在一个方向（一般是水平方向）表达信息，而在垂直方向则不表达任何信息，其一定的高度通常是为了便于阅读器的对准。一维条码可直接显示的内容为英文、数字、简单符号，不能显示汉字。一维条码保密性能不高，损污后识别性差。

## 8.2.5　条码扫描器

条码扫描器通常也被人们称为条码扫描枪 / 阅读器，它是用于读取条码所包含信息的阅读设备，利用光学原理，把条码的内容解码后通过数据线或者无线的方式传输到计算机或者其他设备。广泛应用于超市、物流快递、图书馆等。

条码扫描器的结构通常有以下几部分：光源、接收装置、光电转换部件、译码电路、计算机接口。常见扫描器有以下几类。

（1）光笔扫描器。光笔扫描器是最先出现的一种手持接触式条码阅读器，也是最为经济的一种条码阅读器。光笔扫描器是一种类似笔形的手持小型扫描器，在光笔内部有扫描光束发生器及反射光接收器。不同的光笔扫描器在发光的波长、光学系统结构、电子电路结构、分辨率、操作方式等方面存在不同，但它们的识读距离极短。使用时，操作者需将光笔接触到条码表面，通过光笔的镜头发出一个很小的光点，当这个光点从左到右划过条码时，在"空"的部分，光线被反射，"条"的部分，光线将被吸收。因此，在光笔内部产生一个变化的电压，这个电压通过放大、整形后用于译码。

（2）台式扫描器。台式扫描器又称平板式条码扫描器、平台式条码扫描器，是一种固定的扫描装置，手持带有条码的卡片或证件在扫描器上移动，完成扫描。目前在市面上主流条码扫描器都属于平板式条码扫描器。这类条码扫描器光学分辨率在 300 ～ 8 000 dpi，色彩位数从 24 位到 48 位，扫描幅面一般为 A4 或者 A3。平板式的好处在于像使用复印机一样，只要把条码扫描器的上盖打开，不管是书本、报纸、杂志、照片底片都可以放上去扫描，相当方便，而且扫描出的效果也是所有常见类型条码扫描器中最好的。

（3）手持式扫描器。手持式扫描器是一种能手持使用和移动使用的较大的扫描器，识读距离最大可达 500 mm。

（4）激光扫描器。激光扫描器能够高速扫描识读任意方向通过的条码符号，景深区域大、扫描速度高、扫描范围宽，被大量使用在各种自动化程度高、物流量大的领域。激光扫描器由激光源、光学扫描、光学接收、光电转换、信号放大、整形等部分组成。

# 8.3　二维码

二维条码（two-dimensional bar code，2D code）简称二维码，是在二个维度上都表示信息的条码符号。

## 8.3.1　二维码产生的背景

自一维条码问世以来，发展速度很快，极大地提高了数据录入和采集的效率。但一维条码所携带的信息量有限，在应用中，更多的是用于对"物品"进行标识，而不是进行描述。而且必须依赖数据库的支持才能表达更多的信息，这在一定程度上限制了它的应用。现代高新技术的发展，迫切要求用条码在有限的几何空间内表示更多的信息以满足各种需求，二维码正是在这种形势下于 20 世纪 90 年代产生的。它除具有一维条码的优点外，还有信息量大、可靠性高，保密、防伪性强等优点。

二维码在 20 世纪 80 年代被开发，并得到不断发展，其背景是对移动物体信息获得的效率性和便利性的需要。如果移动体本身可以携带很多的信息，那么，要取得物品的相关信息就不必再与计算机的数据库相连接，在现场可以直接迅速获取信息。比如，一维条码所能表示的信息量有限，要表示多种信息，需要贴上多张条码，粘贴面积大，数据输入费时。而二维码在很小的面积上就可以表示大量信息，在缺乏 EDI 环境的情况下也可以使用。此外，近些年二维码在利用无线电波远距离自动扫描识别等方面得到了广泛应用，对于自动识别技术的发展起到重要的促进作用。

## 8.3.2　二维码的特点

条码的符号是沿垂直方向印刷标识，作为水平方向的"线"来储存信息。而二维码的符号是在水平和垂直两个方向印刷标识，以"面"来储存信息。而且阅读也是以识别"面"为特征。二维码储存的信息量远远超过一维条码。一维条码一般只能容纳 20 个文字的信息，而二维码可以容纳 2 000 个文字的信息。信息的表达形式不仅仅局限于英文字母和数字，还可以是汉字等。作为二维码的特征，表现在以下几点。

（1）表示大量信息。二维码从纵向和横向两个方向储存信息，一个二维码可以表示数百行或数千行的信息。二维码相当于一个小型数据库，可以把产品信息全部存储在一个二维码中，要查看产品信息，只要用识读设备扫描二维码即可，不需要依赖数据库，真正实现了用条码描述"物品"。

（2）高密度印刷。二维码可以用相当于一维条码数十倍的密度印刷，而且可以根据信息量的多少扩大和缩小面积。

（3）纠错能力强。二维码可以表示数以千计字节的数据，通常情况下，所表示的信息不可能与条码符号一同印刷出来。如果没有纠错功能，当其某部分损坏时，该条码便变得毫无意义。因此，二维码引入错误纠正机制。这使得二维码具备了安全可靠的信息存储和识别的功能，在二维码部分受损或粘污迹的情况下，可以自动复原，正常读取数据。

（4）全方位读取。一维条码只可以在横向读取数据，而二维码可以在 360 度的范围内全方位读取数据。

（5）信息种类多样化。一维条码只能使用英文数字和记号表示信息，而二维码除此之外，还可以用汉字以及图片表示信息。

（6）二维码可表示语言、图像等，具有字节表示模式。二维码能设法将各种数字化信息（如文字、图像、声音、指纹等）转换成字节流，然后再将字节流用二维码表示。

（7）保密性能佳。加密机制的引入是二维码的又一优点，在用其表示照片时，可以先用一定的加密算法将图像信息加密，然后再用二维码表示。在识别二维码时，再加以一定的解密算法，就可以恢复所表示的照片。这样便可以防止各种证件、卡片等的伪造。

## 8.3.3　二维码的应用

二维码作为一种新的信息存储和传递技术，从诞生之时就受到了国际社会的广泛关注。依靠其庞大的信息携带量，能够把过去使用一维条码时存储于后台数据库中的信息包含在条码中，可以直接通过阅读条码得到相应的信息，并且二维码还有错误修正技术及防伪功能，增加了数据的安全性。此外，二维码还可把照片、指纹编制其中，可有效地解决证件的可机读和防伪问题，广泛应用于护照、身份证、行车证、军人证、健康证、保险卡等证件。另外，在高速公路管理，集装箱远洋运输，物流中心、仓储中心的物品盘点，海关报关单，长途货运单，税务报表，保险登记表，商业机密，政治情报，军事机密，私人信函等方面也都有使用二维码技术来解决在数据输入中存在的伪造、删改问题，并且在各种售后服务方面也得到了应用。二维码在闸机中的应用如图 8-11 所示。

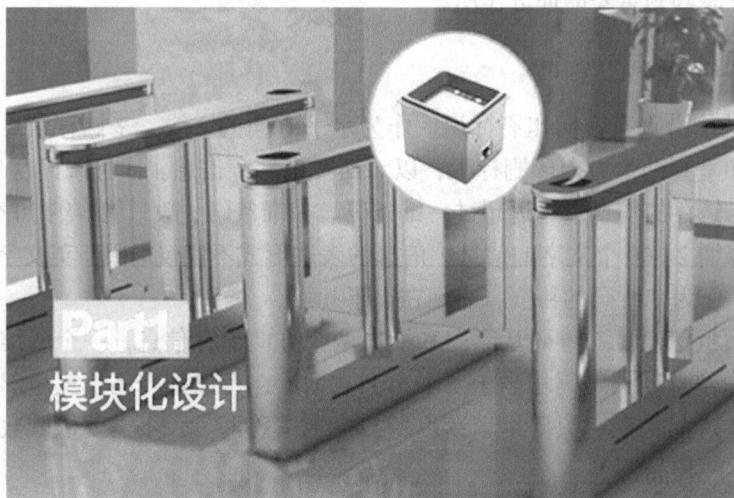

图 8-11　二维码在闸机上的应用

随着移动互联网的普及与发展，近几年二维码扫描功能的出现给物联网自动识别领域带来了新的活力，二维码扫描功能不仅可以突破传统的条码扫描的限制，还可以兼容当前主流的二维码识别扫描。二维码扫描功能在自动识别中的应用意义可以表述如下。

（1）在自助服务终端项目中，二维码扫描可轻松集成到时下最流行的设备和应用中，快速识读各种一维/二维的纸质和屏幕条码。例如，将它嵌入自助售卖机中，通过扫描模块自动感应扫描手机支付码，从而实现自助售货的功能。也比如图 8-11 所示的闸机系统。

（2）在门禁安防集成项目中，二维码扫描功能可轻松嵌入各类门禁、闸机中形成"二维码扫描窗口"，从而轻松应对普通纸质码和手机屏幕码，能快速扫描，红外感应触发识读，实现通行权限的判断。

（3）在物流快递行业，手持式/便携式以及固定式条码采集器、工业平板也使用二维码扫码，作为 OEM 手持类设备的扫描读取头，可以非常方便地扫描物流快递货物，获取相应的信息。二维码在物流快递业中的应用如图 8-12 所示。

另外，在其他诸如票务检验、移动办公、智能制造、医疗行业、公共交通及支付领域等也需要用到二维码读取、二维码识读、条码扫描识别。二维码扫描在人们的生活中也越来越多地被使用，它可应用于自助设备、门禁终端、物流快递柜、医疗诊断和分析设备、平板识别器、通道门扫描、地铁自动售货机、自助验票机、生产线自动化等方面，作为条码识读组件应用，它不仅提高了人们的工作效率，还服务于今天的移动互联网。

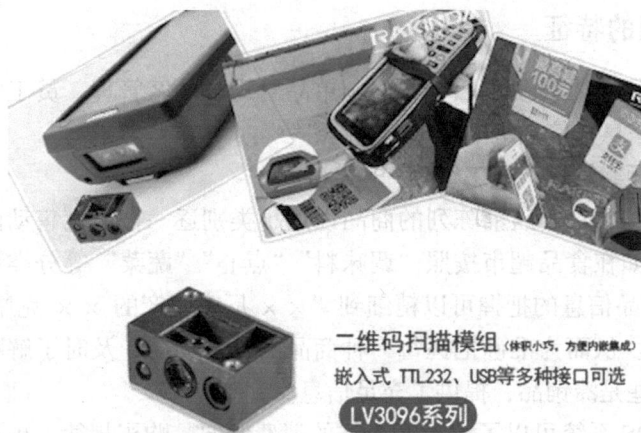

二维码扫描模组 (体积小巧，方便内嵌集成)

嵌入式 TTL232、USB等多种接口可选

**LV3096系列**

图 8-12　二维码在物流快递业中的应用

# 8.4　POS 系统

## 8.4.1　POS 系统概述

销售时点系统（point of sale，POS）是利用自动识别设备，按照商品最小销售单位读取实时销售信息，以及采购、配送等环节发生的信息，并对这些信息进行加工、处理和共享的系统。

POS 系统是指利用光学式自动读取设备搜集销售商品时按照单品类别读取商品销售信息（商品名、单价、销售数量、销售时间等）和进货、配送等阶段发生的各种信息，通过通信网络送入计算机系统，按照各个部门的使用目的对上述信息进行处理、加工和传送的系统。

（1）适用 POS 系统的店铺的各个商品包装上印刷有商品标准条码。

（2）顾客在购买商品时，收款员利用自动读取设备读取商品条码信息。

（3）各个收款台利用自动读取设备的商品信息通过通信网络传送给店内的主机，计算机系统瞬时将商品的价格、销售额合计等信息传送给收款台，用作缴款单据。

（4）店内搜集的销售信息通过通信网络传送给总部和流通中心。

（5）本部、流通中心、店铺在这些信息的基础上，做出库存调整、补充订货、配送管理等方面的快速而准确的决策。此外，通过对信息的深层次开发利用，可以在把握畅销品、消费者购买动向等方面灵活运用，对于店铺备货、陈列商品以及确定价格等方面都可以起到帮助作用。

POS 系统最初主要是在零售业采用，以后又扩大到其他行业，如金融、旅馆、图书馆等服务业。它的使用范围也从企业内部扩展到整个供应链，成为信息共享、提高供应链物流效率的重要信息手段。

## 8.4.2  POS系统的特征

POS系统的特征主要表现在四个方面：单品管理、顾客管理、员工管理；销售时点信息输入；自动读取信息；信息集中管理等。

**1. 单品管理、顾客管理、员工管理**

所谓单品管理是指对于店铺陈列的商品以最小类别逐一把握销售动向。过去的商品管理只能针对大类，如在食品超市按照"调味料""点心""蔬菜"等分类记录有关信息。而利用POS系统对商品信息的把握可以精细到"××厂家生产的××克瓶装的××种类的咖啡"这样的程度。从而为准确把握每一种商品的销售动向，及时了解哪些是畅销品，销售的时间分布，哪些是滞销品，提供了充足信息。

此外，利用POS系统可以了解顾客个体的消费倾向、购买规律，也可以通过系统方便地掌握收款员的工作效率和工作业绩。

**2. 销售时点信息输入**

利用POS系统可以在顾客缴款，也就是销售商品的同时，将有关商品信息输入系统中。在每一时刻都可以了解到商品的销售状况，库存状况，为实时控制经营活动提供帮助。

**3. 自动读取信息**

借助于商品条码和自动读取设备，实现快速而准确地读取商品信息，大大加快信息的采集速度，即便在店铺十分繁忙的情况下，也可以保证作业的高效率。

**4. 信息集中管理**

分散搜集上来的商品信息汇集到店铺或总部的计算机上，通过对数据的加工处理，制成各种有用的数据。POS信息的使用范围如下。

（1）把握单品类别销售动向：把握畅销品、滞销品、新产品销售动向等。

（2）加工分析：价格与销售量分析，销售时间段分析等。

（3）与其他数据的相关分析：分析天气状况、商品陈列方式与销售量的关系等。

## 8.4.3  POS系统与商品、信息的流程

下面以服装商品为例，说明POS系统与商品、信息的流程。

（1）挂商品价签：商品送货之前，在批发商的物流中心将服装商品的价签一件一件挂上，以减轻店铺作业的压力。

（2）送货：对于需要发货的商品进行捆包之后送达到零售店的配送中心或直接配送到店铺。

（3）商品检验：在零售店的配送中心对送来的商品进行检验和确认。

（4）输入进货信息：检验后的商品利用POS终端输入进货信息。

（5）搜集进货信息：从POS终端输入的进货信息，传送到本部的计算机。

（6）配送：检验确认后的商品，按店铺分拣后，配送到各个店铺。

（7）输入销售信息：店铺在销售时点利用POS终端输入销售信息，同时，做成销售单据。

（8）信息传输：从POS终端读取的销售信息传送到本部的计算机。

（9）信息分析整理：对从配送中心传送来的进货信息和从店铺传送来的商品销售信息，利用各种分析软件进行分析整理。

（10）输出管理资料：本部将各种管理信息，及时提供给配适中心和店铺，包括进货日报、销售日报等资料。

（11）报送各种管理票据：从本部计算机输出的各种管理票据送达配送中心和店铺。

### 8.4.4　POS 系统与订货、库存管理

在可以把握单品类别销售数量这一点上，POS 系统成为提高订货精确程度的有力工具。利用 POS 数据可以比较容易地完成日常的补充订货工作。

例如，根据最低商品陈列数量的设定，当库存低于最低陈列标准数量，即订货点时，或者根据过去数周的销售状况、去年的销售实际计算出预测值，按照销售量与现在库存量的差额指示补充订货，这种工作可以实现自动化运作。当然，这需要相应的决策软件配合，通过 POS 数据进行分析。

# 8.5　射频识别技术

RFID 是 radio frequency identification 的缩写，诞生于第二次世界大战期间，它是传统条码技术的继承者，又称为"电子标签"或"射频标签"。RFID 是在频谱的射频部分，利用电磁耦合或感应耦合，通过各种调制和编码方案，与射频标签交互通信唯一读取射频标签身份的技术。

射频识别技术 RFID

RFID 是一种非接触式的自动识别技术，它通过射频信号自动识别目标对象，可快速地进行物品追踪和数据交换。识别工作无须人工干预，可工作于各种恶劣环境。RFID 技术可识别高速运动物体并可同时识别多个标签，操作快捷方便。

### 8.5.1　RFID 系统组成及工作流程

#### 1. RFID 系统组成

RFID 系统组成包括硬件系统和软件系统，硬件系统包括发射天线、接收天线、天线调谐器、电子标签和阅读器；软件系统用于完成信息的采集、识别、加工和传输，支撑着整个系统的运行，并演绎出不同的应用系统。

RFID 的标签与阅读器之间利用感应、无线电波或微波能量进行非接触式双向通信，实现标签存储信息的识别和数据交换。

电子标签（tag）：由耦合元件及芯片组成，每个标签都具有唯一的电子编码，附着在物体上标识目标对象。

阅读器（reader）：读取（有时还可以写入）标签信息的设备，可设计为手持式或固定式。

天线（antenna）：在标签和阅读器间传递射频信号。

#### 2. RFID 系统基本工作流程

（1）RFID 阅读器将无线电载波信号经过发射天线向外发射，在其作用区域

RFID 识别原理

内发射能量形成电磁场。

（2）当载有 RFID 电子标签的物品进入发射天线的工作区域时，电子标签被阅读器发出的信号激发，将自身信息的代码经天线发射出去，发送给阅读器。

（3）RFID 系统的接收天线接收电子标签发出的载波信号，经天线的调谐器传输给 RFID 阅读器。阅读器对接收到的信号进行解调解码，送往后台的计算机控制系统。

（4）计算机控制系统根据逻辑运算判断该电子标签的合法性，针对不同的设定做出相应的处理和控制，发出指令信号控制执行机构的动作。

（5）执行机构按照计算机系统的指令动作。

（6）通过计算机通信网络将各个监控点连接起来，构成总控信息平台，根据不同的项目设计不同的软件来完成要实现的功能。

## 8.5.2  RFID 电子标签的分类

根据不同的分类法，RFID 电子标签的分类如图 8-13 所示。

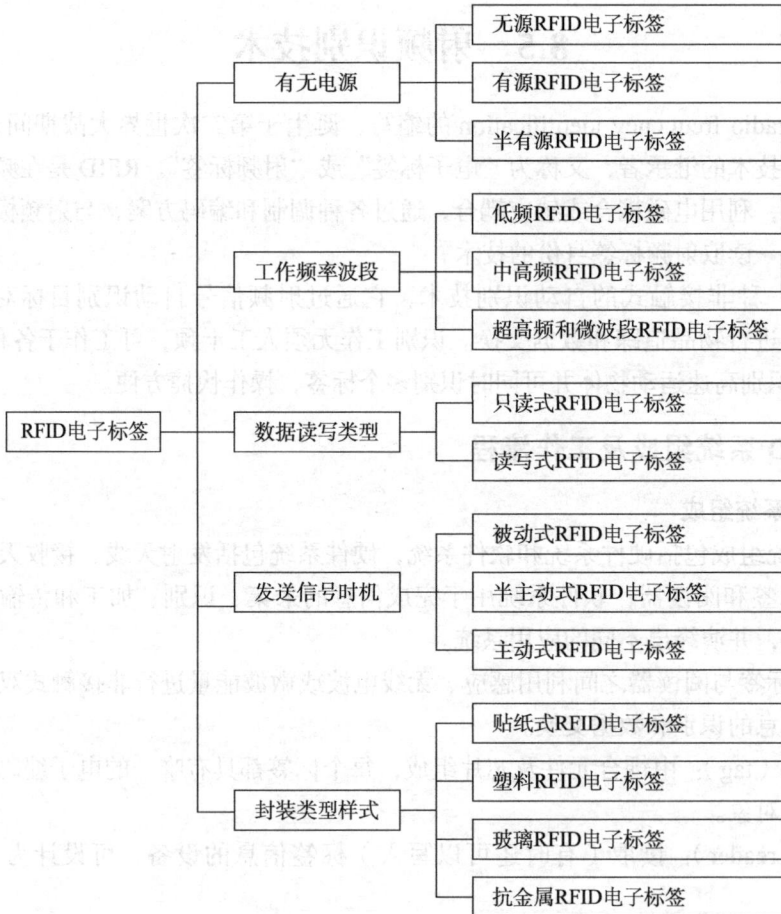

```
                              ┌── 无源RFID电子标签
                  ┌── 有无电源 ─┼── 有源RFID电子标签
                  │            └── 半有源RFID电子标签
                  │
                  │            ┌── 低频RFID电子标签
                  ├── 工作频率波段┼── 中高频RFID电子标签
                  │            └── 超高频和微波段RFID电子标签
                  │
 RFID电子标签 ──────┼── 数据读写类型┬── 只读式RFID电子标签
                  │            └── 读写式RFID电子标签
                  │
                  │            ┌── 被动式RFID电子标签
                  ├── 发送信号时机┼── 半主动式RFID电子标签
                  │            └── 主动式RFID电子标签
                  │
                  │            ┌── 贴纸式RFID电子标签
                  └── 封装类型样式┼── 塑料RFID电子标签
                               ├── 玻璃RFID电子标签
                               └── 抗金属RFID电子标签
```

图 8-13  RFID 电子标签的分类

**1. 按有无电源分类**

按有无电源分类，可分为无源 RFID 电子标签、有源 RFID 电子标签和半有源 RFID 电子标签。

（1）无源 RFID 电子标签。在三类 RFID 产品中，无源 RFID 电子标签出现得最早，最成熟，其应用也最为广泛。在无源 RFID 电子标签中，电子标签通过接收射频识别阅读器发送的微波信号，并通过电磁感应线圈获取能量，使电子标签在短时间内完成信息交换。

由于省去了电源系统，无源 RFID 电子标签的体积可以达到厘米级甚至更小，其结构简单，成本低，故障率低，使用寿命长。然而，无源 RFID 电子标签的有效识别距离较短，通常用于近距离接触识别。无源 RFID 电子标签在较低频段 125 kHz、13.56 kHz 等。

（2）有源 RFID 电子标签。有源 RFID 技术虽然发展时间不长，但在各个领域，特别是高速公路电子收费系统中发挥了不可或缺的作用。有源 RFID 电子标签通过外部电源向 RFID 阅读器主动发送信号。它的体积比较大。但它的传输距离长，传输速度快。典型的有源 RFID 电子标签可以与 100 m 外的 RFID 阅读器连接，读取速率可达 1 700 次 /s。

有源 RFID 电子标签主要工作在 900 MHz、2.45 GHz、5.8 GHz 等高频频段，具有同时识别多个标签的功能。有源 RFID 技术的长距离、高效率使其在一些要求高性能、宽范围射频识别的应用中显得不可或缺。

（3）半有源 RFID 电子标签。无源 RFID 电子标签没有电源，但有效识别距离太短。有源 RFID 电子标签识别距离足够长，但需要外接电源，体积大。半有源 RFID 电子标签正是这种矛盾妥协的产物。半有源 RFID 也称为低频激活触发技术。通常，半有源 RFID 电子标签处于休眠状态，只向电子标签中保存数据的部分供电，因此功耗小，可以长期维护。

当电子标签进入 RFID 阅读器的识别范围时，阅读器首先以 125 kHz 的低频信号在小范围内准确地激活电子标签，然后通过 2.4 GHz 微波向其发送信息。

也就是说，首先利用低频信号精确定位，然后利用高频信号快速传输数据。通常，应用场景是在高频信号覆盖的大范围内，将多个低频阅读器放置在不同的位置，激活半有源 RFID 电子标签。这不仅完成了定位，而且实现了信息的采集和传输。

**2. 按工作频率分类**

按照 RFID 电子标签的工作频率进行分类，可以分为：低频、中高频、超高频与微波段四类。由于 RFID 电子标签工作频率的选取会直接影响芯片设计、天线设计、工作模式、作用距离、阅读器安装要求，因此，了解不同工作频率下 RFID 电子标签的特点，对于设计 RFID 应用系统是十分重要的。

（1）低频 RFID 电子标签。低频电子标签典型的工作频率为 125 ～ 134.2 kHz。低频 RFID 电子标签一般为无源电子标签，该频率主要是通过电感耦合的方式进行工作，也就是在阅读器线圈和 RFID 电子标签线圈间存在变压器耦合作用，从阅读器耦合线圈的辐射近场中获得电子标签的工作能量，通过阅读器交变场的作用，在天线中感应的电压被整流，可作供电电压使用。磁场区域能够很好地被定义，但是场强下降得太快，读写距离一般小于 1 m。

低频 RFID 电子标签芯片造价低，适合近距离、低传输速率、数据量较小的应用，如门禁、考勤、电子计费、电子钱包、停车场收费管理等。低频 RFID 电子标签的工作频率较低，可以穿透水、有机组织和木材，其外观可以做成耳钉式、项圈式、药丸式或注射式，适用于牛、猪、信鸽等动物的标识。

（2）中高频 RFID 电子标签（工作频率为 13.56 MHz）。中高频 RFID 电子标签常见的工作频率为 13.56 MHz，其工作原理与低频 RFID 电子标签基本相同，为无源电子标签。该频率的读卡器不再需要线圈进行绕制，可以通过蚀刻印刷的方式制作天线。读卡器一般通过负载调制的方式进行工作。也就是通过读卡器上的负载电阻的接通和断开促使阅读器天线上的电压发生变化，实现用远距离读卡器对天线电压进行振幅调制。如果人们通过数据控制负载电压的接通和断开，那么这些数据就能够从读卡器传输到阅读器。读写距离一般小于 1 m。

中高频 RFID 电子标签可以方便地做成卡式结构，典型的应用有电子身份识别、电子车票，以及校园卡和门禁系统的身份识别卡。比如，我国第二代身份证内就嵌有符合 ISO/IEC14443B 标准的 13.56 MHz 的 RFID 芯片。

（3）超高频和微波段 RFID 电子标签（工作频率为 860～960 MHz）。超高频与微波段 RFID 电子标签通常简称为"微波标签"，典型的超高频 RFID 电子标签工作频率为 860～928 MHz，微波段 RFID 电子标签工作频率为 2.45～5.8 GHz。微波段 RFID 电子标签主要有无源电子标签与有源电子标签两类。微波段无源 RFID 电子标签的工作频率主要在 902～928 MHz；微波段有源 RFID 电子标签的工作频率主要在 2.45～5.8 GHz。微波段 RFID 电子标签工作在读写器天线辐射的远场区域。

由于超高频与微波段电磁波的一个重要特点是：视距传输，超高频与微波段无线电波绕射能力较弱，发送天线与接收天线之间不能有物体阻挡。因此，用于超高频与微波段 RFID 电子标签的阅读器天线被设计为定向天线，只有在天线定向波束范围内的电子标签可以被读写。阅读器天线的辐射场为无源电子标签提供能量，无源电子标签的工作距离大于 1 m，典型值为 4～7 m。阅读器天线向有源电子标签发送读写指令，有源电子标签向阅读器发送标签存储的标识信息。有源电子标签的最大工作距离可以超过百米。

微波段 RFID 电子标签一般用于远距离识别与对快速移动物体的识别。例如，近距离通信与工业控制领域、物流领域、铁路运输识别与管理，以及高速公路的不停车电子收费（ETC）系统。

**3. 按数据读写类型分类**

（1）只读式 RFID 电子标签（read only）。只读式 RFID 电子标签的内容只可读出不可写入。只读式 RFID 电子标签又可以进一步分为：只读标签、一次性编程只读标签和可重复编程只读标签。

只读标签的内容在标签出厂时已经被写入，在阅读器识别过程中只能读出不能写入，只读标签内部使用的是只读存储器（ROM），只读标签属于标签生产厂商受客户委托定制的一类标签。

一次性编程只读标签的内容不是在出厂之前写入，而是在使用前通过编程写入，在阅读器识别过程中只能读出不能写入；一次性编程只读标签内部使用的是可编程序只读存储器（PROM）、可编程阵列逻辑（PAL）；一次性编程只读标签可以通过标签编码 / 打印机写入商品信息。

可重复编程只读标签的内容经过擦除后，可以重新编程写入，但是在阅读器识别过程中只能读出不能写入。一次性编程只读标签内部使用的是可擦除可编程只读存储器（EPROM）或通用阵列逻辑（GAL）。

（2）读写式 RFID 电子标签（read and write）。读写式 RFID 电子标签的内容在识别过程中可以被阅读器读出，也可以被阅读器写入；读写式 RFID 电子标签内部使用的是随机存取存储器（RAM）或可擦可编程只读存储器（EPROM）。有些标签有 2 个或 2 个以上的内存块，阅读器可以分别对不同的内存块编程写入内容。

读写式 RFID 电子标签将保存的信息写入其内部的存储区，需要改写时也可以采用专门的编程或写入设备擦写。一般将信息写入电子标签所花费的时间远大于读取电子标签信息所花费的时间，写入所花费的时间为秒级，读取所花费的时间为毫秒级。

**4. 按发送信号时机分类**

按发送信号时机，RFID 电子标签（按通信方式）分为被动式，半被动式（也称作半主动），主动式三类。

（1）被动式 RFID 电子标签。被动式 RFID 电子标签没有内部供电电源。其内部集成电路通过接收到的电磁波进行驱动，这些电磁波是由 RFID 阅读器发出的。当电子标签接收到足够强度的信号时，可以向阅读器发出数据。这些数据不仅包括 ID 号（全球唯一标识 ID），还包括预先存在于电子标签内 EPROM 中的数据。

由于被动式 RFID 电子标签具有价格低廉，体积小巧，不需要电源的优点。市场上的 RFID 电子标签主要是被动式的。

（2）半主动式 RFID 电子标签。一般而言，被动式 RFID 电子标签的天线有两个任务：①接收阅读器所发出的电磁波，用以驱动标签 IC；②电子标签回传信号时，需要靠天线的阻抗做切换，才能产生 0 与 1 的变化。问题是，想要有最好的回传效率的话，天线阻抗必须设计在"开路与短路"，这样又会使信号完全反射，无法被电子标签 IC 接收，半主动式 RFID 电子标签就是为了解决这样的问题而设计的。

半主动式 RFID 电子标签类似于被动式 RFID 电子标签，不过它多了一个小型电池，电力恰好可以驱动标签 IC，使得 IC 处于工作状态。即半主动式 RFID 电子标签自身的电池等能量源只提供给 RFID 电子标签中的电路使用，并不主动向外发送数据信号，当它接收到 RFID 阅读器发送的电磁波激活之后，才向外发送数据信号。这样的好处在于天线可以不用负责接收电磁波，充分作为回传信号来用。比起被动式 RFID 电子标签，半主动式 RFID 电子标签有更快的反应速度，更好的效率。

（3）主动式 RFID 电子标签。与被动式和半被动式 RFID 电子标签不同的是，主动式 RFID 电子标签本身具有内部电源供应器，用以供应内部 IC 所需电源以产生对外的信号。RFID 电子标签依靠自身安置的电池等能量源主动向外发送数据。一般来说，主动式 RFID 电子标签拥有较长的读取距离和较大的记忆体容量，可以用来储存阅读器传送来的一些附加信息。

**5. 按封装类型样式分类**

（1）贴纸式 RFID 电子标签。贴纸式 RFID 电子标签一般由面层、芯片与天线电路层、胶层与底层组成。贴纸式 RFID 电子标签价格便宜，具有可粘贴功能，能够直接粘贴在被标识的物体上，面层往往可以打印文字，通常被应用于工厂包装箱标签、服装和物品的吊牌等，如图 8-14 所示。

图 8-14　贴纸式 RFID 电子标签

（2）塑料 RFID 电子标签。塑料 RFID 电子标签采用特定的工艺与塑料基材（ABS、PVC 等），将芯片与天线封装成不同外形的标签。塑料 RFID 电子标签的封装塑料可以采用不同的颜色，封装材料一般都耐高温，如图 8-15 所示。

图 8-15　塑料 RFID 电子标签

（3）玻璃 RFID 电子标签。玻璃 RFID 电子标签是将芯片与天线封装在不同形状的玻璃容器内，形成玻璃封装的 RFID 电子标签。玻璃 RFID 电子标签可以植入动物体内，用于动物的识别与跟踪，以及珍贵鱼类、狗、猫等宠物的管理，也可用于枪械、头盔、酒瓶、模具、珠宝或钥匙链的标识，如图 8-16 所示。

图 8-16　玻璃 RFID 电子标签

（4）抗金属 RFID 电子标签。抗金属 RFID 电子标签就是在 RFID 电子标签的基础上加了一层抗金属材料，这层材料可以避免标签贴在金属物体上面之后失效的情况发生，抗金属 RFID 电子标签是一种特殊的防磁性吸波材料封装成的电子标签,从技术上解决了电子标签不能附着于金属表面使用的难题,产品可防水、防酸、防碱、防碰撞,可在户外使用,如图 8-17 所示。

图 8-17　抗金属 RFID 电子标签

## 8.5.3　RFID 阅读器与电子标签的耦合方式

### 1. RFID 的特点

(1) RFID 技术依靠电磁波,可以非接触识读(距离从十厘米至几十米)

(2) 读写速度非常快,可识读高速运动物体,典型的 RFID 传输速度通常不到 100 ms,如汽车收费。

(3) 识别"无盲区",信号穿透力强,可穿透墙壁、地面、人员、衣服等物体,可任意调节识别范围。这使得它能够在不考虑灰尘、雾、塑料、纸张、木材和各种障碍物的情况下建立连接,并直接完成通信。

(4) 抗干扰能力强,抗恶劣环境能力强,一般被污染的电子标签不影响识读。

(5) 对人体无害,环境适应性强。

(6) 高频 RFID 阅读器可以同时识别和读取多个标签的内容,大大提高了信息传输的效率。

(7) 每个 RFID 电子标签都是唯一的。通过 RFID 电子标签与产品之间的一一对应,可以清晰地跟踪每个产品的后续流通情况。

(8) RFID 电子标签结构简单,识别率高,读取设备简单。尤其是随着近距离无线通信(near field communication, NFC)技术在智能手机上逐渐普及,每个用户的手机都将成为最简单的 RFID 阅读器。

### 2. RFID 电子标签的耦合方式

(1) 静电耦合。耦合距离在 2 mm 以下,常见的"信息钮"以此方式获取信息,可用于固定货物的巡检。

(2) 感应耦合。此方式阅读器天线发射的磁场无方向性,可不考虑货物上 RFID 电子标签的位置和方向,常用于移动物品的识别、分拣,多用于物流管理领域。

(3) 微波射频识别系统。阅读器方向性强,一般用于高速移动物体,如运输车辆的识别等。

### 8.5.4　RFID 技术的应用

短距离 RFID 产品不怕油渍、灰尘污染等恶劣的环境，可在这样的环境中替代条码，例如，用在工厂的流水线上跟踪物体。长距离 RFID 产品多用于交通上，识别距离可达几十米，如自动收费或识别车辆身份等。下面列举一些典型应用。

（1）RFID 技术应用在商店、图书馆、数据中心等场合，事先在物品上粘贴 EAS 标签。通过发射器与接收器安装在出入口处，形成一定的监视空间。当未被授权的标签进入时会对信号产生干扰，经微处理器判断分析后控制警报器报警，EAS 技术的采用可以有效防止物品被盗。

（2）采用车辆自动识别技术，使得路桥、停车场等收费场所避免车辆排队通关，从而提高交通运输效率及交通运输设施的通行能力。

（3）在自动化的生产流水线上，RFID 阅读器分散布置在给定的区域，并且阅读器直接与数据管理信息系统相连，信号发射器一般安装在移动的物体上。当物体流经阅读器时，阅读器会自动扫描电子标签上的信息并把数据信息输入数据管理信息系统进行存储、分析、处理，达到控制物流的目的。这样整个产品生产流程的各个环节均被置于严密的监控和管理之下。

（4）在粉尘、污染、寒冷、炎热等恶劣环境中，远距离 RFID 技术的运用改善了卡车司机必须下车办理手续的不便。

（5）在公交车的运行管理中，自动识别系统准确地记录着车辆在沿线各站点的到发站时刻，为车辆调度及全程运行管理提供实时可靠的信息。

（6）在特殊人员、包裹以及宠物的定位管理中，RFID 应用越来越广泛。比如，北京女子劳教所 2.45 GHz 微波的 CY-TZB 防拆卸腕带，应用 RFID 技术和 ZigBee 组网技术，对犯人进行定位，从而有效地监视和管理犯人的日常行为，防止犯人越狱。

此外，RFID 电子标签在动物晶片、门禁控制、校园教学设备管理、文档追踪管理、畜牧业、后勤管理、移动商务、产品防伪、运动计时、票证管理、汽车晶片防盗器等方面也有着广泛应用。

● 知识拓展：RFID 电子标签的应用

RFID 电子标签在电梯检验合格证中的应用

RFID 电子标签的出现很好地解决了技术监督局特种设备检验部门的困扰。RFID 纸质票内嵌电子合格证，具有可直接表面打印、防伪能力强、检票可靠和后台统计准确等特点。纸质 RFID 电子标签不但造价低廉，而且可以将信息记录在芯片中。技术监督局的特种设备检验部门通过提取信息就可知道保养维护公司有没有按规定进行检验，同时也清楚负责电梯保养维护的公司检验的具体时间、负责检验人员的资格证等。

RFID 标签在医疗领域的应用

美国匹兹堡大学研究人员开发出一种骨科标签系统，将内嵌传感器的 RFID 电子标签附加到骨科仪器，从而使植入人体的标签来跟踪设备在体内的使用情况。人体内标签发出的信号通过皮肤组织传到皮肤外的阅读器中。该系统不仅可以追踪人体的植入环境，而且可以对骨科仪器本身有一定的防伪性。

RFID 电子标签用于秘密文件鉴定

RFID 电子标签可以打印到纸张之间，人眼很难看出其存在。如果有人试图篡改标签，文件也会被破坏。并且标签可以被加密和加锁，只有收件人可以读取。用户可以将包含 RFID 电子标签的文件放在一部 RFID 显示器下检验，不到一秒钟，智能显示器就能连接云端并鉴定该文件。所需要的只有软件、光学器件和计算机。也许不久的将来，用户还能使用手机、笔记本电脑和移动设备检验 RFID 电子标签。

## 中国步伐——海柔创新：箱式仓储机器人龙头的五年奋斗史

国家政策实施"中国制造 2025"，正悄然改变着制造业的生产模式，以人工为主的生产模式正逐步向以机器人为主的自动化模式转变。

海柔创新成立于 2016 年，2021 年的《2021—2025 中国箱式仓储机器人产业发展研究报告》显示，海柔创新占据了箱式仓储机器人市场 90%+ 的市场份额，它用 5 年实际行动书写了一代机器人龙头的奋斗史。

海柔库宝箱式仓储机器人系统

目前，海柔创新的库宝系统已在全球落地 300+ 项目，广泛应用于第三方物流、鞋服、医药、零售、电商、电力、3C 制造等行业。库宝系统可以提高工人 3 ～ 4 倍的工作效率，提高仓库 80% ～ 400% 的立体储存密度，人效较传统 AGV 产品提高 2 倍，配合 HAIPORT 自动装卸机使用，人效可达每站每小时 900 箱。

海柔创新创始人陈宇奇表示："技术创新是底层驱动力，客户的价值创造则是核心追求。未来一段时间，全球化交付能力、不同行业的深挖拓展、相似场景的规模化复制将会是公司发展的重点方向。"

人工成本高、仓储管理和执行效率低的问题不仅出现在中国，海外也面临同样的困境。所以自诞生之初，海柔创新就定位为一家全球化企业，立志用机器人技术和系统服务全球客户。

2019 年，HAIPICK 库宝机器人首次在海外亮相，就得到许多海外客户和合作伙伴的青睐。截至 2021 年年底，海柔创新已在不同国家和区域全面落地项目，例如，澳大利亚最大线上图书商城 Booktopia、美国 GE、HP，国内某电商巨头以及跨境电商龙头万邑通等在欧洲打造的智能海外仓等。同时，海柔创新也和 LG CNS、MHS、MUJIN、BPS Global、Savoye 等众多知名物流及供应链集成商达成战略性合作。目前海柔创新海外业务的占比达到 30%，未来还要进一步布局海外，计划明年海外业务占比提高至 50%。

除了要进一步开拓海外市场，海柔创新也在寻找国内市场的新机会。第二波智慧仓储高峰将由工业制造业引领。工业引领的智能仓储市场容量更大，客单价更高，客户体量更大，也是海柔创新未来的机会点。

另外，海柔创新还在思考解决整体仓储行业面临的一个难点——如何实现产品在相似场景的规模化复制落地。目前，海柔创新主要在两个方面进行突破：①实现产品标准化，基于相同或相似行业客户的共性需求开发和迭代产品；②将产品和方案交由相应的组织去负责，实现产品推广、落地、售后流程标准化。

虽然科技的发展和智能制造、人工智能等相关政策的扶持将现代仓储模式从人工仓储向智能化仓储推进，但陈宇奇表示，目前大量仓库仍以人工作业为主，仓储自动化渗透率仅为 1%，整个仓储物流机器人行业仍处于早期发展阶段。作为行业的领头羊，海柔创新未来还将持续推进仓储物流机器人的发展，尤其是 ACR 的发展，提供高效、智能、柔性、定制化的仓储自动化产品和解决方案，为每个工厂和物流仓库创造价值。

资料来源：https://www.163.com/dy/article/GRRCJ7F805118K7K.html。

# 章末测试

## 一、单选题

1. 通用商品条码用（　　）表示一个字符。

A. 两条两空 4 个单元 7 个模块　　　　　　B. 两宽三窄 2 个单元 5 个模块

C. 两条两空 4 个单位 8 个模块　　　　　　D. 两宽三窄 2 个单元 2 个模块

2. 已知某一纸巾的一维条码为 695363180107_ 其最后一位校验码的数字是（　　）。

A. 3　　　　　　　B. 5　　　　　　　C. 8　　　　　　　D. 9

3. 下列表示符号中代表标准书号的是（　　）。

A. ISSN　　　　　B. ITF　　　　　C. ISBN　　　　　D. UPC

4. 下列描述与 RFID 不符的是（　　）。

A. 可以非接触识读　　　　　　　　　　B. 抗干扰能力强

C. 可同时识别多个对象　　　　　　　　D. 对人体有害

## 二、多选题

1. 在国际上公认的用于物流领域的条码标准主要有（　　）。

A. 通用商品条码　　B. 交插二五码　　C. 储运单元条码　　D. 贸易单元 128 条码

2. 条码识别过程中，通过识别（　　）来判别条码的码制及扫描方向。

A. 起始符　　　　　B. 数据字符　　　　C. 校验符　　　　D. 终止符

3. 关于条码识读原理描述正确的有（　　）。

A. 识读开始仅能通过起始符判断识别方向

B. 条码识别过程是将光信号转换成电信号

C. "条"和"空"的判断依据是信号持续时间的长短

D. "宽"和"窄"的判断依据是信号持续时间的长短

4. 下列属于一维条码组成部分的有（　　）。

A. 起始符　　　　　B. 校验符　　　　　C. 中间分隔符　　　　D. 两侧空白区

5. 国际物品编码协会分配给我国的商品条码的前缀有（　　）。

A. 690　　　　　　B. 693　　　　　　C. 691　　　　　　D. 695

6. 通用商品条码的组成结构包括（　　）。

A. 商品条码　　　　B. 厂商识别代码　　　C. 商品项目代码

D. 储运单元条码　　E. 校验码　　　　　　F. 贸易单元 128 码

7. 下列关于一维条码编码规则描述正确的有（　　　　）。

　　A. EAN-13 编码方式采用的是模块组合法

　　B. 模块组合法中的一个数据字符由 7 个模块以"两条两空"组成

　　C. 宽度调节法中的"空"表示二进制的"0"

　　D. 宽度调节法中的一个数据字符由两宽三窄 5 个单元组成

8. 二维码的优点有（　　　　）。

　　A. 需要数据库支承　　　　　　　　B. 可以表示文字、图像等信息

　　C. 全方位读取　　　　　　　　　　D. 保密性能佳

9. POS 系统是一种（　　　　）。

　　A. 全新的商业销售管理系统　　　　B. 计算机操作系统

　　C. 自动销售管理系统　　　　　　　D. 销售时点信息系统

10. 条码技术在自动识别技术中占有重要的地位，因为它具有（　　　）等优越性。

　　A. 可靠正确　　　　B. 实用性强　　　　C. 输入速度快　　　　D. 采集信息量大而广

## 三、判断题

1. 一维条码有：EAN，PDF417，EAN128，交插二五码等。　　　　　　　　（　　　）

2. 模式组合法由"两条＋两空"四单元的形式组成。　　　　　　　　　　　（　　　）

3. 厂商在进行商品项目代码编码时必须遵守唯一性原则。　　　　　　　　（　　　）

4. EAN13 采用的编码方法是模块组合法。　　　　　　　　　　　　　　　（　　　）

5. EAN13 的前置码可直接通过读码的方式识别。　　　　　　　　　　　　（　　　）

6. POS 系统可以进行商品单品管理和顾客管理。　　　　　　　　　　　　（　　　）

7. 二维码具有纠错能力，表示多种语言和图像、照片。　　　　　　　　　（　　　）

📖 案例思考

## RFID 托盘物流运输开启"智慧物流"大门

RFID 技术和托盘的结合，不仅方便对托盘本身的流通与使用进行实时追踪管理，如租赁、回收、维修、保管等。还实现了对托盘载货的可视化监控，从而大大促进了物流管理中信息采集的自动化水平，保证了货物在运输过程中的安全，提高了物流效率并降低成本。

"带托运输"是指货物按一定要求组装在一个标准托盘上，成为一个运输单位，并便于利用铲车或托盘升降机进行装卸搬运和堆存的一种运输方式。"带托运输"已成为全球公认的与集装箱运输、载驳运输并驾齐驱的三种联运方式之一。有调查显示，美国 80% 的商品贸易由托盘运载，欧盟商品贸易由托盘运载的比例则超过 80%，日本已达到 77%。2020 年我国标准化托盘共计 3.16 亿片，租赁托盘 1 700 万片，同比增长 16.4%，增长速度快，空间广阔。

RFID 技术赋予标准化托盘全球唯一"身份证"信息，实现托盘信息化单元的入口，大大提升了供应链的协同效率，是推进现代化供应链创新的重要技术手段。在托盘管理中，托盘可以重复使用，RFID 电子标签也可被反复读写，大大降低了成本。托盘上的电子标签

记载着托盘的物品编码，并且通过网络把托盘所载货物的品名、数量、体积、重量、发货地址、收货地址等相关的重要信息都存进数据库。从出发地到目的地的运输过程中，可以通过超高频 RFID 阅读器读取 RFID 电子标签，随时检索需要的信息，并上传托盘以及所载货物到达的位置信息。通过 RFID 技术和托盘管理相结合，可以实现直接对货物追踪，确保货物安全，有效解决对托盘的跟踪。RFID 技术实现托盘定位回收、管理、结算智能化，降低了经营成本；促进"互联网+"高效物流的发展；加快形成开放共享、高效便捷的智慧物流新生态。物流仓储管理系统利用 RFID 技术来自动采集物品的信息，将采集数据上传到后台系统，对供应链中各环节的信息进行自动识别。

基于 RFID 的物联网将在全球物流仓储范围内从根本上改变对物品生产、运输、仓储等各环节流动监控的管理水平。通过盘活社会存量物流载具的方式，以共享经济为导索，连接托盘制造商、托盘租赁商、物流企业、制作商的资源，提供一个协同合作达到共赢的发展机会。通过托盘标准化、租赁化、共享化，能够有效降低物流费用，在降本增效上有非常广阔的发展空间。

资料来源：http：//news.rfidworld.com.cn/2020_03/68008722277897f9.html。

**思考题：**通过阅读，了解 RFID 技术在托盘循环共用体系中的重要作用。

# 第9章

# 流通加工与管理

## 章前导读

```
流通加工与管理
    │
    ├── 流通加工概述
    │       流通加工的概念及特点
    │       流通加工合理化
    │
    └── 流通加工作业管理
            流通加工作业排序问题评价指标
            流通加工作业排序
            流通加工生产过程时间组织
```

**知识目标:**

1. 理解什么是流通加工,会区分流通加工和生产加工。

2. 能举例说明流通加工的主要作用和形式。

3. 熟记流通加工主要评价指标;会利用最短加工时间规则、最早预定交货期规则、综合规则解决排序问题。

4. 会求解流水型排序问题,利用匈牙利法进行加工任务分配。

**素养目标:**

结合流通加工作业排序求解,提升学生专业知识运用能力和科学研究能力,培养学生踏实勤奋、善思、善辩、善行的品质。懂得扎根祖国大地,了解国情、民情、岗位情的重要性。在实践中磨炼成长,增长智慧才干,在艰苦奋斗中锤炼意志品格。

## 开篇案例

### 场景物流的开拓者——日日顺物流

作为行业引领的大件物流领导品牌,日日顺物流源于海尔集团的一个物流部门,2000年成立之初承担着提质增效的战略重任。2013年,日日顺物流凭借着行业领先的供应链一体化服务能力、业务流程再造经验和专业化物流团队等资源,从"企业物流"转型到"物流企业"。在"产品被场景替代,行业被生态覆盖"的物联网时代背景下,日日顺的目标早已不再是将产品送到、送好,而是要为用户提供一站式的最佳场景服务体验。

日日顺物流打造出无边界场景物流生态平台,已形成健身、出行、居家服务等诸多服务场景,吸引宜家、林氏木业、雅迪、亿健、卡萨帝等3 000多家行业TOP级生态方先后涌入。根据用户场景需求,攸关资源方动态组合共创,为用户提供定制化的场景解决方案。当有用户吐槽跑步机体型太大时,日日顺物流能并联健身器材商,迭代出折叠MINI型跑步机;疫情期间用户宅家想健身,日日顺物流能与海尔净水、衣联网、伊尚智能运动等针对不同人群定制居家健身场景方案;响应"一盔一带"安全守护行动,日日顺物流与雅迪电动车、头盔等行业共同推出安全出行解决方案,助力用户安全出行……

依托136个智慧仓、6 000余个大件送装网点、3 300条全国干线班车线路、10 000余条区域配送线路,20万场景服务师,日日顺物流足以为全国2 915个区县用户灵活提供"按约送达,送装同步"等场景服务。

依托遍布城乡的20万触点核心竞争力,日日顺物流搭建了与用户深度交互的触点网络,得以让供应链上下游等攸关方的交互、交易、交付各环节的信息打通与闭环优化,提供无缝对接的场景体验,并快速复制、覆盖。

以数字化为驱动力,日日顺物流在大件物流智能化上先行先试,不断创新用户体验。2020年6月,日日顺物流启用大件物流首个智能无人仓,近乎零盲区的服务广度、零距离的交互深度以及先进的管理理念和物流技术,为行业树立新智慧标杆。

**开放性问题**：奔跑的赛道没有终点，为用户创造更好的服务体验是日日顺物流始终不变的追求。请同学们查阅资料，了解日日顺如何利用"黑海"战略打通用户需求和生态方，为用户提供良好的客户体验，也期待日日顺能为用户提供更加丰富的物流增值服务。

● 知识拓展：黑海战略

黑海战略是以用户需求为中心，以产品智能化、服务场景化、能力平台化、价值生态化为手段，构建一个共创、共赢、共生的数字化生态系统，持续为用户创造全场景体验、全生命周期的价值。从战略目标来看，黑海战略关注公司整体战略，构建商业生态系统，塑造产品品牌、场景品牌和生态品牌；从战略本质来看，黑海战略聚焦于价值共生，基于用户场景提供体验价值，构建价值共创网络；从战略能力上，黑海战略塑造平台赋能能力，连接生态伙伴和生态资源，赋能小微企业创造价值。

● 古人智慧：秦朝的"智慧物流"

秦始皇统一度量衡、"车同轨，书同文"，都是标准化进程的改革，但其实标准化只是基础，筑长城、修直道，才是秦始皇想要发展智慧物流的重要表现！

长城的首要作用是预警，每隔一段距离都会设置一处烽火台，当烽火点起，就意味着有外敌入侵，各方可以及时派兵支援。这些最高处的烽火台就是为了望哨，为了提前预警，有些烽火台甚至远远突出于长城之外。烽火预警的重要性不言而喻，它可以进行信息传递，让远隔千里的防线都能准确把握各地的防御情况，从而布置战略。如果是通过人力来传递信息，一来一回，翻山越岭，敌人早就打到咸阳去了。

当时的信息传递、预警，放在今天，就是智慧物流重要的体现，通过数据分析，可以牢牢掌控物流运输、仓储的状态，从而制定发展战略。数据分析也可减少人工误差，让信息传递更加精准，毕竟放一把火就能发布有敌进犯的信息。

当然，秦朝的"智慧物流"也存在弊端，如烽火台容易被利用，从而传递错误的信息，好比如商朝周幽王点火只为博取美人一笑（烽火台从商朝就已经出现了）。信息传递错误，会对发展计划、策略造成偏差，秦朝受到时代的限制，技术跟不上，但这种概念却一直流传了下来。

在当前信息化时代，互联网技术应用的逐渐成熟，已经能够解决越来越多的问题，包括区块链技术"上传数据不可篡改"的特点，如果应用到智慧物流，将会把物流业带进一个新的层面。

# 9.1　流通加工概述

随着社会分工的不断细化，流通加工成为社会再生产的重要环节。流通加工业务不仅可以增加运输、仓储、配送等活动对象的附加价值，同时也提高了物流活动本身的价值，获得价值增值。

### 9.1.1　流通加工的概念及特点

**1. 流通加工的概念**

流通加工（distribution processing）是根据顾客的需要，在流通过程中对产品实施的简单加工作业活动的总称。例如，一些简单加工活动，包括包装、分割、计量、分拣、刷标志、拴标签、组装、组配等。流通过程的目的是弥补生产过程的加工不足，更有效地满足用户多样化需要，使产需双方更好地衔接而进行的物流活动。

**2. 流通加工与生产加工的区别**

与生产加工相比，流通加工具有以下特点。

（1）加工对象。流通加工的对象是进入流通过程的商品，具有商品的属性，以此来区别多环节生产加工中的一环。流通加工的对象是商品，而生产加工的对象不是最终产品，而是原材料、零配件或半成品。

生产加工与
流通加工

（2）加工程度。流通加工大多是简单加工，而不是复杂加工。一般来讲，如果必须进行复杂加工才能形成人们所需的商品，那么，这种复杂加工应该专设生产加工过程。生产过程理应完成大部分加工活动，流通加工则是对生产加工的一种辅助及补充。特别需要指出的是，流通加工绝不是对生产加工的取消或代替。

（3）价值观点。生产加工的目的在于创造价值及使用价值，而流通加工的目的则在于完善其使用价值，并在不做大的改变的情况下提高其价值。

（4）加工组织者。流通加工的组织者是从事流通工作的人员，能密切结合流通的需要进行加工活动。从加工单位来看，流通加工由商业或物资流通企业完成，而生产加工则由生产企业完成。

（5）加工目的。商品生产是为交换、为消费而进行的生产，而流通加工是为了消费（或再生产）所进行的加工，这一点与商品生产有共同之处。但是流通加工有时候也是以自身流通为目的，纯粹是为流通创造条件，这种为流通所进行的加工与直接为消费所进行的加工在目的上是有所区别的，这也是流通加工不同于一般生产加工的特殊之处。

**3. 流通加工的作用**

（1）有利于生产者提高生产效率、产品质量和经济效益。生产者可以集中进行大规模生产，将个性化的加工转移到流通领域；或者将自己不擅长的一些加工服务转移到流通领域进行，这样可以集中精力进行生产，提高生产效率。对流通领域来讲，可能更精通这些辅助性加工服务，从而有利于保证产品质量。

流通加工是一种低投入高产出的加工方式，往往以简单的加工来解决大问题。比如，农副产品市场提供的流通加工服务，如鱼的剥鳞、剔除内脏服务。一方面大大方便购买者，另一方面，剔除的内脏可用于制药或饲料，鱼鳞可以做高效粘结剂，头尾可以制鱼粉等。从而将产品的利用率提高 20% ～ 50%，其成效并不亚于从运输和储存中挖掘的利润。

（2）可以提高物流效率与服务质量，完善物流功能。

例如，木材是容重轻的货物，在运输时占有相当大的容积。同时，装车、捆装作业困难，尤其是用于造纸的原木。美国采取在林中生产地就地提前将原木磨成木屑，然后采取压缩法使之成为容重较大、容易装运的形状，然后再运往造纸厂。这样比直接运送原木安全高效，还节约一半运费。

（3）提高加工效率及设备利用率。在分散加工的情况下，加工设备由于生产周期和生产节奏的限制，设备利用率时高时低，使得加工过程不均衡，设备加工能力不能得到充分发挥。而流通加工面向全社会，加工数量大、范围广、任务多。这样可以通过建立集中加工点，采用一些效率高、技术先进、加工量大的专门机具和设备，一方面提高加工效率和加工质量，另一方面提高设备利用率。例如，一般使用部门在对钢板下料时，采用气割的方法，需留出较大的加工余量，不但出材率低，而且由于热加工容易改变钢的组织，加工质量也不好。集中加工后，可采用高效率的剪切设备，可以在一定程度上防止上述问题的产生。

（4）可以充分发挥各种运输手段的运用效率。一般来说，由于流通环节设置在消费地。因此，从生产厂到流通加工这一段长距离运输可以采用火车、轮船等输送手段；从流通加工到消费环节这一段短距离运输，由于具有多规格、小批量、多用户的特点，可采用小型车辆进行运输。

（5）方便用户的同时，可以完善商品功能，提高经济效益。用量小或为满足临时需要而购进的用户，不具备进行高效率初级加工的能力，通过流通加工可以使用户省去进行初级加工在设备、人力等方面的投资，方便了用户。最典型的有配煤加工，即将各种煤及一些其他发热物质，按不同配方进行掺配加工，生产出各种不同发热量的燃料。这种方式可以按用户要求的发热量生产和供应燃料，防止热能浪费，也防止发热量过小，不能满足要求。

另外，对于长途调入水泥的地区，变调入成品水泥为调入水泥熟料，这种半成品，在当地的流通加工据点进行粉碎，并利用当地资源掺入混合材（如矿渣，粉煤灰等）及外加剂，制成不同品种和标号的水泥，供给当地用户。

（6）提高原材料利用率。通过流通加工进行集中下料，将生产厂商直接运来的简单规格产品，按用户的要求进行下料。例如，将钢板进行剪板、切裁；木材加工成各种长度及大小的板、方等。集中下料可以优材优用、小材大用、合理套裁，明显提高原材料的利用率，有很好的技术经济效果。

（7）为衔接不同输送方式，使物流更加合理地流通加工，如散装水泥装袋。

（8）为实现配送进行的流通加工，分拣、化整为零，例如，配送中心将大袋小食品分装成小袋计量。

● 知识拓展：保税区仓库发挥流通加工优势

深圳某贸易公司从美国采购大批量的电脑配件、计算机终端等，通过海运到香港之后转关进入深圳坪山保税区仓库仓储。在仓库内进行贴标、更换包装、分拣、产品检测等，再销售到东南亚国家。利用深圳坪山保税区仓库低廉的仓库租金，企业还可以自己安排人员进仓库对货物进行分拣作业。

**4. 流通加工的形式**

按加工目的和作用分，主要有以下几种形式。

（1）以保存产品为主要目的的加工，使产品的使用价值得到妥善保存。在物流过程中，为了保护商品的使用价值，延长商品在生产和使用期间的寿命，防止商品在运输、储存、装卸搬运、包装等过程中遭受损失，可以采取稳固、改装、保鲜、冷冻、涂油等方式。例如，水产品、肉类、蛋类的保鲜、保质的冷冻加工、防腐加工等；丝、麻、棉织品的防虫、防霉加工等。又如，为防止金属材料的锈蚀而进行的喷漆、涂防锈油等措施，运用手工、机械或化学方法除锈；木材的防火、防腐、防干裂加工；煤炭的防高温自燃加工；水泥的防潮、防湿加工等。

（2）为弥补生产加工不足。由于受到各种因素的限制，许多产品在生产领域的加工只能到一定程度，而不能完全实现终极的加工。例如，木材如果在产地完成成材加工或制成木制品，就会给运输带来极大的困难。所以，在生产领域只能加工到圆木、板、方材这个程度，进一步的下料、切裁、处理等加工则由流通加工完成；钢铁厂大规模的生产只能按规格生产，以使产品有较强的通用性，从而使生产能有较高的效率，取得较好的效益。

（3）为促进销售。流通加工也可以起到促进销售的作用。比如，将大包装或散装物分装成适合依次销售的小包装的分装加工；将以保护商品为主的运输包装改换成以促进销售为主的销售包装，以起到吸引消费者、促进销售的作用；将蔬菜、肉类洗净切块以满足消费者要求等。

（4）为提高物流效率，降低物流损失。有些商品本身的形态使之难以进行物流操作，而且商品在运输、装卸搬运过程中极易受损，因此，需要进行适当的流通加工加以弥补，从而使物流各环节易于操作，提高物流效率，降低物流损失。例如，造纸用的木材磨成木屑的流通加工，可以极大地提高运输工具的装载效率；自行车在消费地区的装配加工可以提高运输效率，降低损失；石油气的液化加工，使很难输送的气态物转变为容易输送的液态物，也可以提高物流效率。

（5）为衔接不同运输方式。在干线运输和支线运输的节点设置流通加工环节，可以有效解决大批量、低成本、长距离的干线运输与多品种、少批量、多批次的末端运输和集货运输之间的衔接问题。在流通加工点与大生产企业间形成大批量、定点运输的渠道，以流通加工中心为核心，组织对多个用户的配送，也可以在流通加工点将运输包装转换为销售包装，从而有效衔接不同目的的运输方式。比如，散装水泥中转仓库把散装水泥装袋、将大规模散装水泥转化为小规模散装水泥的流通加工，就衔接了水泥厂大批量运输和工地小批量装运的需要。

（6）为提高原材料利用率的加工。比如，钢材集中下料。

（7）为实施配送而进行的加工。这种流通加工形式是配送中心为了实现配送活动，满足客户的需要而对物资进行的加工。例如，混凝土搅拌车可以根据客户的要求，把沙子、水泥、石子、水等各种不同材料按比例要求装入可旋转的罐中。在配送路途中，汽车边行驶边搅拌，到达施工现场后，混凝土已经均匀搅拌好，可以直接投入使用。另外，配送中心经常为用户提供分拣，化整为零等作业，也是为了更好地完成配送。

● 知识拓展：银色经济和灰色能量物流

灰色能量物流（grey power logistics）主要针对老龄化社会，提供适应于老年人的物流服务，例如，为老年人提供送货到家的物流服务、医用物品的送货上门等。现今改名为银色经济（silver economy），改名之后能更好地表达人口老龄化趋势，无论是生产端还是消费端，老年群体的需求越来越丰富，那么相信未来物流界也将开发出越来越多更加符合老年人需求的流通加工服务和丰富多彩的场景物流。

## 9.1.2　流通加工合理化

流通加工合理化的含义是实现流通加工的最优配置，也就是对是否设置流通加工环节、在什么地方设置、选择什么类型的加工、采用什么样的技术装备等问题做出正确抉择。这样做不仅要避免各种不合理的流通加工形式，而且要做到最优。

**1. 不合理流通加工形式**

（1）流通加工地点设置的不合理。流通加工地点设置即布局状况是决定整个流通加工是否有效的重要因素。一般来说，为衔接单品种大批量生产与多样化需求的流通加工，加工地点设置在需求地区，才能实现大批量的干线运输与多品种末端配送的物流优势。如果将流通加工地设置在生产地区，一方面，为了满足用户多样化的需求，会出现多品种、小批量产品由产地向需求地的长距离的运输；另一方面，在生产地增加了一个加工环节，同时也会增加近距离运输、保管、装卸等一系列物流活动。所以，在这种情况下，不如由原生产单位完成这种加工而无须设置专门的流通加工环节。

另外，一般来说，为方便物流的流通，加工环节应该设置在产出地，设置在进入社会物流之前。如果将其设置在物流之后，即设置在消费地，则不但不能解决物流问题，又在流通中增加了中转环节，因而也是不合理的。

即使在产地或需求地设置流通加工的选择是正确的，还存在流通加工在小地域范围内的正确选址问题。如果处理不当，仍然会出现不合理。比如，交通不便，流通加工与生产企业或用户之间距离较远，加工点周围的社会环境条件不好等。

（2）流通加工方式选择不当。流通加工方式包括流通加工对象、流通加工工艺、流通加工技术、流通加工程度等。流通加工方式的确定实际上是与生产加工的合理分工。分工不合理，把本来应由生产加工完成的作业错误地交给流通加工来完成，或者把本来应由流通加工完成的作业错误地交给生产过程去完成，都会造成不合理。

流通加工不是对生产加工的代替，而是一种补充和完善。所以，一般来说，如果工艺复杂，技术装备要求较高，或加工可以由生产过程延续或轻易解决的，都不宜再设置流通加工。如果流通加工方式选择不当，就可能会出现与生产争利的恶果。

（3）流通加工作用不大，形成多余环节。有的流通加工过于简单，或者对生产和消费的作用都不大，甚至有时由于流通加工的盲目性，同样未能解决品种、规格、包装等问题，相反却增加了作业环节，这也是流通加工不合理的重要表现形式。

（4）流通加工成本过高，效益不好。流通加工的一个重要优势就是它有较大的投入产出比，因而能有效地起到补充、完善的作用。如果流通加工成本过高，则不能实现以较低投入实现更高使用价值的目的，势必会影响它的经济效益。

**2. 实现合理化的途径**

要实现流通加工的合理化，主要应从以下几个方面加以考虑。

（1）加工和配送结合。加工和配送结合就是将流通加工设置在配送点中。一方面按配送的需要进行加工，另一方面加工又是配送作业流程中分货、拣货、配货的重要一环，加工后的产品直接投入配货作业，就无须单独设置一个加工的中间环节，而使流通加工与中转流通巧妙地结合在一起。同时，配送之前必要的加工可以使配送服务水平大大提高，这一点在煤炭、水泥等产品的流通中已经表现出较大的优势。

（2）加工和配套结合。"配套"是指对使用上有联系的用品集合成套地供应给用户使用。例如，方便食品的配套。当然，配套的主体来自各个生产企业，如方便食品中的方便面，就是由其生产企业配套生产的。但是，有的配套不能由某个生产企业全部完成，例如，方便食品中的盘菜、汤料等。这样，在物流企业进行适当的流通加工，可以有效地促成配套，大大提高流通作为供需桥梁与纽带的能力。

（3）加工和合理运输结合。流通加工能有效衔接干线运输和支线运输，促进两种运输形式的合理化。利用流通加工，可以在支线运输转干线运输或干线运输转支线运输等这些必须停顿的环节，不进行一般的支转干或干转支，而是根据干线或支线运输合理的要求进行适当加工，从而大大提高运输及运输转载水平。

（4）加工和合理商流结合。流通加工也能起到促进销售的作用，从而使商流合理化，这也是流通加工合理化的方向之一。加工和配送相结合，通过流通加工，提高配送水平，促进销售，使加工与商流合理结合。此外，通过简单地改变包装加工，方便购买，通过组装加工，降低用户使用前进行组装、调试的难度，都是有效促进商流的很好例证。

（5）加工和节约结合。节约能源、节约设备、节约人力、减少耗费是流通加工合理化重要的考虑因素，也是目前我国设置流通加工并考虑其合理化的出发点。

对于流通加工合理化的最终判断，是看其是否能提升社会的和企业本身的效益，而且是否取得了最优效益。流通企业更应该树立社会效益第一的观念，以实现产品生产的最终利益为原则，在生产流通过程中不断补充、完善自己。如果物流企业只追求企业的局部效益，不适当地进行加工，甚至与生产企业争利，这就有违于流通加工的初衷。

● 知识拓展：深圳保税区流通加工业务

利用保税区仓库优势，可以提供以下流通加工服务。
①替代香港储存暂进口货物，转口贸易货物、待售货物，并进行保税商品展示；
②替代香港进行出口拼柜，进口拆柜，配送、深度分销；
③贸易退港返修、检测维修业务，延伸保税物流产业链；
④保税简单加工，包括分级分类、分拆分拣、分装、组合包装、打膜、加刷码、刷贴标志、更换包装、拼装、拆拼箱等具有商业增值的辅助性作业；
⑤替代"香港一日游"完成国货出口（退税）复进口物流业务。

**示例 1**

①保税区包装服务。香港某贸易公司 A 从日本、韩国采购多种化妆品，因化妆品是没有打包装的，需要先包装才能海运到美国销售。香港贸易公司 A 采购到的化妆品入深圳出口加工区保税区仓库，A 公司从中国国内采购彩盒进入保税区仓库，在保税区仓库进行化妆品包装、塑封、装礼盒、贴标等。装好的化妆品海运到美国销售。此服务主要是利用深圳出口加工区、保税区仓库境内关外的性质，为国外货入保税区提供免税功能，在保税区进行不改变货物性质的包装，贴标等增值服务。

**示例 2**

②保税区仓储服务。深圳某贸易公司，从全国各地采购生活日用品分批分地区出口到深圳的出口加工区坪山保税区仓库内（货物入区等同于出口，可以享受出口退税），在仓库内进行货物分拣、贴标、拆箱、分装等，再装柜转关到盐田港装船。

# 9.2　流通加工作业管理

## 9.2.1　流通加工作业排序问题评价指标

### 1. 流通加工作业排序

流通加工作业是指在一定期间内分配给各个加工单位的生产任务，根据加工工艺和负荷可能性确定各加工单位流通加工作业开始时间、作业结束时间，并进行作业顺序编号，又称为生产作业排序。

### 2. 评价加工顺序安排的主要指标

（1）最大流程。在某工作地完成加工的各项任务所经过的流程之和。

其目标是：$F_{\max} \to \min$。

（2）平均流程。在某工作地完成各项加工任务平均所需经过的时间。

其目标是：$\overline{F} = \dfrac{1}{n} \sum\limits_{i=1}^{n} F_i \to \min$。

平均流程时间缩短意味着加工周期缩短，节约间接费用，延期的可能性减少，节约流动资金。

（3）平均延期量。在某工作地完成各项任务的延期量的平均值。

其目标是：$\overline{D} = \dfrac{1}{n} \sum\limits_{i=1}^{n} D_i \to \min$。

延期量减少，可以提高企业信誉，减少违约损失。

## 9.2.2　流通加工作业排序

### 1. 多项任务设备共用问题

【例 9-1】设某班组利用某一大型设备进行 6 项流通加工任务，所需时间及预定交货期（配送时间）如表 9-1 所示，试对加工任务排序。

表 9-1　流通加工任务 1

| 任务编号 | $H_1$ | $H_2$ | $H_3$ | $H_4$ | $H_5$ | $H_6$ |
|---|---|---|---|---|---|---|
| 所需加工时间 $t_i$ / 天 | 5 | 8 | 2 | 7 | 9 | 3 |
| 预定交货期 $d_i$ / 天 | 26 | 22 | 23 | 8 | 34 | 24 |

**方法一：** 最短加工时间规则。

按加工任务所需时间从短到长排列。

加工排序方案：$H_3$—$H_6$—$H_1$—$H_4$—$H_2$—$H_5$。

最短加工时间排序如表 9-2 所示。

表 9-2 最短加工时间排序

| 任务编号 | $H_3$ | $H_6$ | $H_1$ | $H_4$ | $H_2$ | $H_5$ | 合计 | 备注 |
|---|---|---|---|---|---|---|---|---|
| 所需加工时间 $t_i$ / 天 | 2 | 3 | 5 | 7 | 8 | 9 | — |  |
| 计划完成时刻 $F_i$ | 2 | 5 | 10 | 17 | 25 | 34 | 93 | 平均流程 15.1 天 |
| 预定交货期 $d_i$ / 天 | 23 | 24 | 26 | 8 | 22 | 34 | — | 最大延期 9 天 |
| 交货延期量 $D_i$ | 0 | 0 | 0 | 9 | 3 | 0 | 12 | 平均延期 2 天 |

最短加工时间排序法的优缺点如下。

优点：平均流程时间最短，滞留在本工作地的在制品平均占用最少，有利于节约流动资金占用，减少厂房、仓库及加工作业面积和节约保管费用。

缺点：由于未考虑交货期，可能存在交货延期问题。

**方法二：最早预定交货期规则。**

按预定交货期的先后顺序排序。

加工排序方案：$H_4$—$H_2$—$H_3$—$H_6$—$H_1$—$H_5$。

最早预定交货期排序如表 9-3 所示。

表 9-3 最早预定交货期排序

| 任务编号 | $H_4$ | $H_2$ | $H_3$ | $H_6$ | $H_1$ | $H_5$ | 合计 | 备注 |
|---|---|---|---|---|---|---|---|---|
| 所需加工时间 $t_i$ / 天 | 7 | 8 | 2 | 3 | 5 | 9 | — |  |
| 计划完成时刻 $F_i$ | 7 | 15 | 17 | 20 | 25 | 34 | 118 | 平均流程 19.7 天 |
| 预定交货期 $d_i$ / 天 | 8 | 22 | 23 | 24 | 26 | 34 | — | 最大延期 0 天 |
| 交货延期量 $D_i$ | 0 | 0 | 0 | 0 | 0 | 0 | 0 | 平均延期 0 天 |

最早预定交货期法的优缺点如下。

优点：消除延期量或使延期最小，可保证按期交货，减少违约损失，保证企业信誉。

缺点：加工流程时间增加，不利于减少在制品占用量和节约流动资金。

**方法三：综合规则。**

思路：保证延期最小的情况下，降低最大流程时间。

综合规则排序如表 9-4 所示。

步骤：

（1）先根据最早预定交货期规则，安排一个最大延期量为最小的方案。

（2）计算所有任务的流程时间，本例是 34 天。

（3）查出初始方案中预定交货期大于等于最后一个流程时间的加工任务，按最短加工时间规则，把加工时间最长的排在最后。即在不发生交货延期的条件下，按最短加工时间排序。

上例中 $d_i \geqslant 34$ 天的只有 $H_5$，故排在最后。

（4）暂舍去已排定的 $H_5$，剩下 $H_4$—$H_2$—$H_3$—$H_6$—$H_1$ 回到第（2）步。剩下的 5 项任务

的最后一个流程时间为 25 天，再按第（3）步排定的 $H_1$。然后剩下 $H_4$—$H_2$—$H_3$—$H_6$ 四项任务，再重复上述步骤，其中 $H_2$—$H_3$—$H_6$ 均满足 $d_i \geqslant 20$ 天，按最短加工时间规则，将 $H_2$ 调到 $H_3$、$H_6$ 后面。最后排定的顺序为 $H_4$—$H_3$—$H_6$—$H_2$—$H_1$—$H_5$。

表 9-4　综合规则排序

| 任务编号 | $H_4$ | $H_3$ | $H_6$ | $H_2$ | $H_1$ | $H_5$ | 合计 | 备注 |
|---|---|---|---|---|---|---|---|---|
| 所需加工时间 $t_i$ / 天 | 7 | 2 | 3 | 8 | 5 | 9 | — | |
| 计划完成时刻 $F_i$ | 7 | 9 | 12 | 20 | 25 | 34 | 107 | 平均流程 17.8 天 |
| 预定交货期 $d_i$ / 天 | 8 | 23 | 24 | 22 | 26 | 34 | | 最大延期 0 天 |
| 交货延期量 $D_i$ | 0 | 0 | 0 | 0 | 0 | 0 | — | 平均延期 0 天 |

此方案既无违约损失，又使 $F$ 缩短，减少资金占用。

**2. 两个工作地的流水型排序问题（$2 \times n$）**

两个工作地（或设备）加工多种零件，存在着工艺顺序问题。对于 $n$ 项任务在两个工作地加工，且加工工艺顺序相同，即为流水型排序问题。两个工作地排序的目标是使最大完成时间（总加工周期）$F_{max}$ 最短。

实现两个工作地排序的最大完成时间 $F_{max}$ 最短的目标，常用的优化算法是著名的约翰逊法-贝尔曼法则。

约翰逊-贝尔曼法则解决这种问题分为以下 4 个步骤。

（1）列出所有工件在两台设备上的作业时间。

（2）找出作业时间最小者。

（3）如果该最小值是在设备 1 上，将对应的工件排在前面，如果该最小值是在设备 2 上，则将对应的工件排在后面。

（4）排除已安排好的工件，在剩余的工件中重复步骤（2）和步骤（3），直到所有工件都安排完毕。

【例 9-2】设有 $H_i$（$i=1$，2，3，…，5）为 5 项流通加工任务，均需先在 A 工作地，而后再在 B 工作地加工，各项加工任务在 A、B 工作地加工的工时列在表中（见表 9-5）。

表 9-5　流通加工任务 2

| 任务编号 | $H_1$ | $H_2$ | $H_3$ | $H_4$ | $H_5$ |
|---|---|---|---|---|---|
| A 工作地工时 $t_{iA}$ / 天 | 5 | 8 | 12 | 4 | 6 |
| B 工作地工时 $t_{iB}$ / 天 | 10 | 8 | 7 | 3 | 4 |

步骤：

（1）检查 $t_{iA}$、$t_{iB}$ 各数值，找出其中的最小值（多个时，任选一个），本例中为 $t_{iB}=3$ h。

（2）找出的最小值若属于 $t_{iA}$ 行的一项任务，则该任务应排为先加工，否则，排为后加工；本例 $H_4$ 在 $t_{iB}$ 行中应放在最后加工。

（3）将已排定的任务去掉，再重复（1）、（2）步骤，直至全部任务排定为止。

最终排序为：$H_1$—$H_2$—$H_3$—$H_5$—$H_4$。

### 3. 加工任务分配方法——匈牙利法

在实际中经常会遇到这样的问题，有 $n$ 项不同的任务，需要 $n$ 个人分别完成其中的一项，但由于任务的性质和各人的专长不同，因此，各人去完成不同的任务的效率（或花费的时间或费用）也就不同。于是产生了一个问题，应指派哪个人去完成哪项任务，使完成 $n$ 项任务的总效率最高（或所需时间最少），这类问题称为分配问题或指派问题。

在流通加工任务计划中存在着将加工任务分给谁和用什么设备完成最合适的问题。

此类问题分为两类：一类是使目标值（如成本、工时等）达到最小的分配方案；一类是使目标值（如利润）达到最大的分配方案。

【例 9-3】有 4 项流通加工任务分给 4 个小组去完成，各小组完成不同任务需用不同的加工时间，如表 9-6 所示，求分配方案。

表 9-6　各小组完成不同加工任务的工时表

|  | 任务(1) | 任务(2) | 任务(3) | 任务(4) |
|---|---|---|---|---|
| A | 3 | 10 | 6 | 7 |
| B | 14 | 4 | 13 | 8 |
| C | 13 | 14 | 12 | 10 |
| D | 4 | 15 | 13 | 9 |

（1）列出矩阵，如图 9-1（1）所示。

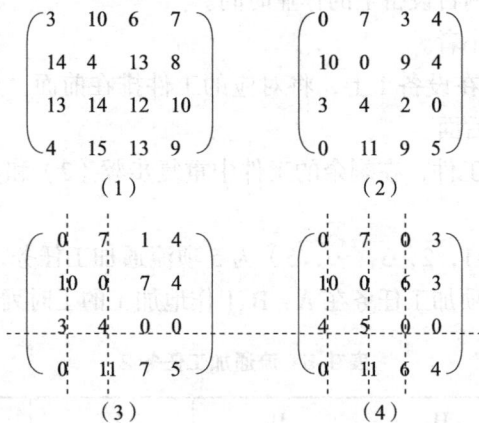

$$
\begin{pmatrix} 3 & 10 & 6 & 7 \\ 14 & 4 & 13 & 8 \\ 13 & 14 & 12 & 10 \\ 4 & 15 & 13 & 9 \end{pmatrix} \qquad \begin{pmatrix} 0 & 7 & 3 & 4 \\ 10 & 0 & 9 & 4 \\ 3 & 4 & 2 & 0 \\ 0 & 11 & 9 & 5 \end{pmatrix}
$$
$$
(1) \qquad\qquad\qquad (2)
$$
$$
\begin{pmatrix} 0 & 7 & 1 & 4 \\ 10 & 0 & 7 & 4 \\ 3 & 4 & 0 & 0 \\ 0 & 11 & 7 & 5 \end{pmatrix} \qquad \begin{pmatrix} 0 & 7 & 0 & 3 \\ 10 & 0 & 6 & 3 \\ 4 & 5 & 0 & 0 \\ 0 & 11 & 6 & 4 \end{pmatrix}
$$
$$
(3) \qquad\qquad\qquad (4)
$$

图 9-1　流通加工任务分配矩阵

（2）逐行缩减矩阵。在每行中选择一个最小元素，然后将每行中的各元素均减去这个最小元素。如图 9-1（2）。

（3）再逐列缩减矩阵。现在的矩阵每行都有 0，但每列不全有 0。第三列中各元素均减 2 得到如图 9-1（3）新矩阵。

（4）检查是否可以分配。采用 0 元素最小覆盖线的检验法，当覆盖线的维数等于矩阵的阶数时，则最优方案已找到。图 9-10 只有三条覆盖线，尚未找到最优方案。

（5）为增加 0 元素进行变换。找出没有覆盖线的行与列中的最小元素。本例是 1，将不在覆盖线上的元素都减去 1，而在有两条覆盖线的交点上的每一个元素都加上 1，其余元素不变，如图 9-1（4）。

（6）重新检查覆盖线。重复（4）的做法，经检查已可以分配。

（7）确定最优方案。按 0 元素所占位置进行分配，可得最优流通加工任务分配方案，即完成任务用的总工时最小的分配方案。

最优分配方案是：A（3），B（2），C（4），D（1）。

总工时为：6+4+10+4=24（h）。

## 9.2.3　流通加工生产过程时间组织

根据流通加工活动的组织方式不同，分为顺序移动方式、平行移动方式、平行顺序移动方式。

### 1.顺序移动法

（1）什么是顺序移动法。所谓顺序移动法即顺序移动方式，是指每批制品在上一道工序加工完毕后，整批地移送到下一道工序进行加工的移动方式，如图 9-2 所示。

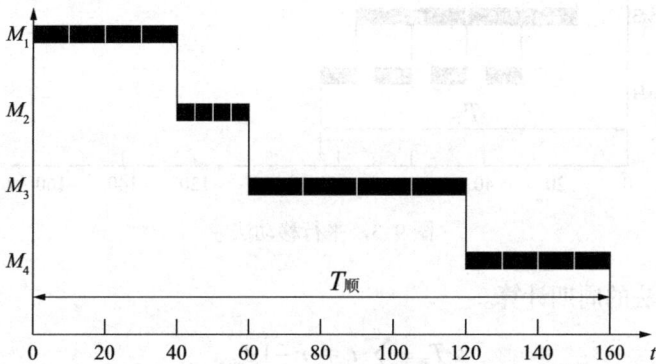

图 9-2　顺序移动法

（2）顺序移动法的周期计算。

$$T_{顺} = K \times \sum_{i=1}^{n} t_i$$

式中：

$T_{顺}$——一批零件顺序移动的加工周期；

$K$——零件批量；

$n$——零件加工工序数目；

$t_i$——第 $i$ 道工序的加工时间。

【例 9-4】一批制品，批量为 4 件，须经四道工序加工，各工序时间分别为：$t_1=10$ h，$t_2=5$ h，$t_3=15$ h，$t_4=10$ h。采用顺序移动方式计算 $T=4\times(10+5+15+10)=160$（h）。

（3）顺序移动法的优缺点。

采用顺序移动方式的优点如下。

①组织与计划工作简单。

②零件集中加工，集中运输，减少了设备调整时间和运输工作量。

③设备连续加工不停顿，工效提高。

顺序移动法的缺点如下。

①大多数产品有等待加工和等待运输的现象，生产周期长。

②资金周转慢，经济效益较差。

（4）顺序移动法的适用条件。在运用顺序移动法时应该满足的条件是：批量不大，单件加工时间较短、生产单位按工艺专业化组织生产，距离较远的情况下采用。

**2. 平行移动法（工序会有间断）**

（1）什么是平行移动法。所谓平行移动法是指一批零件中的每个零件在前一道工序完工后，立即传送到下一道工序继续进行加工的移动方式，如图 9-3 所示。

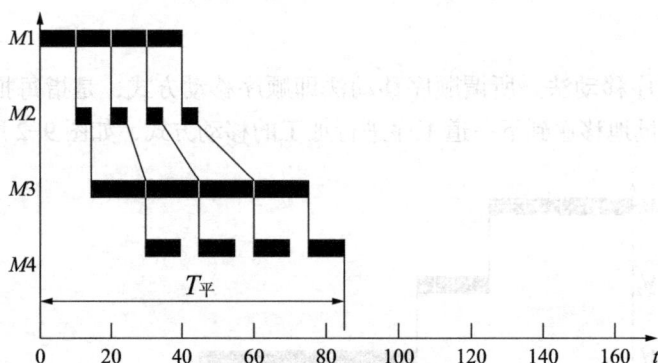

图 9-3　平行移动法

（2）平行移动法的周期计算。

$$T_{平} = \sum_{i=1}^{n} t_i + (n-1)t_{\max}$$

式中：

$T_{平}$——零件平行移动的加工周期；

$t_{\max}$——各道工序中最长工序的单件时间。

【例 9-5】一批制品，批量为 4 件，须经四道工序加工，各工序时间分别为：$t_1 = 10$ h，$t_2 = 5$ h，$t_3 = 15$ h，$t_4 = 10$ h。

采用平行移动法计算，其加工周期：$T_{平} = (10+5+15+10)+(4-1)\times15 = 85$（h）

（3）平行移动法的优缺点。

优点：加工周期短，在制品占用量少。

缺点：运输次数多，当前后工序时间不相等时，存在设备中断和制品等待的情况。

（4）平行移动法的适用条件：批量大、单件加工时间长、按对象组织生产。

**3. 平行顺序移动法（每道工序都是连续的）**

（1）所谓平行顺序移动法是顺序移动方式和平行移动方式两种方式的结合使用。是指一批零件在一道工序上尚未全部加工完毕，就将已加工好的一部分零件转入下道工序加工，以恰好能使下道工序连续地全部加工完该批零件为条件的移动方式，如图 9-4 所示。

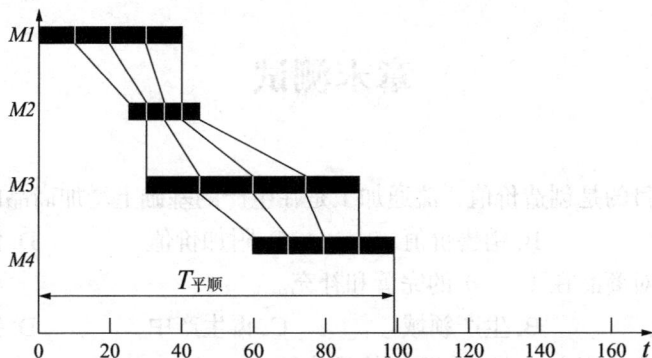

图 9-4　平行顺序移动法

（2）平行顺序移动法的周期计算。

$$T_{平顺} = n\sum_{i=1}^{n} t_i + (n-1)t_{\min(t_j,\ t_{j+1})}$$

式中：

$T_{平顺}$——平行顺序移动方式加工周期；

$t_{\min}$—— 较短工序，是指某一道工序的单件加工时间比前道工序的短，或比后道工序的短。

【例 9-6】一批制品，批量为 4 件，须经四道工序加工，各工序时间分别为：$t_1=10\ h$，$t_2=5\ h$，$t_3=15\ h$，$t_4=10\ h$。采用平行顺序移动方式计算。

$T_{平顺}=4\times(10+5+15+10)-(4-1)\times(5+5+10)=100（h）$

（3）平行顺序移动法的优缺点。

优点：生产过程中中断时间比顺序移动方式少，零件生产周期较短；在一定程度上可以消除工人与设备的停歇时间，使工人和设备的停歇时间集中起来，便于用来做其他工作。

缺点：组织管理比较复杂。

（4）平行顺序移动方式的适用条件：工艺有变化，而加工设备需要较长时间调整。

（5）平行顺序移动法的运用。

①当前道工序的单件作业时间小于或等于后道工序的单件作业时间时，则前道工序完工的每个零件应立即转移到后道工序去加工，即按平行移动方式单件运输。

②当前道工序的单件作业时间大于后道工序的单件作业时间时，则前道工序完工的零件，并不立即转移到后道工序去加工，而是等待足以保证后道工序能连续加工的那一刻，才将完工的零件全部转移到后道工序去，这样可以避免后道工序出现间断性的设备停歇时间，并把分散的停歇时间集中起来加以利用。

# 章末测试

## 一、单选题

1. 生产商品的目的是创造价值，流通加工是在生产的基础上增加商品的（    ）。

   A. 质量价值          B. 销售价值          C. 附加价值          D. 使用价值

2. 流通加工是对商品在（    ）的完善和补充。

   A. 流通领域          B. 生产领域          C. 再生产中          D. 销售领域

3. 流通加工作业排序方法中综合规则的思路是（    ）。

   A. 流程时间最短      B. 保证延期最小的情况下，降低最大流程时间

   C. 延期量最小        D. 保证流程时间最小的情况下，降低延期量

4. 评价加工顺序安排的主要指标不包括（    ）。

   A. 最大流程          B. 平均流程          C. 平均延期量        D. 周期时间

## 二、多选题

1. 最短加工时间排序法的优点有（    ）。

   A. 平均流程时间最短                      B. 在制品平均占用最少

   C. 消除延期量                            D. 有利于节约流动资金占用

## 三、判断题

1. 流通加工的目的是弥补生产过程加工不足，更有效地满足用户多样化需要。 （    ）

2. 流通加工是生产加工在消费领域的延伸，是为解决生产与消费之间的矛盾而产生的。
   （    ）

## 四、计算题

1. 某物流中心流通加工部门在某一工作期间共负责6项流通加工任务，所需时间及预定交货期如表9-7所示。试采用流通加工作业排序法对以下作业进行安排，在保证按期交货的前提下使加工流程最短，并计算平均流程时间。

表9-7　所需时间及预定交货期

| 任务编号 | $A_1$ | $A_2$ | $A_3$ | $A_4$ | $A_5$ | $A_6$ |
|---|---|---|---|---|---|---|
| 所需加工时间 $t_i$/天 | 6 | 4 | 7 | 9 | 5 | 2 |
| 预定交货期 $d_i$/天 | 30 | 21 | 20 | 34 | 9 | 17 |

2. 有4项流通加工任务分给4个小组去完成，各小组完成不同任务需用不同的加工时间，见表9-8，求分配方案。

表9-8　流通任务分配

| 任务人员 | A | B | C | D |
|---|---|---|---|---|
| 甲 | 2 | 15 | 13 | 4 |
| 乙 | 10 | 4 | 14 | 15 |

续表

| 任务人员 | A | B | C | D |
|---|---|---|---|---|
| 丙 | 9 | 14 | 16 | 13 |
| 丁 | 7 | 8 | 11 | 9 |

### 案例思考

## 中国物流集团开启物流新征程

2021 年 12 月 6 日，中国物流集团成立，由原中国铁路物资集团有限公司，与中国诚通控股集团有限公司物流板块的中国物资储运集团有限公司、华贸国际物流股份有限公司、中国物流股份有限公司、中国包装有限责任公司四家企业为基础整合而成。同步引入中国东方航空集团有限公司、中国远洋海运集团有限公司、招商局集团有限公司作为战略投资者，形成紧密战略协同。中国物流集团是我国唯一以综合物流作为主业的新央企，目标是打造世界一流综合物流集团。

中国物流集团由运作经验最丰富的一批国有资本运营公司组成，在仓储、运输和产业资源领域深耕多年，从资金到管理，从进出口到包装、运输，从海陆空到综合联运，从商贸物流到第三方国际综合物流，从物流产业到园区开发……全部囊括在内。经营网点遍布国内 30 个省（市、区）及海外五大洲，拥有土地面积 2 426 万 $m^2$、库房 495 万 $m^2$、料场 356 万 $m^2$；拥有铁路专用线 120 条、期货交割仓库 42 座；整合社会公路货运车辆近 300 万辆；国际班列纵横亚欧大陆，在国际物流市场具有较强竞争优势。

这次国家直接出手整合几大巨头企业，直接拍板成立中国物流集团，这是国家对物流产业链实施整合，这也标志着以服务群众为宗旨的新型物流国企诞生。这会结束国内物流行业的垄断性，同时整合重组后的中国物流集团，为实物供应链提供了全方位的综合服务，将会解决物流企业提供的服务难以满足制造业企业发展需求的问题。从国家层面整合而来的中国物流集团是更为全面的整合，以综合物流为主业，包含供应链物流、民生物流、危险品物流、冷链物流等，涵盖仓储、运输、配送、包装、多式联运、国际货代、电子商务等综合物流服务各种业态，主要是要提高物流效率，降低物流成本。这是一种探索，更是一种创新。

**思考题：**结合国内外物流发展形势，谈谈国家在此时组建中国物流集团的作用和意义。

● 知识拓展：转口贸易

在正常贸易下，签订合同的双方直接完成货物的交接，境内公司将货物进口后再出口。而在转口贸易下，贸易并不再直接在中国和目的消费国之间进行，而是借助生产力同样发达的第三方国家转手进行买卖交易，转换贸易主体。货物不直接到目的港，而是绕中转港，在中转港口完成换柜，配套中转国的原产地以及出口文件，为目的港客户提供清关文件。

通过转口贸易，货物运到第三方国家中转，会增加一些中转费用，但避免了高昂的关税。

出口到国外的货物因质量问题包装不合格等怎样退运回来？

深圳保税区等同于国外，保税区具有一般货物保税仓储功能，货物进入保税区免征关税。所以从国外退运回保税区的货物不涉及关税的问题，也不用交保证金。只需要简单的转关手续。出口货物退运一般选择把货物退到保税区，再安排技术人员、物料、设备进保税区仓库对货物进行检测、维修、重新包装、贴标等。

📖 课外阅读

## 保税区流通加工功能

1. 流通性简单加工和增值服务

园区企业可以对所存货物（国外采购货物，国内采购货物）开展不改变货物商品编码的流通性简单加工和临港增值服务，包括分级分类、分拆分拣、分装、组合包装、打膜、加刷码、刷贴标志、改换包装、拼装、拆拼箱等具有商业增值性的作业。

2. 全球采购和配送，保税区分装分拨

根据需求面向国内外两个市场进行全球采购和分拨、配送、深度分销等。美国某润滑油中国代理商从美国采购成品桶装润滑油，利用保税区关税豁免政策，代替香港仓库暂存，从国内采购润滑油包装材料（纸箱、润滑油桶、标签）在保税区进行润滑油分装，部分征税进口到国内销售，部分出口到第三方国家。

3. 中转和转口贸易

国外进口货物到保税区仓储，分拣包装，根据国内买家的要求再分批报关征税进口到国内，做到企业零库存和暂准征税的资金压力。

4. 出口货物退运报关、退运保税仓储返修

货物从国外退运到保税区免关税、免保证金。国内出口货物，尤其是电子产品，小家电等，返修率较高，传统的退运到工厂维修的方式需要面临海关、商检、国税等多道烦琐手续，利用保税区境内关外的优势可以解决返修难题。

5. 退运返修流程

深圳出口加工区连接香港与盐田蛇口，国外返修品经海运或空运发往香港，从香港进来方便快捷，修好可以安排从香港再出口，也可以安排从码头再出口，在时间和成本上大大节约，特别从香港码头提货到深圳出口加工区保税区只需3个小时左右，并且维修成本是香港的三分之一。保税区低廉的仓储成本和工厂自派维修工人使整段操作的成本大幅降低，同时节省时间，以免错过产品海外销售季节。

6. 保税仓库出租，保税区仓储

国内出口货物到保税区仓储，再进口到国内（加工贸易企业转厂，转厂内销，深加工结转）或者国外（保税区集拼、集中采购外销）。除国家禁止进出口的商品外，园区内可保税储存各种贸易方式的进出口货物及其他未办结海关手续的货物。

## 7. 保税商品展示

经园区主管海关批准，园区企业可以在园区综合办公楼的展示场所举办商品展示活动。"保税仓储，物流分拨"，在保税仓库内从事货物的仓储、运输、包装、分销、分拨，建立产品营销渠道。将保税仓储、保税加工、保税生产、保税贸易融为一体，打破传统模式，及时配送产品，降低生产商、进口商、代理商相关产业链的运营成本。

## 河北构建智慧物流体系　推进京津冀物流数字化协同

河北省现代物流业发展领导小组办公室 2020 年 6 月 10 日印发《河北省智慧物流专项行动计划（2020—2022 年）》（以下简称《行动计划》）提出，推进京津冀物流数字化协同，以发展数字贸易为契机，依托京津冀庞大市场需求和一体化商贸流通设施，完善优化京津冀跨区域供应链共同治理机制。同时，推动物流供应链技术、服务、模式和标准等多方面协同联动，实现物流集散中心、便利店、社区（农村）服务网点间的高效无缝运作。以中国（河北）自贸区的雄安新区、正定、曹妃甸、大兴机场四个片区为重点，搭建京津冀海关及检验检疫、多式联运、跨境支付等数字化对接合作平台。

《行动计划》提出，发挥雄安新区"国家数字经济创新发展试验区"示范带动作用，制定京津冀物流数据对接共享标准，研究制定跨领域、跨区域数字化物流行业标准。

深化与国际知名物流企业的合作，完善招商引资模式，以产业链招商为切入点，引进一批新的世界物流百强企业入驻，提高参与全球化物流体系运作的能力。鼓励河北物流企业沿"一带一路"走出去，依托海外仓和河北品牌产品境外展示中心，建设智能化仓储物流基地。

《行动计划》还提出，推进传统物流设施设备改造升级，运用新技术、新模式有效盘活存量资源，着力推进部门、行业间物流信息互联互通、开放共享，推动跨区域、跨行业智慧物流体系协同运作，通过智慧物流网络主动对接国际物流市场和全球供应链。

此外，顺应物流业智慧化转型新趋势，抢抓新冠肺炎疫情防控期间智慧物流需求快速发展有利时机，加大政策扶持力度，支持智慧物流企业做大做强。

# 附录 A  章末测试参考答案

## 第1章

**一、单选题**

1. B  2. B  3. A  4. C  5. C  6. B  7. A

**二、多项题**

1. ABCD  2. ABD  3. ABD  4. ACDF  5. ABCD  6. ABCD  7. ABC

**三、判断题**

1. √  2. √  3. ×  4. ×  5. ×  6. √

## 第2章

**一、单选题**

1. A  2. B  3. C

**二、多选题**

1. ABCD

**三、判断题**

1. ×  2. √

## 第3章

**一、单选题**

1. B  2. B  3. B  4. A  5. B  6. B  7. B  8. A  9. D  10. B

**二、多选题**

1. ACD  2. ABC  3. ABC  4. ABCD  5. ABD  6. ABD  7. ABCD  8. ABCD

**三、判断题**

1. ×  2. ×  3. √  4. √  5. ×  6. √  7. ×  8. √

**四、计算题**

1. 求解步骤：

首先做出里程矩阵如表 3-16 所示。

表 3-16 里程矩阵

| | A | B | C | D | E | F |
|---|---|---|---|---|---|---|
| A | 0 | 8 | 6 | 4 | 5 | 5 |
| B | 8 | 0 | 4 | 6 | 8 | 8 |
| C | 6 | 4 | 0 | 7 | 4 | 5 |
| D | 4 | 6 | 7 | 0 | 3 | 1 |
| E | 5 | 8 | 4 | 3 | 0 | 4 |
| F | 5 | 8 | 5 | 1 | 4 | 0 |
| Li | 28 | 34 | 26 | 21 | 24 | 23 |

初选闭回路 A—B—C—A

选择插入点 E，计算里程增量最小值 $\triangle_{AC}=3$，得线路 A—B—C—E—A

同理：A—B—C—E—F—A

最终线路：A—B—C—E—D—F—A 或者 A—B—C—E—F—D—A

2. 求解步骤：

（1）做出从配送中心 A 到各用户及各点间的最短距离，如表 3-17 所示。

表 3-17 最短距离

单位：km

| | A | B | C | D | E | F | G |
|---|---|---|---|---|---|---|---|
| A | | 9 | 12 | 10 | 20 | 18 | 21 |
| B | | | 9 | 19 | 29 | 22 | 25 |
| | | | 12 | 0 | 0 | 5 | 5 |
| C | | | | 10 | 20 | 19 | 17 |
| | | | 12 | 12 | 11 | 16 | |
| D | | | | | 14 | 19 | 25 |
| | | | | 16 | 9 | 6 | |
| E | | | | | | 6 | 3 |
| | | | | | 32 | 38 | |
| F | | | | | | | 6 |
| | | | | | | 33 | |
| G | | | | | | | |

（2）计算各配送点组合的节约里程，并按从大到小顺序排序（见表 3-18）。

表 3-18　节约里程

| 序号 | 组合 | 节约里程 | 序号 | 组合 | 节约里程 |
|------|------|----------|------|------|----------|
| 1 | EG | 38 | 8 | BC | 12 |
| 2 | FG | 33 | 9 | CF | 11 |
| 3 | EF | 32 | 10 | DF | 9 |
| 4 | CG | 16 | 11 | DG | 6 |
| 5 | DE | 16 | 12 | BF | 5 |
| 6 | CE | 12 | 13 | BG | 5 |
| 7 | CD | 12 | | | |

（3）依次将各点入选，设计运行路线

线路 1：A—E—G—F—A

$1.5+1.3+1.1=3.9（t）$

$20+3+6+18=47（km）$

周转量计算：$3.9 \times 20+2.4 \times 3+1.1 \times 6=91.8（t \cdot km）$

$3.9 \times 18+2.8 \times 6+1.5 \times 3=91.5（t \cdot km）$

按周转量最小选取路线方向：A—F—G—E—A

线路 2：A—B—C—D—A

$0.9+0.7+1.0=2.6（t）$

$9+9+10+10=38（km）$

周转量计算：$2.6 \times 9+1.7 \times 9+1.0 \times 10=48.7（t \cdot km）$

$2.6 \times 10+1.6 \times 10+0.9 \times 9=50.1（t \cdot km）$

按周转量最小选取路线方向：A—B—C—D—A

# 第 4 章

**一、单选题**

1. D　2. B　3. C　4. C

**二、多选题**

1. CD　2. ABC　3. ABD　4. ABD　5. ABD

**三、判断题**

1. √

# 第 5 章

**一、单选题**

1. D　2. C　3. D　4. D　5. D　6. A　7. A　8. A　9. B　10. D　11. B　12. D

**二、多选题**

1. BE　2. CD　3. ABC　4. AC　5. BC　6. ABCD　7. ABDE　8. AB

**三、判断题**

1. √　2. √　3. √　4. √　5. ×　6. √　7. √　8. √　9. √　10. √　11. √　12. √　13. √

**四、简答题**

① ABC 分析，在 ABC 分析的基础上进行管理；

② 采用有效的"先进先出"方式（如贯通式货架、双仓法、计算机控制）；

③ 以周转率为基础原则，愈高愈近，提高库存密度，提高仓容利用率；

④ 采用现代化仓储技术，采用集装箱、集装袋、托盘等储运装备一体化的方式；

⑤ 识别标志面对通道，采用有效的库存定位系统（四号定位）；

⑥ 遵循产品相关性、同一性、互补性、互容性原则；

⑦ 产品尺寸原则——考虑单元物品的最小尺寸，从而合理利用空间；

⑧ 重量特性原则——重下轻上；

⑨ 货品特性原则——易燃、易窃、易腐、易污；

⑩ 明晰性原则——目视管理方法。

# 第 6 章

**一、单选题**

1. C　2. C　3. B

**二、多选题**

1. AC

**三、判断题**

1. √　2. ×　3. ×　4. √

**四、计算题**

1.

解：EOQ = 70（件）

$$T_c(50) = 816 \times 20 + \frac{816 \times 12}{50} + \frac{50 \times 4}{2} = 16\,616（元）$$

$$T_c(70) = 14\,968（元）$$

$$T_c(80) = 14\,154（元）$$

$$T_c(100) = \frac{816 \times 12}{50} + \frac{100 \times 4}{2} = 13\,354（元）$$

所以：$Q^* = 100$ 件

总库存成本为 $T_c = 13\,354$ 元，订货批量为 100 件

2.

解：（1）根据企业的库存物资信息，计算各库存物资占用资金情况。

把每一种物资的年使用量乘上单价，计算其资金占用比例。

（2）把各库存物资按资金占用情况，从多到少的顺序排列，并计算出各库存物资资金占用比例（见表6-9）。

表6-9　库存物资资金占用统计表

| 物资代码 | 年使用量/件 | 单价/元 | 年资金占用量/万元 | 资金占用比例/% |
|---|---|---|---|---|
| K-8 | 400 | 20 000 | 800 | 47.23 |
| S-12 | 500 | 10 000 | 500 | 29.52 |
| S-8 | 2 000 | 600 | 120 | 7.08 |
| X-7 | 2 500 | 400 | 100 | 5.90 |
| W-30 | 4 000 | 200 | 80 | 4.72 |
| G-37 | 4 000 | 100 | 40 | 2.36 |
| G-23 | 2 000 | 100 | 20 | 1.18 |
| H-22 | 2 000 | 80 | 16 | 0.95 |
| H-44 | 5 000 | 20 | 10 | 0.59 |
| H-16 | 8 000 | 10 | 8 | 0.47 |
| 合计 | | | 1 694 | 100 |

（3）分析各库存物资资金占用情况，将各物资归入相应的类别，完成分类。表6-10是对表6-9的数据进行分类处理后的结果。

表6-10　库存物资ABC分类汇总表

| 物资类别 | 物资代码 | 年资金占用量/万元 | 资金占用比例/% | 占种类比例/% |
|---|---|---|---|---|
| A | K-8、S-12 | 1 300 | 76.75 | 20 |
| B | S-8、X-7、W-30 | 300 | 17.7 | 30 |
| C | G-23、G-37、H-16、H-22、H-23、H-44 | 94 | 5.55 | 50 |
| 合计 | | 1 694 | 100 | 100 |

# 第7章

## 一、名词解释

1.单件作业

单件作业是指逐件装卸搬运货物，主要采用人工方法，并依作业环境和条件适当辅以机械化和半机械化的作业方法。

2.搬运活性

人们把物料和货物的存放状态对装卸搬运的方便难易程度称为搬运活性。

## 二、单选题

1.D　2.B　3.B　4.C　5.A　6.A　7.D　8.B　9.C　10.B　11.A　12.D　13.B　14.D　15.B　16.C　17.B　18.D

**三、判断题**

1. ×　2. ×　3. ×　4. ×　5. √　6. √　7. √

**四、简答题**

1. 如何做到搬运合理化？搬运有哪些方式？

答：多因素的合理安排，包括设备、人员、作业线路、作业时间等。

搬运方式：（1）人力搬运；（2）叉车搬运；（3）拖车搬运；（4）输送带搬运。

2. 简述托盘的概念及其优点。

答：托盘作为用于集散、堆放、搬运、运输和放置作为单元负荷的货物和制品的水平平台装置。

托盘作为装卸、运输的重要机具，其主要的优点有：货物装入托盘后，搬运或出入库场可用机械操作，从而缩短货运时间，减少劳动强度；以托盘为运输单位，货物件数变少，体积重量变大，且每个托盘所装货物数量相同，便于点数、理货交接，货物装盘后可采用捆扎、紧包等技术处理又可以减少货损差事故；托盘投资小，容易相互代用。

3. 叉车与其他装卸搬运工具相比，其优点主要体现在哪些方面？

答：叉车与其他装卸搬运工具相比，其优点主要体现在以下方面：

1）集装卸和搬运于一体，有利于减少物流操作环节，提高装卸效率。

2）实现装卸机械化，有利于减轻劳动强度，节省劳动力，缩短装卸时间，加速运输车辆的周转。

3）增加货物堆垛高度，提高仓容利用率。

4）叉车的转弯半径小，能在较狭窄的通道内转弯，操作灵活，室内外都能使用。

# 第8章

**一、单选题**

1. A　2. D　3. C　4. D

**二、多选题**

1. ABCD　2. AD　3. BD　4. ABD　5. ABCD　6. BCE　7. ABD　8. BCD　9. ACD
10. ABCD

**三、判断题**

1. ×　2. √　3. √　4. √　5. ×　6. √　7. √

# 第9章

**一、单选题**

1. C　2. A　3. B　4. D

**二、多选题**

1. ABD

### 三、判断题

1. √   2. √

### 四、计算题

1.

解：先按最早预定交货期规则排序（见表 9-9）。

顺序为 $A_5$—$A_6$—$A_3$—$A_2$—$A_1$—$A_4$

表 9-9　交货顺序

| 任务编号 | $A_5$ | $A_6$ | $A_3$ | $A_2$ | $A_1$ | $A_4$ | 合计 | 备注 |
|---|---|---|---|---|---|---|---|---|
| 所需加工时间 $t_i$/ 天 | 5 | 2 | 7 | 4 | 6 | 9 | — | — |
| 计划完成时间 $F_i$/ 天 | 5 | 7 | 14 | 18 | 24 | 33 | 101 | 16.8 |
| 预定交货期 $d_i$/ 天 | 9 | 17 | 20 | 21 | 30 | 34 | — | 0 |
| 交货延期量 $D_i$/ 天 | 0 | 0 | 0 | 0 | 0 | 0 | 0 | |

计算总流程时间 =33 天

总排序结果如表 9-10 所示。

表 9-10　总排序结果

| 任务编号 | $A_6$ | $A_5$ | $A_2$ | $A_3$ | $A_1$ | $A_4$ | 合计 | 备注 |
|---|---|---|---|---|---|---|---|---|
| 所需加工时间 $t_i$/ 天 | 2 | 5 | 4 | 7 | 6 | 9 | — | — |
| 计划完成时间 $F_i$/ 天 | 2 | 7 | 11 | 18 | 24 | 33 | 95 | 15.8 |
| 预定交货期 $d_i$/ 天 | 17 | 9 | 21 | 20 | 30 | 34 | — | 0 |
| 交货延期量 $D_i$/ 天 | 0 | 0 | 0 | 0 | 0 | 0 | 0 | |

加工顺序为：$A_6$—$A_5$—$A_2$—$A_3$—$A_1$—$A_4$

平均流程时间：$\overline{F}=15.8\approx16$（天）

2.

解：变换系数矩阵如下

$$
\begin{bmatrix} 2 & 15 & 13 & 4 \\ 10 & 4 & 14 & 15 \\ 9 & 14 & 16 & 13 \\ 7 & 8 & 11 & 9 \end{bmatrix} \Rightarrow
\begin{bmatrix} 0 & 13 & 11 & 2 \\ 6 & 0 & 10 & 11 \\ 0 & 5 & 7 & 4 \\ 0 & 1 & 4 & 2 \end{bmatrix} \Rightarrow
\begin{bmatrix} 0 & 13 & 11 & 2 \\ 6 & 0 & 10 & 11 \\ 0 & 5 & 7 & 4 \\ 0 & 1 & 4 & 2 \end{bmatrix} \Rightarrow
$$

$$
\begin{bmatrix} 0 & 13 & 7 & 0 \\ 6 & 0 & 6 & 9 \\ 0 & 5 & 3 & 2 \\ 0 & 1 & 0 & 0 \end{bmatrix} \Rightarrow
\begin{bmatrix} 0 & 0 & 0 & 1 \\ 0 & 1 & 0 & 0 \\ 1 & 0 & 0 & 0 \\ 0 & 0 & 1 & 0 \end{bmatrix}
$$

此分配问题的最优时间：$4+4+9+11=28$（天）

# 附录 B　案例思考参考答案

## 第 1 章

1. 汉代的函、箧、囊等快递物品封装工具可以是现代智慧物流包装的雏形。

2. 魏晋时期颁布的《邮驿令》是现代邮政法规的雏形。

3. "隋唐大运河＋陆路"的运输开启了萌芽期的"多式联运"，用毡子密封的办法运输螃蟹也算是冷链的雏形吧。

4. 由金融业兴起演变出来的票镖、银镖等押镖业务就如同当今的货币押运，镖局的坐店可谓是古代的保管员业务，而店外失火与店内无关等古代仓库运营管理规则则是仓储保管业务责任的早期法律范本了。

5. 秦统一后规定老弱和不诚信的人不能当"快递员"也是从业资格的法律雏形。

## 第 2 章

**大体上可以归纳为以下 5 点：**

1. 我国城镇化进入城市群与都市圈时代，区域内经济活跃催生更多中短途运输需求。目前我国城镇化率已达到 60% 左右，进入城镇化后期阶段，形成了以"中心城市＋卫星城市"的众多城市群，而城市和重点城市将进入都市圈建设时代。

2. 高速公路密度加大，缩短城市间距离。《中国公路货运大数据 2019》的数据显示，我国货运车辆使用高速公路运输的运行时间占比为 43%，同时完成了超过 50% 的运输里程，高速公路生产效率高于其他道路类型，是货运生产活动主要依托的道路类型。

3. 越来越多客户采用云仓分仓模式，增加了中短途配送的需求。消费者对于购物体验的要求越来越高，行业交付时效的标准也水涨船高，因此越来越多的客户会选择云仓分仓模式，将商品预先储存于离消费者较近的地方，缩短配送距离，以求在消费者下单后能在更短时间内将商品送抵消费者手中。

4. 网络型物流企业路由优化、线路拉直，减少中转与运距。

5. 铁路运输比重的增加，产生更多中短途配送、短驳运输需求。

## 第 3 章

共同配送（joint distribution）是由多个企业或其他组织整合多个客户的货物需求后联合

组织实施的配送方式。

我国农村物流大多还处于初级发展阶段，以小规模为主；基础设施建设水平不高、资源整合程度较低、运营管理模式落后。农村地区中小物流资金有限、资源有限，订单量有限。开展全域共同配送，企业可以实现配送作业的经济规模，提高物流作业的效率，降低企业营运成本。

从整个社会的角度来讲，实现共同配送可以减少货运车辆通行次数，减少交通压力；有效降低成本，提高车辆装载率，具有组织化程度高、反应速度快、成本低等优势。同时，共同配送也是解决城市"最后一公里"物流成本高、货车中转难、停靠难等问题的有效途径。

总而言之，共同配送可以最大限度地提高人员、物资、金钱、时间等物流资源的使用效率（降低成本），取得最大效益（提高服务）；可以实现社会资源共享；还可以去除多余的交错运输，并取得缓解交通、保护环境等社会效益。

# 第4章

出台优惠政策：快递垃圾如果造成环境污染，治理的成本会非常高，与其把经费用于事后治理，不如出台相应的优惠政策。对于生产、使用包装物的企业，在绿色产品研发及初期投入使用阶段，给予更多的政策支持与引导，一方面，鼓励企业加强环保包装材料的技术研发；另一方面，鼓励快递企业更多地应用可回收材料，并探索快递装配、运送、回收、再利用一体化机制，比如托盘的循环利用。

提高政策执行力：北京市市场监管局发布的《快递绿色包装使用与评价规范（征求意见稿）》提出，北京市将在同城快递中推广使用循环箱等可循环使用的快递包装，到2025年的使用比例不低于同城快递业务量的10%；并特别对快递包装尺寸进行了明确规定，要求快递包装空箱率不超过20%。

环保理念的宣传：快递企业要树立环保节能的理念，加强创新，使用可降解可循环的包装物代替传统快递包装箱、袋等。同时，对消费者也要加强宣传教育，并鼓励电商采取快递包装换积分、换优惠等形式，提升快递包装的回收利用率。

拓展可回收渠道：寄递企业应对报废的可循环包装按纸、塑料、纺织品、金属、其他等类型分类和存贮，并根据类型不同与有资质的回收机构签订处置协议。通过官网、微信公众号、网点或在包装上印刷等方式告知终端消费者快递包装的回收渠道，并根据实际需求和回收效果配置包装废弃物回收装置；还应通过寄件优惠、积分反馈、绿色信用等激励机制引导消费者将包装返还至回收点。

采用可循环包装：可循环包装已成为各大快递公司推行绿色包装的首选包材。它的最大特点在于，打包环节不需要胶水、铁钉、胶带等材料，且通过特制的卡扣封口实现包装箱回收时可折叠成平整纸板，十分方便。

融入新技术：通过技术解决可循环包装回收困难的问题，例如在箱内设置芯片，以实现追溯和回收。结合大数据、云计算、物联网、人工智能等现代化技术，在包装减量化和可循环产品上开展技术研发，借助科技力量给快递穿上"绿"衣裳。一个循环中转袋、循环快递箱，通过植入芯片、建立跟踪系统后，就能实现循环包装物有效共享，充分发挥每个快递包装物的价值。凭借该系统，德邦快递对中转袋、快递箱的申领、流转、调拨、维修及丢失进行管理，从而把一次性耗材转化为循环再利用的资产。

总之，要多措并举加强综合治理，才能有效遏制快递"过度包装"。

**附第 4 章开篇案例参考答案：**

1. 创新材料发展，例如蜂窝纸等新型环保、高强、耐磨、减量化包装材料的研制。

2. 创新物流模式，引导和督促快递网点及社区尽快完善回收点，做好包装物分类回收工作。

3. 创新消费理念，消费者要改变消费观念，尽量选择更为环保的消费方式。比如，减少外卖消费、抵制"虚胖"包装产品。

# 第 5 章

1. SCS 智能拣选系统，拣选速度可以达到 1 200 件 /h。

2. 每小时能够拣选 1 600 箱小件商品的 A-frame 自动拣货系统，以及智能 AGV 机器人。

3. 无人重卡行龙一号正在加紧实现在干线运输的无人化，解决苏宁物流园区到物流园区的干线运输和园区内的自动驾驶问题。

4. 无人快递车卧龙一号可以实现从户外到户内的无缝切换，解决小区复杂场景的配送问题。

# 第 6 章

为解除传统单仓、分仓模式封闭性强、灵活性差的弊端，实现信息共享，高效调拨配送及精细化管理，云仓由概念落地孵化，进入实质性阶段。各大快递和电商公司做了很多尝试：

1. 顺丰、百世依托自身原有强大的运配网，引入云仓体系，解决仓库分拣能力有限的问题，增加商品末端配送效率；

2. 京东引入合作建仓的云仓体系，解决了不同品类商品的储存难题，提升仓内运作效率；

3. 日日顺的三级云仓实现提前备货到仓，解决了大件送装过程烦琐、时效慢的痛点；

4. 发网通过全国布仓、区域二级分仓帮助客户实现货物合理调拨。

# 第 7 章

**1. 企业基因**

作为大件物流品牌，日日顺物流经历了"企业物流—物流企业—生态企业"的蜕变过程，开放与突破是其成功的重要原因，也成为其经营发展的"基因"。

### 2.行业地位

日日顺物流是如今大件物流的领导品牌。在基本能力方面，建立了覆盖到村仓储网、即需即送配送网、送装一体服务网和即时交互信息网四网融合的核心竞争力，在全国2 915个区县实现"按约送达，送装同步"；在标准化方面，其推出了首个大件物流服务标准——"天龙八步"，涉及"仓、干、配、装、揽、鉴、修、访"等环节。

### 3.战略布局

当然，更重要的是服务于日日顺物流基于未来判断所做的战略布局。

在日日顺物流方面，人工智能、物联网等新技术的不断突破，行业面临着新的挑战和新的机会，工业互联网将是继移动互联网之后最大的发展机会，而以AIoT（即"AI+IoT"，Artificial Intelligence & Internet of Things 人工智能物联网）为代表的新技术，将会对物流发展理念与运营模式产生巨大影响。此外，在物联网时代，大数据、5G等信息技术的发展，将会衍生出更多的应用场景，物流自动化智能化也将迎来新的迭代。为此，其定下了"企业平台化、方案定制化、服务场景化"的三化方向，而这背后做支撑的必然有以自动化、智能化、数字化为特征的科技能力。

比如交付环节，日日顺物流要做的不仅是将货物按时按量、完好无损地送到用户手上，其还希望按用户场景、用户需求提供有温度的个性化服务，并且通过交互用户真实需求，与攸关方共创解决方案并不断迭代，以此实现普通用户向终身用户的演化。这要如何实现？只能以新科技保障稳、准、好的服务，通过新科技实现与客户更好的交互，通过科技应用挖掘并反馈客户需求，实现个性化服务，同时也通过新科技的应用保障企业的降本增效。

未来物流不管是场景物流，还是智慧物流，一定是以科技为基础的物流，这其实已经是行业共识。关键在于通过怎样的方式实现。从目前成绩上看，日日顺物流显然已经走在了行业前列，也希望这些应用与成绩能给行业以参考。

# 第8章

1.方便对托盘的流通与使用进行实时追踪管理，实现托盘载货的可视化监控，提高信息采集的自动化水平；

2.实现托盘定位回收、管理、结算智能化，降低经营成本；

3.保证货物在运输过程中的安全；

4.促进"互联网+"高效物流的发展；

5.加快形成开放共享、高效便捷的智慧物流新生态；

6.提高物流效率并降低成本。

# 第9章

1.物流行业已经成为与国民生活息息相关的基础性行业，作为国资委整合中央物流企业资源打造的首个综合性物流平台企业，中国物流集团的成立，意味着我国开启了打造世界一流综合物流集团的新篇章。此次重组，或将给中国物流市场，乃至国际物流市场带来一些变局。

2. 集团成立的首要目的在于打造具有全球竞争力的世界一流综合性物流企业集团，更好地发挥中央企业在加快建设现代流通体系、构建新发展格局中的战略支撑作用。

3. 我国是制造业大国，但大多数物流企业参与国际分工的水平和能力还不足，中国物流集团的诞生是着眼国有经济布局优化和结构调整，对中央企业物流业务实施专业化整合，推动我国物流业高质量发展。

4. 能有效促进货物流通，提高市场流通效率，降低包括大宗商品在内的诸多产品流通成本，为经济的繁荣发展提供强有力保障。

5. 围绕现代流通体系建设需要，着力打造产业链条完整、综合实力强的现代物流企业，有利于整合资源、提高竞争力，中国物流集团强劲的实力可以和国外物流巨头一争高低，抢占更多全球市场份额。

# 参考文献

[1] 张荣. 物流管理概论 [M]. 北京：清华大学出版社，2016.

[2] 许国银，桑小娟，蒋淑华. 物流管理新论 [M]，南京：东南大学出版社，2014.

[3] 翁心刚. 物流管理基础 [M]. 4 版. 北京：中国财富出版社，2013.

[4] 李严峰. 现代物流管理 [M]. 4 版. 大连：东北财经大学出版社，2016.

[5] 李树平. 现代物流管理基础 [M]. 2 版. 北京：中国铁道出版社，2017.

[6] 黄中鼎. 现代物流管理 [M]. 4 版. 上海：复旦大学出版社，2019.

[7] BOWERSOX D J. 供应链物流管理 [M]. 4 版. 北京：机械工业出版社出版，2014.

[8] 张磊，张雪. 物流与供应链管理 [M]. 北京：北京理工大学出版社，2021.

[9] 平海. 物流管理 [M]. 北京：北京理工大学出版社，2017.

[10] 段延梅. 物流管理 [M]. 北京：北京理工大学出版社，2017.

[11] 李岩. 运输与配送管理 [M]. 北京：科学出版社，2010.

[12] 丁永琦. 物流学 [M]. 北京：冶金工业出版社，2008.

[13] 崔利群，谢群英. 现代超市物流与配送 [M]. 北京：经济管理出版社，2006.

[14] 王燕，蒋笑梅. 配送中心全程规划 [M]. 北京：机械工业出版社，2004.

[15] 李文斐，张娟，朱文莉. 现代物流装备与技术实务 [M]. 北京：人民邮电出版社，2006.

[16] 罗毅，王清娟. 物流装卸搬运设备与技术 [M]. 北京：机械工业出版社，2008.

[17] 黎红. 物流设施与装备 [M]. 广州：广东高等教育出版社，2008.

[18] 何庆斌. 仓储与配送管理 [M]. 上海：复旦大学出版社，2011.

[19] 吴清一. 现代物流概论 [M]. 北京：中国物资出版社，2005.

[20] 陈修齐. 现代仓储与配送管理 [M]. 北京：电子工业出版社，2020.

[22] 供应链管理专业协会（CSCMP），GOLDSBY T J，IYENGAR D，SHAO S. 供应链与物流管理：运输网络规划、方式选择与成本控制 [M]. 曾月清，译. 北京：人民邮电出版社，2020.

[22] 周野. 一本书读懂物流管理 [M]. 北京：中国华侨出版社，2021.

[23] 陈晓曦. 数智物流：5G 供应链重构的关键技术及案例 [M]. 北京：中国经济出版社，2020.

[24] RUDD J. 物流管理实战指南：运输、仓储、贸易和配送 [M]. 欧阳恋群，黄帝，译. 北京：人民邮电出版社，2022.

[25] 孔令华. 物流实践者手记 [M]. 北京：中国经济出版社，2020.

[26] 张惠敏，郝茜，翟紫昱. 新编物流管理实务 [M]. 北京：中国水利水电出版社，2020.

[27] 王娟，章良，马耀文. 物流服务师 [M]. 北京：江苏凤凰教育出版社，2021.